U0509005

中国工程院院士
是国家设立的工程科学技术方面的最高学术称号，为终身荣誉。

中国工程院院士传记

严恺传

刘小湄　吴新华　著

人民出版社

策划编辑:侯 春
责任编辑:侯 春
装帧设计:徐 晖
责任校对:刘 青

图书在版编目(CIP)数据

严恺传/刘小湄 吴新华 著. —北京:人民出版社,2020.2
(中国工程院院士传记系列丛书)
ISBN 978 – 7 – 01 – 020970 – 8

Ⅰ.①严… Ⅱ.①刘… ②吴… Ⅲ.①严恺(1912–2006)–传记
Ⅳ.①K826.16

中国版本图书馆 CIP 数据核字(2019)第 122581 号

严恺传

YANKAI ZHUAN

刘小湄 吴新华 著

人民出版社 出版发行
(100706 北京市东城区隆福寺街 99 号)

北京汇林印务有限公司印刷 新华书店经销

2020 年 2 月第 1 版 2020 年 2 月北京第 1 次印刷
开本:710 毫米×1000 毫米 1/16 印张:29
字数:350 千字 插页:8

ISBN 978 – 7 – 01 – 020970 – 8 定价:90.00 元

邮购地址 100706 北京市东城区隆福寺街 99 号
人民东方图书销售中心 电话 (010)65250042 65289539

中国科学院、中国工程院院士严恺

牵挂河海大学建设、人才培养的家国情怀染红了晚霞。图为2001年7月3日，严恺摄于书房。

1990年7月13日，党和国家领导人接见出席长江三峡工程论证汇报会的全体人员。图为严恺（二排左三）与江泽民（前排左三）交谈。

1935—1938年，严恺留学于荷兰德尔夫特科技大学。图为1938年获荷兰土木工程师学位的严恺。

　　1940—1943年，严恺被聘为国立中央大学教授。图为20世纪80年代，严恺（前排左二）赴美讲学时，与国立中央大学水利工程系部分首届毕业生合影。

　　1943—1947年，严恺被聘为黄河水利委员会简任技正，历任设计组主任、宁夏工程总队总队长、研究室主任等职。图为严恺（右一）于1946年冬陪同美国黄河顾问团成员实地考察黄河宁夏灌区等地。

1948—1952年，严恺被聘为交通大学教授、港工讲座。图为严恺（左）在1994年6月，与一同来南京创建华东水利学院的交通大学同事、中国科学院院士徐芝纶讨论教学计划。

严恺在1951年被中央人民政府政务院任命为塘沽新港建港委员会委员，并在1958年被聘为国家重点项目天津新港回淤研究工作组组长。图为严恺（左三）于1960年率专家组成员赴苏联莫斯科，验证天津新港回淤研究成果。

严恺在1952年受命创建华东水利学院（后恢复传统校名河海大学），历任副院长、院长、名誉校长等职，为这所水资源专业高等学府服务达52年之久。图为华东水利学院领导班子在讨论问题（左二起：左东启、黄瑾、严恺、胡畏、李法顺）。

从1956年开始，严恺受命兼职主政南京水利科学研究所（后改称南京水利科学研究院），历任所长、名誉院长等职。图为严恺（右四）于1984年在南京水利科学研究院第四届学术委员会成立大会主席台上。

　　1973年，严恺被聘为长江葛洲坝水利枢纽工程技术委员会顾问。图为严恺（右三）于1973年率中国水利考察组访美期间，在美国田纳西河流域管理局举办的欢迎宴会上致辞。

　　严恺长期担任联合国教科文组织国际水文计划政府间理事会副主席、国际大坝会议中国委员会主席、发展中国家海岸及港口工程国际会议顾问委员会顾问等职。图为1979年，严恺（前排右）在巴黎召开的联合国教科文组织国际水文计划政府间理事会第3届会议上，当选为该理事会副主席。

为表彰在促进科学技术进步工作中做出重大贡献，特颁发此证书，以资鼓励。

奖励日期：一九九二年十一月

证书号：资-1-001-01

获奖项目：中国海岸带和海涂资源综合调查研究

获奖者：严恺

奖励等级：一等

国家科学技术进步奖评审委员会

1980年，严恺出任全国海岸带和海涂资源综合调查领导小组成员兼技术指导组组长。他倾注了10多年心血的该项成果，于1992年获国家科学技术进步奖一等奖。图为获奖证书。

1981年，严恺开始主持中国水利学会的工作，连任两届理事长。图为严恺（前排左二）在1983年与张含英（前排左三）等人主持中国水利学会常务理事会会议。

艰苦朴素　实事求是

严格要求　勇于探索

严恺

1982年，严恺在华东水利学院建院30周年大会上提出熔其教育思想和为人、治学之道于一炉的"十六字校训"。图为他题写的校训。

荷兰东斯赫尔特防风暴大闸的巨型闸墩以世界著名科学家的名字命名，其中之一被命名为"严恺"。图为严恺（左）在1986年作为贵宾出席大闸落成典礼期间，与荷兰运输、公共工程和水管理部大臣Smit-Kroes女士（中）等人交谈。

1995年，在英国伦敦召开的国际水利科学研究会大会授予严恺荣誉会员称号。图为他于会议期间在伦敦桥上留影。

严恺被国际海岸工程协会授予"海岸工程杰出成就奖"。图为他于1988年在西班牙召开的第21届国际海岸工程会议楼前的中华人民共和国国旗下留影。

　　严恺在1986年被聘为长江三峡工程泥沙与航运专题论证泥沙专家组顾问、生态与环境专题论证专家组副组长，在1991年被聘为国务院三峡工程审查委员会生态与环境专题预审专家组专家，并在1994年被聘为长江三峡工程开发总公司技术委员会顾问。图为他于1994年12月14日在三峡工程开工典礼现场。

获奖证书

严　恺　先生：

　　鉴于您对中国工程科学技术事业作出的成就和贡献，经评审，您光荣获得中国工程科学技术奖（1996年）.

　　特颁发此证书

中国工程科学技术奖助基金会
一九九六年六月七日

编号：(1996)07

　　严恺是中国科学院、中国工程院资深院士。图为他在1996年获首届中国工程科学技术奖的获奖证书。

　　严恺在1960年被任命为长江口治理研究领导小组组长，在1979年被任命为国务院长江口航道治理工程领导小组成员、技术指导组组长，在1983年被任命为国务院长江口开发整治领导小组（1984年扩大为长江口及太湖流域综合治理领导小组）成员、科技组组长，并在2011年被追授为长江口深水航道治理工程建设杰出人物。图为他（右）在1998年4月随全国政协副主席钱正英率领的院士、专家考察组，乘船考察长江口深水航道治理工程。

　　严恺先后主政多个单位，承担多项国家重大河海工程项目，但始终没有脱离作为一级教授、博士生导师的教学第一线。图为他在学位授予仪式现场（前排右起：严恺、杨成林、姜弘道）。

严恺90寿辰之际，河海大学开展了传承老校长业绩和精神的系列活动。图为2001年，他在河海大学严恺馆落成典礼上，与全国政协副主席钱正英合影。

20世纪80年代的严恺全家福

平恺先生是我国著名的水利专家、教育家，终生致力于我国大江大河的治理和海岸带的研究开发利用，培养了大批水利科技人才，为河海大学的建立与发展作出了重要贡献，把毕生精力献给祖国的水利事业和教育事业。先生一生执着追求，治学严谨，他的人生经历本身就是一个生动形象的教科书。希望学校以先生百年诞辰为契机，弘扬先生亲自倡导、身体力行的"严格认真，实事求是；艰苦朴素，勇于探索"十六字校训，激励广大河海学子以榜样的力量，立志献身祖国水利事业，为实现社会现代化和中华民族伟大复兴贡献力量。

刘延东
二〇一二年七月

2012年，中共中央政治局委员、国务委员刘延东纪念严恺诞辰100周年的题词

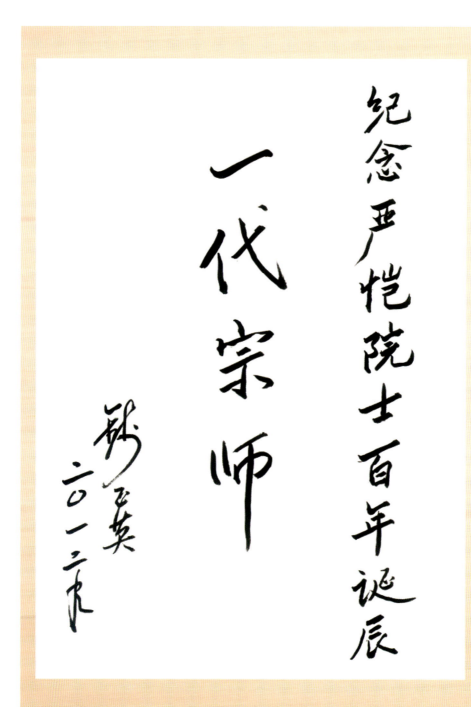

纪念严恺院士百年诞辰

一代宗师

钱正英
二〇一二年

2012年，全国政协原副主席钱正英纪念严恺诞辰100周年的题词

中国工程院院士传记系列丛书

领导小组

顾　问：宋　健　徐匡迪　周　济

组　长：李晓红

副组长：陈左宁　蒋茂凝　辛广伟

成　员：宋德雄　任　超　沈水荣　于　青
　　　　高中琪　梁晓捷　唐海英　王元晶

编审委员会

主　任：陈左宁　蒋茂凝

副主任：陈鹏鸣　高中琪　宋德雄

成　员：葛能全　唐海英　侯俊智　张　健
　　　　黎青山　侯　春

编撰出版办公室

主　任：侯俊智　张　健

成　员：侯　春　徐　晖　陈佳冉　汪　逸
　　　　吴广庆　郭　娜　郑召霞　姬　学
　　　　王成俊　王爱红　宗玉生　张　松
　　　　王小文　黄海涛　张文韬　聂淑琴

总　序

　　20世纪是中华民族千载难逢的伟大时代。千百万先烈前贤用鲜血和生命争得了百年巨变、民族复兴，推翻了帝制，击败了外侮，建立了新中国，独立于世界，赢得了尊严，不再受辱。改革开放，经济腾飞，科教兴国，生产力大发展，告别了饥寒，实现了小康。工业化雷鸣电掣，现代化指日可待。巨潮洪流，不容阻抑。

　　忆百年前之清末，从慈禧太后到满朝文武开始感到科学技术的重要，办"洋务"，派留学，改教育。但时机瞬逝，清廷被辛亥革命推翻。五四运动，民情激昂，吁求"德、赛"升堂，民主治国，科教兴邦。接踵而来的，是18年内战、14年抗日和3年解放战争。恃科学救国的青年学子，负笈留学或寒窗苦读，多数未遇机会，辜负了碧血丹心。

　　1928年6月9日，蔡元培主持建立了中国第一个国立综合性科研机构——中央研究院，设理化实业研究所、地质研究所、社会科学研究所和观象台4个研究机构，标志着国家建制科研机构的开始。20年后，1948年3月26日遴选出81位院士（理工53位，人文28位），几乎都是20世纪初留学海外、卓有成就的科学家。

　　中国科技事业的大发展是在新中国成立以后。1949年11月1日成立了中国科学院，郭沫若任院长。1950～1960年有2500多名留学海外的科学家、工程师回到祖国，成为大规模发展科技事业的第一批领导骨干。国家按计划向苏联、东欧各国派遣1.8万名各类科技人员留学，全都按期回国，成为建立科研和现代工业的骨干力量。高等学校从新中国成立初期的200所，增加到600多所，年招生增至28万人。到21世纪初，普通高等学校有2263所，年招生600多万人，科技人力总资源量超过5000万人，具有大学本科以上学历的科技人才达1600万人，已接近最发达国家水平。

新中国成立70年来，从一穷二白成长为科技大国。年产钢铁从1949年的15万吨增加到2011年的粗钢6.8亿吨、钢材8.8亿吨，几乎是8个最发达国家（G8）总年产量的两倍，20世纪50年代钢铁超英赶美的梦想终于成真。水泥年产20亿吨，超过全世界其他国家总产量。中国已是粮、棉、肉、蛋、水产、化肥等世界第一生产大国，保障了13亿人口的食品和穿衣安全。制造业、土木、水利、电力、交通、运输、电子通信、超级计算机等领域正迅速逼近世界前沿。"两弹一星"、高峡平湖、南水北调、高公高铁、航空航天等伟大工程的成功实施，无可争议地表明了中国科技事业的进步。

党的十一届三中全会以后，改革开放，全国工作转向以经济建设为中心。加速实现工业化是当务之急。大规模社会性基础设施建设、大科学工程、国防工程等是工业化社会的命脉，是数十年、上百年才能完成的任务。中国科学院张光斗、王大珩、师昌绪、张维、侯祥麟、罗沛霖等学部委员（院士）认为，为了顺利完成中华民族这项历史性任务，必须提高工程科学的地位，加速培养更多的工程科技人才。中国科学院原设的技术科学部已不能满足工程科学发展的时代需要。他们于1992年致书党中央、国务院，建议建立"中国工程科学技术院"，选举那些在工程科学中做出重大的、创造性成就和贡献，热爱祖国，学风正派的科学家和工程师为院士，授予终身荣誉，赋予科研和建设任务，指导学科发展，培养人才，对国家重大工程科学问题提出咨询建议。中央接受了他们的建议，于1993年决定建立中国工程院，聘请30名中国科学院院士和遴选66名院士共96名为中国工程院首批院士。1994年6月3日，召开了中国工程院成立大会，选举朱光亚院士为首任院长。中国工程院成立后，全体院士紧密团结全国工程科技界共同奋斗，在各条战线上都发挥了重要作用，做出了新的贡献。

中国的现代科技事业比欧美落后了200年，虽然在20世纪有了巨大进步，但与发达国家相比，还有较大差距。祖国的工业化、现代化建设，任重路远，还需要有数代人的持续奋斗才能完成。况且，世界在进步，科学无止境，社会无终态。欲把中国建设成科技强国，屹立于世界，必须接续培养造就数以千万计的优秀科学家和工程师，服膺接力，担当使命，开拓创新，更立新功。

中国工程院决定组织出版《中国工程院院士传记》丛书，以记录他们对祖国和社会的丰功伟绩，传承他们治学为人的高尚品德、开拓创新的科学精神。他们是科技战线的功臣、民族振兴的脊梁。我们相信，这套传记的出版，能为史书增添新章，成为史乘中宝贵的科学财富，俾后人传承前贤筚路蓝缕的创业勇气、魄力和为国家、人民舍身奋斗的奉献精神。这就是中国前进的路。

宋健

目 录

《严恺传》1991年版序

《严恺传》展示了一位水利界的师表。

严恺同志生于内忧外患、贫穷落后的旧中国。为了振兴中华，他历尽艰辛，赴国外求学。全民族抗战爆发后，他辗转万里，赶回祖国，共赴国难。在大西南和大西北，他踏勘高山峡谷，测量荒漠激流，探求江河的治理开发。由于旧中国建设无望，他转入教育事业，寄希望于来日。新中国成立后，他受命组织交通大学、南京大学、浙江大学、同济大学、华东水利专科学校等高校的有关专业，在南京建立华东水利学院（以后改名为河海大学）。在清凉山脚下，平地起家，艰苦创业，经过30多年的奋斗，培育了数万人才，输送给全国水利系统。纵观今日，从部一级领导到水利基层单位，都有严先生昔日的学生，都有华东水利学院的毕业生，真正是桃李满天下。我认为，以严恺同志为首的河海大学的师生员工，以及全国其他水利院校的同志们，完成了新中国水利事业的最大基本建设工程——培育人才。

严恺同志治学严谨，一贯坚持理论与实践相结合的原则。他在1938年从荷兰回国，就投身于云南省的农田水利建设，以后又考察黄河，勘测宁夏灌区，深入研究中国水利的实际情况，扎扎实实地在水利基本工作中打下学术的基础。在几十年的教学与科研工作中，他以学校为基地，以我国的重点建设项目为主战场，主持解决了天津塘沽新港回淤的难题，首创了钱塘江斜坡式海塘，提出了珠江三角洲整治规划的原则，领导了长江口开发整治的科研工作，最近又组织完成了《中国海岸带和海涂资源综合调查报告》，他的各项学术成就都有很大的现实意义和经济价值。他是中国科学院首批当选的学部委员，并长期担任中国水利学会理事长、国际大坝委员会中国委员会主席。在我们许多同志的心目中，他不仅是水利界的知名学者，也是水利界的师表。这是因为，他不仅有很高的学术成就，而且有很高的品德，堪为楷模。

1982年，当华东水利学院建校30周年之际，严恺同志提出了十六字校训："艰苦朴素，实事求是，严格要求，勇于探索。"这是他几十年治学经验的总结，也是他一生的座右铭。我认为，"十六字"的特点在于"严"。一般说，艰苦朴素、实事求是、勇于探索，这是我们许多同志对自己的要求，但各人的实践程度大有不同。严恺同志的特点在于严格要求，由于他要求最严，所以成为我们的师表。他姓严，确实是严字当头、严于律己、严于治校。他身体力行地实践"十六字"，一丝不苟地求学问，一丝不苟地工作，一丝不苟地做人，几十年如一日。他不仅为河海大学，也为水利界树立了一个光辉榜样。

就我个人的感受来说，我自认是他的未入门的弟子。我与严恺同志第一次认真谈话，是在1952年11月。华东水利学院成立之际，正值华东军政委员会水利部即将撤销，原任华东水利学院筹备委员会主任的刘宠光同志调离水利部门，我奉调中央水利部工作。严恺同志来到我家，要我兼任华东水利学院院长。当时，我还未满30岁，而他已是执教十数年的名教授。我吃了一惊，对他说："我乐于当你的学生，决不能当你的院长。"他向我具体分析了工作需要，那种纯从事业大局考虑、了无个人得失的浩然正气，使我深受教育，我只好表示同意。我认为，我的职责就是支持他工作。因此，我与冯仲云同志虽曾先后兼任华东水利学院的第一任和第二任院长，但是在我们的思想上，都明确严恺同志是实际的院长。在与他的交往中，我深深体会到他那严字当头的特点。在

1956年以前，他并非中共党员，但在讨论华东水利学院工作时，对党员干部以至党委书记提意见，都是直言不讳、从无顾虑。以后，我虽不兼任院长，但他每次来京，必电话告我。或在办公室，或在我的家里，他对工作、对我个人以至对国家大事有什么意见，都是坦诚相告。有时候，他推开我的办公室门，坐下来就提意见。全国水利工作的一些重大问题，我也随时向他请教。几十年来，水利建设的一些重大决策，如江河治理、葛洲坝水利枢纽建设、三峡工程论证以及水利机构设置、人事安排等等，他都认真负责地参与研究。他提的意见，都是从大局出发，经过深入思考，明确中肯，使我受益匪浅。我很庆幸有这么一位师长和知交。

感谢刘小湄和吴新华两位中年作者，他们以深入的观察和生动的笔触，形象而感人地再现了严恺同志这位共产党员知识分子走过的道路，写出了中国知识分子的传统美德如何通过共产主义理想的升华，化为当代大禹传人的无私奉献。《严恺传》也从一个侧面，反映了水利事业从旧中国到新中国艰苦曲折的创业史。作者虽非从事水利工作，却以极大的热情，讴歌了水利工作者的精神和风貌。水利界的同志将从《严恺传》中，感到自己的价值，激起辛酸和自豪的共鸣。严恺同志也是中国知识界的优秀代表。我相信其他领域的同志，在阅读本书时，都会引起联想，受到教益。"艰苦朴素，实事求是，严格要求，勇于探索"，不仅是河海大学的校训，也是我们共同的努力方向。让我们以严恺同志为学习榜样，在社会主义现代化建设的道路上奋勇前进吧！

钱正英

1991年6月22日

引 子

  严恺先生是我国著名的水利专家、教育家，终生致力于我国大江大河的治理和海岸带的综合开发利用，培养了大批水利科技人才，为河海大学的建立与发展作出了重要贡献，把毕生精力献给了祖国的水利事业和教育事业。先生一生执着追求，治学严谨，他的人生经历本身就是一部生动形象的教科书。

  ——2012年7月，中共中央政治局委员、国务委员刘延东纪念严恺诞辰100周年的题词

  工程造福人类，科技创造未来。工程科技是改变世界的重要力量，它源于生活需要，又归于生活之中。历史证明，工程科技创新驱动着历史车轮飞速旋转，为人类文明进步提供了不竭动力源泉，推动人类从蒙昧走向文明，从游牧文明走向农业文明、工业文明，走向信息化时代……

  新中国成立60多年特别是改革开放30多年来，中国经济社会快速发展，其中工程科技创新驱动功不可没。"两弹一星"、载人航天、探月工程等一批重大工程科技成就，大幅度提升了中国的综合国力和国际地位。三峡工程、西气东输、西电东送、南水北调、青藏铁路、高速铁路等一大批重大工程建设成功，大幅度提升了中国基础工业、制造业、新兴产业等领域的创新能力和水

平，加快了中国现代化进程……

工程科技是人类实现梦想的翅膀，承载着人类美好生活的向往，能够让明天充满希望、让未来更加辉煌。

习近平在2014年国际工程科技大会上的主旨演讲，激活了我们对20多年前采访严恺的难忘记忆。

1991年2月17日，农历大年初三早上，8点刚过，写字台上的电话就急匆匆地响了起来。

"约好了8点，怎么搞的？"中气十足、火气十足的声音直撞耳膜。一听便知，来电话的是中国科学院学部委员（后改称院士），时任河海大学名誉校长、南京水利科学研究院（1984年由"所"更名为"院"，简称"南科所"或"南科院"）名誉院长的严恺教授。

也许是我们几年前写的那篇取材于河海大学的报告文学《一石激起千重浪》引起的反响所致，严恺这位把人生的价值和不朽的论著写在祖国江河湖海之上、万千桃李心中的当代河海工程事业的一代宗师，给了我们好大的面子，1991年2月14日，农历除夕下午，在他的办公室里接受了我们的首次采访。

不高不矮、不胖不瘦的个子，挺直的腰板，穿一件带点新潮味儿的土黄色夹克衫、一双旅游鞋，已是耄耋之年的严恺，给我们的视觉形象大大年轻化了。略显稀疏、黑白相间的头发，一丝不苟地梳向脑后，亮出了他饱满得有点外凸的额头，敏捷的思维使睿智的双眼炯炯有神。可能是半个多世纪踏遍天涯海角留下的"多动症"，他时不时爱站起身来回走动，步履轻捷，年轻时的潇洒劲儿还不肯消退。

第一次采访时，我们早到了15分钟，严恺还在办公。当他楼上楼下地处理完公务，在我们的对面坐下时，时针正好指向约定的时间——中午1:30。

准时、惜时是严恺如影随形的一贯作风。他的时间是以分秒计算的，他实在太忙。

采访是在他为鸿篇巨制的传世之作《中国海岸带和海涂资源综合调查报告》奔忙了近10年之久，终于付梓面世之时进行的。这下，他可以歇歇脚了吧？不，在严恺的词典里没有停滞不前这个词，只有生命不息，奋斗不止。

1991年2月21日—3月1日，严恺作为三峡工程航运与泥沙专题论证专家组顾问，将赴京参加以国务委员兼国家计委主任邹家华为主任的国务院三峡工程审查委员会会议，完成对三峡工程至关重要的这一专题的预审工作，为党中央、全国人大、国务院的宏观决策提供科学依据。

2月25日—3月5日，严恺作为三峡工程生态与环境专题论证专家组副组长、国务院三峡工程审查委员会生态与环境专题预审专家组专家，还要飞往宜昌参加这个专题的预审工作。

两个会议时间交叉，他在2月20日也就是年初六就得动身。

"3月8号，我能回到南京，我们8号再谈。"首次采访结束时，我们请他确定下次采访的时间，严恺这样回答说。

"不行。"我们作为业余作家，过年放假是创作的最佳时间，一上班，也有忙不完的事。

"年初五早上8点。"

"年初三吧？"

经过斤斤计较的讨价还价，严恺答应在年初三中午接受我们的第二次采访，并提笔记在台历上。

"一定是您记错了，严老。约的是中午1点半。"

"不对，是早上8点。"

电话里，按虚龄算已是80高龄的一老与正向50岁冲刺的一小各不相让。

"我记得清清楚楚。"

"那，1点见。"

啪，电话挂断了。

"好大的脾气，真是个倔老头。"我们打趣道。

这个采访者与被采访者之间的"突发事件"，在我们中午踏进严府二楼他的书斋时戏剧性地结束了。

"抱歉。我专门去办公室查了台历上的记录，真是我记错了，态度还不好，我检讨……"

严恺的"检讨"更增添了我们对他的敬意，因为我们从中感受到他认真、求实的精神，何况我们无意中又发现了他忙的实证。

翻阅报纸，偶尔看到1991年2月15日即年初一的《人民日报》海外版上，刊登着严恺的《羊年春节寄语海外学子》一文。

严恺的书案上，有他应约书写的题词："少年科普报小读者：勤奋学习，勇于探索。"看得出，这也是他在春节期间不得不交的"家庭作业"之一。

"要是你们记错了，我还是要找你们。我不喜欢言而无信、拖拖拉拉的人。"严恺接着说。

搞文学创作的人，总爱把创作过程中瓜熟蒂落时的所谓灵感吹得神乎其神，可灵感很少来撞击我们的笔端。如果说也偶有才思奔涌的时候，那是通过对被采访者的第一印象捕捉到了主人公的典型个性。不管这种个性在常人看来是褒贬不一，还是毁誉参半，是让人拍案叫绝，还是令人心跳耳热、血压增高，有个性、有特色就行。严恺的个性就很对我们的胃口：大过年的，没有问候、没有客套，一个电话打上门来，毫无铺垫，直奔主题，与温文尔雅的儒家风范、喜怒不形于色的莫测高深毫不相干。即使查实是自己忙中出错，快人快语作了自我批评，也还要在"如果"后面添上一个"讨人嫌"的后缀。

毛泽东说过："世界上怕就怕'认真'二字"。曾多次出席全国人民代表大会和中国共产党全国代表大会的严恺之认真——认真做人，认真做事，认真做学问，以及由认真生发出来的脾气，确乎是很有点让人"怕"的……

弹指间，严恺已辞世13年。

历史不会忘记今天，今天将汇入历史。

严恺先生是我国水利工程的一代宗师。他主持或参与了黄河治理、钱塘江治理、天津新港回淤工程、淮河治理、长江口及太湖治理、长江葛洲坝及三峡枢纽工程、珠江三角洲治理，主持或参与了全国海岸带和海涂资源综合调查和连云港、长江口深水航道、南水北调等重大工程建设项目，为我国水利建设事业做出了重大贡献。

2012年，时任中国工程院院长周济纪念严恺诞辰100周年的题词，对严恺把人生的价值、不朽的论著写在江河湖海之上的奋斗史，作了定评。

河海大学将一幢新建的实验大楼命名为"严恺馆"，担任水利部、水电部副部长和部长职务长达30余年，被国内外誉为"中国水帅"的全国政协原副主席钱正英院士题写的馆名赫然其上，为了铭记，更为了继承。

严恺的铜像，屹立在河海大学校园里，屹立在南京水利科学研究院铁心桥试验基地中心广场上，屹立在前身为严恺大学母校的西南交通大学犀浦校区，为了纪念，更为了发扬。

《中国大百科全书·海洋科学卷》《中国农业百科全书·水利卷》《中国科技专家传略》和《中国当代科技精英录》等，记下了这个响亮的名字——严恺，连同他登攀的足音、光辉的业绩、赤诚的奉献。

英国传记出版社出版的《国际当代名人录》、英国剑桥国际传记中心出版的《国际传记辞典》和《国际知识界名人录》、美国传记协会出版的《国际杰出领导人名录》等，也记录了这个响亮的名字——Yen Kai或Yan Kai，连同他的事业和成就植根的沃土——中国。

　　我们带着"怕"——对严恺的敬畏之心，思考对他的历史定位。钱正英纪念严恺诞辰100周年的题词"一代宗师"，使鲁迅的一段名言浮上我们的脑际："我们从古以来，就有埋头苦干的人，有拼命硬干的人，有为民请命的人，有舍身求法的人……这就是中国的脊梁。"对，毛泽东把严恺的本家伯父严复定位于"先进的中国人"之列，对严恺的定位，好不过"中国的脊梁"五个大字。在严恺身上，始终体现着中国精神——以爱国主义为核心的民族精神和以改革创新为核心的时代精神。

第 | 一 | 章

内忧外患催人长

小时……就听说，中国什么都不行，是个极弱之国，经常受外国人欺侮，什么甲午战争割地赔款唯，五七、五九国耻纪念唯，五卅惨案唯……尽是些丧权辱国的事。这些都使我心里难受，也很不服气，总希望有一天中国能强盛起来。那时，我与许多青年人一样，有过科学救国或教育救国的思想。

——摘自严恺在1981年7月11日发表于
《福建日报》的《党使我的凤愿得以实现》

一、书香门第

1912年8月10日，严恺出生于天津。

他的父亲严文炳，字彬亭，生于1868年，早年毕业于天津北洋水师学堂，并长期留校任教；母亲陈氏，生于1870年。严恺排行老六，上有兄姐5人：大姐严能静、大哥严又彬、二哥严铁生、三哥严煦、二姐严铁民。

严恺出生那年的上半年，严文炳在北洋水师学堂任

1923年，严恺（右一）与哥哥、姐姐们合影

教官。

这所学堂是洋务运动的产物之一。洋务运动虽以维护封建皇权为前提，却是近代中国第一次大规模仿效西方的资产阶级改良运动：引进了大量西方的科技成果和著作文献，开启了教育救国、实业救国之门。

在慈禧太后爱颐和园胜过爱海军的时代，洋务运动的直接成果——北洋海军在中日甲午海战中全军覆没，清政府迫于日本的军事压力，签订了丧权辱国的不平等条约——《马关条约》，洋务运动处于休克状态。经时任直隶总督兼北洋大臣李鸿章奏请，于1881年8月（清光绪七年七月）正式落成的北洋水师学堂，其毕业生很多成了北洋海军的骨干，不少人在甲午海战中为国捐躯，还有许多成为后世名人。比如现代著名女作家冰心（原名谢婉莹）之父谢葆璋、民国总统黎元洪、南开大学创始人张伯苓，都是这所学堂的毕业生。

严文炳就读和任教期间，北洋水师学堂除间接遭甲午海战败北之奇耻，又直接受1900年（清光绪二十六年）八国联军入侵之大辱：位于天津机器局城垣内的北洋水师学堂，本是为抗御外侮而创立的，但终究还是被外敌毁灭。其校址所在地丧失了中国主权，先是被俄军占领，后成法军营盘。至于被日军盘踞，第二次世界大战结束后又由美国海军陆战队接管，那是后话。

需要怎样忍辱负重的定力、难分难舍的情结，才能直面这样的奇耻大辱，并且子承父业（严恺的大哥严又彬也驰骋海疆，曾任海军副舰长），再续强兵护国之梦？这得从严恺的祖籍福建省闽侯县及其家族史说起。

严恺的始祖严怀英（号仲杰），于唐昭宗天祐元年（904年），从原籍河南光州府固始县随王师入闽，卜居侯官县（今福建闽侯）盖山乡阳岐村。传至二十六世祖，便是严恺的祖父严宝璋。

福建省位于中国东南沿海。闽侯县在历史上是福州治所，地处闽江下游。帝国主义列强用洋枪洋炮打开中国闭关锁国之门后，炮口首先指向闽、粤。因此，在中国近现代史上，福建像广东一样，也多反抗外侮的志士仁人、洋务运动的身体力行者。领导虎门销烟的钦差大臣、湖广总督林则徐，就是侯官人。历任两江总督、船政大臣等职的洋务运动重要人物之一沈葆桢，也是福州人。他主持福建船政期间，不但创办了福州船厂，建造了近代中国第一批舰船；并着眼"船政根本，在于学堂"，于1866年创办了福州马尾船政学堂（也称福州船政学堂或马江学堂）。这是在西方"坚船利炮"侵袭下被动起步的中国海军第一个人才培养基地，也为闽、粤一带下层家庭的孩子提供了一条就业进身的报国之路。

当时官宦和巨贾之家的阔少爷，一心向往的是秀才→举人→进士→翰林这样一条可平步青云的科举"正途"。上这所海军学堂学技术、谋出路的，多半是寒门子弟。学生的衣、食、住全由学堂供给，每月还可以领4两纹银的津贴；每3个月会考一次，成绩列为一等者可领赏银10元；毕业后可有一份俸银较为优厚的差使。

严恺的本家伯父——资产阶级启蒙思想家、教育家、翻译家严复，便是这所海军学堂的首届毕业生。他在1867年以第一名考入福州船政学堂，1871年以最优等成绩毕业，1877年被清政府选派赴英国留学，1879年以头等成绩毕业于格林威治皇家海军学院，回国后被聘为母校的教习。1880年至1900年的20年间，严复先后任北洋水师学堂总教习（相当于教务长）、总办（相当于校长）之职。他在甲午战争后发表文章，主张变法维新、武装抗击外来侵略，并转而致力于传播西学。他翻译的第一部西方学术名著《天演论》于1898年正式出版。至1909年，严复先后译出亚当·斯密的《原富》等西方名著160多万字，成了近代中国系统翻译、介绍西方学术思想的第一人，将科学进化论、逻辑归纳法和演绎法，连同"物竞天择，适者生存"之类进化、富国、自由的资产阶级启蒙思想输入中国。离开北洋水师学堂后，他仍然致力于教育救国，曾创办中国最早的俄语学校——俄文馆，并担任复旦公学（复旦大学的前身）第二任校长等职。但是，当严复留学英国海军学院期间的日本同窗伊藤博文，成了明治维新的核心人物，翻手为云、覆手为雨之时，严复却因被列名为支持袁世凯复辟帝制的筹安会发起人而累及清名，退居乡野，正如他自己所叹："筹安会之起，杨度强邀；其求达之目的，复所私衷反对者也。然而丈夫行事，既不能当机决绝，登报自明，则今日受责，即亦无以自解。"

笔者想斗胆说句不见于经传的话：严复的糊涂一"事"与杨度的毁誉参半，不只是他们个人的功过，还是当时国体更迭、文化涅槃的中国国情使然。正因为此，毛泽东历史性地把严复划入"先进的中国人"之列：

　　自从一八四〇年鸦片战争失败那时起，先进的中国人，经过千辛万苦，向西方国家寻找真理。洪秀全、康有为、严复和孙中山，代表了在中国共产党出世以前向西方寻找真理的一派人物。①

严文炳比严复小10余岁，其父严宝璋在1878年去世，严文炳10岁就成了孤儿，即或是在家境尚可的耕读之家，也失去了走科举"正途"的支撑力。因此，严文炳自觉或不自觉地以严复这位本家兄长为效法的榜样，是自然之理。而12岁时也因丧父弃"正途"进入福州船政学堂的严复，既出于同命相怜，又出于对族弟的关爱，成了严文炳的引路人。严文炳考入北洋水师学堂得力于严复引路，还有一个旁证。比严文炳大两岁的同乡、冰心之父谢葆璋，就是严复回闽招生时推荐其北上应试，而考入北洋水师学堂的。不同的是，谢葆璋学成毕业后，派登"威远"舰实习，实习期满进入北洋舰队服役，是一位参加过甲午战争的爱国

---

① 《毛泽东选集》第四卷，人民出版社1991年版，第1469页。

军官；而严文炳则留校执教。

严恺出生的那一年，他的祖国和家庭似乎都出现了转机。1912年1月1日，中华民国宣告成立，孙中山就任临时大总统，在中国延续了几千年的封建帝制寿终正寝。严文炳离开了壮志难酬的北洋水师学堂，先任职于北洋政府海军部，后执教于京师大学堂。

京师大学堂是北京大学的前身，也是中国近代史上第一所国立综合性大学。它开办于1898年7月3日，是戊戌变法的"新政"之一。1900年，八国联军入侵北京，京师大学堂遭遇了与北洋水师学堂同样的厄运：校舍被占，图书、设备被毁，不得不停办，1902年才恢复。1912年，严复被任命为京师大学堂总监督，接管大学堂的事务；5月，京师大学堂更名为北京大学校，严复成了首任校长。由此推测，严文炳由天津而北京的乔迁，也与严复的提携不无瓜葛。

父亲严文炳是中国最高学府的教师，严恺本该有一个无忧无虑的幸福童年，可覆巢之下焉有完卵？严恺一家，仍然处于忧患之时、多事之秋的裹挟中。外患：1914年爆发的第一次世界大战，主战场远在欧洲，可中国想保持中立而不可得——日本继占领德国在中国的势力范围山东半岛之后，又提出了妄图独占中国的"二十一条"。内忧：1915年袁世凯复辟帝制、1917年张勋复辟的丑剧和闹剧在北京城一次次上演，遮蔽了出现在中国大地的共和曙光，中华民族又一次被推入水深火热之中。在这样的动乱背景下，严恺一家在北京居无定所，先后住过新帘子胡同、水磨胡同、北总布胡同等处。严文炳被忧国忧民的愁绪包裹着，更因对他提携在前、赏识于后的严复也陷于是是非非之中而百般纠结，想找一个心灵的港湾而不可得。

当时的严恺还处于"不识愁滋味"的幼童阶段，他对新帘子胡同印象最深的是住房后面的一个园子。显然，那不只是蟋蟀的乐园，还因为园子里有枣树，可以在那里"堂后扑枣"。

二、萍踪少年

就是在这样的内忧外患之中，童年的严恺到了入学年龄。他先上了几天私塾，后来进了北京第39小学，起名严钰。

那时，学校里常玩的游戏是小一点的孩子骑在大孩子的肩上摔跤：下面的大孩子跟大孩子角力，肩上的小孩子跟小孩子撕扯。这种盛行于北方的游戏，起源于北方游牧民族的生活。清朝统治者入主中原后，虽逐渐被汉文化同化，但作为马背上民族根深蒂固的传统，即使在蒙童的游戏中也根深蒂固。严恺记得当时常常摔得满身泥土，回家后，母亲陈氏总是怜爱地责怪说："怎么搞的？又弄了一身灰。"我们无法感知骑在"马"上奋勇"拼杀"的童年严恺，究竟领略到了什么样的生活哲理，但这样的校园氛围、五四运动爆发的社会背景，父母亲和多数已是中学生或大学生的哥哥、姐姐们的耳濡目染，肯定给了严恺这样的童年洗礼：弱小就要挨打，不想挨打就得自强。

1920年，在甲午战争的奇耻大辱记忆犹新、军阀混战使教育救国此路不

在宁波敬崇小学读书时的少年严恺

通的背景下，空有爱国之心却郁郁不得志的严文炳病故，陈氏也于1923年去世。中国有句俗话，从人之常情的角度概括了人生的三大不幸：幼年失怙，中年丧妻，老年丧子。父母双亡，使少年严恺经受了人生起步时期的一次大波折。他像一只雏鸟，突然失去了给他温馨的小巢、给他暖意的羽翼。大姐严能静虽然已经在北京的小学教书，但要养活弟弟、妹妹显然不可能；大哥严又彬在海军服役，戎马倥偬。11岁的严恺不得不与二姐严铁民一起，投奔二哥严铁生。严铁生当时在沪杭甬绍段铁路任见习工程师，经济条件和生活状况相对好一些。

严铁生毕业于交通部唐山大学（今西南交通大学），新中国成立后曾任铁道部第四设计院总工程师、全国政协委员。他成了家里的"老巴子"——小弟严恺的引路人。

严恺从北京到宁波后，转入敬崇小学，1925年考入四明中学。1926年秋，严恺就读于上虞春晖中学。其时有一件事，反映了严恺刚正不阿、敢作敢为的个性。给严恺所在班上课的一个化学老师水平太差，讲课讲不清楚，实验也总是做不成功，还老说什么失败是成功之母，学生们对他很是不满，有几个带头反对，严恺便是其中之一。结果，被开除了十几个人，严恺也名列其中。国文老师张同光对严恺被开除深表惋惜，他给严能静写信说："看见一个小孩在井边，我不能不担心啊，你们是骨肉之亲，一定要提醒他，别耽误了前程。"严恺却没有因为张同光愿意出面斡旋，而向那个化学老师低头，竟离校而去。他到绍兴时，身上没钱了，只好忐忑不安地回了家，不知道怎么向严铁生解释。已知就里的严铁生让他仍回四明中学。四明中学校长樊正康听说严恺要回来，答道："那你就来吧。"原来，他对严恺也颇为赏识，跟自己的夫人说："严钰这学生很好的，一等交关（方言，意为非常优秀——笔者注）啦。"

严恺没有辜负樊正康的厚望。1927年暑假，初中还没有毕业，他就去报考高中，竟然一炮打响，考入了浙江省立第四中学（今宁波中学）。不过，他的入学成绩并不算好，只能做试读生。没想到，进入高中后的第一次考试，严恺就考了个全班第一，由试读而入"正册"。

这时，严恺不想用严钰这个名字了。谈起改名时，他说："我小时候有个名字叫严幼彬，因为我父亲字彬亭，我大哥就叫严又彬，到了我呢，因为小，所以就叫幼彬。但这样叫，听起来就跟大哥重名了，怎么行呢？所以改叫严钰。严钰的名字在北京没问题，可到了宁波话中就变了，'钰'与'肉'同音，'严'与'咸'近似，这样，'严钰'就变成了'咸肉'，我觉得不好听，就想改名字。当时，我很喜欢文艺。有一个漫画家叫丰子恺的，我很喜欢。我一查字典，觉得这个'恺'字很好，就改叫严恺了。"

在浙江省立第四中学，严恺遇到了几位令他终身难忘的老师。外语老师张治中要求学生学外语得全文背诵，严恺就整段整段地背诵起来，其中有19世纪美国著名小说家霍桑的作品、法国短篇小说巨匠莫泊桑的名著。严恺的另一位外语老师李仲道教学严格，考试也严格。全班二十几个人，考试及格的只有两个，严恺则考了第一名，比第二名高出15分。严恺的超常记忆力和对外语的浓厚兴趣，深得老师赏识。此后，严恺成了他们常常向学生们提起的榜样。数学老师王珪苏同样以严著称，想考试及格，靠"临时抱佛脚"绝对不行。学生们抱怨说："王老师，看来在你的班上，谁也别想拿满分了。"王珪苏淡然一笑，说："怎么没有呢？严恺不就考了100分吗？"后来曾担任中央大学体育系主任的体育老师金兆钧，引导严恺对锻炼身体产生了浓厚的兴趣。篮球、足球、排球、竞走、骑自行车等项目，严恺都喜欢参加。

有篇文章，记述了严恺与另一位中国科学院资深院士任美锷，对当年在浙江省立第四中学趣事的回忆：

1993 年，严恺出席宁波中学（原浙江省立第四中学）建校 95 周年庆典

　　记得在宁波调查时，（严恺）讲起他与任美锷院士都是宁波中学的同学，他讲，你们任先生一直喜欢读书，只知道读书。下课了，我们都去踢足球，他总是在看书。严校长一边说还做了一个有趣的姿势，学着任美锷院士少年时歪着身子缩个头在看书的样子，还真有几分神似。任先生笑着说，是、是的（任先生讲话常有口吃），他（指严恺——引者注）身体壮，是我们中学的足球名将。[1]

　　1993 年，严恺作为著名校友参加宁波中学建校 95 周年校庆，上台讲话时深情地报出了这些老师的名字，台下立刻爆发出热烈的掌声。学生们既好奇又敬佩：时隔 70 多年，身为院士的这位长者，竟还念念不忘当年的老师！这些年轻人哪里知道，严恺难忘恩师，一是与其中多位老师后来亦师亦友，过从甚密；二是这些老师使他终身受益。比如，严恺不管治学还是治校、律己还是律

① 朱大奎：《怀念严恺院士》，《一代宗师：严恺院士诞辰 100 周年纪念文集》，河海大学出版社 2014 年版，第 70 页。

人，都以严格著称。这起步于心智渐趋成熟的中学时期，老师对他的言传身教。

三、交大学子

绝顶聪明、刻苦好学，加上引导得法的老师，严恺仅用4年就完成了中学6年的学业，1929年，高中没毕业即报考大学。

受二哥严铁生影响，严恺也报考了交通大学唐山土木工程学院。但因为刚念完高中二年级就仓促上阵，他像考高中时一样，考得并不理想，是备取生，比他那以第一名考入福州船政学堂的本家伯父严复差远了。巧的是，严恺还真的递补上了，在11月份拿到了入学通知书，进了土木系。

收到姗姗来迟的入学通知书，严恺当然高兴。严铁生在高兴之余却犯了难，想了半天，说："四弟呀，你念中学，我还能将就着供得起你，可念大学就不是一两个钱了，你找一找大哥吧。"严铁生给大哥严又彬写了一封信，信上说："这个四弟呀，一定要帮他念书，他念书从来不做第二人。"

当时，严又彬还在海军舰艇上，但严恺的大嫂住在宁波乡下，他就从水路乘脚划船去找大嫂。大嫂问要多少钱，严恺说，大概一年300块大洋吧。大嫂说："要这么多啊！你大哥又没有发财。不过呢，我们还是要想办法的。"大嫂当即给严恺筹措了100多块大洋，以后又每月给他寄25块左右。

严恺感念哥哥、嫂嫂对自己的关爱和期盼，知道这些钱来之不易，所以，生活上尽量节俭。没想到，这被父母双亡只能靠兄姐资助的窘境逼出来的节俭，成就了严恺一生俭以养德、俭以养廉的美德。

严恺加倍努力地在学海中奋棹挥楫。刻苦勤奋是他的白帆，博闻强记是他的长风。大学第一学期，因为有些高中课程没有学完，又因为备取而入学稍晚一些，严恺的成绩不太理想。可后发先至，他的学业名次步步攀升，到第四个年头，成了与他的本家伯父严复一样的佼佼者：在全班名列榜首。

从大学毕业证书中，我们看到，大学四年级开设的城市规划、河工及港工、铁路计算及制图、工程法则、建筑估价及管理、野外水文测验等16门课程，严恺的成绩均在90分以上，总平均分为96分。其中，获100分的是高等力学、桥梁工程、桥梁设计和钢筋混凝土房屋设计，获99分的是钢铁房屋设计和钢筋混凝土拱桥设计。

这一成绩，值得不同年龄、不同层次的人们深思：

被"厌学风"吹得歪歪倒倒，主张"60分万岁"的青年学生应该深思；

小有成绩便沾沾自喜的优等生应该深思；

受"十斤讲稿，不如二两论文"影响的我们的教育界同行应该深思；

有"成才不如发财"思想，"鼓了钱袋，忘了后代"的家长应该深思；

对高分低能和"风声雨声不闻读书声，歌声舞声又加叫卖声"视而不见、听而不闻的学校管理人员应该深思；

对教育事业的发展、青年一代的培养与祖国的未来、现代化建设的成败之关系，嘴上喊得多、行动上落实少的领导干部，尤其是教育主管部门的领导干部更应该深思。

1933年7月，严恺在同学们羡慕、师长们赞许的目光中，领到了大学毕业证书并获得了学士学位。

严恺是幸运的——他毕生从事的河海工程事业，由这里扬起了驶离港湾的风帆。

交通大学唐山工程学院是幸运的——她当时不可能想到，这名备取生将以自己的辉煌成就为母校增光添彩，这名学生的人生轨迹将为校史写下辉煌的一笔。

唐山交通大学《校友通讯》总第2期目录"校友题词"中，严恺之名列于首位。

1991年3月25日，迁到成都、改名为西南交通大学的严恺大学阶段母校，为在5月15日举行建校95周年庆典，给严恺发来了请柬。

邀请函中称：

1996年5月15日，严恺在西南交通大学（前身为唐山交通大学）百年校庆大会上发言

我唐山交通大学……虽经离散迁徙，历世纪征尘，仍弦歌长盛，桃秾李郁而终于安定芙蓉花城。建设中的新校园内，层楼拔起，平湖绿茵，后生奋发，生机盎然……老校长茅以升纪念铜像亦将隆重揭幕……盼能百忙赋暇，届时光临。

在严恺90寿辰时，西南交大又发来贺信说：

严学长一生辛勤耕耘，功绩卓越，母校为有学长而骄傲，交大学子为有学长这样的楷模而深感自豪。

依依师生意，悠悠故人情！如果严恺没有在交通大学唐山工程学院打下扎实的专业功底，他就不可能成为母校的骄傲、后学的楷模，更不可能成为新中国河海工程界的一代宗师。

第|二|章

邃密群科济世穷

五十多年前我在欧洲留学……那时我在国外的心情，你们现在恐怕很难想象。一方面对国家的命运、民族的前途忧心忡忡，寝食不安，另一方面作为一个中国人，在国外到处受到歧视，日子很不好过。

——摘自严恺在1991年2月15日发表于《人民日报》海外版的《羊年春节寄语海外学子》

一、去荷兰留学

严恺是在1935年去荷兰留学的，那是他大学毕业后的第三个年头。

严恺从交通大学唐山工程学院毕业之时，正碰上黄河水利委员会（简称"黄委会"）登报招聘防汛技术人员。他报了名，但因为是应届毕业生，没有录取，被分配到京沪沪杭甬铁路管理局杭州工务段任实习员。

这里当时并没有什么可以让严恺施展才华的工程，于是，1933年10月，他投奔当时任湖北省会工程处主任的校友方刚，在那里任工程员。武汉地处南北要津、长江中游，是人文荟萃之地。唐代崔颢的诗《黄鹤楼》、李白的佳句"故人西辞黄鹤楼"，使这座城市及其名胜黄鹤楼闻名遐迩。但武汉既是中国水陆两条大动脉的交会中心，又是长江与汉水的交汇处，水患频仍。严恺带着初出茅庐的热忱，在武汉市政建设和防汛工作中展示了创新的胆识和才气。他在武汉的第一件作品是为张学良设计的汽车轮渡码头，利用江堤，修了一条长长的斜面车道。这样，汽车可以直接开上轮船，张学良十分满意。其时，黄鹤楼的重修工程开工在即，为此，先要横跨马路修建一座桥。因为设计汽车轮渡码头的成功，这座桥的设计任务也交给了严恺。他又一次显示了创新的天赋，设计的一座钢筋混凝土钢架桥，结构科学、造型新颖，再次受到业内人士的赞许。

辗转多处，他发现了一个奇特的现象：当时中国的水利工程单位，都是外聘荷兰等国的专家挑大梁，中国的工程技术人员只能当边角料。于是，他知道了荷兰在河海工程领域处于世界领先地位，并体会到多灾多难的祖国科技落后的苦涩味。

严恺不甘心：我们中国人莫非只能当配角？科学救国，他决心去取他山之石，来攻中国河海工程之玉。

说来也巧，1935年，由蔡元培任院长的中央研究院确定选拔一名土木工程方面的技术人员到荷兰公费留学，这正中严恺下怀。他风尘仆仆从武昌乘船来到南京，在诸多竞争者中，以第一批第一名的成绩被录取，总分318分，高出第二名40分。

> 大江歌罢掉头东，
>
> 邃密群科济世穷。
>
> 面壁十年图破壁，
>
> 难酬蹈海亦英雄。

这是周恩来赴日本留学时写下的满怀报国豪情的绝句。诗言志，有此志者，其时也不在少数，严恺便是一个。不过，他并非去东邻日本，而是掉头西向，去学习侣江河而友湖海的过硬本领。

今日的出国者，坐上喷气式客机，在空中打个盹儿就到了欧洲。当时，可并不那么轻松。

那时去荷兰，一条是海路，另一条是走西伯利亚的陆路。严恺选择了后者，一为省钱，二为省时。省时是与全程乘轮船漂洋过海比，当时走西伯利亚同样"路漫漫其修远兮"：上海→大连→满洲里→莫斯科→柏林→海牙的出国旅途中，仅从满洲里到莫斯科这一段就走了整整6天。10月份的苏联已穿上了寒冬的盛装，严恺好奇地观赏着充满异国风情的白雪世界。车上见到苏联士兵在下国际象棋，严恺看了一会儿，会了；一下，赢了。苏联士兵直竖大拇指。

列车行驶在世界上第一个社会主义国家的国土上。面对苏联红军，严恺的头脑里是否出现过中国工农红军，是否有瞿秋白在《饿乡纪程》中的那种感受，笔者不得而知。但啃着从满洲里买的干面包，看着车窗外荒凉的西伯利亚，他不能不想到自己灾难深重的祖国，还有在贫穷、战乱中挣扎的同胞。他的心里也是一片荒凉——在伪满洲国，他被卡住了，检查再三，左寻根右问底。严恺再一次尝到祖国沦为半殖民地时，同胞处于亡国奴地位的苦涩，这引出了他对自己出国留学前因的不快记忆。

严恺知道，自己去荷兰留学的费用，来自庚子赔款。1900年，八国联军以天津为跳板占领北京后，清政府于次年与11国签订了丧权辱国的《辛丑条约》，赔偿入侵者4.5亿两白银所谓"损失"。俄国十月革命后，苏俄宣布废除与中国政府的一切不平等条约，对沙俄的庚子赔款到此了结。美国在此之前，就把对美庚子赔款中所谓超出实际"损失"的"浮利"用于中国的教育开支——打的不只是夺泥燕口的"小九九"，而是争夺人才的攻心战。荷兰效仿美国，于是有了"庚款"留荷项目，中国驻荷兰公使馆就是用这笔钱给严恺发放学费的。该公使馆在1938年3月14日致

1937年在荷兰德尔夫特科技大学留学时的严恺

中央研究院的信中，有"中和庚款留学费项"及"严恺（民国）廿七年一月至三月份留学费和币四百八十盾饬领具据"等语。[①]但"三军可夺帅，匹夫不可夺志"，对严恺来说，"庚款"中有国恨，又有家仇。他就是带着这样的苦涩味，踏上去国远游之路的。

抱着邃密群科图破壁的报国之志，严恺于1935年10月踏进距离荷兰中央政府所在地海牙7公里的大学城，进了德尔夫特科技大学。这所大学是荷兰以应用科学为主的国立大学，严恺是在该校学习土木工程的第一个中国人。

在人高马大的白种人中间，严恺显得有点瘦小、有点寒酸。德尔夫特科技大学的师生用异样的眼光，打量着这个来自东方的陌生人："他也想学水工？光一门荷兰语也够他啃几年的。"怀疑和好奇兼而有之。

入学时要进行甄别测试。一考专业课，大家不得不对严恺刮目相看。他得以免除此后的两大关：预备考试、候选考试，而允许直接参加相当于副博士的工程师入学资格考试。其时，最大的拦路虎是语言关。严恺虽已熟练掌握了英语，对荷兰语却一窍不通。听不懂用荷兰语讲授的课程，看不懂荷兰语的专业教材和参考资料，如何与异国同窗一比高低？身在异国他乡，同学们自然会以点带面，通过他的一举一动来透视中国人。如果成绩落后、学无所成，自己被小看是小事，中国人被看扁了可是大事，更何谈借他山之石报效祖国？压力内化成动力，博闻强记的严恺跟着一位教荷兰语的私人教师苦学了两个月，创造了一个常人会疑为天方夜谭的奇迹：竟然能听懂用荷兰语上的专业课，并能作课堂笔记了。

这个奇迹，跟与严恺同期的留学生谢家泽有关。他比严恺长一岁，1934年毕业于清华大学土木工程学系，1939年回国后，人

① 见中国第二历史档案馆档案，全宗号：三九三；案卷号：77。"和"是当时对荷兰的简称，"盾"指荷兰盾。

严恺留学期间的荷兰文笔记

生轨迹与严恺有诸多交会之处：也曾在昆明当过工程师，在中央大学、交通大学担任过教授；新中国成立后，历任南京大学教授、水利电力部水利水电科学研究院副院长、中国水利学会第三届理事会副理事长。谢家泽在中国水利学会，与当时担任该学会理事长的严恺成了搭档。严恺在写于1994年的《缅怀家泽兄》一文中，情真意切地回忆道：

那是在1935年秋，我考取赴荷研究生，抵海牙中国

（公）使馆报到适逢双十节。家泽兄比我早到两周，是由湖南省选送到荷兰学水利的，我们一见如故，因是同行，格外谈得来。他给我介绍了两周来他所了解到的情况，帮助我从旅馆搬到德尔夫特（Delft）科技大学所在地的德城，并替我找到住处。在德城，我们要做的第一件事就是学习荷语。经过他的奔走，终于找到了一位私人教师。他教得很认真，我们也学习得很刻苦。两个月后，我们已掌握了荷语的基本知识。

荷兰，这个面积不足我国二百分之一的低地国家，西、北两面邻海，三分之一的国土海拔不到1米，四分之一的国土在海平面以下。为了生存与发展，荷兰在跟大海打交道过程中积累了丰富的经验，创造了诸多水利和海岸工程奇迹。"到荷兰深造，不能仅仅满足于学习书本的知识，不能把自己关在教室这块方寸之地，要把荷兰的海港、水利工程当作自己的大课堂。"严恺这样想。于是，他跑野外，沿着荷兰1075公里海岸线实地考察海岸、

海港等水利设施，到德尔夫特水工试验所、须德海工程、鹿特丹港等处参观学习。至今，我们还能看到他当年用简陋的照相机拍摄的荷兰海港工程施工现场等照片。这位未来的水利科学家自有科学的头脑、独到的行动，他要把书本知识变成能在自己祖国的水利事业中发挥作用的实际能力。

一分耕耘，一分收获。

3年转瞬即逝。1938年夏，"三堂会审"般的毕业面试开始了，海港工程、治河工程、水力发电、灌溉工程……

主考官是指导严恺攻读水利工程和海岸工程专业的布鲁克曼（Van Mourik Broekman）教授，他是荷兰著名水工专家，在德尔夫特科技大学以博学、严格闻名。他那深不见底的蓝眼睛里放射着逼人的光芒，梳理整齐的大胡子，更增添了他的一丝不苟。因为面试不及格，而不得不第二次、第三次面对他的学生并不少。这些学生既尊敬他，又诅咒他。在他乡异国难免有寄人篱下之感的青年严恺成熟了：虽来自积贫积弱之国，却不自卑自贱，反多自尊自信。别说在浙江省立第四中学，就是在交通大学唐山工程学院，严恺遇到的严师还少吗？教力学的罗忠忱先生，不论你用什么方式解题，只要结论是错的，成绩就是零分，两次不及格就开除，没有任何商量余地。对罗先生的话，严恺终生铭记："你们是搞土木工程的，一个小小的错误都是大量的金钱与血汗啊！"因此，面对严格到有点苛刻的主考官布鲁克曼教授，严恺多的是接受检验的兴奋与激昂，却不见紧张与畏缩。

当喊到他的名字时，严恺从容地站起身来，整了整领带和大礼服，步履坚定地走进了考场。答罢一道难题，另一道难题又从别的教授口中冲出。如同足球场上的守门员，要去奋力捕捉一个又一个对方踢过来的防不胜防、刁钻古怪的球。严恺用荷兰语应答，准确、流利、自然，如同风行水上。最后，轮到布鲁克曼教授提问了。他提的问题很多，涉及面很广，有的甚至超出了考试范围，严恺都一一作了回答。布鲁克曼教授的面部表情变化着，由冷峻而欣慰。最后，他风趣地叹息："我恐怕再也见不到你了。"一句玩笑，严恺却不无感伤。不是因为3年间的付出太多，也不是因为即将到来的告别太快，而是因为在异国他乡太多太多的歧视中深感寒冷的心，竟因这句由衷的赞美而产生了暖意。当然，布鲁克曼教授不会想到，面试时规定必须穿的大礼服，严恺没有，是借来的。

一路绿灯，严恺获得了荷兰土木工程师学位，为国家、为民族争了光。时任中国驻荷兰特命全权公使金问泗，在1938年5月23日致中央研究院的信中写道："严恺专心学业。据伊校教授Hondelink日前到馆报告，该生成绩颇优，现正应毕业考试，业经考过若干门，可望如期毕业。"时任中央研究院总干事的傅斯年，在致国民政府经济部部长翁文灏的信中，也对严恺赞赏不已。①

二、看柏林奥运

1936年夏，柏林。第11届奥运会正在进行之中。现场观阵的希特勒时而狂喜，时而暴怒。

参赛的中国代表团人数倒也不少，100多人，戴季陶出任团长。可一上赛场，刘长春的男子百米短跑，预赛中就被淘汰；符保卢的撑杆跳高成绩是3.15米，比当时的世界纪录低1米多；铅球选手、号称"铁牛"的陈宝球使出了全身力气，也只推出了12米多。中国奥运代表团全军覆没！

---

① 见中国第二历史档案馆档案，全宗号：三九三；案卷号：77。

1936 年第 11 届柏林奥运会期间，严恺（左一）与中国同学在一起

　　利用暑假到柏林学习德语的青年学子严恺，此时也在看台上。他如同掉进冰窖，从头凉到脚。能怪运动员吗？国弱民也弱呀！严恺懂得这个道理，但心里的凄楚与悲愤挥之不去。

　　海外游子，每逢有祖国代表团参加的重大活动，尤其是体育盛会，兴奋之情是可想而知的。严恺与几个同学在几天前就贴出巨幅告示：

　　世运招待会，组织拉拉队。歌调要新颖，口号必叫对。一人首先喊，大家一齐随。鼓励我选手，夺得锦标归。

　　严恺兴致勃勃地来到奥运赛场，没想到事与愿违，听到的是看台上的阵阵哄笑。他由希望而失望，由失望而愤激。旁边一位看客注意到了这位邻座垂头丧气的样子，搭话说："你是中国人还是日本人？我看你像日本人。"他的"抬举"大大刺伤了严恺，严恺的脸憋得通红："胡说八道，我是中国人！"说罢，愤然离座而去。

严恺萌芽于国恨家仇的科学救国之梦，在中国奥运代表团的一败涂地中，在说者无心、听者有意的刺激下，从心底迸发出来。他想大哭一场，想大喊出声：总有一天，我们会甩开"东亚病夫"的帽子，我们会夺得锦标归！

这一天终于来到了，在72年之后！

北京的夜空中礼花绘出的巨人足迹、国家体育场里冉冉升起的"飞天"五环、缶阵中雄风翻卷的"秦之声"、"鸟巢"中央中华文明的历史长卷、与"中国印"前呼后应的中国画卷轴，以及文房四宝、四大发明、民乐戏曲、阴阳太极，中华文明在这歌与舞中飞向全世界，传递到不同国别、不同肤色的人民心中。汉字方阵里在跃动中凸现的"和"字、"丝绸之路"与"郑和下西洋"，艺术地表现了奥林匹克文化的本质。夸父逐日式的圣火点燃过程中，火炬手的奋力升腾、顽强攀登，是中华民族圆百年奥运之梦，也是炎黄子孙自立于世界民族之林中国梦的艺术写意。2008年8月8日北京奥运会开幕式的动人画面，连同中国代表团荣登奖牌榜之冠的比赛成绩，在观看柏林奥运会之后，或许无数次出现在严恺的梦中。虽然他没有亲眼看到这如梦如幻的真实一幕，但2001年北京申奥成功的喜讯，已经让严恺陶醉了。他给孙辈们讲述柏林奥运会上的亲见亲历，也讲述甩开"东亚病夫"帽子的强国梦，怎样变成了自己半个多世纪的不懈追求。

甩开"东亚病夫"的帽子，得从强身健体做起。严恺在中学时期培养的，与他开朗、好动的个性相联系的，对体育锻炼的浓厚兴趣，大学毕业以后因为与江河湖海打交道而得到加强，此后又因为注入了甩开"东亚病夫"帽子的高远目标而变得更加执着，成了严恺个人特色中的一个重要组成部分。

甩开"东亚病夫"的帽子，不是一个人能做到的，需要大家一起行动起来。尤其是从事水利工作的人，经常要跋山涉水，必须有强健的体魄。从这样的理念出发，严恺成了他长期主政的华东水利学院（简称"华水"，1985年恢复传统校名河海大学，简称"河海"）群众性体育活动的积极组织者和参与者。1958年，他带头参加体育测验，通过了劳动卫国体育制度（简称"劳卫制"）的测验；他还带头参加校运会的比赛项目，曾获得老年组400米竞走冠军。每天上午的课间操，严恺只要在学校，就带头做操甚至亲自领操，每一个动作都做得一丝不苟，如同他严谨治学、正直做人的一生。在华水，不管什么重要会议，只要是他主持的，课间操时间一到一律暂停，他站在队列前亲自领操。有人借口有事想溜号，他严肃地反问："你比我还忙吗？"半个多世纪后，在河海大学"严恺奖学金"的推荐、评选条件中，也有这么一条："身心健康，达到国家体育锻炼标准。"

年事渐高后，严恺自编了一套适合自己年龄的形体操，主要是在室内进行锻炼。时常有人在上午到他家谈工作，一到10点钟，他就指指放在桌上的怀表说："我要到小院子里锻炼锻炼了。"进入耄耋之年后，他曾诙谐地对客人说："我现在做广播操有点偷工减料，因为岁数大了，最后的跳跃运动，就不跳了。"一句话，把大家逗乐了。

为了甩开"东亚病夫"的帽子而变得执着的强身健体活动，使严恺成了一个足球迷。4年一度的世界杯足球赛，成了他与儿孙们同乐、一起看电视实况转播的节日。如果是在凌晨举行的球赛，他会快速地安排好工作，早早休息，早早起床，饶有兴味地观看。足球比赛讲究的是整体配合，绿茵场上激烈的拼抢和奔跑，这一切，就是严恺率领一个个专业团队，在河海工程一线冲锋陷阵的写照，当然会引起他强烈的共鸣。

中国科学院院士、南京大学海岸与海岛开发教育部重点实验室主任王颖的回忆，通过充满生活情趣的竞走比赛，记述了严恺坚持体育锻炼的效果：

当年实行体育锻炼劳动卫国制，年近50岁的他竟获得劳卫制二级奖章，而20多岁的我却因100米跑了16.1秒而未通过，仅0.1秒之差，却差之千里。所以，我特别敬佩他，但又心有不服，在新港码头上提出和他比赛谁走得快！我想以自己长期跑野外能走路之长与他比赛，没想到，严院长走得比我快！后来，"文化大革命"期间，在南京大学看大字报时，我碰到了严院长，心想，现在你年纪大了，肯定比不过我，于是又提出比谁走得快！结果，还是我落后，走不过他。我心服口服，真是因为长年锻炼，才使他多年保持着体型瘦长与动作迅捷。①

严恺的引领与表率作用，使华水的群众性体育活动普遍而且活跃。

1954年2月，华水决定推行劳卫制预备级，86%的学生积极参加；同年5月，华水与一路之隔的南京师范学院（今南京师范大学）联合举行第一届体育运动会，全院89%的学生参加竞赛项目和团体操表演。普及给提高打下了基础，华水学生的体育竞技成绩提高显著：1955年4月举行的第二届校运会上，有21项运动成绩打破上届运动会纪录；1956年5月举行的第三届校运会上，男生组有12项18人次、女生组有10项16人次打破学校运动会纪录。1952—1958年间，在全国和省、市的各类体育竞赛中，华水学生的成绩也颇为突出：

在此期间学校体育捷报频传：陈有临同学在校第四届运动会上以73公斤的成绩破江苏省最轻量级抓举纪录，接着又在1956年江苏省大学生运动会上获最轻量级举重第一名。张丽芳同学在1957年南京市田径体操运动会上破女子200米市纪录。1958年1月，我校足球队获江苏省高校足球赛冠军。曹柏森同学在校第六届运动会掷手榴弹项目中以64.94米的成绩破省纪录，在南京市运动会上又以67.40米的成绩再破自己创造的省纪录，在江苏省

①　王颖：《高风亮节兆学界——缅怀严恺院士》，《一代宗师：严恺院士诞辰100周年纪念文集》，河海大学出版社2014年版，第46页。

第六届大学生运动会上三破省纪录。曹长久同学在1958年全国青年举重比赛中获得重量级第二名，在江苏省第三届大学生运动会上打破次重量级全部（推举、抓举、挺举）省纪录。苏治平同学以24分34秒4的成绩在江苏省首次横渡长江比赛中第一个到达终点。校女篮队在1955年、1956年连续两次获江苏省高校篮球赛冠军。[1]

到了改革开放时期，华水对体育工作不但一如既往地重视，而且新气象迭出：

自贯彻执行《高校体育工作暂行规定》以来，无论是在提高师资，加强业务进修，搞好课堂教学，抓好群体活动方面，还是在体育运动水平的提高方面，都出现新的气象，学生中达到国家体育锻炼标准的人数逐年增加，1979年占学生总数的34.6%，1985年已达94.7%，为江苏高校的第四名。体育组织除原有的田径、足球、男女排、男女篮、男女乒乓球队外，又先后建立了地掷球、武术、冬泳、长跑队等。我校的足球、男女排球、女子篮球队在市高校比赛中均进入前三名。1977年南京市大学生排球赛，校男排获冠军。1981年，校足球队荣获江苏省足球选拔赛冠军，参加全国比赛，1985年获南京大学生足球赛冠军。我校地掷球队代表江苏省参加全国邀请赛，获得第四名，队员鞠滨被选入国家队，并于1985年8月赴意大利参加世界锦标赛。他们为学校赢得了荣誉。

1979年，我校体委被评为省高校体育工作先进单位。学生体育积极分子中，不少同学既是体育场上的佼佼者，也是学习上的优秀者、三好生。教职工体育积极分子中，不少同志是教学、科研成果奖和院内外各种先进称号的获得者。[2]

---

[1] 刘晓群主编：《河海大学校史（1915—1985）》，河海大学出版社2005年版，第114页。

[2] 刘晓群主编：《河海大学校史（1915—1985）》，河海大学出版社2005年版，第233页。

2000年，88岁的严恺（左三）获"世纪健康老人"称号。图为他在时任河海大学校长姜弘道（右二）陪同下，参加领奖仪式。

华水群众性体育活动的普及和运动水平的提高、在河海工程人才培养和建设事业中发挥的效益，从严恺坚持体育活动的成效可以推知。2000年，他88岁高龄时，在第五届全国健康老人评比中被授予"世纪健康老人"称号。而对严恺甩开"东亚病夫"帽子的最高奖赏，是他为祖国健康工作了70多年，成为治校治学、河海工程领域的"常青树"。

三、通五门外语

留学荷兰大半年后，严恺就能熟练地用荷兰语听、说、读、写。加上在中学和大学期间打下的扎实的英语功底，他已经能啃大部头的英语及荷兰语原版专业书刊了。

可严恺并没有就此止步。荷兰语的原版专业书刊毕竟有限，英文的也不能囊括一切。面对大量用德文、法文写成的专业书，他又动开了脑筋：看不懂这些书，如同入藏宝之室而空手回，真是太可惜了。要学会德语、法语，多一块敲门砖就多一份收获。

严恺不是个空想家，而是个实干家。说干就干，1936年暑假，他去了柏林，进入柏林大学为外国人学德语办的每期两个月的短训班。这次柏林之行，令严恺与谢家泽的友谊进一步加深。谢家泽其时已转学到德国，就读于柏林科技大学。严恺回忆道：

1936年，为了学德语并参观水利工程，经家泽兄联系，我到了柏林……我们时常一起谈心和探讨问题。我们还结伴背着"睡囊"，徒步到各处参观旅行，夜宿青年宿舍（只有床、床垫和毛

1936年，严恺（左）与谢家泽在德国柏林合影

毯，不供床单和被单的简陋旅店）。①

自然，友人相聚和旅行的快乐，并没有冲淡在柏林奥运会看台上深深刺痛他的那一幕。甩开"东亚病夫"帽子的强国梦，除了转化为强身健体的动力外，也转化为强攻德语的动力。面对知识，严恺是一个想一口吃成胖子的饕餮；面对堡垒，他是一个攻无不克的斗士。他竟同时进了两个短训班：下午上初级班，上午进中级班，对自己来个超负荷的车轮大战。才学了一个多月，初级班的一位女教师上课时提了个有一定深度的问题，其他同学都答不出来，严恺却作了圆满的回答。那位女教师看着这位中国学生，好奇地发问："你怎么会这个？"严恺睁大双眼，扬起眉毛，似乎在反问："我为什么不能会这个？"柏林奥运会看台上那难堪的一幕又在他脑际闪过，差点脱口而出的潜台词是："莫非因为我是中国人？"

结业考试时，在初级班，他考了第二名。老师和同学都为他鼓掌，他自己却不无懊恼：输给了一位罗马尼亚女同学。他可不为自己找客观原因：那位女同学原先就有一点德语基础，她的母语和德语同属印欧语系，多相通之处。不过，他也不无可引以为荣的：在中级班，他考了第一。欧美同学的眼睛都瞪圆了："中国人得第一，想不到，真想不到。"两个月后，严恺回到荷兰时，德尔夫特科技大学的同窗们也没想到他的德语一下子竟这么好。巴尔扎克说得好："谁自重，谁也会得到尊重。"严恺以自己的聪明才智、奋斗拼搏，在高鼻梁、蓝眼睛的师长和同学中树立起了中国人的形象。

树立中国人的形象需要付出的代价，远非奋斗拼搏所能概括。两个月的德语短训班，比暑假长一截。德尔夫特水工试验所所长对严恺这位一向准时、守信的中国留学生竟不见人影大为

① 严恺：《缅怀家泽兄》。

不解，以为发生了意外。他给严恺的出国派遣单位中央研究院去电，反映了这一情况。国内给严恺来函追查原因，那两张德语短训班结业证书为严恺作了解释。

之后，严恺还学会了法语和俄语。他的法语，是1938年年底回国前，在法国格勒诺布尔（Grenoble），跟一位私人教师学的。一个多月的学习时间，对一般人来说，只能算"扫盲"，很快就会忘得一干二净，严恺却一"学"而不可收。俄语，则是新中国成立后"向苏联老大哥学习"时期的副产品：严恺在多项工程中与苏联专家共事，需要用俄语进行沟通。他的语言天赋，又一次为同外国专家合作与交流打开了方便之门。

一般人都把严恺掌握了五门外语归结为他超凡的记忆力和语言天赋，严恺也极少谈及自己强攻外语的精神动力。1980年9月23日出版的《文汇报》，在《征服江河的人——记著名水利专家严恺教授》一文中，记下了他强攻外语的心得，说得那样浅显直白："其实学外语不难，就是靠两条，一是不要命，二是不要脸。不要命就是你得背，得拼命地记；不要脸就是你别不好意思，得多说，尤其是跟外国人说，反正你水平差，别怕人家笑话。"其实，这"二不"妙诀背后藏着的是精神境界："不要命"就是为科学救国、强国敢于拼命的自强不息精神；"不要脸"就是哪怕自己丢脸，也要为中华民族自立于世界民族之林争光。"二不"境界使严恺通五门外语；通五门外语又使他在专业领域眼观六路、耳听八方，以开阔的国际视野，不断了解、吸收国际学术前沿的新动向、新成果。机遇属于有准备的人。掌握多门外语，不但为严恺兼收并蓄国外先进科学技术、追踪国际河海工程发展动态奠定了基础，而且使他在改革开放历史新时期到来之后，如鱼得水地活跃在国际学术舞台上。

严恺所带的博士研究生、毕业后分配到重庆交通大学的周华君教授，就是这样解读导师鼓励他刻苦攻读外语的良苦用心的：

第二外国语，我选修了德语。有一次汇报学习情况时，严老从书架上拿下一本德语学术书籍，要我读一段并翻译出来。严老听了我的翻译后，不太满意，但没有说重话。他耐心细致地指出了我的问题，谈了掌握多种外语对于科研工作和学术交流的重要性。严老熟练掌握英、德、荷、法、俄等多国外语，一直关注国际河口海岸科学的研究动态，也要求学生开阔视野，关注学科前沿。严老经常把出国学术交流和访问后带回的最新书籍和研究报告，例如国际海岸工程会议论文等，要求我阅读，使我接触到国外学者最新研究成果。①

曾任华东水利学院（河海大学）、南京水利科学研究院党委书记的李法顺教授，这样赞叹严恺的语言能力：

我兼管和分管外事工作几年，特别是改革开放初期对外交往增多，来往信件也多起来，而我对英语充其量只能算粗通，有些事还得请教他。每每如此，他总是鼓励在先，说自学并不难。而真正遇到问题，哪怕是大家起草的文字拼写错误，他都要亲手改过来，从不马虎。一次要接待德国的代表团，因为人数多，临时改到工程馆会议室。他怕人多程度不齐，翻译影响效果，那就直接讲吧。他一段流利的德语一出口，立即赢得了满场热烈的掌声，这是我从未经历过的。②

台湾成功大学水利及海洋工程学系主任高家俊教授，1982年正在德国攻读博士学位，有幸听了严恺在汉诺威大学访问期间的演说。他的感受是：

当天，严老发表一场40分钟的公开学术演讲，用德文！不但发音清晰、用字高雅，而且演讲一气呵成、平顺流畅。德国听众

① 周华君：《回忆导师严恺院士》，《一代宗师：严恺院士诞辰100周年纪念文集》，河海大学出版社2014年版，第76页。

② 李法顺：《受益多多话感受》，《水利泰斗　教育楷模——祝贺严恺院士九十寿辰文集》，河海大学出版社2002年版，第178—179页。

在得知他曾于20世纪30年代来德国学过德语，回国40多年没有再造访过德国后，对他优雅的德语都惊美、赞叹不已，我更是佩服得五体投地。在那个年代，中国大陆的外语环境应该是俄语，他需要多大的毅力与努力，才能保持这样的德语能力啊。[1]

1984年，来南京参加第一届中德水文和海岸工程学术讨论会的Sören Kohlhase博士，实录了严恺用德语同他交谈的感受：

我永远也不会忘记当时严恺教授作为中方代表团团长给我的第一印象。严恺教授一开始就用流利的德语与我交谈。当我问他德语怎么会说得如此流利时，他说1936年在德国待了一段时间，从那时开始接触德语，回国后则坚持自学。

许多年过去了。2004年，我见到了时任河海大学副校长的严恺之子严以新教授。他告诉我，其实，他父亲还可以讲流利的荷兰语。我不知道严恺教授在荷兰留学的经历是不是他会说荷兰语的主要原因。尽管语言之间有相似性，但即使对欧洲人来说，荷兰语和德语也是完全不同的两种语言。

1984年，我们在南京相见时，距1936年严恺教授访问德国已经过去了近50个年头。那时，严恺教授已是70岁出头的高龄，但还能在会面时用德语随意交谈。这让我很自在，因为用不着在与国际友人的谈话中讲我那蹩脚的英语了。[2]

有一次，严恺接见一个来访的英国代表团，也直接用英语跟他们对话。英国人非常惊讶，说："你到英国学习过？"严恺笑笑，说："没有，我只去过英国几天。"英国人赞叹说："你说的是很好的英国腔呢，真不简单。"严恺心想，说外语不像外语，那还叫什么？

---

① 高家俊：《一位门外弟子对严恺教授的怀念》，《一代宗师：严恺院士诞辰100周年纪念文集》，河海大学出版社2014年版，第87页。

② Sören Kohlhase, *"In Memoriam of Prof. Yen Kai"*，译自《一代宗师：严恺院士诞辰100周年纪念文集》，河海大学出版社2014年版，第90页。

1987年9月，严恺主持在北京召开的第二届发展中国家海岸及港口工程国际会议。致闭幕词时，他用中、英、法、德、荷等语言宣布：下届会议将于1991年在肯尼亚举行，那时再见！会场里响起阵阵掌声，一片欢腾。

90高龄时，严恺在记者再三要求下，用英语背诵了一段《总理遗嘱》，又用德文背诵了一段德国概况。"老夫聊发少年狂"，他仿佛回到了"恰同学少年，风华正茂"的时代。这是后话。1938年，严恺的西游告一段落。他像唐僧师徒一样，虽历经磨难却矢志不渝。济世穷，图破壁，他的心已经飞回了灾难深重的祖国。

第三章

辗转归国图报国

好不容易完成学业回国，想为祖国献出自己绵薄之力，但在当时的情况下，真是困难重重，几无用武之地。

——摘自严恺在1991年2月15日发表于《人民日报》海外版的《羊年春节寄语海外学子》

一、赶赴国难

严恺是在1938年从荷兰学成归国的。

1937年，日本军国主义者制造了震惊中外的七七事变，把侵略的魔爪伸向中国腹地，中华民族陷入空前的灾难之中，亡国灭种的危险迫在眉睫。中国军队奋起反抗。中共中央发布《中国共产党为日军进攻卢沟桥通电》，号召全国人民团结起来，筑起抗日民族统一战线的坚固长城。全民族的抗日战争由此开始。消息传到荷兰，救国心切的严恺立即跑到中国驻荷兰公使馆，询问如何回国参加抗战。公使馆的人说："你的爱国热情令人钦佩，但你现在是留学生，你的重要任务就是学习更多的知识。知识可比枪炮还重要啊！"于是，严恺把报国、救国的一腔热血，化作学成文武艺的奋力冲刺。

"苟利国家生死以，岂因祸福避趋之！"顺利毕业后，他再次请缨。1938年11月，严恺在法国最大的港口马赛搭上开往上海的邮轮，踏上了归国之路。其时，中国抗战正面战场的敌我态势为：1937年11月，上海沦陷；12月，国民政府的首都南京失守；1938年10月底，武汉失守。在这样的背景下，不愿做亡国奴者，颇多避祸逃难、远走异国他乡的；逆向而动、毅然归国者，则需要"天下兴亡，匹夫有责"的责任感。

严恺就是在此时归国的。他想实现救国抱负、施展专业才华，报效多灾多难的祖国，可报国无门！当时的中国，租界林立。除日本、美国、英国、法国、德国等国外，还有意大利、挪威、比利时、瑞典、瑞士、加拿大、葡萄牙、西班牙等国。空有万里海疆，真正属于中国的却近乎于零：沿海地区，在侵略者的铁蹄下苦苦呻吟；海港里、河口内，横行的是列强的商船、战舰；除东北之外，渤海湾、杭州湾、广州湾等地也被列强占为己有。

时隔近半个世纪，1985年，中国海洋学会于大连举办的港口发展与中国现代化学术讨论会上，严恺在总结发言中仍念念不忘国耻：

西方资本主义列强为打开中国的大门，推行了炮舰政策，殖民主义的大炮也是先在中国的港口轰响的；他们攻占的首先是港口——广州港、基隆港、天津港、大连港，第一个不平等条约是在南京港的一艘英国军舰上签订的。

岂止报国无门，连老窝都给人家端了！国民政府的大本营已经逃离南京，迁往大后方。好在中国地大物博，有的是达官显贵的退路：当年八国联军攻占北京后，"蒙难"的慈禧"老佛爷"可以去西安避避风头；其时，日

1938年，严恺（左）与二哥严铁生在昆明合影

本侵略军占了南京，国民党的军政大员则可以到重庆去"运筹帷幄"。

严恺从马赛乘坐的邮轮，终点站本是上海。但是，他不愿回已经沦陷的上海过亡国奴的生活，加上中央研究院已迁至昆明，二哥严铁生也在昆明。邮轮停靠越南西贡（今胡志明市）码头时，他上岸办理了转船手续，改乘西贡到海防市的轮船，再由海防市经滇越铁路回到昆明。河口、海港成了人家的，他的专业知识在内地还有用。

二、用武云南

"万里赴戎机"，回到祖国怀抱、抵达云南首府昆明后，严恺心急火燎地想立即投身到"后方生产"之中，以支援"前方打仗"。

可力不从心，他得了猩红热，身体挺不住了。病发得突然、来得凶险，酷爱体育运动、体质不错的严恺病倒了。他的皮肤上出现了大片鲜红色点状斑疹，高烧不退。从不服输的严恺岂能输给病魔？经过一个月的拉锯战，病魔悄悄隐去。才恢复健康，他就立刻找到中央研究院。

处于战乱搬迁中的中央研究院此时自顾不暇，无法很快给严恺提供合适的岗位。国家正处在抗战的艰难时期，民族正处在生死存亡的紧要关头，他不避风险赶回来，不就是为了共赴国难吗？正好，云南省农田水利贷款委员会需要工程师。一听"水利"两字，他想，专业也算沾边，能为一方百姓办点实事，于是就进了这个委员会，负责调查农田水利状况，为水利工程做规划和贷款预算等。

崎岖的山道上，一乘滑竿颤悠悠地翻山越岭、涉河过涧。抬滑竿的汉子脚下飞快，嘴里唱着在云贵高原上陶冶出来的原生态山歌。歌词是即兴口头创作，带着几分粗犷、几分诙谐，前者呼，后者应："天上一颗星哪，地上牛屎堆哟；小心别打滑嘞，你走我紧跟喽。"原来，轿夫是把曲调怡悦身心、协调动作的功能，与歌词提醒后面一位轿夫注意脚下道路的功能自然地结合起来了。滑竿上，半躺着的是严恺。开始，他很不习惯，不是因为在国外西装革履，此时却是短衫夹袄，也不是在欧洲吃了几年洋面包，不习惯云南的米线、沱茶，而是看着抬滑竿的老乡古铜色后背爬满汗珠，心里大不是滋味儿。可自己走、让人家扛着行李卷跋山涉水，也实在费事，不如把铺盖在滑竿上一垫，可以加快查勘进度。

月黑风高，严恺歇息在山村小客栈。油灯如豆，飘忽不定，但他支援抗战的初衷不飘忽，造福一方的行动不飘忽。每天晚上，他都把白天考察的项目梳理清楚、记录在案。是否给予贷款、给多少贷款，他条分缕析；实施方案，他一一落实。很多时候，都得对设计方案加以修改，甚至要另起炉灶。

深夜，在随遇而安的乡村小旅店或临时借住的老乡家躺下后，跳蚤、虱子轮番进攻，闹得他通宵达旦不得安宁。这与在荷兰那几年的生活条件相比，真是天壤之别，但严恺不叫苦。他知道，他所学的专业本来就离不开艰苦。与前方将士浴血奋战相比，苦一点才心安理得，他得咬牙挺住。

未晚先投宿，鸡鸣早看天。一年多时间内，他跑遍了大半个云南，还独立设计了好几项水利工程。1939年年初设计的弥勒县竹园坝引水灌溉工程，就是严恺学成归国后的处女作。如今，这一被专业人员视为当年杰作的抬高水位、引水灌溉工程，还在发挥作用。作为国际大坝委员会中国委员会主席的严恺，修建大坝的起点，恐怕一直可以追溯到这儿。

虽然在当时的条件下，严恺的辛劳成果，许多不可能认真实施，但有的工程毕竟造福一方，也为抗战做了点"后方生产"的实事。

三、受聘中大教授

1940年早春2月，严恺受聘为中央大学（新中国成立后更名为南京大学）工学院教授。于是，他离开云南，来到抗日烽火中从南京迁到重庆沙坪坝松林坡的中央大学，在工学院水利工程系任教。28岁就出任教授，不管是当年，还是现在，均属凤毛麟角。

大学和留学期间刻苦攻读而学有所长、大学毕业和回国后在水利建设基层一线的阅历，使怀着科学救国强烈愿望的严恺一登上讲台，就以鲜明的特色崭露头角。

为了解严恺这段经历，1991年农历大年初五一大早，我们就步入南京水利科学研究院的大楼，在四楼的一间办公室里，采访严恺执教于中央大学期间的一位学生——曾任中国海洋工程学会副理事长、中国水利学会港口航道专业委员会副主任、南科院副院长等职的黄胜。他说：

我是中央大学水利工程系第二届毕业生，1942年毕业，严恺先生是我的老师。他给我们讲授了水工设计、河工学、港口工程、农田水利工程等多门课程。当时虽然也有学生轰老师的事，可严恺先生的课很受欢迎。他的教学内容丰富，有新鲜感，有深度，要是记下来就是一本书。印象最深的是他治学严谨，对学生要求极严……

他给我们讲了一个严恺"严"的故事。1941年，一个兼着某单位三青团干事长之职的学生，或许是忙于"效忠党国"吧，常常上课溜号。严恺所授的三门课，他门门"挂红灯"。眼看毕不了业，该生登门乞求。严恺面如铁板，硬是不给面子：不及格就是不及格，没有任何商量余地！

严恺在中央大学执教时的风采、特色和学识，也珍藏在其他弟子的记忆深处。

东南大学教授李荫余忘不了听最敬爱的老师严恺授课时，同学们如饥似渴的心态和场景：

严恺老师教学严谨，我们上每堂课都以迎接战斗的心情准备好笔记本，拿着笔，聚精会神，不停地写、记。严老师口述中文，板书英文，层层剖析，严格论证。直到下课铃响，严老师已经走出教室，甚至第二堂课的铃声已经响了，我们的笔还没有停下来！[①]

河海大学教授詹道江忘不了严恺的课令学生动容，甚至改换专业的魅力：

抗战时期，在重庆中央大学简陋的教室里，先生讲授河工学、灌溉工程和港工学三门主课，教材新颖，理论精辟，方法实用，英语流利，教学认真，要求严格，听者动容。记得当时黑板报报道说："同学某君听至佳处，不禁跳出座位。"一时传为佳话……友人彭君原学结构，听先生讲课后，改攻水利……[②]

浙江省水利厅钱塘江工程局原总工程师、河口海岸研究所原所长戴泽蘅，忘不了严恺授课的特色和效果：

四年级的专业课，水利系多是留学回国不久的年轻教授讲

---

① 李荫余：《恭祝严恺老师九十华诞》，《水利泰斗 教育楷模——祝贺严恺院士九十寿辰文集》，河海大学出版社2002年版，第40页。

② 詹道江：《门墙桃李颂严师》，《水利泰斗 教育楷模——祝贺严恺院士九十寿辰文集》，河海大学出版社2002年版，第221页。

课，严老就是其中的一位，当时不过30岁上下。他讲授治河工程、灌溉工程和海港工程三门课。当时没有课本，也没有印发的讲义。虽然他上课时带来了自己准备的教材，但极少翻阅，全凭记忆，在黑板上边写边讲，几乎将授课要点全部用英文写下来，连一些公式、数据也是凭记忆写出来的。只要你跟得上，抄记下来，就是一份基本完整的讲义。因为他是从荷兰留学回国不久的，授课取材很新，且内容丰富，不少同学有应接不暇之感。条理清晰的纲目、知识面广博的素材、具体的科学数据，为同学们提供了扎实的专业知识。①

教师的最高境界，不仅能使学生成为自己传授的知识和技能的主动吮吸者，还能使他们被他言传身教的魅力所感染，从而形成一种令学生心向往之的引力，不是一时受教，而是终身获益。严恺就达到了这一境界。1992年10月12日，河海大学迎来了一批特殊的客人，他们是中央大学1942届的毕业生。这个班的19名毕业生中，有18名男生、1名女生，被戏称为"十八罗汉一观音"。其中的12人，这天从世界各地聚到一起，聚到恩师面前。严恺是唯一参加这次阔别半个世纪再聚首的当年师长，这是他的魅力和引力所致。

对传道授业解惑者最客观的评价，是其学生日后达到的高度。以严恺执教于中央大学期间的学生钱宁为例，他后来成为清华大学教授、中国科学院院士、国际泥沙研究培训中心顾问委员会副主席，是对黄河和长江治理作出重要贡献的著名水利科学家。中国改革开放的总设计师邓小平题写书名、清华大学出版社和水利电力出版社在1987年联合出版的《纪念钱宁同志》一书中，收录了严恺《回忆我与钱宁的交往》一文，把识才爱才之心以及对弟子先自己而去的惋惜之情深藏于字里行间：

---

① 戴泽蘅：《终生恩师严院长，祝您健康长寿》，《水利泰斗　教育楷模——祝贺严恺院士九十寿辰文集》，河海大学出版社2002年版，第224—225页。

我最初认识钱宁同志是在四十五年前，当时，他作为中央大学的学生听我讲授河工学……

1943年（由）中央大学毕业后他留校当助教，而我要离开学校到黄河水利委员会工作。我离校时他到我家看我，对治理黄河十分关心。此后，我们很久没有见面，只知道他到美国深造。1955年，他冲破重重阻力回国参加社会主义建设，才在南京又见到了他。原来，我打算留他在华东水利学院任教，兼从事研究工作。但同他细谈后，得知他对河流泥沙问题有深湛的研究，并特别关心治黄事业。为了充分发挥他的才智，我不便把他留在南京……我历次参加的联合国教科文组织国际水文计划的有关会议，他都非常关心他所倡议的在北京成立国际泥沙研究培训中心的提案在会议上讨论的情况……

我国泥沙研究水平在国标上处于前列，钱宁同志在这方面是起了重要作用的。为了保持这一优势，为我国治河事业多做贡献，我们要学习钱宁同志刻苦钻研、理论联系实际、实事求是的良好作风，把我国的泥沙研究不断推向前进。

严恺的学问和业绩，不只反映在当年学生的口碑之中，也反映在严恺在中央大学执教期间被国民政府行政院水利委员会聘为"水利讲座"之中。"讲座"，用现在的行话说，相当于聘任单位所属领域内的首席科学家或学科带头人。荣任"讲座"者，必是专业领域的权威学者。抗战期间，中央大学学者云集，当时的师生在新中国成立后当选为院士者逾百人。严恺荣获中国首任水利讲座教授称号，可见其学术地位远在一般教授之上。

然而，在当时的政治气候下，一个正直的知识分子更多的是失意——对民族命运的忧患，对黑暗现实的愤慨。

人生"不如意事常八九，可与人言无二三"，我们只说对严恺后来的去向有决定意义的一件小事。

1943年，蒋介石心血来潮，兼起中央大学校长来。一日，他身着戎装，戴着雪白的手套，前呼后拥地到中央大学训话："你们看看，先生不像先生，学生不像学生……"

蒋介石在1943年5月至1944年8月兼任中央大学校长，他喜欢搬出军人的做派，集中全校师生训话，一训就是老半天。当时，他是国民党总裁、国民政府主席、陆海空三军统帅，还兼着行政院院长、国民参议会议长等职务，虽偏安陪都，仍威风凛凛。此公也不无软的一手，似乎不乏儒雅之风，颇有人情味：用请有名望的教授共进年夜饭等方法，拉近与教授们的心理距离。

可严恺不吃这一套。在采访中，我们得知，他非但不去亲聆"委座"训示，听了同事的"实况转播"，还大不以为然："他蒋介石想当什么官不行，偏偏附庸风雅，来当什么大学校长！什么'先生不像先生，学生不像学生'，难道就他像大学校长？！"

严恺这样说不是信口开河，也不是一时激愤，而是有思想基础的。在宁波读中学期间，受二哥严铁生影响，他对蒋介石就没有好印象。当时，严铁生写了一篇文章，斥责蒋介石是新军阀，不想被同事告发，差点儿被捕，逃到上海躲了好长时间。多年国内国外的生活体验，尤其是当时国已不国的现实，不但加深了严恺对严铁生之言的认同，而

1939年，严恺与严铁生、陈芳芷等人在昆明合影（左起：严恺、陈芳芷、陈芳芷之妹、严铁生）

且对蒋介石的"内战内行，外战外行"深恶痛绝。他也像严铁生当年一样，被人告发，上了阴森森的黑名单。

一怒之下，严恺甩开月薪法币600元的中央大学讲座教授之职，应邀到黄河水利委员会，与洪水打交道去了。

四、构筑爱的港湾

在中央大学任教3年多，留在严恺记忆中的，虽然底色是忧国忧民的冷色调，但也有春风得意的赏心乐事：1940年7月，他与陈芳芷女士喜结秦晋之好。

他们相识于春城昆明。就在严恺到昆明后不久，他感觉到，一双女性的眼睛扫过他的时候，总有一种特别的光彩，而这双眼睛也使他怦然心动。他们的"有情人终成眷属"也与严铁生有关。严铁生有一个同窗好友叫陈国楠，两人经常见面，有时也带上亲友。在一次聚会上，严恺看到陈国楠身边的一个女孩特别顺眼，这是他第一次对一个异性有了一种特别的感觉。经介绍，严恺知道那是陈国楠的妹妹，叫陈芳芷，西南联大经济系二年级学生。一个是哥哥带来的妹妹，另一个

严恺与陈芳芷在1939年的合影

是哥哥带来的弟弟，两人间自然多了一层亲近感。何况，西南联大还牵动了严恺珍藏在年轮深处的情感。西南联大是由抗战时期内迁到昆明的北京大学、清华大学和南开大学联合组成的。北京大学及其内迁原因，使严恺对自己孩提时期的记忆、对父母的思念一次次出现在脑际，有苦涩，更多的是温馨。成了这份温馨之情"中转站"的陈芳芷，在严恺心目中，家人般的亲情越来越浓。

此后每次见面，他们总能走到一起、说到一块。他们一起走得最多的，是位于昆明市西南郊的滇池和其北岸的大观楼。滇池面积330平方公里，湖面海拔1886米，是一望无际的高原平湖。其时正在为云南的水利规划踏勘山山水水的严恺，自然偏爱一碧万顷的滇池。与恋人同游，滇池与情侣，哪个更清纯明丽、赏心悦目？一向颇有见地、洞察力极强的严恺，竟也"剪不断，理还乱"起来。

最让这对情侣触景生情的，是大观楼前的"天下第一长联"：

五百里滇池，奔来眼底。披襟岸帻，喜茫茫空阔无边！看东骧神骏，西翥灵仪，北走蜿蜒，南翔缟素。高人韵士，何妨选胜登临。趁蟹屿螺洲，梳裹就风鬟雾鬓；更苹天苇地，点缀些翠羽丹霞。莫辜负，四围香稻，万顷晴沙，九夏芙蓉，三春杨柳。

数千年往事，注到心头。把酒凌虚，叹滚滚英雄谁在？想汉习楼船，唐标铁柱，宋挥玉斧，元跨革囊。伟烈丰功，费尽移山心力。尽珠帘画栋，卷不及暮雨朝云；便断碣残碑，都付与苍烟落照。只赢得，几杵疏钟，半江渔火，两行秋雁，一枕清霜。

他们的话题在"五百里滇池，奔来眼底"的自然景观与人文景观中穿梭，思绪在"数千年往事，注到心头"的历史与现实中游弋，情感在"英雄谁在"之叹与"莫辜负……九夏芙蓉，三春杨柳"之喜中交融，从相识、相恋到定情，犹如水到渠成。

1940年2月，严恺因受聘于中央大学到了重庆。他给陈芳芷

严恺、陈芳芷夫妇与长子严以强在 1947 年的合影

写了好多信。这一年夏天，陈芳芷毕业了，他们走进了婚姻殿堂。"1940年7月，我们就登报结婚了，从重庆乘飞机到成都旅行一趟，算是举行了结婚仪式。"严恺回忆说。

结婚后，严恺仍住在中央大学位于沙坪坝的单身宿舍里。陈芳芷则由朋友介绍到金城银行工作，星期一早上去重庆城里上班，星期六晚上回沙坪坝。不久，金城银行在沙坪坝开了一家支行，陈芳芷就要求调到沙坪坝支行工作。夫妻俩就近租了一套房子，生活总算安定下来。

1941年7月25日，他们的长子严以强出生了。但入侵者常常在他们爱的港湾里掀起恶浪，伴着陈芳芷催眠曲的是日本鬼子飞机的轰炸声。严恺买了一个大竹篮，一听到空袭警报，就赶紧把儿子抱进篮子里，提着往防空洞里跑。有时跑不及，炸弹在不远处爆炸开来，他就弓着身子把儿子护住。即使在日机俯冲的轰鸣和防空警报的尖啸组成的战争交响曲中，严恺仍然往返于爱的港湾与中央大学之间，没有耽误过一节课。岂止是耽误，连迟到也没有过。共赴国难不是一句空话，是要用行动来兑现的。

陈芳芷也用行动兑现着爱的承诺。无论是战乱时期，还是和平年代，不管严恺在哪里，她总是尽可能近地跟随他，尽可能好地照顾他，为严恺守护那个让他感到温馨的爱的港湾。

对于自己的家庭生活，严恺很知足："苦是苦了点儿，但不管我到哪儿，她都跟着。"

这不，陈芳芷又要跟着他去大西北了，这不是一个轻易就能作出的决定。

第|四|章

九曲黄河万里沙

一、走马黄委会

1943年9月，严恺受聘为黄河水利委员会简任技正、设计组主任。

严恺离开中央大学的动因，除避开黑名单外，还有十分赏识他的、大学期间母校校长的盛情邀请。他名叫李书田，曾任交通大学唐山工程学院院长，时任黄委会副委员长。

金风送爽之时，是一年之内收获的季节；而立之年，是一生之中生命力最旺盛的年龄。31岁的严恺风尘仆仆，来到抗战时期从开封迁至西安的黄委会，决心在祖国的第二大河之上一显身手。他要用青少年时期在学海奋棹挥楫获得的渊博学识、初出茅庐后在工程实践和教学积累中拓展的丰富经验，在黄河上创造毕生事业的"而立"业绩。

黄河，像一条金色的巨龙，出昆仑，绕积石，穿峡谷，跃龙门，滚滚东流，势不可挡。它呈"几"字形，在西起青藏高原、东达渤海、南自秦岭、北抵阴山的区域内，流经青、川、甘、宁、内蒙古、陕、晋、豫、鲁9省区，全长5464公里，流域面积达75万平方公里。就在这片土地上，中华民族世世代代繁衍生息。黄河流域的文明是世界上唯一没有中断的文明。旧石器时代的蓝田人、丁村人、河套人，新石器时代的仰韶文化、龙山文化等遗址，都分布于黄河流域，它们是我国乃至世界远古文明的代表。自夏到清，有一半以上的时间，都城均设于黄河流域，其中被列为古都的有安阳、西安、洛阳、开封。

君不见，黄河之水天上来，

奔流到海不复回。

李白赞美黄河的激流勇进、一往无前。

九曲黄河万里沙，

浪淘风簸自天涯。

如今直上银河去，

同到牵牛织女家。

在刘禹锡笔下，黄河是那么浪漫，充满了诗情画意。

但黄河也有另一面，它像一匹脱缰的野马，难以驾驭。

黄河为我国之宿患，自古以来，泛滥为灾，史不绝书。考其致患原因，不外所含泥沙过多，高低水流量相差悬殊，与夫洪水来势之太猛，及河入下游平原，水势骤杀，所挟泥沙沿途沉淀，河床淤高，输水容量日减，而河槽亦因以迁徙无定。加以堤线殊欠规顺，遂致大溜恒逼堤根，或顶冲坐湾，一遇洪水，险象百生。故治理之道，应中上游与下游并重，其在中上游者，为保水保土，俾下游洪水来势可以较缓，高低水流量得较平均，并以减少河水之含沙量。其在下游者则为固滩固槽，改良堤线。治理以后，因河水含沙之降低，与水势之集中，河槽势将刷深……惟中上游之保水保土工作，范围极广，非短时期可以见效；至下游治导以后，欲其达到最终之平衡状态，亦非旦夕之功……[①]

作为水利科学家，严恺不惮正视黄河"泛滥为灾，史不绝书"的一面。自东周定王五年（公元前602年）到1938年的2540年间，黄河决口泛滥的年份累计有543年，有时一年之内数次决口，共计决溢1590余次，大的改道有9次。每次决口和改道，均造成大量人员伤亡、大片土地荒芜。

---

① 严恺：《黄河下游各站洪水量推算方法之研究》，《水利月刊》1944年第1卷第8期，第38页。

他一针见血地指出了黄河"险象百生"的致患主因——泥沙。黄河在世界几大河流中流速最慢，年总输沙量和平均含沙量却均居首位：黄河、长江的水流量之比为1：20，而含沙量却相当于长江的3倍，每年有15亿吨泥沙东奔西突，寻找出路。这使黄河犹如人体内一条粥样硬化的动脉，流通不畅，导致心律不齐，比不上蓝色多瑙河的欢畅、绿色尼罗河的放达，也比不上密西西比河的洒脱、伏尔加河的清丽。

在严恺听来，黄河的咆哮很有点呼天抢地的悲呛；裂岸的惊涛，也很有点撕心裂肺的凄凉；河水中裹挟的泥沙，似乎是历史强加给黄河的重负；那飞起的浪花里，也深嵌着声声呜咽！

在严恺看来，这条多段河床高出地面的悬河，狼奔豕突，左冲右窜。所到之地，牛无牵处，女不能织，使多少牛郎、织女流离失所。

对黄河的治导，严恺明知"非旦夕之功"，却没有怨天尤人，没有望而却步。"祖先的历史像黄河万古奔流，承载着多少辛酸、多少愤怒、多少苦难。黄河，向我呼唤，怎能愧对祖先！"漫步黄河岸边，严恺的思绪像河水一样千回百转。作为炎黄子孙，他的心里有着深深的黄河情结；作为水利专家，他明白黄河是大自然挑战人类智慧的一道难题。需要一代代人去迎接挑战，为这条母亲河梳妆、整容，如同医师为病人打通脉络、清理血管、剔除溃疡。巨大的挑战，强烈地激发起他奔涌在血液中的开拓精神与创新意识。他要用自己的智慧和才华，变忧患河为真正意义上的母亲河，使黄河更好地造福人民。

将近5年的时间里，严恺在大西北的黄土地上风餐露宿、实地勘测，精心设计缚住苍龙的科学方案。

他的事业没有轰动一时的"黄漂"那么悲壮，却必须像"黄漂"一样一往无前，像绣花一样一针一线，像制作高精尖仪器一样细致严密。

野外勘测，更需要吃苦耐劳的奉献精神。

作为设计组主任，严恺身先士卒。在宝鸡峡勘测过程中，他上高山、下深谷。筑坝蓄水发电，需要坝基地质、坝身两侧地质、蓄水能力等一系列数据，每一个数据都要通过测量、计算、分析、综合才能得出。一次，严恺从山坡上滚了下去，同事们吓出了一身冷汗。好在下面是一条小沟，他总算没出意外，只受了点擦伤。严恺爬上山坡，继续测量，就像什么事都没发生一样。

赶路，一小时七八公里；爬山，上了又下，下了再上。一次，布鞋紧了点，挤脚，大脚趾化了脓。他硬坚持着，把手头的项目做完才去医院。医生说太迟了，这个脚趾甲保不住了。严恺表态："那就拔掉吧。"说得淡定，仿佛事不关己。

心血和智慧熔铸成了"黄河下游的治理计划""宝鸡峡水电站工程""渭河治理"等重要规划设计项目，为黄河治理与开发留下了宝贵的历史文献。

二、带队赴宁夏

1945年2月，严恺调任黄委会宁夏工程总队总队长之职。他率百余名工程技术人员，开进了河套地区。

严恺出任宁夏工程总队长，既有国际背景，又有国内背景。对国际背景，《传承历史　再铸辉煌——南京水利科学研究院发展纪事》（以下简称《南科院发展纪事》）中有简要介绍：抗日战争胜利前夕，"我国水利界开始学习国外全流域多目标开发的治河理论"，选定的目标是黄河；国内背景是：蒋介石放风说，抗战胜利后要把部队复员到宁夏屯垦。据此，陆续抽调了全国与水利有关的几十位专家承担此项任务。这是严恺被派遣担任宁夏工程总队长的大背景。谁派、派谁去承担这一重大任务，黄委会认为应由他们派人；国民政府行政院水利委员会则认为这么重大的规划，黄委会没有合适的人选能办得了。黄委会的人说："我们有严恺。"水利委员会的人一听，当即说："严恺我们知道。你们有严恺，我们就不跟你们争了。"于是，严恺奉命率队奔赴大西北，对宁夏灌区实施以多目标开发为主的地形测量和水文测验。

对这个任命，一开始，黄委会内部也有人不以为然，认为严恺只是一个30来岁的书生，未必挑得起这副担子；他又喝过洋墨水，吃不了这份苦。严恺没有说什么大话，他把心思都用在新任务的落实上了。为了行动方便，他租了几辆大卡车拉测量仪器等，并在测量地点变动时用于转移人员。出发上车的时候，他把驾驶室里司机旁边的座位让给工程队人员的家属，自己与工程队的普通技术人员一起挤在卡车后面的行李上。诸如此类不经意的细节，被那些持怀疑态度的人看到了，他们慢慢露出了信任的目光，说："严恺虽然年轻，但能这样做，他肯定行。"

宁夏原来就有一个勘测队，但一个月只能测量几平方公里的面积。严恺把100多人分成5个工程队，划定区域，分头测量。

此行果然艰苦！

测量队在夏天要坐羊皮筏子涉水，往返于黄河两岸。这种羊皮筏子像一个小竹排，用十几张吹足了气的桶状整羊皮缚在竹木搭建的支架下做成。西北羊多，羊皮可就地取材；桶状整羊皮里吹足气后既有足够的浮力，又经得起摩擦碰撞。这是当地的"特色产品"，像西北地区的劳动人民一样质朴、皮实。冬天，测量队从冰面上涉河测量。高寒地区，坚冰厚可盈尺，汽车能在冰上长驱直入。毛驴、骡马是他们乘坐和驮运器材的常用交通工具。在零下几十摄氏度的冰天雪地里进行野外作业，刺骨的寒风吹得面颊麻木，穿着厚实的光板老羊皮袄，仍难抵御严寒。

　　严恺早有在云南省农田水利贷款委员会的经历，这些苦，他吃得了。在他身先士卒的带领下，其中一个工程队三个月就完成了测量任务。总队的测量工作总结和阶段性成果经黄委会报到水利委员会后，水利委员会负责人对他们在这么短的时间内完成了这么多的工作大为赞许，决定给予奖励，记大功一次。年底考评时，各工程队都有奖励。作为总队长，严恺的工资连升两级，从460元升到520元。

　　但是，对宁夏地区黄河流域进行综合性地形和水文测量的更大挑战还在后面。有个工程队的下一个测量目标在贺兰山深处，队长和队员都说那里几十里没有人家，去不了。严恺二话不说，打好行李，亲自带队直奔大山深处。一路所见，果不其然！宁夏河套地区特别是首府银川有"塞上江南"之称，但穷乡僻壤又是一番景象：沙海无边，抬眼难觅绿色，但见"枯藤老树昏鸦"，不见"小桥流水人家"。灰黑色的青稞面馍馍，灰黑色的光板老羊皮袄，灰黑色的面孔，灰黑色的皲裂的老手、小手，男人的手、女人的手……测量不易，投宿也难。找到可以投宿的房东，条件再差也能遮风避雨；碰不上人家，就只能在大山里找一个平整一点的山坳露宿。眼见、亲历的一切，使感同身受的严恺像被卷进了黄河的漩涡之中，要奋力挣扎才能冲出急流。他油然而生的悲壮感，引出了南宋抗金名将岳飞的千古绝唱《满江红》：

　　怒发冲冠，凭阑处，潇潇雨歇。抬望眼，仰天长啸，壮怀激烈。三十功名尘与土，八千里路云和月。莫等闲，白了少年头，空悲切。

　　靖康耻，犹未雪；臣子恨，何时灭。驾长车，踏破贺兰山缺。壮志饥餐胡虏肉，笑谈渴饮匈奴血。待从头，收拾旧山河，朝天阙。

　　严恺认为，自己"三十功名尘与土，八千里路云和月"的大西北之行，与抗日将士在前线抛头颅、洒热血相比，算不得什么。他"壮怀激烈"起来，决心把这次"踏破贺兰山缺"的测量，当作"收拾旧山河"的一场战斗打好。总队长身先士卒，别人还能说什么？干！不久，那些比较艰苦的地方也测量完了。到1945年年底，河套地区的测量任务圆满完成，同时完成的还有重要文献《宁夏河东河西两区灌溉工程计划纲要》。

此后不久，当时最高经济委员会所属的公共工程委员会，于1946年夏受命组建了一个治黄顾问团。团员有美籍水利专家雷巴德、葛罗同、萨凡奇，公共工程委员会顾问柯登，执行工程师欧索司，还有中国专家、时任中央水利实验处简任技正谭葆泰，严恺留学荷兰时结识的友人谢家泽，以及方宗岱、刘方烨、肖庆云等人。为给美国专家来华考察做准备，谭葆泰、谢家泽组织了60余位工程技术人员进行黄河研究及资料整理工作，并形成了一套资料汇编。这套资料汇编名为 *"Studies on Yellow River Project"*，共17册。显然，严恺在此前担任黄委会设计组主任和在宁夏工程总队队长任上的实测成果，也被吸收进这份黄河流域多目标初步规划的英文版黄河研究资料汇编之中了。

在这项由南科院前身中央水利实验处具体负责协调的黄河流

严恺（中）与张光斗（右）、顾兆勋在会议主席台上

域多目标规划工程中，涌现出三位同为1912年出生、后来成了院士的中国水利界泰斗：严恺、张光斗和阎振兴。前两位都是中国科学院、中国工程院院士，后一位是中国台湾"中央研究院"院士。不同的是，张光斗当时在国民政府资源委员会全国水电工程总处设计组工作，阎振兴时任黄河堵口工程局工务处处长，而严恺作为黄委会简任技正是赴第一线实地考察的领队。这套英文版资料汇编对在黄河上游建坝提出的坝址是：兰州附近的刘家峡、位于刘家峡下游的朱喇嘛峡；还提出了在陕西的渭河、甘肃的洮河、青海的湟水和大通河等支流上建坝的意见。由此可见，那次黄河流域多目标规划，没有中国科技人员实地勘测、长期研究的成果积累，仅靠治黄顾问团的几位美籍专家，是绝对办不到的。有史为证：

顾问团团员于1946年12月10日在南京集合，12日由南京乘飞机出发，先经济南到黄河口，再返河南开封溯流而上，13日视察了潼关附近的三门峡、八里胡同坝址，以及龙门、包头间峡谷的多处坝址，跨鄂尔多斯高原到宁夏。14日视察宁夏诸灌区。15日视察宁夏、兰州间峡谷和坝址，飞越青海高原探溯河源。16日到甘肃视察了兰州以上认为可筑高坝的坝址和兰州附近的水土保持工作等。回程则经武功，在西安附近的黄河上下游乘火车、汽车盘桓多日，考察泾惠渠、洛惠渠等灌区及宝鸡峡、三门峡、八里胡同等坝址。12月31日开会讨论。（1947年）1月1日从西安飞开封。2日至5日在花园口查勘堵口复堤工程……历时30天，于次年元月10日回到南京。[1]

陪同美国顾问团实地考察的在册人员中，就有黄委会技正严恺。

这次考察，历时30天，时间不可谓不长；其中的美籍水利专

---

[1] 张建云主编：《传承历史 再铸辉煌——南京水利科学研究院发展纪事》，河海大学出版社2009年版，第40页。

家，水平不可谓不高，萨凡奇还是1944年秋出炉的《扬子江三峡计划初步报告》的主要提出者。然而，因为行程达数万里——从黄河河口到源头，考察项目、地点多——包括坝址、灌区、水土保持以及黄河故道、新道和黄泛区等，就难免走马看花了。中国专家的前期工作及成果，在受到治黄顾问团外籍专家肯定之前，就得到黄委会乃至国民政府行政院水利委员会的首肯，再次给予严恺奖励——工资又一次连升两级。这一升，就到了600元，已经是技正的最高限额。当初，他从中央大学来黄委会，不知道内情的人都说他傻，放弃600元的月薪，而就460元的岗位。但严恺不屑于去追求这类身外之物，只想着发挥专长、多做实事。

回忆中，严恺对宁夏工程的艰苦说得并不多。这是他一贯的态度。对人生历程中艰苦卓绝，比如"文化大革命"中的遭遇这类不堪回首的经历，他在叙述中总是那样淡定，甚至很少提及，讲得兴味盎然的是水利事业本身。这也是一种人生智慧吧。例如，谈起宁夏灌区的测量工程，他的兴趣完全在测量的意义与测量的结果上面。讲到这些时，脸上洋溢着特别的光彩，那是全身心投入某项伟大事业的大科学家从内心扩散出来的光彩。其他的一切，包括个人的得失荣辱，他们能一概忽略不计。正是这种忘我的追求与奉献，成就了严恺事业的辉煌与人格的魅力。

三、拒去花园口

1946年2月，刚完成宁夏灌区建设蓝图的严恺，接到黄委会的电报，要他到西安开会。

早春2月，冰封的黄河从冬的长梦中渐渐苏醒，开始解冻，长途汽车因过不了河而停开。严恺带上一名随行人员，骑着自行车，风尘仆仆地从宁夏赶往西安。身上穿的是老羊皮袄，车后带着毯子、棉被。如果当时留下一张照片，不管是与他留学荷兰时比，还是与半个多世纪后在国际学术会议上侃侃而谈时比，都是严恺人生历程的珍贵影像，也是中国水利战线有划时代意义的史料。

到了西安，才知是落实花园口堵口复堤任务的会议。黄委会负责人点将，要严恺出任堵口复堤工程副总工程师。

抗战时期，在中国共产党抗日民族统一战线政策的感召下，以蒋介石为首的国民政府，与汪伪"将过去的容共抗日之政策彻底放弃，重新确立和平反共建国之政策"大不相同，但在黄河上做的最大"实事"，却是1938年6月的花园口炸堤：国民党正面战场的100多万军队抵挡不住几十万日军的进攻，于是在郑州以北的花园口扒开黄河大堤。洪水没能挡住日军进犯中原地区的铁蹄，却把"黄泛区"这个历史名词激活了：河南、安徽和江苏的44个市县、5.4万平方公里土地在水下哭泣，1250万人成了无家可归的灾民。"中牟以北，水深四丈，逃难民众成千上万，嚎啕痛哭，惨不忍睹。"仅淹死者就达89万人，接近于伊朗与伊拉克8年战争期间军人死亡人数的总和、平民死亡总数的9倍！

扒堤"攘外"旧伤累累，堵口"安内""妙计"又生。扒堤后花园口以下干涸了的原黄河河道，长达700多公里，大部分在共产党领导的冀鲁豫解放区和山东解放区内。日本投降后，国民党方面从发动全面内战的战略部署出发，先通过其第五战区绥靖会议造势，提出"中牟黄河决口治标治本办法"①，接着于1946年年初付诸行动，妄图借黄河回归故道之名，以水代兵，分割和淹没解放区。

① 见中国第二历史档案馆档案，全宗号：二；案卷号：8213。

亲见黄泛区惨状的严恺，出于忧国忧民之心，早在1944年就呼吁恢复黄河故道："战事结束以后，黄河故道之恢复，与夫旧堤之整理，则又刻不容缓。此项工作事先必须妥为筹划，俾工成以后，再无溃决泛滥之患……"[①]1946年，虽外战创伤未愈，内战阴云又起，水利界仍不乏像严恺一样的实干家，计划书、报告书，包括黄河决口整治提案等，照样纷纷出台。但是，严恺干干脆脆地拒绝出任堵口复堤工程副总工程师。"不去。几年中辛辛苦苦搞了好几个规划，结果不见下文，有的成了一纸空文，等于白干。这次，我再不上这个当了。"严恺回忆说。他看穿了、看透了，因计划等如泥牛入海而寒心；也因堵口复堤仓促上马，与他"事先必须妥为筹划"的想法大相径庭而心存"上当"疑虑。

严恺拒去花园口，竟与中国共产党对堵口复堤的态度不谋而合。就花园口堵复问题，周恩来作为中共首席代表赶赴开封，同国民党方面展开谈判斗争。在会上，周恩来有理有节地指出：

黄河归故是应该的，但是故道已经八年时间没有水了，有几十万老百姓都搬到河道上住下来了。黄泛区的老百姓是中国人，黄河故道上的老百姓同样是中国人，既然如此，这两个地方的人民群众，我们都不能再让他们吃苦。我们不反对黄河归故，但是故道上的人民群众需要搬迁，故道河堤需要修复……花园口堵复工程必须在群众搬迁、河堤修复工作结束后才能抛石合龙。[②]

经过几番唇枪舌剑的交锋，在全国人民的舆论压力下，蒋介石被迫接受中国共产党提出的"先复堤，后堵口"的协议，却出尔反尔，几次下令提前堵口。

严恺在大西北水利一线滚爬摔打的几年间，对共产党的抗日民族统一战线政策、八路军在敌后英勇抗战等信息时有所闻，心

① 严恺：《黄河下游各站洪水量推算方法之研究》，《水利月刊》1944年第1卷第8期，第38页。
② 李新芝、刘晴主编：《周恩来纪事》，中央文献出版社2011年版，第366页。

存钦敬之情。但当时，他未必知道堵口复堤的重重内幕，拒绝接受任务当然也非"身在曹营心在汉"，却在有意无意之中站到了人民一边。

如果说1943年严恺愤而离开中央大学，是从书斋走向水利工程一线的话，那么，1946年拒绝承担花园口堵口任务，则是由于对当时现实失望而躲进书斋——留在黄委会担任研究室主任。

在黄委会期间，严恺在完成一系列重要规划设计项目的同时，在理论研究方面也颇多建树。《黄河下游各站洪水量推算方法之研究》及《河槽过渡曲线之规划》两篇论文，就是他学贯中西，又在勘测、设计实践中得到验证的理论研究成果。

《黄河下游各站洪水量推算方法之研究》针对黄河下游因为河床逐年淤高而形成"地上河"，一般的洪水演算方法不适用的状况，提出了适用于这种特殊情况的计算方法，经实测资料验证，计算结果与客观实际基本相符。

《河槽过渡曲线之规划》论证了天然河流直段→弯道→直段间的过渡状态及其对河床演变的影响，为河道整治以及使整治后的河道满足航运要求提供了科学依据。他从水患防护方法的归纳切入论题：

防护方法不外施用治导工事（束水工事与护岸工事）以固河槽，筑堤以防水，或筑坝以拦洪。他如便利都市农田之排水，降低沿河两旁地下水位等，亦多需整理河槽以畅水流。是以治河之目的虽有不同，治理之方法因亦各异，但求河槽中固定整齐，水流畅通，则属一致之需要……

治导工事之规划应以设计河槽之横断面与规定中水河槽之槽线最为重要。此二者计划得当，事半功倍；否则，必难获得预期之结果。[1]

---

[1] 严恺：《河槽过渡曲线之规划》，《水利》1946年第14卷第4期，第147页。

在论证"如何能使此项过渡曲线与原来之河槽中线互相衔接配合，不致使二者相差太远"，以免"河槽位置变动太甚，困难多而不经济"这个主要难题时，中国古人从长期实践中总结出来的"遇湾截角，逢正抽心"等泼墨写意式的治水格言，在严恺笔下细化为现代治水人的科学演绎，其中有对洋人研究成果的借鉴，有与铁路弯道等交叉学科的对接，有高等数学的复杂演算，也有对水流运移规律、河槽曲线物理的透视与把握。

科学研究和教书育人两不误。黄委会从西安迁回开封后，严恺受聘为河南大学水利工程系主任，为该系的创建和发展作了开创性贡献。在教学活动中，他强调理论联系实际，带领学生深入黄河河堤修复工程的设计、施工现场实习。这种突出黄河特色并与实践相结合的教学方法，对提高教学质量起到了显著作用。严恺还积极为河南大学推荐人才。他从浙江省立第四中学体育老

1948年3月，严恺（前排中）被聘为交通大学教授、离开河南大学时与同事合影

师金兆钧那里得知，数学老师王珪荪赋闲在家，惋惜地说："王老师留学英国格拉斯哥大学，是很有学问的，怎么能没有工作呢？"他把王珪荪推荐给当时的河南大学校长姚崇吾。姚崇吾很快就安排王珪荪到机械工程系当系主任。

其时，姚崇吾要给严恺加薪，从600元加到640元。严恺问："王老师的月薪是多少？"姚崇吾说："王老师才来，就给他600元。"严恺说："那我不要。我的薪水怎么能比我的老师多呢？"

四、治黄立新功

横空出世，莽昆仑，阅尽人间春色。

飞起玉龙三百万，搅得周天寒彻。

夏日消溶，江河横溢，人或为鱼鳖。

千秋功罪，谁人曾与评说？

这是毛泽东在1935年10月所作《念奴娇·昆仑》的上阕。

当"周天寒彻"的漫长岁月成为历史之后，黄河洪水成灾，使"人或为鱼鳖"的旧貌，也逐渐为"人间春色"所代替。在科研成果无法走出研究室、科学家被迫"坐而论道"的年代，严恺的呕心沥血之作多半只能被束之高阁。然而，当五星红旗在北京天安门广场上空猎猎飘扬，人民政府把治理黄河当作关乎国计民生的急务、要务之时，它们便成了改变黄河面貌的科学依据。

1946年，中国共产党就开启了领导人民治黄的新纪元。首先，冀鲁豫边区政府成立了治河的专门机构，沿用了此前的名称——黄河水利委员会；随后，山东解放区渤海行署成立了黄河河务总局。

1949年6月，在济南成立了统一治理黄河全流域的机构，仍叫黄河水利委员会。新中国成立伊始，时任政务院副总理董必武就批复了《治理黄河的初步意见》。1952年10月，毛泽东亲临黄河巡视，发出了"要把黄河的事情办好"的号召。1955年7月30日，一届全国人大二次会议通过了《关于根治黄河水害和开发黄河水利的综合规划的决议》，揭开了人民治黄事业的新篇章。周恩来、刘少奇、朱德、邓小平等党和国家领导人，都曾亲临一线视察治黄工作。

科学加实干，中国共产党人根治黄河的决心、水利工作者的心血与黄河两岸人民的汗水，改变着黄河流域的生态环境。

防洪堤在加固、加长；蓄洪、泄洪等变水害为水利的设施在改造、完善、增加；针对黄河上游、中游水土流失和风沙灾害提出的治理方案得以实施，大面积的水土保持工作得以展开，两岸的防护林带渐渐连缀成绿色的屏障；以水利战线为主的1200多位科技人员参与的"七五"国家重点科技攻关项目"黄土高原综合治理"全面铺开。当年的黄泛区，大片大片白花花的盐碱地，在年复一年的努力中，被改造成了绿油油的庄稼田。

黄河千百年来三年两决口的旧貌成了历史。

1958年，花园口发生每秒2.23万立方米的大洪水，与有记录以来最大的洪水即1933年的洪水近似。当时正在上海开会的周恩来，立即飞赴黄河，徒步10余里沿黄河视察，亲自部署防洪工作。沿河各省、市、地、县都是党委书记亲临第一线，领导干部分段包干负责，和群众一起巡查河堤、抗洪抢险。在200多万防汛大军的严密守护下，创造了战胜这次特大洪水的奇迹。

但是，要彻底改变黄河的"忧患河"旧貌谈何容易！正如1991年3月，时任国务院总理李鹏在参加七届全国人大四次会议小组讨论时所说，40年来，黄河基本上变成了一条有益于人民的河流，但黄河的问题现在还没有完全解决。黄河那与托起它的土地、汇入它的百川溶为一体的"个性"，伴着古歌和新歌、摇篮曲和安魂曲，顽强地撞击出一部部另一种意义上的"黄河大合唱"——在兰考等黄泛区，贫穷与富庶、逃荒要饭与安居乐业，仍在进行着艰苦的拉锯战；黄河沿岸，洪水与治洪大军，仍在进行着殊死的较量；水土保持、人工植被从上游搞到下游，但每年15亿吨的泥沙仍在随波逐流……

1956年，黄河上出现了第一个大水库——三门峡水库。诗人贺敬之为之引吭高歌：

> 望三门，门不在，
> 明日要看水闸开。
> 责令李白改诗句：
> "黄河之水'手中'来！"
> 银河星光落天下，
> 清水清风走东海。

然而，这只是诗人的美好愿望。没几年，泥沙淤积一度使三门峡水库成了死水一潭——潼关以下沿线水漫金山，黄河河床仍在上升。黄河我行我素，即使苏联专家参与设计、施工，它也不给一点面子。

良好的愿望不能代替科学治河，蛮干不能使黄河屈服。

交了"学费"，总算使治河者变得聪明起来。向科学要春色，向实践要花果，补救措施一项接一项，终于出现了《人民日报》"望海楼随笔"专栏中《今日可盼黄河清》一文描述的情景：

考察黄河，隆冬时节抵达三门峡。

登上巍峨的水电站大坝，但见黄河一截两段，于峰峦夹峙之中现出烟波浩渺的平湖。尤其令人惊喜的，还是那清澈碧透的水——黄河竟然失去了"黄"的本色……

在历史上，黄河被称作"中国的忧患"，而忧患的祸根在于泥沙。人们期待河清，是盼望黄河能有化害为利的一天。可是，历时千载，黄河依旧"三年两决"，两千年间决口泛滥一千五百余次。何时能节制黄河泥沙，免除它的灾难？

正当我们为"河清"感慨、遐想，陪同我们参观的三门峡人倒是视若寻常。他说："这里实行'蓄清排浑'，想看黄河清，每年冬春都成。"……

解决千古难题谈何容易。三门峡水利枢纽起初的工程设计，由于对泥沙的严重淤积估量不足，待大坝建成，致使水库急剧淤塞，不但水利枢纽工程有报废的危险，而且水情威胁关中平原和西安市的安全。难道非功败垂成不可吗？1964年年底，周恩来总理亲自主持了治黄会议，汲取教训，完善方略，自此经过两次改建工程，利用隧洞、钢管和大坝底孔加速泄流排沙，终于解除危机……

沿河考察，每当观看澄清的黄河水，思量开发黄河的伟大创举，常不禁品味"圣人出，黄河清"的古语。

1987年，严恺应青海、甘肃、宁夏、陕西四省区之邀，为了治黄大业考察黄河上游、中游地区，他愉快地踏上了征途。43年过去，弹指一挥间，他"缚住苍龙"的治黄事业就是从这儿起步的。

他高兴地看到了"黄河清"的发展大势，昔日的梦想正在变成现实。他眼见的黄河已非当年的容颜，黄泛区今非昔比，河套间春意融融，世界屋脊上奇迹般地出现了黄河源头第一坝——龙羊峡水电枢纽工程，刘家峡、盐锅峡、八盘峡、青铜峡、天桥等水电站，也在祖国经济腾飞中发光发热。上游以西宁—兰州为中心，中游的河套地区，下游以郑州—济南—东营为中心的黄河流域能源、重工业、化工基地正在崛起。引黄灌溉面积达2600万亩，淤地改土300多万亩。沉睡了几个世纪的黄泛区正在旧貌换新颜，崭新的文明从黄河里源源不断地流淌出来。当年只有乘坐羊皮筏子才能往返的黄河上游、中游段，有了铁路、公路大桥；

当年一片黄色、灰色的大西北，有了生命绿；当年看到严恺骑的自行车都有人新奇地围上来观看的穷乡僻壤，现在对小轿车也已司空见惯。

然而，严恺站在三门峡大坝上时，仍然对这个水利枢纽工程已经交的"学费"和将来还不得不再三再四补交的"学费"忧心忡忡。他记得，在自己参与其事的黄河研究资料中，对在三门峡建坝，他曾以淹没面积大、泥沙问题难以解决、使用寿命必短为由，提出了否定意见。如果三门峡水库工程上马之时采纳了这些意见，那可以少交多少"学费"呀！使严恺转忧为喜的是，他看到，在他留下了足迹、付出了心血的地方，当年不可能兑现，只能被封存在规划、报告中的美好梦想，今天有的已经变成了现实。

严恺这次西北之行，又为治黄立了新功。陕西省人民政府特别邀请他到陕西、山西交界的黄河北干流考察。国家紧缺能源，煤田亟待开发。陕北府谷、神木一带尽管蕴藏着极其丰富的煤炭资源，就是运不出去，交通运输成了瓶颈问题。如果解决了黄河北干流的通航问题，就可将部分煤炭通过运输成本相对低廉的水道源源不断地运出，而通航就要解决飞越壶口瀑布这一关键难题。

壶口瀑布是黄河上的著名瀑布，以其奔腾汹涌的气势成为中华民族精神的象征。它东濒山西省临汾市吉县壶口镇，西临陕西省延安市宜川县壶口乡。黄河穿千里长峡，滔滔激流直逼壶口，300余米宽的河水突然被两岸挤压而束流归槽，在50米的落差中翻腾而下，其势如同从硕大无朋的壶中倾泻而出，故名"壶口瀑布"。主要景观之一孟门山在壶口瀑布下游5公里处，可以看到在右侧的黄河谷底河床中，有两块梭形巨石，巍然屹立于急流之中。河水至此分成两股，从巨石两侧飞泻而过，然后又合流为一。山飞海立是对此处磅礴气势的形容。仰观水幕，滚滚黄河水

1988年3月，严恺考察黄河壶口瀑布

从天际倾泻而下，势如千山飞崩、四海倾倒，构成壶口瀑布的核心景观。相传，这两块巨石原为一山。因阻塞河道，引起洪水四溢，大禹治水时，把此山一劈为二，导水畅流。《水经注》记载："禹治水，壶口始。"

旧地重游，万千思绪如壶口瀑布般涌上严恺心头。只有社会主义能够救中国。只有社会主义的中国，才能使黄河安澜，多少年没有发生决堤、改道的大灾大难。通过实地考察，严恺以他渊博的学识、丰富的实际经验，尤其是40多年前在黄委会期间实地勘测黄河时积累起来的经验，确定了黄河北干流通航的基本方案。陕北沉睡的乌金源源流出，黄河北干流上千舟竞发的繁荣景象，可翘首以待……

严恺期盼海晏河清的追梦行动、为新中国治黄事业所立的新功，不是始于此时，而是在人民当家作主之初；不仅在黄河上游、中游，而且在黄河与渤海交汇处的渤海湾里：被水利界定评为严恺在新中国成立之后的第一个代表性重大工程项目天津港治

南京水利科学研究院的黄河小浪底水利枢纽工程泥沙模型试验场地

淤；不是一时一事，而是在其南京水利科研大本营的黄河试验大
厅内，那与新中国治黄事业同步推进的一个个专项试验的漫长过
程中。

　　严恺对新中国治黄事业的最大建树，则是为治黄事业扩而大
之，为新中国的河海工程，培养了万千人才。

第|五|章

白手起家建
华水

回顾余之一生，从事水利事业近70年，其中为华东水利学院及河海大学服务就有52年。半个世纪的共事经历，幕幕往事历历在目；大学生的教育生涯，学校之情、师生之谊难以言表！

——摘自严恺在2004年10月18日所写的《遗嘱》

一、受命离交大

南京，西康路1号。

清凉山一侧，矗立着一组依山傍水、高低错落的建筑群。绿树掩映中，有古朴得有点老化的办公楼，也有拔地而起的河海大厦，还有形态各异的图书馆、大礼堂，井然有序的宿舍区，友谊山上的留学生楼……

在这组建筑群里，学习、生活着来自全国各地的数千名大学生，以及来自世界各地尤其是非洲多国的留学生。

这里，便是世界上独一无二、规模最大、学科基本齐全的水资源专业高等学府——华东水利学院所在地。

翻开历史的一页，80多年前，这里还是一个荒凉、阴森的地方。这里曾是日本侵略军占领南京期间残杀我国同胞的场所之一，"新鬼烦冤旧鬼哭，天阴雨湿声啾啾"；这里曾有过帮助蒋介石政府打内战的美军顾问团的别墅，黄鼠狼在更深夜静时蹿来蹿去，像有形的幽灵。

在这样一张被糟蹋得乌七八糟的纸上，要画出当年华水的蓝图、今日河海的英姿，创业者们要付出多少心血！

从《华东水利学院建校委员会第一次会议记录》这份珍贵的

校史资料里，可以窥见华水草创时期的艰辛。

地点：华东水利部会议室

时间：1952年8月8日

出席者：徐芝纶（交大）严恺（副主任委员）郑肇经（同济）徐傅均（教育部）梁永康（浙大）刘晓群（水专）裴海萍（南京文委）张书农（南大）刘宠光（主任委员）

主席：严恺报告华东水利学院建校委员会成立经过（略）。谓本会系奉华东院系调整委员会之命组织成立。以刘宠光为主任委员，严恺为副主任委员。下设办公室，负责具体工作，办公室已由教育部指定裴海萍、张书农、刘晓群三同志负责，关于今后具体工作请大家讨论。

一、关于办公室如何充实组织分工进行工作问题：办公室下暂分师资员工调配组、图书仪器设备组、校舍组、秘书组四组……

二、关于建校时期办公室地址问题：拟设于南京大学。

三、目前中心工作问题：（一）系科划分、（二）师资调配、（三）图书仪器设备、（四）校舍……

现有师资情况：

校别	教授	副教授	讲师	助教	备考
交通大学	5	0	3	6	内有助教1人，现在哈尔滨学习
南京大学	4	1	1	4	同上
华东水专	3	3	3	0	
同济大学	2	0	0	4	
浙江大学	2	1	1	3	
合　计	16	5	8	17	

校舍问题：

（1）办公室及实验室在南大配备240英方，勉强可以应用。

（2）教室由三校统一调用。

（3）宿舍以全部设在南大为原则，如南京大学工学院（1952年全国高等学校院系调整前，称南京大学工学院，今为东南大学——笔者注）人数原计划招生2100人，现为1800人，尚余300人宿舍，请拨给水利学院，即可解决本院950人的宿舍问题。否则即租赁民房或搭建临时宿舍。

从这份会议记录中可以看到，严恺被任命为华水建校委员会副主任委员。而事实上，他不得不挑起创建华水第一责任人的重担。

严恺是如何来到上海，并成为来南京创建华水的副职一把手的呢？

原来，1948年春，严恺被聘为位于上海的交通大学水利工程系教授，并被上海市公用局聘为港工讲座。

上海，是他10年前从荷兰归国时原定的终点站。那时，严恺拒绝回沦陷的上海做"良民"；如今，他终于回来了。他还是像在大西北带队搞工程时那么吃得大苦、耐得大劳，还是像跑野外时那么率性而简朴。一次，他穿着棉中山装、戴一顶黑色鸭舌帽回校授课，竟被门卫挡在校门之外。

1949年10月1日，一位巨人站在北京天安门城楼上，以韵味十足的湖南乡音，向全世界庄严宣告："中华人民共和国中央人民政府今天成立了！"

在政治上站起来的中国人民，面对的是1840年鸦片战争以后一个多世纪半殖民地半封建社会留下的烂摊子——彻头彻尾、彻里彻外的一穷二白。必须自力更生、白手起家，才能粉碎帝国主义的经济封锁，才能在经济上也站起来。中国共产党以其从长期革命战争中积淀起来的不屈不挠的英雄气概，领导全国各族人民，开始了使多灾多难的祖国向繁荣富强迈进的艰难曲折的历程。

百废待兴水为先。被帝国主义列强抢占的海港绝大多数回到

1951年10月，严恺、陈芳芷夫妇与长子严以强、次子严以新在上海合影

了祖国的怀抱，为正当盛年的严恺提供了前所未有的用武之地，他几乎是怀着"待从头，收拾旧山河"的兴奋与热切踏进新社会的。这从他给二子一女所起的名字上也能折射出来：长子出生于抗日战争期间的1941年，起名为严以强，其中寄托着严恺渴望国富民强、不受外国欺凌的强烈愿望；次子出生于解放战争节节胜利的1949年年初，起名为严以新，其中寄托着严恺迎接新中国成立、"而今迈步从头越"的新思想；女儿出生于严恺加入中国共产党的1956年，起名为严以方，而不是女孩子通常用的"芳"字，寄托着他方正做人的一贯原则。

此时，严恺以新的冲刺，全身心投入到为新中国培养新一代河海工程人才的教学工作之中。他开设的河工学、港口工程等专业课程，如同他当年在中央大学任教时一样，收到了良好的教学效果，同样给学生留下了难忘的印象。1949年，有位系主任动

1989 年，严恺（左二）、薛鸿超（左三）等人在海南海口考察

员学生给系里所有的教授提意见——有点像后来的"评教"（学生评价老师），但侧重于为这些旧社会的过来人洗心革面。结果，学生反映严恺教授堪为师表，授课有理论、有实践，一致表示欢迎。历任国家教委科技委员会委员、国务院学位委员会学科评议组成员等职的河海大学教授薛鸿超，就是严恺这一时期的学生。他与严恺结下了一生的师友之谊：1951 年毕业于交通大学水利系，次年就跟随严恺到南京，成了华水的创业者之一。薛鸿超受益于严恺的耳提面命，不仅在课堂里，还在担任华水水港系主任、跟着严恺从事河海工程建设的长期实践中。薛鸿超说：

我在上海交通大学学的是"大水利"，包括水电、水文、农水、港航、海工等多个学科。严恺教授的港口工程、河工学等课给了我很强烈的吸引，形成一个新愿景。我在毕业时入了党，并随严恺老师到南京参加华东水利学院建校、教学……幸运的是，我能协助、参与严老负责的 30 年长江口航道治理以及 10 年全国海岸带和海涂资源综合调查研究工作，参加严老率领的多次沿海重要港口、河口、海湾、海岸的规划与防治考察调研工作，参与严老带队的华水赴福建海堤和浙江海滩观测站的筹建工作，还数次随严老去国外考察或参加国际学术会议。追随严老受到的亲切言传身教，令我终身难忘。

时任华东军政委员会水利部副部长兼治淮委员会工程部副部长的钱正英，也抽时间去听严恺所办的港工讲座，对其学识、人品大为推崇。

钱正英的推崇不是泛泛而谈、溢美之词。她其时虽然才二十七八岁，却已是一位有10多年党龄的老战士，在水利方面也是一位既有专业知识，又有实践经验的内行领导。她在1939年就读于上海大同大学土木工程系，1941年加入中国共产党，旋即任大同大学中共地下党总支工学院分支书记。1942年，为避免被抓捕的危险，钱正英经党组织安排，紧急撤退到苏北解放区，加入新四军，历任淮北行署建设处水利科科长、苏皖边区政府水利局工程科科长、华东军区兵站部交通科副科长、华东野战军前方工程处处长、山东省黄河河务局副局长等职，在淮河堵口复堤、黄河复堤防汛第一线负技术指导之责。俗话说："外行看热闹，内行看门道。"钱正英听课，自然能听出道行的高低、修为的深浅来。而且，她有来源可靠的"内部情报"。她的丈夫、比她还早两年加入中共地下党的黄辛白，其时任交通大学副教务长。夫妻聊天时，钱正英总能听到严恺的故事。

当时，交大校务委员会里有教授、讲师和学生代表，严恺被推选为校务委员会常务委员。有时，教务长和理学院、工学院的一把手均外出公干，严恺就一身三任，代理三长之职。"三反""五反"运动、知识分子思想改造运动中，严恺以耿直和正气著称，被"大肚能容"的党政领导和为他的人品、学养所折服的师生们视为积极分子。

1952年，全国高等院校院系大调整。鉴于新中国建设对水利人才的特别需要，决定成立单科性的水利学院。谁是能担此重任的内行呢？中共中央华东局和北京相关部委领导的意见一致：非交通大学的严恺莫属。他是河海工程专业的海归留学生；他有在黄委会等部门从事水利工程的实践经验；尤其是，他先后在三所高等学府任教：1940—1943年任教于中央大学，1946—1947年任教于河南大学，1948—1952年任教于交通大学，是担任过系主任等领导职务、有水利讲座和港工讲座头衔的名教授。

但是，严恺是在他本人对成立单科性的水利学院持不同意见的情况下，被任命为华水建校委员会副主任委员的，又因人事的不测变故而成了事实上的一把手。

河海大学出版社原副社长、编审查一民对此有这样一段记述：

1952年全国高等学校院系调整时，倡议并坚持要创建华东水利学院的是华东军政委员会水利部第一副部长兼党组书记刘宠光同志（部长是民主人士冷遹先生）……严恺、徐芝纶、刘光文等教授对建立单科性的水利院校都是并不赞成的。严恺认为，单科性的院校开设的课程太过单一，学生知识面窄，对将来工作不见得有利。但在刘宠光部长的力邀之下，他们都是从当时的革命大局出发，认真负责地参加了华水的筹建工作。又因严恺当时是知名的进步教授、水利专家、交通大学校务委员会常委，还曾代理过交大的教务长和理学院、工学院的院长，所以被任命为建校委员会的副主任委员（主任委员为刘宠光）。然而，正当建校筹备工作积极进行之时，刘宠光在1952年开展的整党运动中受到曾希圣（当时任安徽省委书记、治淮委员会第一副主任）的指控，说他有历史问题，于是受到了不公正的对待，被《人民日报》点了名，开除了党籍，调整到上海水产学院当副院长（刘宠光在"文化大革命"后平反——笔者注）。这种突如其来的变化是谁也没有料到的，它逼得严恺先生不得不独自挑起主持和领导整个华水筹建工作的重担。我们很难想象这副担子究竟有多重。记得当时参与建校的詹道江先生（时任交大水利系讲师）跟我们"交底”说：“刘宠光原来很有实力，南京解放时国民党的中央水利机关都是他派人接收的，安排起来自然容易，现在他下台了。严院长那时还不是党员，要他来顶整个摊子，几乎是白手起家，又要造房子，又要购设备，又要做大量的课桌椅……千头万绪，十分繁杂，光跟各方面打交道就很吃力了。而且当时交大有十几名教师、一百多名学生，还有同济大学的几十名师生都要从上海搬到南京；浙江大学的几十名师生也要从杭州搬到南京。上海和杭州的条件都要比南京好，动员他们搬迁难度很大。严院长就一个一个亲自跟所有的教师谈心做工作……日夜奔忙于沪、宁、杭三地，结果累得生了肺结核。”①

由此可见，当时还是九三学社社员的严恺，是在对成立单科性水利高校有不同意见，成立华水的倡议者、建校委员会主任委员突然蒙受不白之冤的情况下，勉为其难地挑起了副职一把手的重担，其中隐含的顾全大局的意识、不避风险的精神，不得不令人叹服。

严恺挑起副职一把手重担的前因，还有钱正英对他的知人善任。1958年严恺被任命为华水院长之前，虽然先后派过钱正英、冯仲云两任院长，但正如钱正英所说：“在我们的思想上，都明确严恺同志是实际的院长。”钱正英“我乐于当你的学生，决不能当你的院长”的礼贤下士与放心放手，是她对严恺“怡然敬父执”般由衷敬重的自然流露，是她谦逊磊落品格的外在表现，也与她家庭和工作的“生态环境”不无关系。钱正英出生于吴越钱氏的一个分支，且不说这个大家族人才如“井喷”，仅仅在现代就涌现出钱锺书、钱伟长、钱学森、钱三强等科学、文学领域的泰斗级人物。钱正英的父亲留学美国，学的便是水利工程，1922

① 查一民：《新河海的奠基人　实事求是的典范——记严恺先生若干办学思想和实践》，《水利泰斗　教育楷模——祝贺严恺院士九十寿辰文集》，河海大学出版社 2002 年版，第 146—148 页。

年获硕士学位后回国效力。这使她对同样留学归来，也是学河海工程的严恺及其追求和品格，不但不陌生，反而有亲近感。她在1950年调任华东军政委员会水利部副部长时，部长是民主人士冷遹先生；1952年升任中央水利部副部长时，部长是傅作义将军。钱正英在与他们零距离的接触中感受到，对党外专家和从另一个营垒过来的志士仁人，不应该打入另册。回忆治水人生中的共事者时，她写道：

> 傅（作义）先生是中国的名将，在抗日战争爆发前夕，即以抵抗日本侵略军的百灵庙战斗闻名于世。1949年年初，他毅然脱离国民党部队，与中国人民解放军达成和平解放北平的协议，为人民完整地保存了这座古都，筹备成立中央人民政府时，周恩来总理征求他的意愿，他自告奋勇出任水利部部长，因为他深知中国人民对治水的渴望。他曾多次告诉我们，在他的家乡山西省万荣县的一个农村，（清朝）光绪年间大旱时，全村人死亡殆尽，只有几户幸存，为此在村里立了一个碑，告诫子孙永远不忘……在长期合作共事中，他与水利部的许多中共党员，建立了亲密的关系。①

来自"生态环境"的感性认识，升华到中国共产党与民主党派肝胆相照的理性高度，加之进京后全盘工作繁忙等原因，钱正英自然会虚席以待，放手让严恺主政。1926年考入清华大学、1927年加入中国共产党并任清华大学中共地下党支部书记的老革命冯仲云，对"先天下之忧而忧"的知识分子的品格和党的知识分子政策，自然多有切身体会。何况兼任华水院长之时，他也在中央水电部副部长任上，很少能分身过问华水的具体事务。这样一来，严恺从一开始就成了华东水利学院的实际负责人，走上了由建校委员会副主任委员而副院长、院长，到1983年退居二线后

① 钱正英：《江河之魂》（下），《中国水利》1994年第2期，第38页。

出任名誉院（校）长的长达半个多世纪的征程，成为这所享誉国内外的水利高等学府当之无愧的创始人。

二、万事开头难

万事开头难。严恺不负重托，义无反顾地全身心扑进艰辛的创业之中。

白手起家，谈何容易！他不得不借米下锅、借鸡下蛋。

草创时期，千头万绪。

严恺一抓师资队伍建设——振兴民族的希望在于教育，振兴教育的希望在于教师。

《华东水利学院建校委员会第一次会议记录》"现有师资情况"栏中的教师和1953年补充的师资，来自多所学校的不同系科：

1952年上半年，华东军政委员会教育部秉承中央教育部及华东军政委员会指示并经与中央及华东有关部门反复研究，拟出了华东区高等学校院系调整设置方案（草案）。8月初，经华东区高等学校院系调整的最高权力机构——华东区高等学校院系调整委员会最后确定成立华东水利学院，由交通大学、南京大学两校的水利系，同济大学、浙江大学两校的土木系水利组及华东水利专科学校的水利工程专修科合组而成，归华东教育部直接管理。[①]

其中的大多数教授、副教授，是严恺跑断双腿、磨破嘴皮"挖"来的学科带头人。

091

---

① 刘晓群主编：《河海大学校史（1915—1985）》，河海大学出版社2005年版，第39页。

为了挖人，他托朋友，找熟人，亲自登门动员，虽三顾而不辞。

为了给教授们创造较好的教学、科研、生活条件，他咬牙在华水周边一次买下了20幢花园洋房，并兑现了他们提出的种种合理要求。

距华水建校委员会第一次会议不到两周，即1952年8月20日，严恺就在交通大学主持召开了上海拟来南京人员的座谈会，动员教师到南京参加建校工作，并请家属按照专长担任各部门职员。这样，既解决了建院干部奇缺的问题，又解除了一部分教师搬迁的后顾之忧。

9月下旬，沪、杭两地教师先后到达南京，搬迁工作即告完成，计有：交通大学水利系教师14人，学生106人；同济大学土木系水利组教师6人，学生28人；浙江大学土木系水利组教师7人，学生57人；南京大学水利系教师10人，学生71人；华东水利专科学校教师10人，学生41人。总计教授16人，副教授5人，教师和助教26人，学生303人。[①]

水是故乡甜，月是故乡明。可严恺的学术水平、人格魅力和一片至诚，聚合了一批当年一流水平的教师。半个多世纪过去了，当年严恺"挖"来的名师仍然活在华水建校初期的学子心中。华东水利学院1956届毕业生，历任水电部副部长、能源部副部长、国务院三峡工程建设委员会副主任委员、中国长江三峡工程开发总公司总经理、中国大坝委员会主席等职的中国工程院院士陆佑楣回忆说：

严恺先生以其优秀的学术水平和独特的人格魅力，聚合了一支当年一流水平的教师队伍。其中，有著名的力学大师徐芝纶教授、岩土力学黄文熙教授、陆地水文刘光文教授、流体力学梁永

---

① 刘晓群主编：《河海大学校史（1915—1985）》，河海大学出版社2005年版，第41页。

康教授、水工结构顾兆勋教授、水能利用伍正诚教授、农田水利张书农教授等，为当年的华东水利学院（河海大学）奠定了扎实的学术基础。[1]

这支"一流水平的教师队伍"中，仅一级教授，连同严恺共有4人。要知道，20世纪50年代初，全国只有58名一级教授。当时就有人告严恺的状：不择手段挖墙脚；"文化大革命"中，给严恺戴了一顶现成的帽子：不遗余力，网罗"牛鬼蛇神"。

严恺二抓清凉山新校址的基建工作。

建院之初，学院无校舍，办公及教学用房全用南京大学的四牌楼校舍。基础课、公共课及部分基础技术课的讲授、实验等教学活动，都与南京工学院相近专业的学生同堂进行。无学生宿舍，一部分学生住南京工学院学生宿舍，一部分学生由学校在附近租民房暂作宿舍。教师们多数住学校在清凉山新购买的宿舍内，也有少数教职工暂住南京工学院教工宿舍。[2]

华水"四分五裂"，师生东奔西走，管理、授课诸多不便。于是，严恺坐镇设在原美军顾问团别墅的基建处，大刀阔斧抓校舍建设。

为了加快新校舍的建筑，9月成立了校舍计划研究组……10月6日，建校委员会又决定成立了校舍建筑委员会，由严恺、徐芝纶、顾兆勋、张书农、刘晓群、金选青、梁爱博7人组成，严恺为主任委员、顾兆勋为副主任委员。11月，成立了我院基本建设工程处，大力进行学生宿舍、饭厅、试验室、教职员工宿舍、全院道路、水电设施等的设计与监督施工，以及为迎接1953年在校学生约1700人所需房屋的建筑材料及施工准备等工作，同时

---

[1] 陆佑楣：《严师楷模 终生榜样——纪念严恺先生诞辰100周年》，《一代宗师：严恺院士诞辰100周年纪念文集》，河海大学出版社2014年版，第47页。
[2] 刘晓群主编：《河海大学校史（1915—1985）》，河海大学出版社2005年版，第45页。

华东水利学院（河海大学）教学主楼——工程馆

请同济大学按照学生3600人规模为我院进行整体规划及工程馆设计，请南京农学院为我院进行校园绿化美化的规划设计。[1]

教学楼要盖，宿舍要盖，饭厅也要盖。建材不足，严恺就四处奔走。木材告急，他听闻长江下游工程局有一批东北红松，跨度长达20米。"太好了，正好用来盖饭厅。"他不管三七二十一，一口吞下来，中共中央华东局教育部对此通报批评。但将在外，君命有所不受。捆手捆脚，华水猴年马月才能初具规模？对批评虚心接受，建校照样大刀阔斧地进行。

河海大学原副校长黄瑾，回忆了华水草创时期不该忘却的一幕：

1952年建校时，严老举家从繁华的上海来到南京清凉山麓。那时，条件十分艰苦，这里是日本鬼子残杀我国同胞的场所之

① 刘晓群主编：《河海大学校史（1915—1985）》，河海大学出版社2005年版，第46页。

一。严老带领53位同志在此建校，当时一无所有。没有校舍，就一边借用南京工学院的教室、宿舍进行教学，一边白手起家在荒山丘地上搞建设。新校址内遍地坟堆，没有道路，又无水源，建筑材料缺乏，工作、生活等方面困难极大。全体师生……艰苦奋斗，开辟创业之路，没有水，就自己挖井引水，铺设自来水管道；没有砖砌房，就自己动手办窑厂烧砖烧瓦；没有路，就自己动手，开山修路，先后推倒了250个坟堆。不到一年的时间，就建成了2万多平方米的新校舍。为了补充教室、食堂的不足，还搭建了近千平方米的草房，学生在草房上课，教师在草房就餐。尽管教学条件非常艰苦，但在严老坚韧不拔、勇往直前、百折不挠意志的影响下，师生们热情饱满，一往无前，建校工作不断取得新的胜利。[①]

1952年10月27日，离第一次建校会议不到三个月，华水师生第一天在自己的校舍里上课。这在华水校史上有起步意义的历史性的一天，被定为校庆日。但是，基建工作此时才开了个头。1953年，建成了包括工程馆在内的2.37万余平方米的房屋；1954年，新的实习工厂竣工，包括一个电工实验室和机工、锻工、铸工三个实验场，体育馆、浴室、游泳池等也交付使用；1955—1956年，水工、水能、水港、水文等专业实验室相继建成，新增教学、办公用房和学生宿舍各两幢；1957年，7500平方米的水利馆和图书馆等成了校园里的新景观。至此，华水已完成6万余平方米的房屋建筑工作，并在校外购置小楼房和平房27幢，共计建筑面积7644平方米。

严恺三抓校风校纪。

搞水利，一辈子与泥水沙滩、风霜雨雪为伴，加上华水草创时期条件差，部分学生情绪低落，专业思想不稳定。一次，有个

---

① 黄瑾：《严老的教育思想和"河海"的学风》，《水利泰斗 教育楷模——祝贺严恺院士九十寿辰文集》，河海大学出版社2002年版，第103页。

严恺、陈芳芷夫妇在 1965 年 2 月摄于家门口的全家福（前左：严以方；前右：严以新；后中：严以强）

系上报情况说，有三个学生闹情绪，不好好上课，已经造成了严重的不良影响，而且教育无效，请学院定夺。严恺把脸一沉说，水利本身就是艰苦的事业，连这点儿苦都吃不了，今后如何能为人民服务？为严肃校风校纪，决定开除他们的学籍。布告贴出后，全校为之肃然。为此，严恺得了一条罪名：不教而诛。数十年之后，严恺在接受江苏教育电视台的记者采访时曾反思说，当时是不是有点儿太严格了？

搞基建时，调一个青年教师去基建处工作。此人调而不动，拒不报到。岂有此理！严恺责成教工团支部严肃处理。结果，团支部开除了该教师的团籍。

有一名身为中共预备党员的校医不好好工作，屡屡旷职。当时还不是中共党员的严恺向该校医所在党支部建议，取消了他的预备期。

1953 年 8 月，距第一次建校会议才一年，教师骨干队伍形成了，近千名学生进校了，三栋学生宿舍、三栋教职员宿舍建成了，教室、饭厅奇迹般出现了，学生全部搬进了新校舍。

建校首战告捷，华水初具规模。

如果说创建华水是一部脱胎于新中国成立后的壮剧的话，那么，严恺不仅是编剧、导演，还不时充当剧中不可或缺的角色。他来去一阵风，以全副精神超负荷地运转着。他是用自己的心血、才智、魄力，给这所日后跻身世界著名高等学府行列的院校奠基的。

如果说师资队伍建设、校舍基本建设和严肃校风校纪是严恺在华水草创时期点起的"三把火"，那么，使这"三把火"熊熊燃烧、经久不息，并转化为热能、动能的，是建设华水面广量大、千头万绪的日常工作：教学任务的确定与变动，教学管理制度的确立与实施，教学计划、教学大纲的制定与修订，教材的编写与充实，教学设施、教学手段，特别是河海工程必不可少的各类实验室的建设，以课堂教学为重点的教学方法的改革与创新等等，一样也不能等、不能靠，样样得落到实处、细处。

其中对华水发展至关重要的，是编制体制、院系科室的顶层设计与领导力量配备。1952年全国高等院校院系调整后，又陆续进行了系科调整。1953年8月，又有几所大专院校的水利专业并入华水：厦门大学土木系水利组、山东农学院农田水利系、淮河水利学校水利工程专修科；1955年8月并入的，有武汉水利学院水道海港专业。领导体制与配备也作出相应调整：1952年，实行院长、教务长、系主任三级领导体制，华东军政委员会水利部部长钱正英兼任院长，严恺为第一副院长兼教务长；1955年，成立院务委员会，水利部副部长冯仲云兼任院长，严恺、汪大年为副院长；1956年，取消教务长制，实行院、系两级领导体制，增任徐芝纶为副院长；同年，成立院、系党组织，领导体制改为党委、党总支领导下的院长、系主任负责制；1958年，实行党委领导下的院务委员会负责制，院长对院务委员会负责，严恺被任命为院长。

此后，随着华水草创、起步阶段告一段落，按照中央教育工作会议精神，严恺把治校的重心移到整顿教学秩序和进行教学改革上来。1959年，组织全校教师用3周时间进行专题讨论，使大家进一步明确了以教学为主，实行教学、科研、生产三结合对人才培养的重要性。教学、科研、生产三结合，是严恺教育思想的重要组成部分，早在华水起步阶段，就在加强实践性教学环节的第一步——实习环节上体现出来：

在原有基础上进行改革的教学环节有实习、毕业设计、实验课和考试等。实习根据循序渐进的规律，分认识、生产、毕业实习三种。认识实习在一年级或二年级上学期进行，学生参加施工劳动、参观、听工程技术报告、座谈，使其进一步认识本专业在国家建设中的作用，提高热爱专业的思想。生产实习在接触专业课时进行，学生以施工员身份在工程技术人员带领下参加施工管理，加强理论与实际的联系，培养独立工作能力。毕业实习是为毕业设计做准备，带着毕业设计深入工地收集资料，参加实践，钻研某一建筑物的技术问题。1953学年度开始赴水利工地进行实习，1300余名学生先后分两批去四大行政区九个水利工地进行认识和生产实习，由老教师领队，院、系领导和专业教研组的正、副教授分别参加各队指导，各队都配有政工和行政干部。随着招生人数的增长，以后各学年进行实习的学生人数逐年增加。1955年，首次进行了毕业实习。各种实习事先拟订实习大纲并按大纲进行。实践证明，实习扩大了学生的知识领域，锻炼了学生的思想和工作能力，丰富了教材内容。[①]

严恺"三结合"教育思想的重要组成部分之一是结合生产进行科研，以培养学生的实践能力。华水师生在1959年参加水利建设的相关数据就是实证：

1959年，四年级学生参加了日晖港、塘沽新港、武钢码头、

① 刘晓群主编：《河海大学校史（1915—1985）》，河海大学出版社2005年版，第59—60页。

密云水库、三门峡水利枢纽等工地生产劳动共12万个劳动日。农水系61级同学在密云水库劳动时提出一批技术革新项目，他们设计的自动倒砂器、混凝土自动测深器、改装布袋机等为工地所采用。河川系60级师生和上海勘测设计院合作，用了7000多个劳动日完成浙江分水江流域开发方案和五里亭水电站的初步设计。据当时统计，两年内在勘测、设计、施工方面，有教师130人次、学生2000多人次参加，先后完成了小型水电站54座，小型水库22座，水闸、船闸86座，小河港及码头19个，还有其他小型水工建筑物2800多个的不同阶段的设计任务。完成渠道测量3500公里、电灌规划1.4万公顷（21万亩）、排灌规划67万公顷（1000万亩），并参加了乌江等流域调查。上述统计数字虽有"水分"，但总的说来，使广大师生理论联系实际，在生产斗争中经受了锻炼、增长了才干，对改变学校"三脱离"状况起到了一定作用。[①]

严恺"三结合"教育思想的另一个重要组成部分是科研与教学结合，以促进人才培养。

学校科研任务中约有30％的项目直接结合教学、结合培养学生，把出成果与培养人才紧密结合起来。

科学研究的实践，特别是上升到理论的研究，大大丰富、充实、拓宽了教师的业务知识，提高了教师的素质与水平。教师把科研成果引用到教学领域中去，丰富了教学内容，开拓了培养研究生的专业方向，更新了实验设备，改善了计算条件，促进了教学质量的提高。

在与教学结合上，学校安排许多项目结合学生毕业设计一并进行。港航专业79级毕业班学生的毕业设计，在教师指导下，从1983年4月初到6月底，完成了连云港西大堤两条轴线各两个方案的设计工作。为了验算不清淤方案的地基稳定性，师生经常

① 刘晓群主编：《河海大学校史（1915—1985）》，河海大学出版社2005年版，第117页。

通宵达旦工作在电子计算机房，日以继夜地通过计算取得大量数据，论证了不清淤方案的可能性和可靠性。连云港渔港的防浪堤扩建工程、深水码头和加冰码头以及高数十米的三对导航导标铁塔等设计任务，基本上都是在教师指导下由毕业班学生结合毕业设计进行的。①

严恺回忆华水的创建和发展过程时指出，华水能有今天，是上级部门对他这位当时的党外第一副院长的信任和支持，是学院领导班子心向一处想、劲往一处使的团结奋斗，是华水创业者们以奉献精神为内核的力的凝聚。

在反动统治时期，水利技术人才是学无所用的。严恺先生……伤心地告诉记者：过去教了多年书，但是每年不过培养十多个学生，毕业后仍然无处发挥作用。他曾决心亲自到宁夏去参加黄河水利勘察工作，期望对水利事业有所贡献。可是到了宁夏，反动政府既不给钱，又没有人，什么事也干不成，甚至连吃饭都成问题，他只得再回到学校教书……他说：国家如此迫切需要人才，又信任他，要他领导水利学院培养人才的工作，如果不能尽到自己的责任，将对不起祖国，对不起人民。

1954年8月11日，《新华日报》以《为祖国培养水利建设人才——访省第一届人民代表大会代表、华东水利学院副院长严恺》为题，报道了他当年的心境。从中，我们可以窥见他在有条件大刀阔斧办学时精神力量的由来。

严恺以坚实的足迹，迈出了他人生历程中全新的一步。

① 刘晓群主编：《河海大学校史（1915—1985）》，河海大学出版社2005年版，第222页。

三、再写创业史

万事开头难的草创阶段结束之后，华水虽然在整风、反右、反右倾等政治运动中受到干扰，不无曲折，但总体上在良性发展的轨道上高速运行。然而，等着严恺的，是1966年横冲直撞而来的"文化大革命"风暴潮：

从（1966年）6月13～20日仅约一周时间内，在大字报上被点名批判的河川系教职工就有48人，占当时全系教职工人数（121人）的40%……

6月23日起在全校范围内被戴上"黑帮分子"帽子，被打倒、被公开批斗和靠边站的达数十人，其中有党委主要领导及党委委员十余人，党委因此而彻底瘫痪，成为南京地区第一个被打倒的"黑党委"。

在批斗"黑帮"的同时，学校的大多数中层以上领导干部以及许多普通教师、普通干部、青年学生甚至工人，都不能幸免于"横扫一切"的"革命风暴"的袭击。全校27名教授和副教授全部被大字报点名批判，绝大部分中老年教师都被打成"反动学术权威"和"没有改造好的资产阶级知识分子"。在青年教师和学生中，也有不少人因为"家庭出身不好"、"社会关系复杂"、"有海外关系"、"思想落后"等原因，而受到公开点名批判斗争，被打成"反动教师"、"反动学生"，甚至被打成"现行反革命分子"。[1]

严恺也不例外，他被卷进了这股逆风恶浪之中。对于铺天盖

---

[1] 刘晓群主编：《河海大学校史（1915—1985）》，河海大学出版社2005年版，第158页。

地而来的"反动学术权威""走资派"等莫须有的罪名，严恺并不杞人忧天——平生不做亏心事，半夜不怕鬼敲门。让他忧从中来的，是他苦苦经营了10多年的华水成了"风波亭"，风华不再；与他息息相通的党政领导层的搭档成了"牛鬼蛇神"，命运难卜；连他的子女，也饱受殃及池鱼之灾。

苏北，寒冬，挑河泥的工地上，一个年轻人挑着装满河泥的担子，沿着河坡吃力地向上爬行。百把斤重的担子，压得扁担随着迈步时肩膀的起落上下晃悠。刺骨的老北风阵阵袭来，早上刚出工，手脚就都冻得麻木了，可不一会儿，汗水浸湿了内衣，红肿的双肩针刺般疼痛。强体力劳动需要营养，可生活十分艰苦，一年一人分800斤红薯，几乎天天吃红薯饼、红薯干。春节到了，生产队里一起上河工的人们回家团圆去了，这位年轻人却冷冷清清地守在工地上。一间堆放铁锹等工具的简易工棚，就是他的留守处。好一场大雪，眼前的一切充满了诗情画意。可这位年轻人的感触，却是"白茫茫一片真干净"：他真希望人世间的刀光剑影及其在他内心深处寒似冰雪的投影，能被大雪覆盖得无影无踪。这个年轻人不是别人，正是在苏北插队落户的严以新。

1968年，严以新成了上山下乡的"老三届"中的一员，上大学成了他一个难圆的梦。岂止是上大学，连高中也读得时断时续——1966年5月"停课闹革命"开始之时，他还没有读完高一。然而，名不副实的高中毕业证书成了他下乡插队的"合格证书"，在农村一待就是6年。与"文化大革命"前相比如同瀑布般的落差，使严以新的人生之路从浪峰跌入了浪谷。痛定思痛，40多年之后，他仍不无感慨："'文化大革命'中，家庭受到冲击……对我心灵的打击是巨大的，因为父亲在我心中的形象是伟大、高尚的。"覆巢之下，岂有完卵？人民共和国的苦难，也要严以新这位人民共和国的同龄人一起承担。他"名正言顺"地成了"可以教育好的子女"。别说念大学，即使当了知青也被打入另册，留守工棚就是一例：家中父母已"解放"的知青纷纷回家过年，他却有家归不得。强烈的反差使他陷入身心的双重磨难之中，他痛苦，他迷惘，为国家的命运，也为自己的命运。他本不抽烟，后来也断然戒了烟，那时却每天要抽一包烟，用吞云吐雾来缓解压力，可吐出的烟圈如同一个个问号：路在何方？

路在脚下。多难兴邦，"生于忧患，死于安乐"的古训说的就是这个道理；多难也可以兴人，只要落难之人不被"难"倒。苦难磨不灭严以新达观的天性，却磨出了他百折不挠的毅力；重体力劳动使他的身体更加壮实：插队几年之后，他挑200斤的重担一口气可以走5里地，挑百把斤的担子不用手就可以换肩。

严以新的人生之路处于走出泥泞的顽强跋涉中时，严恺的身心承受的双重磨难更甚于他。严恺被停职、批斗后，还被剥夺了继续从事科研活动的权利。他一手创建的华水滑出了既定轨道，他主政的南科所用政治运动代替了科研活动。而他只能眼睁睁看着跟自己一起创业、一起搞科研的教学和科技人员风流云散，却无力挽狂澜于既倒。

俱往矣！1979年7月，中共中央组织部通知，中央同意恢复严恺的华东水利学院院长职务。这对于从十年浩劫中熬过来的华水教师和干部，是一个雨过天晴的重要标志；对于严恺，则是一副沉甸甸的担子，但他没有因心有余悸而退缩，而是立刻全身心地投入到华水的治理整顿之中，开始了华水发展史上的第二次创业。

第二次创业的艰难，从华水拨乱反正、为冤假错案平反可见一斑：

从1978年开始，先后组织了40多人的工作班子，首先对"文化大革命"中的189件冤假错案进行了复查纠正，为"文化大革命"各个时期中受冲击、迫害的653位同志平反昭雪，推倒

一切污蔑不实之词……①

"文化大革命"期间，华水的教职工总数不足1100人，也就是说，需要平反昭雪的超过了半数。首当其冲的领导干部和教授等高级知识分子受冲击、迫害的比例之高可想而知，第二次创业的难度也就不言自明了。加强思想建设和组织建设，恢复党的优良传统；全面落实政策，治疗心灵创伤，调动积极性；肃清流毒，重建学院正常秩序……第二次创业的工作千头万绪。而学院重整旗鼓、面广量大的第一项任务，像华水草创时期一样，还是师资队伍建设。

严恺在日记中，对经过十年浩劫的华水师资队伍情况作了条分缕析的梳理：

（1）质量不符或派不上用场的136人；

（2）教学任务比"文革"前重，需新编的教材……高达139门；

（3）科研任务多倍增加，达一百五六十项；

（4）部分教师业务荒废，须花精力赶上去；

（5）行政管理混乱，思想、后勤跟不上，使担任行政职务的教师花去很大精力——任院、系、所、处领导的教师150人，按工作量折合48人；

（6）力量分散，自成系统，人力浪费；

（7）自然规律，因年老体弱而全休、半休的占原教师总数的8%—10%；

（8）潜力未充分发挥，积极性未很好调动。

对症下药。1979年5月9日，经院党委常委会研究，同意增加教师272人，并把主要精力集中到现有师资队伍水平的提高上来。华水党政领导层对此达成了共识，并采取了一系列措施：

① 刘晓群主编：《河海大学校史（1915—1985）》，河海大学出版社2005年版，第169页。

教师是学校教育的主体和中心，是办好学校的依靠力量和关键所在。要弥补和解决十年浩劫带来的师资队伍青黄不接，布局、结构不合理，年龄偏大，知识不适应要求，某些学科缺乏带头人，梯队不健全等严重问题，需要有战略意识、有力措施和实际部署。学校确定和贯彻了"全面规划，积极调整，重点培养，普遍提高，适当流动"的方针，一方面从实际出发，对已有教师本着"在职为主，结合工作为主，自学为主"的原则，坚持因人制宜，多种途径，灵活多样，提高素质；另一方面采取引进中年骨干教师和新专业、缺门学科师资力量，选留和争取分到优秀本科生、研究生，同时聘请著名专家学者担任兼职教授等措施来充实、提高师资队伍。

（1）重点培养一批中青年骨干教师为学术带头人和学科领导人。1980年在各专业的主要学科、新学科或重点科研方向中，本着在人才使用上打破平均主义、论资排辈等陋习的宗旨，挑选确定了50名思想作风正派、勤奋学习、基础扎实、外语较好、思维能力和动手能力较强、教学效果较好、有一定科研能力、身体健康的中青年教师作为骨干力量进行重点培养。首先明确培养方向，订出3年业务进修提高计划，用一年或一年半的时间脱产进修，及时给他们交任务、压担子，在时间、设备、经费等方面给予一定条件；出国进修、考察等方面优先考虑；资料、图书等方面尽量满足。这部分教师现在都已成为教学、科研第一线的新一代学科带头人。

（2）重视和积极培养青年教师，分别情况，分别要求，多种途径，共同提高。对20世纪70年代毕业留校担任教学、科研工作的青年教师，除调整部分搞党政工作外，对确定在教师岗位的65人，采取脱产集中进修，加速培养。从1979年开始用一年半时间，补修数学、物理、理论力学、外语等基础课程，要求达到四年制本科教学计划规定的要求。同时让他们在中老年教师亲自指导带领下，承担辅导任务，在实践中锻炼提高，然后陆续走上讲台，成为一支富有生气的新生力量。

对80年代毕业留校的本科生，要求在转正后经过5年左右时间的努力，在基础理论、专业知识、外语程度、教学科研工作能力、解决问题能力等方面都达到较高水平，同时修完硕士学位课程或取得硕士学位。方式除少数按规定报考国家统一招生的或出国攻读学位的研究生外，可通过在职进修硕士学位课程、助教进修班、在职研究生、委托代培研究生、出国培训等多种途径。同时对他们报考的条件、要求等也做了相应规定，使他们既能积极完成规定的教学、科研工作，又能坚持刻苦学习，提高业务水平，当一名符合时代要求的大学教师。

对一部分基础理论比较扎实，外语水平较高，特别是少数60年代毕业，经过几年实践，又攻读了硕士研究生、取得了学位的留校教师，主要给他们压任务，让他们挑重担，充分发挥他们在教学、科研中的生力军作用。创造机会让他们出国深造、进修提高，逐步成为学校的栋梁、年青一代的学科带头人。

（3）现代科技迅猛发展的形势，对整个教师队伍提出新的要求。从实际情况出发，提高外语水平，普及新技术，不断更新知识，是教师队伍中最为迫切而普遍的问题。学校大力举办多种全院性的外语、新技术、新学科、基础学科等培训班，有计划地分期分批地进行培训。1978～1985年共办班48期，培训人数达210人次，其中外语培训有中、高级英语班，出国预备人员培训班，英、日、法、德、俄语初、中级班，翻译理论班等，为各类教师提高外语水平提供条件，也扩大了对外交流的学术骨干力量。

在此基础上，学校在1984年筹建了外语培训中心。培训中心除完成校内各类外语短期培训外，还接受水电部下达和兄弟单位委托的英、俄、德等多种语言的培训任务，并面向社会进行教学服务。至1985年已开出英语高级班等8个培训班，学员324人。

（4）为博采众长，有计划地安排部分教师到兄弟院校、科研单位进修、听课或参加专题培训班等，达620人次。①

与此同时，严恺抓教学手段与时俱进的现代化：

开展电化教育是教育手段现代化的一个标志。我校电化教学的开展起步于1978年，上半年成立电化教学领导小组，下半年成立电教科。随着电化教学的发展，尤其是逐步深入到各个学科的教学，学校于1982年将电教科改称为电教中心，具有教学研究和行政管理双重职能，仍隶属教务处领导。电教中心的职责范围主要为：统筹、制订全校电化教学规划和执行计划及经费预算，组织、协助教师编制电化教学材料和制作电化教学软件，收集、储存、管理、发行电化教学教材，组织、推动开展电化教学方法的研究及经验交流，推广新技术在电化教学中的应用，管理、维护、调配全校电化教学设施等。

电化教学筹建初期，从洽购器材设备，改建电化教学教室，试用与普及幻灯、投影、录音等花钱少、收效快的常规电化教学手段抓起，逐步发展到电影、录像设备、语言实验室在教学上的使用。②

不难看出，作为一院之长的严恺，在"待从头，收拾旧山河"的第二次创业中，仍然是一切从实际情况出发，仍然是大刀阔斧、雷厉风行。这使得华水在"文化大革命"之后得以快速恢复元气、发展壮大。新专业、新系的设置也是一例：

从"文化大革命"后恢复全国统一高考招生到1985年，为适应国民经济和社会发展的需要，先后设置了七个新专业：1977年新设置工业电气自动化、计算机及应用两个专业；1978年新设置

---

① 刘晓群主编：《河海大学校史（1915—1985）》，河海大学出版社2005年版，第211—213页。

② 刘晓群主编：《河海大学校史（1915—1985）》，河海大学出版社2005年版，第217—218页。

工程地质及水文地质专业；1982年新设置水资源规划及利用专业；1984年新设置工业与民用建筑专业和工程测量专业；1985年又在多年举办管理干部培训班和三年制干部专修科以及为校内各专业开设管理课程的基础上，新设置工业管理工程专业……随着新专业的建立，系的设置也由"文化大革命"前原有的水电、水港、水文、农水、力学五个系增加到十个系、一个部，即新设了自动化系、勘测系、工民建系、管理系、社会科学系和基础部。①

随着新系、新专业、新课程的设置，教研室和实验室的数量相应增加。1985年年底共有教研室54个、实验室41个，比1976年分别增加27个和21个，另新设有计算中心、电教中心和外语培训中心，以及8个学生实习用的微机计算站，为全校师生提供现代化教学、科研工具。

为充分发挥学校的特色和优势，适应科研工作不断发展，从1979年开始，在原有水利研究室基础上，逐步扩大和新建了5个研究所和5个研究室。这些研究机构有综合性的水利水电科学研究所，有单科性的海岸及海洋工程研究所、环境水利工程研究所、工程力学研究所和水利经济研究所。1984～1985年又先后建立了高坝通航、热污染、应用光学、软件开发与计算技术、湖泊水库等一批有特色的相对独立的研究室，并代管设在校内的水电部南京水文研究所。②

专业、系（部）、教研室、实验室和研究所（室）等的增加，亟须与之相应的校园扩容。为此，严恺无论是在院长任上，还是在被聘为名誉院（校）长之后，都把这视为第二次创业的又一场攻坚战，仍然身先士卒。

① 刘晓群主编：《河海大学校史（1915—1985）》，河海大学出版社2005年版，第190页。

② 刘晓群主编：《河海大学校史（1915—1985）》，河海大学出版社2005年版，第203页。

李法顺回忆说：

1983年，中央作出了关于加速发展高等教育的决定，教育部在武昌洪山宾馆开了20多天（包括参观葛洲坝、武大、华工）的重点高校会议来落实……其实，在此之前，严院长已经认识到高教大发展的趋势。为拓展学校生存、发展空间，他带领领导班子从铁心桥到河西四处找地；建设城西干道时，胡畏书记率队到南京市委要求征用曾列入学校远景规划，未曾征用的路西跳伞塔区块的土地；听到城西干道以东还有小块空地（即现在新疆馆周边三角地的地方，当时地处院墙与干道新筑路基之间，地势低洼，积水很深，学校西门也被堵住）可以争取，便停下办公会转道虎踞关，党政一把手带头骑自行车前往查勘……①

严恺殚精竭虑再写创业史的不懈努力，没有打水漂。1978年全国科学大会召开以后，华水承担的水利建设项目、取得的水利科研成果，不但更加充分地体现了严恺"三结合"教育思想对促进教学和人才培养的重要作用，而且是他献给新中国又一个科学春天的厚礼：

全国科学大会以后，学校紧密结合国家需要和生产实际，每年承担近200项生产科研任务，其中已有5500多项取得了成果并为生产单位所采用。仅"六五"期间，学校为葛洲坝等11项国家重点工程进行了70多个课题的研究，为国家重点工程建设的规划、设计、施工、运行提供了科学依据，发挥了较好的工程效果和经济效益。有100多项科技成果受到国家、部、省和部门的奖励，获国家奖6项、部级奖21项、省级奖22项。学校还大力支援地方建设，1985年荣获江苏省人民政府颁发的开发苏北有功科技单位特等奖。

学校在水利、水电、水文、水运、海洋、力学等学术领域

① 李法顺：《我所接触的严院长二三事》，《一代宗师：严恺院士诞辰100周年纪念文集》，河海大学出版社2014年版，第62页。

中，取得了一批在国内处于领先地位的成果，例如：降雨径流流域模型，最大可能降水（英文简称PMP），水工结构静、动态模型试验，水工建筑物抗震试验，复杂地基上水工建筑物研究，概率论和数理统计在水利水电事业上的应用，混凝土坝原型观测资料的数学理论分析，水力机械动态模拟理论，低扬程大流量水泵，风浪要素统计理论，波浪要素爬高计算方法，弹性力学问题的有限单元法及其电子计算机程序，水利水电事业应用计算机辅助设计（英文简称CAD），全国水质评价，NSY-1型泥沙粒度分析系统等，都是学校近年来所取得的优秀科研成果，其中不少成果已在国际学术会议上交流或在国际学术刊物上发表，受到国际同行的赞赏和好评。[①]

从1952年领导建校到1983年退居二线、担任名誉院（校）长，严恺30多年中风雨兼程，经历了华水创建、发展、曲折和改革开放的全过程，带领新老几代华水人不懈努力，使华水充满活力、张力：成为以水利为中心的理工科大学，为进一步发展打下了坚实的基础；形成了完整的水利高等教育体系，有预科、专科、本科和研究生；接收外国尤其是非洲留学生起步早，人数多；形成了以徐芝纶等大师级和顾兆勋、伍正诚、张书农、俞家润、梁永康、施成熙等一批重量级教授为首的，老、中、青三结合的学术梯队；形成了贯穿于学风、教风诸方面的，具有华水特色的优良校风。

① 刘晓群主编：《河海大学校史（1915—1985）》，河海大学出版社2005年版，第219—220页。

四、桃李满天下

华水自创办以来，在新老几代教育工作者前赴后继的长期探索、不懈努力下，为国家培养的各类水利专业人才已突破10万人，不但遍布全国各地，世界上不少国家也有华水的校友，真可谓桃李满天下。

特别是改革开放以来，与我国高等教育由精英教育阶段迈向普及教育阶段的历史进程同步，与我国综合国力的提高对河海工程事业的需求相适应，华水的人才产品，数量迅速增加，质量不断提高，规格越来越全。以恢复传统校名河海大学的1985年为例：

1985年招生总数为2147人，其中全日制新生1674人、业余函授生473人。1674名全日制新生中，有博士研究生8名、出国研究生16名、硕士研究生131名、研究生班54名、本科生975名（含外国留学生15名）、大专生32名、干部本科班27名、干部大专班431名……至此，我校已具有博士研究生、硕士研究生、本科生、专科生和培训班5个结构层次，博士、硕士、学士3种学位等级，普通教育与成人教育2个办学方向，全日制和业余函授、各种培训班3种培养方式，形成了多层次、多规格、多方向、多形式的比较完整的办学体系。[①]

华水的毕业生，在与江河湖海打交道的现代化建设中作出了重大贡献，许多人已经成长为造福一方的领军人物、专业领域的

---

① 刘晓群主编：《河海大学校史（1915—1985）》，河海大学出版社2005年版，第192页。

严恺（右）与华东水利学院1956届毕业生、中国工程院院士陆佑楣一起，参加三峡工程开工典礼

栋梁之材。

严恺于1984年四五月间，在苏北沿海几县进行海岸带和海涂资源综合调查期间的几则日记中，就提及好几人：

4.30 下午6:40到东台，县委书记、县长（我院农水干部班毕业生）来迎。

5.1 4点抵大丰县，住第一招待所，副县长亦为我院去年农干班毕业生。

5.4 4:10到滨海县，县长为我院69届毕业生。

严恺对自己的学生情有独钟，把他们写进日记里，从中不难体会他作为教育家的追求：看到弟子们挑起大梁，活跃在河海工程建设的第一线，是他最大的愿望，也是他最感欣慰的。

华水的毕业生没有辜负严恺的厚望。20世纪60年代和80年代，华水曾两次组织全国性的毕业生质量调查，其毕业生得到社会及用人单位的高度肯定和广泛好评。在严恺以十六字校训为标志的教育思想熏陶下培养出来的栋梁，在学界、政界、工程界都有杰出代表。

据不完全统计，华水毕业生中已成长为中国科学院院士和中国工程院院士的有7人：1953届毕业生沈珠江、茆智，1956届毕业生陆佑楣，1963届毕业生郑守仁、吴中如，1982届毕业生张建云和1984届毕业生王超。加上严恺任教于中央大学、河南大学、交通大学期间的学生钱宁、汪闻韶等人，严恺的弟子中已成为院士的超过10位。

而先后在党、政、军、学各界担任重要领导职务和技术职务的华水毕业生更多。曾担任水利部副部长，成为河海工程领域国家队栋梁之材、领军人物的，有1955届毕业生娄溥礼、1956届毕业生何璟、1962届毕业生王守强、1966届毕业生索丽生、1967届毕业生张基尧、1970届毕业生翟浩辉、1978届毕业生胡四一等人；曾是独当一面的科技精英，为河海工程建设作出重大贡献的，有1963届毕业生朱尔明、1968届毕业生周大兵、1983届毕业生沈凤生等人；成长为解放军和武警部队的将军，战斗在科技兴军一线，为军港、海防和海上丝绸之路等建设奉献才智的，有1962届毕业生朱熹能、1967届毕业生杨进国、1968届毕业生梅锦煜、1975届毕业生张世英等人。

水利部长江水利委员会在祝贺严恺90寿辰的贺信中，提到了在十六字校训熏陶下起步的华水优秀毕业生郑守仁：

新中国成立后，严恺教授呕心沥血，辛勤耕耘，创建了华东水利学院（河海大学），为长江水利建设培养、造就了大批优秀人才。他们肩负国家的殷切期望，遵循师长的谆谆教诲，成为长江水利事业的栋梁，在各自的岗位上创下辉煌的业绩，为长江水利史谱写了新的篇章。我委总工程师、中国工程院院士、全国劳动模范郑守仁同志是其杰出代表，他清正廉洁、无私奉献、精于科技、勤于实践、成绩卓著，成为全江职工学习的榜样。[①]

作出杰出贡献而应邀回母校作报告的华水毕业生也不少，如：

在建院30周年科学报告讨论会上……校友、长江流域规划办公室规划处副总工程师黄萱作了《长江流域开发和葛洲坝工程》的报告，校友、葛洲坝工程局副总工程师郭鼎鸣作了《从葛洲坝工程施工看我国水电建设的发展》的报告。还特邀了扎根边疆的老校友、新疆维吾尔自治区人大常务委员会副主任、水利厅副厅长王鹤亭返校，作热爱水利事业和艰苦奋斗的报告。这些报告生动地介绍了水利事业在国民经济中的重要作用，不仅使师生们更加热爱水利专业，而且也开阔了大家的视野，增长了许多学识。[②]

以上面列举的佼佼者为代表的近10万华水毕业生，奋战在各条战线上，遍及全国的江河湖海，比如黄河上的三门峡、小浪底、刘家峡、万家寨，长江上的长江口、太仓港、江阴港、镇江港、南京港、安庆港、九江港、武汉港、葛洲坝、三峡、重庆港，港口中的大连港、青岛港、天津新港、日照港、连云港、大丰港、吕四港、上海港、舟山港、厦门港、福州马尾港、广州港、海口港等，北海舰队、东海舰队、南海舰队也都有华水的毕业生，在全国其他水利系统工作的华水毕业生更是比比皆是。

正如钱正英在1985年华东水利学院恢复传统校名河海大学的庆典上所说：

在遍布我国江河湖海的大中小水利建设中，到处都可以看到"河海"所培养的人才……对于华东水利学院的毕业生来说，我的同事、最近任命的水电部副部长陆佑楣同志的经历是有一定代

---

① 《水利泰斗　教育楷模——祝贺严恺院士九十寿辰文集》，河海大学出版社2002年版，第49页。

② 刘晓群主编：《河海大学校史（1915—1985）》，河海大学出版社2005年版，第238—239页。

表性的。他1956年自"华水"毕业后，从甘肃的刘家峡，陕西的石泉、安康，一直到青海的龙羊峡，在近30年中参加了4个水电站的建设。在水运方面，现任交通部基建局局长、中国水利学会副理事长黄国权也是"华水"毕业生。在江苏省、地、县水利部门，都有"华水"毕业生。江苏省水利厅的4位新任厅长，都是"华水"毕业生。更使我难忘的是，许多"华水"优秀毕业生将自己的生命献给了水利水电建设事业，如成都勘测队副总工程师兼长江上游二滩水电站的设总（总设计师——引者注）殷开宗、葛洲坝工程局的副总郭鼎鸣，他们都是在自己的工作岗位上献出了宝贵生命。在他们身上可以看到"河海"的精神、"河海"的成果。①

华水毕业生的成长和奉献，有多种因素，更多的是他们自己的奋斗业绩，但有一个共同点：青年时期在华水的培根固本和专业领域的起步。华水的众多毕业生从不同侧面，谈了严恺的言传身教在他们成长中的楷模作用。

历任水利部副部长、国务院南水北调工程建设委员会办公室主任、全国政协人口资源环境委员会副主任、中国水力发电工程学会理事长等职的张基尧说：

我就读于华东水利学院，正值国家三年困难时期刚刚过去，教育在经济恢复中艰难前行。面对困难和压力，严恺校长……坚持质量第一、全面发展，既教书又育人，不断完善学校管理体系和规章制度。他教育引导我们爱祖国、爱人民、爱科学、勤奋学习，增长为国家服务的本领；安排我们深入工地接近工农，加深与劳动群众的感情；要求我们深入实践，培养理论与实践结合的能力；开展多种讲座、活动，让我们有更多的机会接触社会、了解人生，学会分析、判断问题的方式方法。在严恺教授创造并坚

---

① 刘晓群主编：《河海大学校史（1915—1985）》，河海大学出版社2005年版，第240页。

持的"严"字当头、求真务实的学风下，一代一代河海学子走出校门，融入社会，为祖国、人民作出了贡献，但学校的学习生活无疑是我们人生的起点，老师们的谆谆教导是我们人生的坐标，严恺教授永远是我们学习的楷模、心中的丰碑。[①]

曾任华北水利水电学院党委书记、河海大学党委副书记的林劲松教授写道：

严恺是我青少年时期的偶像。1954年，我还在初中二年级读书，有幸在辅导员的带领下参观华东水利学院。严恺教授在百忙中和我们这群戴着红领巾的少年见了面，14岁的我见到了留洋的大教授。他勉励我们勤奋学习、勇于探索，欢迎同学们以后到华东水利学院上学。高中阶段，我在南京四中就读，邻班同学严以强是体育委员，我们在体育活动中相识，他爸爸正是严恺教授，我经常好奇地从严以强口里了解严恺教授的事迹。1958年，已经是中国科学院学部委员、华东水利学院院长的严恺教授，亲临南京四中参加家长会。全校师生都十分敬仰这位学者，争着目睹严恺的风采。严恺对青少年的关心更多的是通过科普读物，如少年科普报、"科学家谈科学"等出版物介绍治学方法和普及科学知识。我正是在严恺先生的影响下，报考了华东水利学院，并录取在水文系陆地水文专业学习，继而留校工作。在学习和工作中聆听他的教诲和受严老人格的影响，就更多了。我们年轻的学生和教师，都把严恺教授当作"红与专"的楷模。[②]

严恺所任华水行政领导职务的接力者之一，像他一样也曾留学荷兰，也懂多门外语，但英年病故的梁瑞驹教授，是这样叙述自己的前任对他的影响的：

① 张基尧：《在纪念严恺院士诞辰100周年座谈会上的讲话》，《一代宗师：严恺院士诞辰100周年纪念文集》，河海大学出版社2014年版，第27页。
② 林劲松：《两院院士关心青少年》，《水利泰斗 教育楷模——祝贺严恺院士九十寿辰文集》，河海大学出版社2002年版，第182页。

老院长对中国水利、海港事业的贡献，最使人刻骨铭心的是创办了华东水利学院，为祖国培养了数以万计的水利、海港事业的专门人才。

20世纪50年代初期，作为华东水利学院的一名学生，我眼里的严老，是一位可敬的师长。他用言教，更用身教，使莘莘学子扬起了献身祖国水利、海港事业的风帆。

六七十年代，作为华东水利学院的一名教师和干部，我眼里的严老，是一位可敬可佩的师长。他用学识，更用品格，使全校上下凝聚起为"四化"建设教书育人的向心合力。

自从勉为其难地挑起河海大学校长这副重担以来，我眼里的严老，更是一位可敬可佩可亲的师长。从看人挑担到自己挑担，我更真切地体会到他的责任感和事业心、他的胆识和辛劳。每当工作顺利、春风得意的时候，每当遇到困难、焦头烂额的时候，每当要作出重大决策、感到提笔千斤重的时候，我总是会不自觉地以严老来鞭策、激励自己。

严恺在指导他带的博士生王谅

老院长的奋斗史、奉献史是立在我们面前的一面镜子，他的奋斗精神、奉献精神是老一辈水利、海港专家，老一辈河海人留给我们大家的宝贵精神财富。[1]

严恺所带的博士研究生周华君，从自己读博期间和离开母校后两个方面，回忆了导师如何令他多方面终身受益：

博士研究生毕业已经20年了，导师严恺院士的音容笑貌、谆谆教诲和言传身教，依然历历在目，犹如昨天。严老高洁的品格、完美的人格、深邃的智慧、对祖国水利事业的深厚情感和严谨求实的精神，对我的启迪、教育和影响很大，让我终身受益。

在我读大学本科和硕士研究生的时候，严恺院士在我心目中的形象是"严师"，是我国淤泥质海岸科学的开创者、著名的科学家。我内心充满了对严老的敬畏。1989年，我有幸成为严老的博士研究生，得以经常聆听他的教诲，对严老的了解和尊敬也与日俱深。心灵间的距离更近了，严老在我心目中的形象成了"严师加慈父"，可敬可亲可爱。怀念严老，引我想起和严老接触的几个片段。

严老尊重他人、尊重规则，是一个非常守时的人。实在不能准时，哪怕只是几分钟，他也会提前告之。1989年，严老要参加我的硕士学位论文答辩会。在答辩会开始前，严老亲自打电话来，说明因事要迟到5分钟，表示歉意。严老尊重他人的品格令我感动不已……

严老治学严谨，在审阅我的博士学位论文初稿时，不时要求我提供相关参考文献，并指出论文章节结构安排方面的问题，指导我修改论文。在30份学位论文评阅意见返回后，严老都仔细一一阅读，对答辩汇报提出建议。

与严老谈话，你会感受到严老的亲切和诲人不倦。听严老

---

[1] 梁瑞驹为《严恺传》1991年版所作的序。

的报告更是一种享受，你会真切感受到大师的智慧和魅力。1991年，我跟随严老去上海参加有关长江口深水航道整治的一次学术研讨会……在这次会上，我听到了许多专家的精彩发言。影响最深、获益最多的是严老的总结发言。严老的发言清晰流畅、逻辑严谨、富有哲理。严老对前面多位专家的发言一一作了评述，对长江口深水航道治理工程作了全面分析。他站在全局的高度，用科学的态度、确凿的数据，阐述了长江口深水航道治理研究工作的重点，应该怎么做，并指明了研究工作的方向。严老的发言，高屋建瓴，极为精辟，教会你如何从小见大，通过局部看整体，使人深受启发。

博士毕业后，我到重庆交通大学工作。每次到南京看望严老，他都十分关心我的工作、生活情况，问我在做什么研究、上什么课、最近有什么新的进展等。有一次，当我表示想要老师的亲笔签字留作纪念时，严老赠给我由他主编的《海港工程》等著作，亲自写上赠言。

有一次，得知我正忙于学院的学科专业和平台建设工作，严老鼓励我要把学院的发展当作自己的事业，作出成绩来。在我的工作遇到困难时，严老给了我很多指导，给了我宝贵支持。严老和母校河海大学，对于毕业学生的爱护、关心和支持，令我深受感动，永生不忘。

师恩难忘，我非常缅怀和严老相处的日子。严老不仅是我可亲可敬的导师，更是我做人的表率。严老那种追求卓越、精益求精、实事求是、严于律己的品德，永远值得我学习。①

正因为严恺的言传身教得到华水学子的广泛认可和尊重，在他90寿辰时，他的学生们的贺信贺电、贺诗贺词纷至沓来，其中包括来自水利部、中国长江三峡工程开发总公司、中国水利学

---

① 周华君：《回忆导师严恺院士》，《一代宗师：严恺院士诞辰100周年纪念文集》，河海大学出版社2014年版，第76—77页。

严恺（右一）检查、指导研究生做科学实验

会、水利部小浪底水利枢纽建设管理局、水利部长江水利委员会
和水利部太湖流域管理局等几十家单位的。

中国水力发电工程学会、河海大学北京同学会的贺联称：
"现代河海工程之父，世纪高校师生之表"。

黄河水利委员会河海大学校友会的贺电说："值此90华诞，
我们黄河上下全体河海学子向您祝寿"，"业绩功盖江河湖，更喜
桃李满天下"。

河海大学教授李开运在《辛巳年寿严恺恩师》诗前撰写的
小记情真意切："余人早年就读于上海交大，受业严恺等师；从
教五十年来，又得悉心教导，受益匪浅，终身难忘……"诗曰：
"先生之德，高山仰止。先生之行，景行行止。"

"芳菲桃李天下遍，春风化雨几代人。"早已成长为南科院教
授级高级工程师的余广明、王正泉等当年的华水学子，也以诗歌
赞颂"严师"的德与行如春风化雨般泽被后人。

严恺参加学位授予仪式

全国人大常委、水利部原副部长、民盟中央副主席索丽生的贺电很有代表性：

1961年进入华东水利学院以来的四十年间，特别是近十年来，不断得到您的关怀指导和谆谆教诲，令我受益匪浅，并成为我的终身财富；您严谨治学、严格治校的一贯作风，成为我们长期追求和努力学习的楷模；您所倡导的"艰苦朴素，实事求是，严格要求，勇于探索"的优良校风，令数以万计的河海学子健康成长、成人成材；您几十年如一日勤奋耕耘，开拓进取，对我国水利事业和科技教育事业所作出的贡献，为同行和世人所钦佩。①

来自桃李的感激之情、敬仰之心，河海大学1999级研究生李景波通过河海大学在科学会堂举行的2000年博士生硕士生学位授予典礼上的合影镜头，记录了下来：

---

① 《水利泰斗　教育楷模——祝贺严恺院士九十寿辰文集》，河海大学出版社2002年版，第19页。

典礼热烈而喜庆，整个会堂洋溢着喜悦的气氛。群贤毕至，少长咸集。严恺院士身着博导服，面带慈祥的微笑，自始至终神采奕奕地端坐在前排中央，聆听讲话；尔后又同校领导等人一起走向主席台，亲切而又庄严地给身穿学位服的毕业研究生授予证书。毕业生们都激动地和严老握手，眼睛里闪烁着幸福的泪花。还有外国留学生毕恭毕敬地站在严老一侧，争相在主席台和严老合影留念。①

严恺为国家培养河海工程专业的科技精英，除华水这个基地之外，还有一大平台：他兼任所长近20年的南科所。作为国家首批相关学科博士、硕士学位授予单位之一，南科所（院）立足水利、交通、能源科学研究，面向社会培养高端科研后备人才。自1978年恢复招收研究生以来，已招收研究生30余届，培养博士、硕士研究生数百人。

严恺桃李满天下的另一条人才产品生产线，是在工程实践中造就科技领军人物。对此，本书下文将有记述。

① 李景波：《一张难忘的照片》，《水利泰斗 教育楷模——祝贺严恺院士九十寿辰文集》，河海大学出版社2002年版，第250页。

第六章

十万军声半夜潮

我们坚持走依海富国、以海强国、人海和谐、合作共赢的发展道路，通过和平、发展、合作、共赢方式，实现建设海洋强国的目标……建设海洋强国是中国特色社会主义事业的重要组成部分。我们要进一步关心海洋、认识海洋、经略海洋……

——摘自习近平在2013年7月30日主持第十八届中共中央政治局第八次集体学习时的讲话

一、治淤天津港

1951年，即将步入不惑之年的严恺，被中央人民政府政务院任命为塘沽新港（后更名为天津新港）建港委员会委员。

这一年的8月25日，时任中国科学院副院长的吴有训发急电到上海，收件人是严恺：

我院聘先生为专门委员，并请代表我院为塘沽新港建港委员会委员。政务院已通过，即请俯允，电复为祷。

塘沽港位于海河口渤海湾顶端的淤泥质潮滩上，是日本在侵华期间为了将从华北地区掠夺的资源运回国，于1939年开始修建的一个半拉子工程。早在1937年侵占华北以后，日本就疯狂推行"以战养战"的侵略方针，大肆从中国掠夺军需资源。日本掠夺的这些资源，除满足当地军需或就地加工为成品运往各战场外，余者通通运回国，因此，急需在华北修筑一个海港。塘沽位置居中、背靠京津，有交通方便的优势，所以，在海河口北岸距海岸线5公里的地方修筑塘沽港。因为急于求成，在港址选择、水文和地质等资料收集，以及规划设计和施工等方面都极为草率。

塘沽港尚未完全建成，日本军国主义者就迫不及待地投入使用，把日本所缺的煤、盐、矿石、粮食等，源源不断地运往国内，以支撑侵略战争。日本帝国主义在紧急兴工的同时，利用原有的紫竹林码头、塘沽码头和在建的新港码头，大量掠夺华北的物资。仅从天津港，就运回煤1365万吨、海盐205万吨、铁矿石40万吨、棉花299万担，以及大量的粮食、毛皮等农畜产品。1945年8月15日，日本无条件投降。9月30日，美国海军陆战队第三军团1.8万人从大沽口登陆，"协助"国民党军抢占塘沽港、紫竹林码头和塘沽码头。接管后，美军以塘沽港为兵站基地，占据了港口所有房屋和仓库。其间，天津港的海关业务由美国控制，贸易被美国垄断。1946至1948年，美国在天津港的进、出口贸易中，分别占65%和62.9%。1946年，国民党政府为扩大港口吞吐能力，制定了筑港3年计划，但因为忙于发动内战，经费捉襟见肘，筑港进度缓慢。3年筑港，用去工程费2.3万亿元法币（折合小米3亿公斤），但新建项目甚少，只搞了一些零星工程的整修。至1948年年底，由于泥沙淤积，航道、港池的水深已经不足3米，基本瘫痪，轮船不能进出，加之国民党军队逃跑时的破坏，新港已成"死港"。但无论是作为北京的东大门，还是作为我国重要工业基地与港口的天津本身发展的需要，天津港自有其特殊的价值，在此重建一个大港势在必行。

然而，这样的烂摊子加之泥沙不断回淤，成了天津新港存在与发展的主要障碍。其时，新中国正处于西方列强的孤立、封锁之中，没有人会施以援手。即使有人愿意帮助，天津新港的泥沙回淤难题，在国际上也无先例可循。仅有的一点建港资料，又被日本人全部卷走。显然，使塘沽港起死回生，只有依靠中国自己的科学家了！接到吴有训的电报，严恺深知这副担子有千斤重。但不惮艰险、勇于探索，正是严恺的个性。何况，这是回他的出生地，去续父兄当年破碎的救国梦，去圆自己今日的强国梦。想到这里，严恺的心一下子飞到了天津，飞到了渤海湾，就像战士听到了冲锋的号角。他当即复电：同意担任塘沽新港建港委员会委员。

因为塘沽新港急于通航，所以，第一步要取得一定的水深，最快也最直接的方法是疏浚港池和航道。经过方方面面一年多通力协作，1952年10月，塘沽新港一期工程竣工。第一码头的4个3000吨级泊位，改造成4个7000吨级泊位；第二码头安装浮码头81米，航道水深增至6米；同时，修补了防波堤、库场、道路，检修了装煤机、船闸等，新增港口生产能力130万吨。1952年10月17日，塘沽新港举行开港典礼，万吨级轮船长春号、北光号、海安号等停靠码头装卸。作为新中国第一项重大的海港暨航运工程，这么快就取得如此辉煌的成绩，是新中国打破封锁、自力更生取得建设成就的标志性事件之一。周恩来为此题词："庆祝新港开港，望继续为建港计划的完成和实施而奋斗。"10月25日，毛泽东视察了塘沽新港，群众一片欢腾。然而，新闻媒体没有报道，港口的回淤难题并没有彻底解决，每年都需要挖除泥沙500万—600万方，花费350万—400万元人民币以上。对于这个当时年吞吐量不到200万吨的港口来说，这笔费用太昂贵了，因此，泥沙问题仍然是困扰天津新港的瓶颈。

严恺没有放弃，虽然他已投入到创建华水的工作中去了，但一直关注着天津新港回淤问题的研究。不少人也在继续工作：天津新港总工程师谭真带领技术人员，坚持收集水文、地形等资料；交通部委托天津大学的郑兆珍教授负责此项研究，做了大量模型试验，积累了一些经验。但这些工作，离问题的彻底解决还很远很远。当时水利部聘请的一位苏联专家就说，天津新港的问题很复杂，苏联也没有解决的办法。言下之意是，中国人解决不了这个问题。

1956年制定的《一九五六——一九六七年科学技术发展远景规

划纲要》，把解决天津新港回淤问题提上重要位置。1957年，天津新港回淤问题研究纳入中苏科技合作项目，定名为"减轻新港回淤措施的研究"。国家把此项协作任务交由交通部牵头。已经担任交通部副部长的谭真专程来到南京，找到严恺等人，在江苏饭店开会，说明交通部希望由严恺挂帅，以南京水利科学研究所为主，承担天津新港回淤问题研究的攻关任务。参加此次会议的陈子霞说，当时，包括他在内的许多人面露难色，认为没有研究条件。只有严恺力排众议，表示可以也应该承担这项艰巨而又光荣的工作。严恺再次显示了他不惮艰险、勇于探索的科学家个性。

《南科院发展纪事》，记述了严恺率领南科所河港研究室的专家们进行的卓有成效的探索：

从1957年到1966年，由于水运事业的发展，海港淤积问题提到了很重要的位置，突出的是天津新港回淤问题、沈家门渔港和北海港的淤积问题。南科所在试验室进行了天津新港整体模型试验、淤泥的静水沉降特性试验，以及水流作用下和波浪作用下淤泥运动特性试验等。此外，在海涂围垦和保滩促淤方面也开始了现场观测研究工作。通过这一时期生产课题和基本问题的研究，使本专业方向逐步成熟，一批科技人才成长起来。

从1973年起到1984年，本专业方向进入一个新的时期，研究范围有了进一步扩大，不仅研究淤泥质海岸港口的淤积，同时也研究沙质海岸港口的淤积问题。在研究手段方面，除了现场观测、室内试验和分析研究外，把遥感技术也用到本专业中来。

具体试验研究项目如：

1957—1966年，南科所紧密围绕天津新港淤泥质海岸的回淤问题，在天津港务局和航道局的配合下，在现场开展了港池和航道回淤规律、减淤措施效益和浅滩风浪掀沙等研究，同时在试验室内进行了新港整体模型试验以及淤泥在静动水作用下的特性试验等。提出了减轻新港回淤的三项基本措施：缩小港区无用水域面积、延长防波堤和堵塞北堤缺口等。实践证明，这些减淤措施是正确的……

1967—1972年，对连云港港口淤积问题继续研究，开展了苏北、浙江等地包括小丁港、吕四、慈溪、瑞安等处的水文测验、促淤试点工程及其效果观测，开展海岸的保滩促淤工程初步研究。

1973—1984年，专业研究范围进一步扩大，不仅研究淤泥质海岸港口的淤积，同时也研究沙质海岸港口的淤积以及滨海港口的淤积、滨海电站水口的淤积问题，不仅研究国内港口，同时也接受委托研究国外港口淤积岸滩演变问题……

通过新港淤泥质浅滩的风浪掀沙观测和室内波浪掀沙试验，总结了在风浪和潮流综合作用下淤泥质浅滩的含沙量分布规律和淤泥在波浪作用下的一系列特征。这些成果对于研究海港淤积和海岸输沙都是必须掌握的基本规律。

通过水流作用下的淤泥运动试验、流动含盐浑水落淤试验以及黏性泥沙的絮凝沉降试验，揭示了黏性细颗粒泥沙运动的一系列特性。这些问题除了它们的生产意义外，在学科发展方面也有重要意义。[1]

1958年10月，一架银燕在天津新港低空盘旋。天高气爽，秋色宜人。机舱里，几名专家正在进行高空作业——勘察港区。仪器在工作、测绘，肉眼在捕捉，手在记录。这是被聘为天津新港回淤研究工作组组长的严恺，与我国和苏联的水利专家进行大规模航空勘察。

在社会主义祖国的蓝天下，放眼万里海疆，目光扫视着港湾里的巨轮，轻轻拍打着码头、船舷的海涛，严恺忍不住心潮逐浪！20多年前屈辱与抗争交织的情景，又在他眼里闪现。当年，海港在外国列强手中，他几无用武之地；如今，海港不但回到了

① 张建云主编：《传承历史　再铸辉煌——南京水利科学研究院发展纪事》，河海大学出版社2009年版，第114—115页。

祖国的怀抱、人民的手中，天津新港回淤问题研究还被列为国家重点项目、中苏科技合作项目。这一天翻地覆的变化，使严恺兴奋异常。他要用自己的学识，跟万千人组成的天津新港建设大军一起，使这一京津地区对外交流的门户旧貌换新颜。

自然，天津新港回淤问题研究主要不可能靠远距离的航空勘察，而要靠零距离的滩上甚至水下勘探。

王颖院士回忆了严恺领导天津新港治淤的盛况，及其在此后同类研究和港口选址等方面的示范作用：

在严恺院长领导的天津新港泥沙来源与减轻港口回淤的研究中，开展了多学科的深入调查研究工作，包括海洋水文、海岸泥沙运动与沉积、海岸地质地貌、海港工程与模型实验等。当时，我任北队队长，由北京大学、北京师范大学与华南师范学院地理系的师生，负责开展北部从滦河口向南经大清河、南堡、蓟运河至新港的海岸动力地貌调查。以陈吉余讲师任南队队长，由华东师大与山东师范学院地理系师生负责从新港向南至黄河三角洲沿岸的调查。中国科学院海洋研究所尤芳湖秘书长任总队长，并负责海上动力调查与沉积取样。1959 年，完成了渤海湾海岸动力地貌与天津新港回淤研究报告。这是我国首次集各单位与多学科力量的大协作的研究成果，论证了北部与南部海岸冲蚀或淤积对新港回淤无直接影响……该项成果在港口浚深与治理工程中的运用，也是在严恺院长的领导下得以实施的。自新港以后，在交通部规划设计部门的选港建港工程中，如秦皇岛油港、山海关船厂、黄岛油港、龙口海洋石油基地、海南岛的三亚港和铁炉港、北海港及湛江 652 码头建设中，均采取了新港回淤的经验与模式。[①]

勘察，对天津新港的病根、病理进行"望闻问切"；实验，对回淤的诸因素进行分析解剖。严恺率领的由水文泥沙、地质地貌、港口航道等多门学科专家组成的回淤研究工作组，与国内10多个单位通力合作、联合攻关，经过几个寒暑的艰苦奋斗，对天津新港及其周围海域，进行了空前规模的气象、水文、地貌现场测验与调查，开展了大量专题研究，取得了丰硕成果，细颗粒泥沙回淤难题抽丝剥茧般被一层层解开。严恺在论文《天津新港回淤问题的研究》中，对此做了如下归纳：港内的细颗粒泥沙主要来自外海浅滩，外海浅滩由黄河口输送来的泥沙多年淤积而成；港口南侧的海河口每年有600万立方米泥沙入海并淤积在大沽的浅滩上，也是一个重要来源；北面蓟运河、滦河的泥沙量不大。浅滩泥沙由波浪掀起后被涨潮流带入港内回淤，而回淤泥沙量与港内纳潮量密切相关。

1960年8月，严恺率回淤研究工作组的4位中国专家飞抵莫斯科。天津新港回淤问题的研究成果，在那里得到了验证，通过了鉴定。

对此，《南科院发展纪事》有所记载：

1958年，苏联专家5批15人次来所参观访问。苏联部长会议科学技术委员会外事局局长格维安理和驻华大使馆的依德米属来南科所了解天津新港科研工作进行情况，为中苏合作研究新港回淤问题创造条件。

1959年，根据中苏科学技术合作的协议，南科所聘请苏联水工模型试验专家奥菲采洛夫来所指导天津新港潮汐和波浪整体模型试验，水工渗流专家龙仁和卢巴契可夫来所指导电模拟、渗透变形及反滤层试验研究。

1960年，根据中苏科学技术合作中有关减轻新港回淤问题的协议，严恺率领代表团去苏联，对减轻新港回淤措施方案进行技术鉴定。[①]

① 张建云主编：《传承历史　再铸辉煌——南京水利科学研究院发展纪事》，河海大学出版社2009年版，第141页。

1960 年，严恺（左一）率专家组成员到苏联验证天津新港回淤问题研究成果期间，访问莫斯科大学

　　"减轻新港回淤措施的研究"得以顺利进行并取得突破性成果，也证明了严恺在处理与苏联专家关系方面的超强协调能力。要知道，这个中苏科学技术合作项目是在中苏关系走出"蜜月期"，进入恶化状态的背景下实施的。从1956年苏共二十大上赫鲁晓夫全盘否定斯大林开始，中苏两党、两国的矛盾呈"山雨欲来风满楼"之势。1960年，赫鲁晓夫采取了恶化中苏两国关系的严重步骤：7月16日，苏联突然照会中国政府，单方面决定召回遍布中国16个城市、200多个单位的全部专家计1390名，撤走时还带走了所有图纸、计划和资料，并停止供应中国建设急需的重要设备，大量减少成套设备和各种设备中关键部件的供应，使我国250多个单位处于停顿或半停顿状态。同时，还撕毁了两国政府签订的12项协定和两国科学院签订的经济援助协议、合同等343项，废除了科学技术合作项目257个。在这样的背景下，如果只凭严恺可以与苏联专家直接沟通的俄语交流能力，显然是不够的，必须依托研究过程中逐步加深的苏方专家对中方专家，尤

其是领头人严恺研究能力和敬业精神的认可，以及由此产生的信任。就严恺刚正不阿的个性而言，若没有一切以国家建设大局为重的虚怀若谷、不避风险，也是不可能给这个中苏科学技术合作项目画上圆满句号的。

1962年12月，严恺在应南京大学、南京地理学会之邀，所作题为《关于天津新港回淤问题的研究》的学术报告中，是这样回顾天津新港治淤的意义及具体方案的：

我国海岸线长达18000余公里，有很大一部分是淤泥质海岸。淤泥质海岸的特点是海滩坡度平坦，泥沙颗粒很细，如新港地区平均粒径为0.005毫米，加上我国沿海潮汐和风浪的作用都比较强烈，就对港口建设产生非常不利的影响。坡度平坦，水深就不易取得（例如1/1000坡度的海滩要离水边10公里才能取得10米的水深），航道就要挖得很长，工程量要大大增加；而且如建外堤，就要建得很长；挖泥和外堤等工程的维持费也相应地增加了。泥沙细，潮汐和风浪作用强烈，就容易造成淤积。但海运事业的发展、水产事业的需要，非要我们在这种不利的条件下筑港不可。特别是目前海运事业的发展要求大吨位、大马力的轮船，吃水很大，对水深的要求很高，就使得这一问题的解决变得更为困难了。新港问题研究出结果，不仅对解决新港问题本身有用，而且通过回淤规律的掌握和减少回淤措施的研究，可以对其他的淤泥质海岸筑港有很大的指导意义，此外，对这样性质的问题如何进行研究，在研究方法上也可以摸索出一套经验……

特别值得提出的是，在国外，这样性质的问题也很少先例，至于研究工作，那就做得更少了。而我国这样的问题则是大量存在的，是我国独特的问题，今后非解决不可，而且必须自力更生地加以解决。此外，这一问题的研究，不但在生产上很重要，而且对发展海洋工程水文学、海岸动力学、海岸动力地貌学等薄弱、边缘学科也有重大意义……

在新港回淤规律的研究取得初步成果的基础上，进行了减轻回淤的措施方案的研究……第一期措施包括以下各方面：

1）缩小港内水域面积，以减少进潮量，从而也减少了进沙量和港内回淤量。办法是将港内南疆圈筑围埝吹填，这样可以减少水域6.4平方公里（占港内水域面积的1/3强），根据1959年的初步估算可减少回淤65万立方米，同时还可以减少泥沙进港（避免吹泥港外）和增加陆域面积，供港口发展之用，一举三得。

2）堵北堤缺口。根据1959年的估计可减少回淤量约45万立方米，又根据1962年的估计，仅在弱风天就可减少回淤量约20万立方米。

3）整修横堤口以内的南北外堤。这样既可以减少回淤（因为通过外堤残缺部分也可带进泥沙入港，估计可减少回淤10万立方米），又可使现在外堤不致继续遭到破坏。

4）改进疏浚工作。首先将停泊地疏浚泥方在港北筑围埝吹填，以免泥浆自然流失，增加进港泥沙；其次尽量避免自航式挖泥船向港外抛泥，而改向南疆吹填；再次改进疏浚技术……

在这些枯燥的数字背后，记录着新中国海港建设、航运工程、海岸工程的艰难起步，也记录着河海工程领域科技工作者敢为天下先的奋进足音。

南科院河流所原所长、教授级高工刘家驹，回忆了严恺在领导天津新港回淤问题研究过程中的战略视野、创新思维及其辐射效应：

严恺教授在主持天津新港回淤研究这一国家重点科研项目时，除了卓有成效地组织了有关科研设计单位及大专院校的力量外，把主要精力放在了如何制定研究课题以及完成研究课题的方法途径和要达到的目的上。此时，严恺教授在深知生产要求紧迫的同时，还考虑到学科发展的需要，高瞻远瞩，提出了生产带学科、学科紧扣生产的指导思想，采取现场观测、室内试验和专题研究相结合的原则，主要围绕减轻新港回淤措施开展现场观测研究和物理模型试验。针对当时对海岸细颗粒泥沙运动缺乏认识的状况，提出了波浪作用下浮泥运动特性试验、风浪掀沙的现场观测研究、新港浮泥在水流作用下的起动试验、新港细颗粒泥沙在海水中的絮凝沉降试验，以及为探明新港沙来源的海岸动力地貌调查等专题研究。实践表明，以上围绕减轻新港回淤措施进行的专题研究，不仅澄清了以前某些关于细颗粒泥沙运动的模糊认识，而且为后来的淤泥质海岸港口、航道回淤研究打下了坚实基础。减轻新港回淤的三条措施……经过改革开放以来的港口大规模扩建，证明是正确的，而且预言随着港口的扩建，回淤分布将出现重新分配也得到了证实。

由天津新港风浪掀沙研究发展起来的淤泥质海岸港口、航道回淤预报方法，已被载入我国海港水文规范；细颗粒泥沙在海水中的絮凝沉降特性，已在海洋水文泥沙计算中广泛应用；由于细颗粒泥沙的絮凝沉速比分散体单颗粒沉速大得多，故对海工泥沙模型试验的模型沙选择提供了新途径。此外，通过新港泥沙来源的海岸动力地貌调查，在我国已经形成了独具特色的海岸动力地貌专业。这些都给我国海岸工程泥沙问题的研究打下了坚实基础，对新学科的开辟作出了重大贡献。

这里还需要特别提到的是，严恺教授领导的新港回淤研究，无论在研究规模和研究内容方面，当时在国际上都是难觅的。例如在研究内容方面，我们进行的细颗粒泥沙絮凝沉降特性试验、波浪作用下的浮泥运动特性试验，直到1968年，法国的Migniot才在《白煤》杂志上发表类似的文章，文章中的许多试验结果与我们在1958年提出的成果非常一致。这些也足以证明，严老是我国泥沙界少有的高瞻远瞩的伟大科学家。[1]

---

[1] 刘家驹：《严恺院士对我国海岸工程泥沙研究的卓越贡献——祝贺严老九十华诞》，《水利泰斗　教育楷模——祝贺严恺院士九十寿辰文集》，河海大学出版社2002年版，第189—190页。

薛鸿超教授回忆跟随严恺攻克天津新港回淤难题时，特别强调了这项研究对国内外同类岸滩研究与建港的重要指导意义：

研究成果对天津新港发展提供了科学依据，也论证了淤泥质岸滩仍可建深水港，对国内外建港都有重要指导意义。

中国沿海淤泥质海岸分布广，河口类型多，潮滩发育全，台风暴潮强，为世界少有。严老在天津新港回淤研究取得重大成果的基础上，针对上述中国海岸特点，提出了开展淤泥质海岸的研究，包括在各种海岸动力和地貌形态条件下，细颗粒泥沙运动、沉积和淤泥质岸滩发育、演变规律的研究。这是一项在理论和实践上都有重大意义的方向性基础研究课题。[①]

天津新港回淤问题研究的辐射效应，直接融入到半个多世纪以来，特别是改革开放以来天津新港建设的突破性成就中。与我国综合国力不断提高相匹配的港口吞吐量的攀升，就是明证：

1952年，170万吨；1988年，2100万吨；1993年，3000万吨；1995年，5000万吨；2000年，9566万吨；21世纪初叶，突破1亿吨。

天津新港的修复和扩建，是新中国第一项重大海港工程、航运工程；天津新港回淤问题研究是严恺在新中国成立后承担并主持的第一项国家级重大研究课题、实践课题，使我国在此研究领域一直处于国际先进水平。人们习惯上把这一首开我国淤泥质海岸研究先河的成果，看作新中国成立后严恺最具代表性的处女作。

---

① 薛鸿超：《跟随严老50年　我校海岸工程学科发展50年》，《水利泰斗　教育楷模——祝贺严恺院士九十寿辰文集》，河海大学出版社2002年版，第108页。

二、弄潮杭州湾

早在1948年，严恺就被聘为杭州湾钱塘江塘工局顾问，指导此处海塘被涌潮冲垮的抢险救灾工作。

钱塘江口的涌潮是世界三大涌潮奇观之一，其成因有三。一是天时：天体引力和地球自转的离心作用；二是风势：杭州湾等东南沿海地区常刮东南风，风向与潮水方向大体一致，助长了潮势；三是地形：钱塘江入海口呈喇叭形，潮水从宽达100公里的杭州湾外口涌入，至澉浦缩为21公里，到尖山只有10公里，至杭州闸口仅1公里，江口东段河床又突然上升。大量潮水从钱塘江口涌进来时，由于江面迅速缩小，潮水来不及均匀上升，于是后浪推前浪，层层相叠。潮头初临时，江面闪现出一条白练，由远而近，飞驰而来。顷刻间，潮峰如一面三四米高的水墙立于江面，喷珠溅玉，势如万马奔腾，鸣声如雷；又分为交叉潮、一线潮、回头潮、半夜潮、丁字潮等，形态同中有异、变幻莫测。钱塘观潮始于汉魏，盛于唐宋，历经2000余年，已沿袭成节。虽农历每个月的月初与月中皆有大潮可观，但农历八月十八潮汛最大。观潮胜地海宁段的潮头最高可达3.5米，潮差可达8.9米，故以农历八月十八日前后三天为观潮节，旧称"潮神生日"。八方宾客蜂拥而至，争睹钱塘潮的奇观。

自古以来，钱塘潮使多少文人墨客吟诗高歌，泼墨入画；今天，它仍以独特魅力吸引着国内外众多游人。

唐代大诗人李白惊诧于浙江（即钱塘江）八月潮的雄健、壮阔：

浙江八月何如此，涛似连山喷雪来。

唐代的赵嘏在《钱塘》诗中，描述过如同十万雄兵攻城略地、战鼓震天撼地的钱塘涛声：

一千里色中秋月，十万军声半夜潮。

曾任杭州通判的宋代豪放派词人苏轼，在《观浙江涛》中盛赞钱塘潮的壮观：

八月十八潮，壮观天下无。

然而，钱塘潮这一天下奇观，也不时给当地百姓带来奇祸。涌潮破坏力之大，也足以惊天地、泣鬼神：压力高达每平方米7吨。对安放在丁坝坝头、重达25吨的混凝土块体，涌潮这个超级大力士也能将它轻轻托起，冲得无影无踪。一旦海潮决堤，富甲东南的杭（州）、嘉（兴）、湖（州）地区便"浑在浪花中"了。三国时，魏太和二年（228年），便有绍兴府"大风海溢"的记载，海宁"平地水八尺"。唐大历十年（775年）七月大风，杭州"海水翻潮，飘荡州廓五千余家，船千余只，全家陷溺者百余户，死者四百余人"。白居易任杭州刺史时曾以文祷神，有"安波则为利，泆流则为害"等句。不过，涌潮的危害不以诗人的意志为转移：唐咸通元年（860年），钱塘县的潮水冲击江岸，"奔驶入城，势莫能御"。明成化八年（1472年）七月，狂风大作，江海横溢。钱塘江北岸，杭州至平湖，"城郭多颓，庐舍漂流，人畜溺死"；海盐平地水丈余，"溺死男女万余人"。

飓风拔木浪如山，振荡乾坤顷刻间。

临海人家千万户，漂流不见一人还。

宋代女诗人朱淑贞的这首《海上记事》，便是对这一惨象的写照。

据记载，至新中国成立前，近千年来，钱塘江两岸发生潮水泛滥、咸水入侵、农田受淹、街市行舟的重大潮灾达210次。

除风暴潮外，坍江是钱塘江河口的又一灾害。由于河口大多为粉沙土，缺乏黏性，容易被冲蚀，在潮流和山洪的作用下，往往引起岸滩崩塌、大面积坍江。历史上，一坍数十里的记载也有多次。南宋嘉定十二年（1219年）八月，盐官"海失故道，潮汐冲平野三十余里"，江流直逼城下，"蜀山沦入海中"；元代延祐元年（1314年）九月，盐官海溢，又"陷地三十余里"；从清光绪二十五年（1899年）至民国初年，萧山南沙和绍兴一带共坍失田地38万亩。当地民谣说："火烧一半，坍江全完。"

在大自然的伟力面前，人们一是向海神、龙王顶礼膜拜，海宁县盐官镇以东就有海神庙、镇海塔之类；二是筑堤挡潮。钱塘江海塘就是千百年来人们防备潮汐之患的产物，是与长城、大运河齐名的中国古代三大土建工程之一。2000多年来，钱塘江海塘处于不断修建、不断崩塌，再不断修建的恶性循环之中：吴越时期曾大规模修建，唐开元元年（713年）在盐官一带重筑，现存的海塘多半为明清时期重修。

20世纪40年代中后期，钱塘江北岸海堤外侧是受涌潮冲刷最烈的地段，又不断倒塌，险象环生。传递了上百代的、修复钱塘江海塘的接力棒，交到了其时正在交通大学担任港工讲座教授的严恺手里。为了防止人为鱼鳖的悲剧重

1987年，严恺（左）在钱塘江工程局原总工程师戴泽蘅陪同下，在杭州湾调研。图为他与自己任教于中央大学期间的这位学生，合影于钱塘江畔。

演，救民众于水火之中，严恺义无反顾地挑起了钱塘江河口治理工作的顾问之职，每周去钱塘江一次。如何改变修建、崩塌、再修建的恶性循环状态，成了严恺要攻克的首要难题。他看到，原有海塘都是直立式的鱼鳞状石塘，塘身砌筑考究，外层一律是厚实的长方形条石，北岸从杭州到乍浦，石塘绵延数百里，不可谓不坚固、不壮观。但他同时发现，这种直立式海塘在惊涛拍岸的涌潮冲击下受力较大，塘前的反射波也大，塘脚在千百次冲刷中易被掏空而引起海塘塌陷。不惮艰险、勇于探索的个性，又一次给了他灵感。在进行海堤修复时，严恺突破了传统的岸壁式直墙海塘构架，采用了斜坡式结构。

戴泽蘅回忆此事时写道：

他（指严恺——引者注）提出了修建斜坡式海塘的计划，推荐方案的塘基为高2.5米的混凝土基桩，其上接1：3斜坡土堤，加碎石垫层，上用80×80×30厘米预制混凝土块轻砌护面，基桩下打杉木基桩和洋松板桩，外筑3米宽石砌坦水两道护脚。这个方案融合古老与现代经验于一体，斜坡护面是引用国外防浪海堤的经验，直立式砼基桩和坦水则继承了古海塘的成功经验。严老提出海塘设计构思，由同班级友张克健作具体的设计制图。当年末开始施工，杭州解放前仅完成部分基桩和板桩的签钉。解放后不久，我被派负责继续施工，1949年年底完工。这是钱塘江首次运用现代科技设计修筑的长达1.6公里的斜坡式海塘，迄今仍处临江第一线，抗洪御潮。[①]

这一在继承与借鉴基础上创新的斜坡式海塘，由于前坡平缓，受潮浪冲击时受力较小，反射波也小，因此，不但用于钱塘江海塘的修复，而且在其后的福建沿海海堤修复中，也被广为采用。

---

① 戴泽蘅：《终生恩师严院长，祝您健康长寿》，《水利泰斗　教育楷模——祝贺严恺院士九十寿辰文集》，河海大学出版社2002年版，第225—226页。

实践证明，犹如"太极拳式""软对抗"的斜坡式海塘，消解了大潮对海堤的冲击力，不仅御潮防浪的效果较好，并且比"硬碰硬"的岸壁式直墙海塘经久耐用，延缓了修建、垮塌的恶性循环。新中国成立以来，钱塘江两岸再未发生过主塘溃决的现象，沿江人民得以安居乐业，一幢幢楼房如雨后春笋般拔地而起。1974年8月，第13号台风与天文异常大潮遭遇，形成强大的风暴潮在浙江登陆，杭州以下潮位突破历史最高纪录，有的地方甚至超过历史最高纪录1米多，真有"滔天浊浪排空来，翻江倒海山为摧"之势。然而，由于主塘稳固，涌潮的危害被控制在最低限度。其中就有严恺设计于杭州解放前、建成在杭州解放后，受益地区已拓展到东南沿海其他地带，受益时间延续至今的杭州湾弄潮之功。

白居易任杭州刺史时，"筑堤捍钱塘湖（即西湖），泄其水，溉田千顷"，这条堤被后人称为"白公堤"。苏轼任杭州知州时，见西湖经过战乱，年久失修，加上豪强侵占，淤塞严重，立即着手进行整治，"费工二十万，大力加以疏浚，清除湖中所有葑草"，并将挖出的葑根、淤泥在湖中由南而北堆成一条长堤，这就是今日杭州西湖的"苏堤"。根据严恺中西合璧的创新设计，修建于钱塘江北岸的斜坡式海堤，造福一方的作用比西湖上的"白公堤"和"苏堤"有过之而无不及，可以称为"严堤"。

修建斜坡式海堤，只是严恺在杭州湾弄潮的起点。新中国成立后，他仍然多次弄潮于杭州湾的风口浪尖。

今后钱塘江河口的整治应与杭州湾的开发相结合；整治工程必须兼顾泄洪、通航、引淡、围涂和海岸防护等各方面的要求；将继续向下游全线缩窄江道，围垦滩涂，减少涨潮水量和沙量，以稳定河势，刷低沙坎。但由于泄洪需要，江道不可能缩得过窄……从长远看，可能采取的方案之一是在河口筑坝建闸挡潮，截断海域来水来沙，使闸上河口段成为无潮河段。这样可以刷低沙坎，消灭涌潮，彻底改变河口面貌，获取防洪防潮、蓄淡发电、促淤围涂、改善航运条件等多方面的综合效益。

以上是严恺当年对杭州湾弄潮之未来的设想。他为此付出了大量心血，做了许多实实在在的工作。

1960年，严恺派南科所的科技人员帮助钱塘江河口管理部门，建立了下边界至乍浦的钱塘江河口整体模型，对钱塘江河口的整治方案进行试验研究。这是当时国内最大的潮汐河口模型。同年，严恺又派华水教师带领毕业班的学生去杭州，首次进行钱塘江河口规划江道的潮汐水力计算，在国内率先运用比尺模型及数学模型进行河口治理的研究和规划。同年5月，严恺还应邀参加了国家科委、水利电力部联合在杭州召开的钱塘江河口综合治理开发科学技术工作会议，并提出了宝贵意见。

1996年5月，严恺不但参与了由浙江省政府主持召开的钱塘江河口整治及标准海塘建设项目论证会，还应邀兼任钱塘江河口综合治理开发技术指导小组组长，再次负起对这项工程进行实质性技术指导和技术把关的责任。

1998年11月，86岁高龄的严恺，仍然参加了钱塘江河口治理学术讨论会等会议，还在会前亲自组织现场调研。

从1948年迄今，经历了54年的整修加固，与长城、运河齐名的我国古代三大土建工程之一的钱塘江海塘，大大提高了抗灾能力，确保了两岸千万亩平原的安全御潮，新中国成立后从未出险成灾；杭州闸口～澉浦间钱塘江河口段原来极度宽浅、游荡不定的一百公里江道，通过整治，缩窄了1/2～4/5，结合围涂万余亩，取得巨大综合效益，成为强潮河口治理中极为成功的范例。回顾这个历程，有的是严老亲自擘画设计的；有的是在严老主持下，论证把关的；有的是在严老倡导、推动，建立机构，组织技术力量，并不断跟踪关切指导之下进行的。钱塘江河口治理的重大成就与河口面貌的巨大变化，无不凝聚着严老的心血。饮水思源，令人永远铭记。[①]

从戴泽蘅的记述中，我们看到，严恺当年的设想多数已经变成现实。

三、创建实验站

作为我国海港工程、海岸工程领域的首席科学家，严恺既在海港、海塘、海堤修建方面作出了重大贡献，还在对坦荡而又神秘、时而温和、时而暴烈的大海研究方面点亮了航标。

爱因斯坦说过："提出一个问题往往比解决一个问题更重要。这是因为，解决问题也许仅仅是一个数字上或实验上的技能而已。而提出新的问题、新的可能性，从新的角度去看旧的问题，却需要有创造性的想象力，而且标志着科学的真正进步。"在港口、航道、海岸建设工程中，严恺往往能纵观全局，从战略高度提出问题，指明突破性的研究方向。

继1951年发表《潮汐问题》一文，对海岸冲积演变、港口与航道建设影响较大的潮汐和潮流现象，作了理论和测验方法等方面的全面论述之后，1957年1月，严恺在《华东水院学报》第1期发表的论文《水利科学研究工作的几个方向》中，提出了21个方面的研究课题，对于水利领域相当一个时期的研究工作，具有重要指导意义。文中指明了港口建设、航道维持和海岸防护方面的主要研究内容：

（1）中国沿海海洋水文的观测研究：这是海上水利建设的基

① 戴泽蘅：《终生恩师严院长，祝您健康长寿》，《水利泰斗　教育楷模——祝贺严恺院士九十寿辰文集》，河海大学出版社2002年版，第227页。

本工作。需要在中国沿海建立观测站进行有关潮汐、波浪和海流等的观测，以便通过资料的整理和分析，掌握中国沿海各地海洋水文的基本特征和规律。为了保证资料的质量，还需要研究观测技术和方法，以及适合我国沿海情况的观测仪器。

（2）海洋水文预报方法的研究：为航行安全、军事上的需要以及海港建设，做好海洋水文预报工作，日益显得重要，其中包括波浪、潮汐、海流、结冰的现象以及水温与盐度等的预报工作。为了做好预报，需要对预报方法进行研究。特别是海浪预报方法，近年来有很大发展。必须从理论上并用实验方法来解决这一问题。

（3）有关海洋动力学问题的研究：这方面可供研究的问题很多，主要可以提出下列几个方向：首先在波浪问题上可以研究深水波和浅水波运动的理论，波浪的反射、折射和绕射，以及破碎波、击岸波和立波的作用与压力等；其次在潮汐问题上主要需要研究河口潮汐问题；最后，同时也是在中国比较突出的，是沿海泥沙运动问题，主要应研究岸流挟沙、波浪掀沙、海滩平衡和港口淤积问题，根据中国目前需要首先应结合塘沽新港淤积等问题进行研究。

（4）港口及护岸建筑物布置的研究：为了减少港口淤积和保持港内平衡，需要研究港工建筑物的布置问题。应结合中国目前需要进行研究，海岸的防护可以采取各种不同措施，也需要结合当地情况研究最经济有效的方法。

从20世纪60年代初开始，严恺就带领南科所和华水的科研人员，先后建立了两个实验站（也称观测站）。

浙江慈溪保滩促淤实验站始建于1957年。这年4月，严恺和时任水利部副部长的钱正英，与苏联的河口、泥沙、水文、水工专家来到杭州，参加钱塘江下游治理问题座谈会。通过现场查勘、座谈讨论，与会专家一致认为像钱塘江这样复杂的河口，在未进行大量勘测研究工作以前，治理方案难以确定。在钱正英和严恺的积极推动之下，当年5月就成立了实验站，由严恺兼任所长的南科所与浙江省水利厅联合领导。这是我国最早成立的三个河口、港口研究机构之一。此后，严恺派相关专家，他自己也多次去实验站检查指导工作。

位于福建莆田的观测实验站的建立，是从严恺受水利部委托，率专家工作组奔赴我国东南沿海地区救灾开始的。1962年，三年经济困难的阴影仍然笼罩着中国大地，来自西伯利亚的寒潮一阵紧似一阵，台风也在台湾海峡那边"反攻大陆"的嚷嚷声中一逞淫威。我国东南沿海不断遭受台风浪、风暴潮、天文潮交叉叠加的严重灾害，在数十分钟内，便把沿海的城镇村庄变成汪洋泽国。仅福建沿海某段，就有20余公里的海堤遭受重创，海水冲进农田，毁坏房舍，人民的生命财产蒙受重大损失。救灾如救火。严恺受命率专家工作组直扑受灾现场，在他的故乡风里来、水里去，一头扎进了修复海堤的艰辛之中。他将为钱塘江北岸设计的斜坡式海塘的成功经验推而广之，很快完成了设计并付诸实施。那时，斜坡式海塘经受了10多年的实践检验，证明了其优越性。可还是有人不以为然，打赌说："这要是能挡住海浪，我把脑袋输给严恺！"事实再次证明，斜坡式海堤不但抗冲击性能强，而且比直墙式海堤在与海浪硬碰硬顶时飞溅入堤的海水量少得多，大大缩小了海堤沿线几百米内盐碱成灾的面积。

在完成了海塘、海堤修复这一救灾的当务之急后，为了彻底预防、消除灾害，严恺又在1964年再次带领南科所、华水和有关省厅的主要技术骨干，重点考察福建和浙江沿海及沿江海塘、海堤的受损情况，以及破坏原因、受灾程度、台风浪荷载特征及其预报估算，以求创造出更适合当地情况的合理海塘断面及结构型式、软土地基处理技术和施工方法。

在福建沿海实地考察的线路是，经上海、杭州、福州后，转沿海霞浦三都澳、罗源湾、连江、马尾、长乐、福清、莆田、涵江南洋、北洋、湄洲湾、仙游、惠安、泉州、晋江、南安、集美、厦门、杏宁铁路海堤，折漳州过云霄，直插与广东交界的东山岛。

在浙江沿海实地考察的线路是，自杭州、钱塘江海塘，经萧山、绍兴、曹娥、慈溪、宁波、舟山、象山、宁海、三门、临海、黄岩、温岭、乐清、温州、瑞安直至鳌江。

在福建、浙江两省地方政府和水利、农业、交通等部门的大力支持配合下，考察活动历时近两个月，行程万余里，取得了丰富的第一手资料，为在当年建立起我国第一座1∶1和不同断面结构型式的海堤实验站、台风浪原体观测分析站、软土地基海堤施工实验段，以及围垦堵口技术原体试验基地等，选了点、定了位，并制定了在当年付诸实施的建站计划必需的技术文本。其中，建于莆田南洋的海堤与波浪观测实验站，用以实测台风浪及浅滩演变、风浪荷载对不同断面结构型式的作用机理，结合当地实际情况，筛选出最佳海堤结构型式；建于莆田北洋的海堤软土地基加固技术与施工研究站，为如何科学、快速、安全地填筑摩擦角几乎近于零的海堤堤身土体的施工方法搜集第一手资料。这批在1964—1965年间建成的原体观测实验站，为确保我国东南沿海地区在台风挟大潮季节的海塘、海堤安全，为确保经济发达、物产丰富的东南沿海人民群众生命财产安全，建立了不朽功勋。

参与其事的科技精英们，是这样评价严恺在这两大观测站创建和科研工作中的作用的。

南科院教授级高级工程师钟声扬：在万里考察的全过程中，不是只靠四个车轮子就可以完成的。许多场合，特别是一些易出事的险工恶段、冲刷坑、制高点、抢救点、波浪演变典型滩地等，都须弃车，用双脚查勘。而走在最前头的几乎都是严所长本人。搞我们这行的人，是追风逐浪的人，见了风浪不是往家里躲，而是瞪大眼睛往现场冲。当我们在莆田南洋时，风浪大作，浪花泼溅成片。我们是如此兴奋和激动，向风浪靠得愈近愈好，可以第一手地了解到波浪对堤基、堤身的现场作用机理。这时，他已过知天命之年了。[①]

薛鸿超：莆田海堤实验站和慈溪潮滩观测站收一石三鸟之功：一是获得了大量珍贵的第一手资料和研究成果，为水利部、交通部制定有关工程技术规范提供了科学依据，并因此而获得国家科技进步奖二等奖。二是搭建了国际合作平台：1981年，国家科委批准河海大学与美国佛罗里达大学合作进行淤泥质海岸研究，并在慈溪共建现场观测站，由美方提供先进的海洋量测仪器，进行更全面、系统的研究。三是莆田基地还促进了河海大学和南京水科院对海岸防护、围海工程的科研工作。

可以这样说，严恺创建实验站，护卫海岸、海堤的业绩，与被载入史册的抗倭英雄戚继光等人一样伟大。不过，严恺面对的不是海盗的鲸吞，而是海潮的奔袭。

四、保护伶仃洋

广东，是海南建省前我国最南端的省份，也是我国海岸线最长的省份；珠江三角洲地区，是我国对外通商最早的重要窗口，素以繁荣、富饶著称，可以说是我国的"黄金海岸"。

珠江三角洲的独特地理位置，包括它的富庶，给生活在那里的人们带来的，有欢乐，也有眼泪。

---

① 钟声扬：《是他的魅力所在令我尊敬和喜欢》，《水利泰斗　教育楷模——祝贺严恺院士九十寿辰文集》，河海大学出版社2002年版，第201页。

它是大自然的慷慨赐予。

据地质勘查，几万年前，广州还是滨海之地；南侧的香港、澳门、虎门三角地带，那时还是南海的地盘。东江、北江、西江年复一年、日复一日，把广东北部、西部山地和丘陵地区的泥沙"搬运"到海口，使这块沉积平原的海岸线不断延伸，终于成了今天的模样。沧桑巨变使我国版图上这块陆地的周边得以扩展，也使广东珠江口外的伶仃洋（也写为零丁洋）日见零丁——变窄、变长、变浅。

它是入侵者垂涎欲滴的地方。

1280年前后，这里上演过一幕历史悲剧：转战于广东潮阳一带的文天祥，在海丰县五坡岭被元军所虏。拘于船上过伶仃洋时，他写下了大义凛然、青史流芳，也令后人扼腕的诗篇《过零丁洋》：

> 惶恐滩头说惶恐，零丁洋里叹零丁。
>
> 人生自古谁无死？留取丹心照汗青。

14至16世纪的二三百年间，劫掠我国沿海地区的海盗集团——倭寇，也把罪恶的手伸到了珠江三角洲地区。

1841年，爱国名将关天培在保卫广州入海口的虎门之役中轰然倒地，中国闭关锁国的历史被洋枪洋炮贴上了封条，接着是《虎门条约》的签订。香港、九龙、澳门，如同被切下的几片西瓜，纷纷被吞入帝国主义列强之口。

往事不堪回首！

严恺的父亲严文炳强兵富国的梦想破灭后，致力于教育救国，事实证明此路不通！

严恺西游取经，希望科学救国，此路也不通！

灵台无计逃神矢，风雨如磐暗故园。只有中国共产党领导中国人民推翻了三座大山，走社会主义道路，中国才开始了历史的大跨越！

没有共产党，就没有新中国。

1956年，严恺成了中国共产党人中的一员。"我以我血荐轩辕"，他踏上了自觉为党的宗旨而奋斗的新里程。

水沙西调，保护广州，保护伶仃洋海域。

1975年，严恺提出的这一关乎珠江口甚至整个珠江三角洲治理的伶仃洋保卫战战略思想，意义之重大，不亚于当年的三元里抗英。不过，他率领的不是义军，而是水利专家工作组；他要击退的，不是烧杀抢掠的入侵者，而是蚕食伶仃洋的自然力和蛮干者；他使用的不是刀枪剑戟，而是河海工程的专业利器。

1990年，严恺在回顾珠江口治理近10年的成绩时，再次强调了这一战略思想：

广州是我国的南大门，黄埔港又是华南最大的水陆联运枢纽，应保护虎门出海口的深水航槽，将大部分泥沙向南向西引导，以减少伶仃水道和矾石水道的淤积。把泥沙引向西南，也有利于加速珠江三角洲西部前缘的淤积和围涂。

他是在两次赴粤考察的基础上，提出这一战略思想的。

1963年，他率专家组赴粤，协助广东省解决白藤堵海的善后事宜。事情是这样的：珠江三角洲原有8个入海口。在1958年轰轰烈烈的"大跃进"中，一个3至5公里宽的入海口被轰轰烈烈地堵上了。结果，洪水外泄不畅，洼地被淹，还破坏了潮排潮灌。事隔多年后，广东省主管部门打算炸开被堵之处。严恺一行经20多天的反复勘察，否定了炸堤动议。他们认为，当年堵海破坏了这一水网地区的水流平衡，但几年下来，已经初步形成了新的平衡。大动干戈、推倒重来，得不偿失。只要动动"手术"，就能变坏事为好事。这样，专家组的意见占了上风。如今，那里成了闻名遐迩的白藤度假村。每逢节假日，香港、澳门等地的游客趋之若鹜。珠海的这颗明珠得以保存、放光，其中不无严恺的远见卓识。

1975年四五月间，严恺受广东省水利厅之请、水电部之托，再次率专家工作组赴粤，指导完善珠江三角洲整治、开发整体规划。当时已是63岁的严恺，却比年轻人还精神。他马不停蹄地实地查勘，听取汇报，汇总资料，给农田找水源，给涝地排水患，给泥沙找出路，给海堤添新装。

严恺的珠江三角洲工作笔记，密密麻麻记下了从广东省水利厅、珠江三角洲规划办公室，到这一地区有关市县甚至公社、大队的历史和现状概貌，以及种种设想、问题、要求，各种各样的数据，甚至还有多幅现场踏勘时绘制的水网、地貌简图。

以下日记，记录了严恺一行几天的考察行程和活动概况：

4.7　上午8：35乘汽车离广州，12点赶到清远县；下午3点到白庙，改乘团结228号船上溯飞来峡、滨江口；晚上7：30在清远县委招待所听当地负责同志谈飞来峡工程的沿革、利弊，征求、协调多方意见。

4.8　上午7：30离清远县，10时到达四会县龙江闸，12：30抵肇庆市七星岩波海楼；下午沿西江上溯，3：40到三榕峡；晚上7：30抵高要县，听取绥江规划汇报。

4.9　上午7：30出发，乘轮船顺西江而下，勘察西江大坝及护岸工程，12：30抵广利县沙浦公社；下午3：10察看锅耳湾险段，3：50察看青岐涌口，4：05察看思贤滘口，4：45到河口，改乘汽车于6时到佛山市。

5.4　（星期日）上午7：30离开东莞，9点到沙角，参观林则徐抗英炮台后到磨碟口察看拟围垦的滩地，11：30到宝安县沙井公社；下午2点到玻璃围和丰大队，向大队支部书记了解历年水利情况、6万顷围垦计划，察看5公里海堤，5：45到深圳，住华侨旅行社；晚上8点，听深圳水电局负责同志等介绍该地区6个中型水库、22个小型水库及附城海堤等情况。

近两个月，行程几千里，几乎踏遍了珠江三角洲地区，摸清了西江、北江和东江的来龙去脉，黄埔港的过去未来，严恺发出了伶仃洋之叹：三江平均每年有7000万吨泥沙入海，近一半输入伶仃洋。一任泥沙淤积、人力围堵，总有那么一天，万吨巨轮将进不了黄埔港，广州将不再是全国数得着的重要通商口岸。

伶仃洋的前景岌岌可危！从眼前看，伶仃洋尚可维持一阵子；但为子孙后代着想，我们这一代不能再让伶仃洋向死港方向演化。

由严恺提出的这一战略思想，考虑了防洪、灌溉、航运、围垦等多方面的要求，既可在伶仃洋外促进淤积，又可保护伶仃洋内的水深和航道，以保证广州、香港的长治久安和繁荣兴旺。

严恺明白，"伶仃洋保卫战"的战略思想变为现实，将是一个涉及方方面面的、规模宏大的立体工程，需要一代人甚至几代人的努力、多部门的协作配合，当然会有这样那样的阻力和困难，但他还是顶着困难上。他不能忘记周恩来等党和国家领导人对知识分子的关怀与希望。

严恺在发表于1978年3月11日《新华日报》上的《伟大的形象 光辉的榜样》一文中回忆说：

我第一次见到周总理是在1955年6月中国科学院成立学部，召开全体学部委员会议期间。

他不但给我们作了报告，还在百忙之中看望了全体委员，并分别进行了亲切的交谈。当时周总理就问到了我们学校的情况和我个人家庭状况等，这个情景至今犹历历在目。他是那样平易近人、和蔼可亲，使我感到异常温暖。

1956年第一次制订的我国十二年科学技术发展规划和1962年第二次制订的我国十年科学技术发展规划，都是在周总理亲自主持和关怀下完成的……在这里还要提到的是，制订第二个规划以前，党中央为了进一步贯彻落实党对知识分子的团结、教育、改造的政策，更好地发挥广大知识分子在发展我国科学技术方面的作用，在广州召开了一次会议。敬爱的周总理在会上给我们作了关于知识分子问题的报告。在报告中，他运用马列主义、毛泽东思想，精辟地分析了中国知识分子的特点和作用，指出了知识分子的努力方向，使我们受到了极其深刻的教育和莫大的鼓舞，纷纷表示要为祖国的社会主义建设和科学技术的发展贡献出自己的一切力量。

10多个年头过去了，在完善珠江三角洲规划过程中，旧地重游，严恺仍记着1962年在广州会议上周恩来对知识分子的厚望与重托，把多年实地考察、潜心研究的成果写进了《关于珠江三角洲整治规划问题的报告》，对珠江三角洲的治理方针、防洪排涝和降低地下水位、潮排潮灌、联围筑闸等作了全面论述。

参与其事的薛鸿超，对1963年和1975年的伶仃洋考察是这样认识的：

严老率领的专家组到珠江口进行"白藤堵海"的善后处理和制订珠江三角洲的治理规划，坚持遵循河口水流运动和河床演变规律，贯彻综合治理开发方针。对白藤堵海采取了实事求是的因势利导对策，事实上，新的鸡啼门通道逐步地代替了被堵的泥湾门。珠江三角洲规划中提出了"水沙西调，保护广州，保护伶仃洋海域"的战略思想，对珠江口治理具有深远影响。[1]

具有深远影响的，还有严恺在水利工程勘察规划过程中与另一种侵袭——吃喝风所做的不懈斗争。

在严恺协助福建省设计、修复海堤的过程中，保土有责的福建省水利厅负责人感激不尽。何况带队的严恺，不仅祖籍福建，还是有生以来头一次回到故乡，他自然要尽地主之谊。虽是困难时期，也得搞几个菜，摆几杯水酒。可严恺一见就拉长了脸，连

---

[1] 薛鸿超：《跟随严老50年　我校海岸工程学科发展50年》，《水利泰斗　教育楷模——祝贺严恺院士九十寿辰文集》，河海大学出版社2002年版，第111页。

声催促："把酒拿走，只留家常菜。困难时期，老百姓吃不饱的还多，我们能吃得下去吗？"

劝驾的一片至诚，句句合情：爬沙滩，登海堤，十分辛苦，补充点营养没什么不应该。亲不亲，故乡情。别让东道主下不了台，下不为例吧。可严恺就是这么执拗，你不把酒、菜撤走，他就不上桌。与严恺脾气相投、工农出身的那位福建省水利厅负责人心直人也直："就照严院长说的做，撤。"接着，他又与严恺约定："完工时，省里领导为你饯行。到时候，你得给点面子噢。"

面子总得给的。珠江三角洲规划完成时，广东省有关领导也像福建省领导一样热情，亲自出面宴请。正面拒绝不礼貌，严恺就来了个斜坡海堤式的"软顶"。经办人员来打招呼时，他主动要开了吃的："这几天肠胃不适，能不能给我弄碗清清淡淡的面条吃？"主随客便，东道主只得如其所请。

公生明，廉生威。可以说，与吃喝风的斗争是端正党风过程中的"虎门销烟"，它折射出了严恺与"伶仃洋保卫战"互为表里的情怀和品格。

五、踏勘海岸带

1991年春节前夕，虚岁80的严恺完成了《中国海岸带和海涂资源综合调查报告》的定稿扫尾工作。

这个报告是改革开放大气候的产物，是严恺率领一个"科技集团军"实施的一次空前规模战役的结晶。

参战单位：中国沿海10个省、自治区、直辖市的500多个单位；

参战人数：近2万人；

作战时间：1979—1986年，历时8年；

前沿阵地：1.8万公里海岸线。

这是一次具有战略意义的战役。

把海岸线从帝国主义列强手中收回人民的怀抱，是以新中国成立为大背景的、具有战略意义的收复失地之战；海岸带和海涂资源综合调查，则是以改革开放历史新时期为大背景的经略海洋、以海强国之战的第一战役。

我国东部、南部，连接着一望无际的渤海、黄海、东海、南海。镶嵌在我国陆地前缘的海岸带——沿海岸线向陆地扩展到10公里、向海洋扩展到15—20米等深线这一狭长地带，是陆海相互作用的活跃地带，资源丰富、种类多样，环境生态复杂；沿海地区是改革开放的前沿阵地，经济发达、人文荟萃，既是我国经济起飞的宝库，又是一片尚待开发的处女地：成了国家主人的中国人民几十年来仅满足于领海权的获得，还没有充分地让海岸带、沿海数以千计的大小岛屿、近海大陆架，尤其是200海里经济开发区发挥作用，甚至连这片国土的详情也没有摸清、摸透。

膨胀的人口、紧缺的陆地资源、沿海省市经济起飞的需要，尤其是与改革开放相适应的对外贸易，把人们的战略眼光引向丰富的海洋资源：向海洋进军！正如严恺于1993年在中国水利学会第六次全国会员代表大会上所作学术报告《中国海岸带的开发利用》所说：

海洋拥有丰富的自然资源和广阔的空间，与人类的生存和发展息息相关。这些资源和空间的开发利用对缓解大陆资源日益短缺和人口负载不断加剧是一条重要途径。一些发达的海洋国家现在都把注意力集中在海洋开发，预计21世纪世界海洋经济发展将会加快，将进入全面开发海洋的新时期。

我国既是一个大陆国家，又是一个海洋国家。大陆海岸线长达1.8万公里，沿海有岛屿6500多个，中国海域面积470万余平方公里，属于我国管辖海域约300万平方公里，海岸带面积约35万平方公里，我国的海洋资源开发潜力很大。加速海洋开发对全国和沿海地区的经济发展有十分重大的意义，而海岸带作为向海洋进军的前沿阵地和桥头堡更具有特殊的战略意义。

向海洋进军的冲锋号是在1979年吹响的：国务院批准组织沿海各省、自治区、直辖市开展全国海岸带和海涂资源综合调查。国家海洋局会同6个部委开展此项调查，严恺被任命为全国海岸带和海涂资源综合调查领导小组成员兼技术指导组组长。

如果说全国海岸带和海涂资源综合调查领导小组是这一战役的集团军司令部，技术指导组就相当于这个集团军的参谋部。从这个组的特大阵容，足见其任务之重大、涉及领域之广泛：由24名专家组成。这些专家分别来自国家海洋局、中国科学院、农牧渔业部、水利部、交通部、轻工部、林业部、国家气象局、国家

1986年，严恺（第二排右一）在连云港海岸带和海涂资源综合调查现场听取汇报

1986 年，严恺（左二）在广东进行海岸带和海涂资源综合调查

测绘局、海军、河海大学、华东师范大学、南京大学、中山大学等单位，涵盖气象、水文、海水化学、地质、地貌、土壤、植被、林业、生物、环境、土地利用、社会经济等众多学科。其基本职责是制订、修改这次综合调查的总规划，指导、审议沿海各省、自治区、直辖市的综合调查分规划，拟订、修改综合调查的简明章程，组织关于综合调查的学术交流，审查、汇总综合调查的成果，及时研究解决综合调查中出现的技术方面的问题等。重任在肩，严恺老当益壮，不仅运筹帷幄之中，决胜千里之外，而且亲临一线，足迹遍及从黑龙江到海南岛的沿海市县。进行海岸带和海涂资源综合调查，不能靠汽车的四个轱辘在沿海国道、省道或防护堤上走马观花，而要在海洋与陆地结合部的沙滩上、礁石中、泥水里靠两条腿丈量；不能大而化之地了解概貌简况，而要取得方方面面的科学数据；既要掌握天高气爽、风和日丽时的各项数据，也要了解风狂雨骤、惊涛拍岸时的各种资料。严恺一如既往地身先士卒，与技术指导组的专家和其他参加综合调查的工程技术人

员一起，化一道闪电，穿云破雾，披一身风雨，踏浪弄潮。

这次综合调查不但查清了我国海岸带资源的数量、质量，并根据全国海岸带开发利用的类型，划分为3片23段。这个类型划分既有理论意义，又有实用价值：促进了海岸学科的发展，为我国海岸带各项自然要素提供了完整、系统的科学本底资料；为我国沿海各省、自治区、直辖市的改革开放提供了科学资料，并在实际应用中发挥了重大作用。

参与其事的中国工程院院士、华东师范大学河口海岸研究所陈吉余教授认为，严恺在此次综合调查中起到了无可替代的作用：

严恺院士严肃认真地对待这项具有重要科学意义和经济发展意义的全国性重大调查任务。他首先组织技术组成员编写"全国海岸带和海涂资源综合调查规程"，明确指出调查的性质是多学科综合调查，调查应自然环境与社会经济相结合，密切为经济建设和社会发展服务的具体要求……

在全国海岸带和海涂资源综合调查过程中，为了及时指导调查工作中有关海岸资源的有效开发、海岸经济的有效发展、海岸环境的有效保护等问题，严老不顾年事已高，仍跋涉于我国万里海疆，逐省勘查，亲临指导，对于各省市区成果逐一审查，肯定成绩，评点不足，使得各省市区的海岸带调查成果都能符合规程要求，基本上分别取得了省市区科技进步一等奖，有的还取得了特等奖。在这样扎实的基础上，严老又亲自抓全国海岸带和海涂资源综合调查报告的编写工作，确定了编写大纲，并写了序言一章。①

中国海洋湖沼学会名誉理事长、中国科学院海洋研究所原所长刘瑞玉认为，严恺在这次综合调查中起了关键作用：

80年代，我有幸在严老领导的国家项目"全国海岸带和海涂

① 陈吉余：《春风化雨 泽被中国河口海岸研究——敬贺严恺院士九十华诞》，《水利泰斗 教育楷模——祝贺严恺院士九十寿辰文集》，河海大学出版社2002年版，第174—175页。

资源综合调查"技术指导组工作。严老平易近人，谦虚谨慎，能发扬民主；他严肃认真，一丝不苟，肯坚持原则。他以渊博的学识和高尚的人格在群众中建立起崇高的威信，成为众人景仰的杰出学者。海岸带调查任务复杂艰巨，技术上、工作中困难不少，但在严老及其他领导同志运筹帷幄、精心设计指导下，终于克服各种困难，圆满完成任务，全面推动了我国海岸海洋学的发展和海岸带开发，成果获国家科技进步一等奖。严恺院士在整个工作中起了关键作用……①

薛鸿超等人认为，此次综合调查成果丰硕、规模之大在世界上当列首位：

这次综合调查取得了极为丰硕的成果，沿海各省区市都获得十分珍贵的第一手资料，大大促进了海岸带的开放与开发，促进了研究与管理，不少地方已取得显著的社会、经济效益与环境效益。如此规模、系统综合的海岸带调查在世界上属首次。②

1987年，严恺（右一）在戴泽蘅（左二）等人陪同下，于秦山核电站调研

---

① 《水利泰斗 教育楷模——祝贺严恺院士九十寿辰文集》，河海大学出版社2002年版，第24页。

② 薛鸿超：《跟随严老50年 我校海岸工程学科发展50年》，《水利泰斗 教育楷模——祝贺严恺院士九十寿辰文集》，河海大学出版社2002年版，第110页。

从1986年3月2日严恺在上海的一次讲话中，我们能够了解在《中国海岸带和海涂资源综合调查报告》（以下简称《报告》）编写的第一阶段——分篇编写阶段，由严恺挂帅的技术指导组指导工作的细致、严谨、务实：

今天，我们召开全国海岸带和海涂资源综合调查技术指导小组专业组组长会议，交流各专业组编写专业调查报告准备工作的情况，研究各专业报告的编写工作，同时还想利用这一机会请大家对全国综合调查报告的编写问题提提意见。

去年11月，我们在南京召开了第一次全国海岸带综合调查国家级审查验收会议，接着又召开了技术指导小组第六次会议……今年元月，全国海岸办就如何编写各专业调查报告的问题提出了几点建议。这次会议可以结合"几点建议"讨论专业报告的编写问题，包括编写的要求，编委会、编写组的组成和职责，时间、进度安排以及经费问题等等。

从1987年11月21日严恺在山东省海岸带和海涂资源综合调查成果国家级审查会上的开场白中，我们不但能对当年沿海各省、自治区、直辖市调查情况和调查成果的审查验收过程有所了解，而且可以对此次综合调查规模之宏大、内容之丰富、工作之深入有一个感性了解：

山东省调查工作自1981年2月正式开展，分3个调查区先后进行，分别在1984年、1986年4月、1987年8月完成了大陆岸线总共3121公里海岸带的调查任务，包括海域面积2.9万平方公里、陆域面积2.3万平方公里的调查工作。在此基础上编写和提出了大量的成果，包括各种报告、图件、原始资料、资料汇编、标本、照片、录像带等。参加调查工作的单位先后有83个，共动员了四五千人。今年10月进行了省级验收，在省级验收专家评审的基础上又对报告作了修改和补充。现提请进行国家级审查验收。国家级审查验收分两步进行（先开审查组会议，再开验收组会议），今天召开的是审查组会议。参加今天审查会议的除审查组全体成员和山东省的代表外，还邀请了国家科委、国家计委等代表以及相邻省份河北省和江苏省海岸办的代表参加……

同志们，这次国家级审查验收是对几年来山东省海岸带综合调查的成果和工作的全面评价，希望大家仍一如既往，本着认真负责的精神、实事求是的科学态度进行审查，善始善终把最后一次的审查验收工作做好。

从《报告》的前言中，我们能够感知正、副主编在《报告》编写的第二阶段的辛劳、建树与严谨：

本报告编写工作分为两个阶段。第一阶段为分篇编写阶段，分五篇成立编写组分别编写。第二阶段为汇总统编阶段，对五篇的初稿进行综合、浓缩、审编、定稿；根据报告的需要，编绘了报告附图件和整编了资料汇编。

经主编、副主编会议讨论决定，把原来的五篇合并为三篇。保留原第一、二篇，把原第三、四、五篇合并为一篇——社会经济条件及开发利用设想。另外，增写绪论、展望与建议两部分。

报告部分是在各省、自治区、直辖市的报告基础上综合、浓缩、升华而成的。资料汇编部分选材于各省、自治区、直辖市的报告和全国的各专业报告。图件共分三种：海岸带资源图、资源开发利用现状图、资源综合开发利用设想图……

各省、自治区、直辖市的外业调查和内业整编工作不是同时完成的，本报告各篇编写的时间亦不同步。资料采集时间不同步，给报告的汇总带来很大困难。虽然在统稿过程中，统编组做了大量核对和技术处理工作，恐仍有不符合要求的地方。

在全国海岸带和海涂资源综合调查结题的同时，1987年2月，严恺的《发展海洋工程，为开发海洋资源服务》，在《中国科学技术协会三届二次全委会论文集——科学发展若干问题探讨》中，同与会者和读者见面了。同年，他与国家海洋局总工程师梁其荀在《海洋开发与管理》1987年第3期上联名发表了《中国海岸带综合调查取得初步成就》一文。由时任水利部部长钱正英主编、在中国水利学会成立60周年庆典上进行了首发式的100万字巨著《中国水利》中，严恺撰写了《中国海岸带的开发利用》一章。严恺的这批"海"字号系列论文，是他毕生从事河海工程事业的心血结晶，也是从这次综合调查中提炼出来的最新成果：全国海岸带和海涂资源综合调查的结论，浓缩自这次综合调查布设的9600条观测断面、9万余个观测站，采集的460万个生物和地质标本，从而使《报告》成了认识我国海岸带和海涂资源、经略海岸和近海的宝库——包括综合调查报告1套，全国分项报告13种，各省、自治区、直辖市综合报告和专题报告多种，调查图集15册，整理成册的资料汇编3900多卷。严恺注入其中的生命年轮，除全国海岸带和海涂资源综合调查项目从启动到结题的8年之外，又为《报告》的编写忙乎了四五年。

当《报告》出现在国家及有关省、自治区、直辖市决策者眼前时，人们的眼睛为之一亮。《报告》使他们看到了"家底"、一个位于海陆结合部的资源宝库：

土地资源——每年18亿吨的泥沙是海岸"增生"围垦的潜在物质基础；

港口资源——有的还是一张白纸，能画最新最美的图画；

能源资源——丰富的石油与天然气、潮汐能；

矿产资源——锰、镍、锌等多种矿石静静地躺在海底；

水产资源——市场上抢手的鱼、虾、蟹及多品种、高蛋白的海参、贝类等，构成了一个与山珍并列的海味世界；

还有海水化学资源、旅游资源等等。

率技术指导组参加了战役全过程并将战绩汇入《报告》的严恺，奉献之赤诚，很难用不象形的象形文字和无情的阿拉伯数字来表达，却必将汇入实现中华民族伟大复兴中国梦的追梦、圆梦史册。

难怪《报告》在1991年1月由海洋出版社出版后，第二年，即1992年11月，严恺就因此项研究成果获得了国家科技进步奖一等奖。

为这次调查、这份报告前后操劳了10多个春秋的严恺是怎么想的呢？

1985年4月23日出版的《福建日报》的"在省外的福建科学家"专栏中，以《水利专家的故乡情》为题，道出了严恺利国利民的心声：

严教授以水利专家的独特眼力考察我省的海岸带和闽江流域。他说："这两次回福建，我们共花了一个月时间进行考察，总的印象是处处在规划、在建设。我想提一点希望，即重视全面规划、综合开发，让资源得到最充分的利用……福建有三千三百公里的海岸线，这儿大多是基岩海岸、砂质港湾，如沙埕港、三都澳、罗源、湄洲、厦门等海湾，都是建海港的得天独厚之地。我省潮汐能蕴藏量约一千万千瓦，居全国首位。罗源湾内的大官坂潮差大，含沙量少，又有现成的围垦工程可供利用，有条件作为全国万千瓦级潮汐能开发的试点。海岸线也要综合利用。我希望有关部门成立岸线管理机构，争取合理使用海岸线和河岸线。在周密调查和足够论证后，逐步开发海运、潮汐能、海产养殖业、农业、盐业、旅游业等，使资源发挥出更大的经济效益……"

1991年4月17日，严恺在他担任主编的《中国海岸工程》一书的前言中说：

必须依据沿海地区的承载能力与综合开发方针，对沿海地区资源和空间进行统筹规划、合理开发利用、切实保护生态环境，实现资源、环境的可持续开发利用与海洋产业的协调发展，更好地为我国社会主义现代化建设服务……

海洋开发是从海岸带开发起步的，海洋又为海岸带空间提供了区位优势，便于进行区域间、国家间的经济、文化交流。故此，海岸带既是开发对象，又是进行海洋开发与国际交流的基地和桥头堡。

严恺身先士卒地投入经略海洋、以海强国之战的第一战役及其关于海洋保护和开发的呼唤，与习近平在2013年7月30日就建设海洋强国问题主持第十八届中共中央政治局第八次集体学习时的讲话，竟是如此前呼后应、<u>丝丝入扣</u>。习近平强调：要提高海洋开发能力，扩大海洋开发领域，让海洋经济成为新的增长点；要加强海洋产业规划和指导，优化海洋产业结构，提高海洋经济增长质量，努力使海洋产业成为国民经济的支柱产业；要保护海洋生态环境，着力推动海洋开发方式向循环利用型转变，全力遏制海洋生态环境不断恶化的趋势，让人民群众吃上绿色、安全、放心的海产品，享受到碧海蓝天、洁净沙滩；要把海洋生态文明建设纳入海洋开发总布局之中，坚持开发和保护并重、污染防治和生态修复并举，科学合理开发利用海洋资源，维护海洋自然再生产能力。

生命不息，奋斗不止。为实现这一高远的目标，严恺没有急流勇退。1993年，他又率领8人专家组，应邀到广西壮族自治区考察沿海滩涂和港口规划与开发情况。在10天的时间里，平均每天坐车200公里，考察了西南大通道的出海口——北海、钦州湾和北部湾。通向海边的道路并不平坦，耄耋之年的严恺坐在汽车里，经受着一次次颠簸。何况，汽车到了目的地以后，还要下车观察、勘测。连续奔波，当地随行人员都感觉吃不消，可是，严恺始终保持着旺盛的热情和充沛的精力。

这是严恺新的呼唤、新的进击。

天若有情天亦老，人间正道是沧桑。

第七章

不尽长江滚滚来

解放后二十年我关心两件事，一个水利，一个上天（指导弹、人造地球卫星）。这是关系人民生命的大事，我虽是外行，也要抓。

——摘自周恩来于1972年11月21日
在葛洲坝工程汇报会上的讲话

一、抢险浦口段

长江发源于被称为世界屋脊的青藏高原腹地。唐古拉山脉冰川的潺潺融水奔流而下，横贯中国中部，沿途流经19个省、直辖市，汇集700多条主要支流，万里归海。其干流全长6300余公里，仅次于尼罗河和亚马孙河，位居世界第三。而这三条大河中，只有长江非多国共有。长江流域的总面积为180余万平方公里，占中国总面积的18.8%；平均降水量和年平均入海水量占中国河流总量的36%，相当于20条黄河。在华夏5000多年的文明史中，长江以甘甜的乳汁哺育了中华民族的祖先和世世代代的子孙，创造出灿烂的民族文化和水文化。

但是，长江也无数次造成"人或为鱼鳖"的大灾大难。

我们知道，中国是水旱灾害频繁的国家。历史上从公元前206年汉朝初至新中国成立的1949年，2155年间共发生较大洪水灾害1092次、较大旱灾1056次，大约平均每2年就有1次水灾和1次旱灾。再拿长江来讲，在2000多年中就发生过水灾不下200次，平均每10年1次。1860年宜昌最大洪峰流量每秒92500立方米，而1870年更出现了每秒105000立方米的洪峰流量，这是有历史考证的最大洪水流量（从1153年有碑刻记载以来最大的流量）。本世纪也发生过几次大洪水，例如1931年、1935年、1954年、1981年、1991年等。1931年水灾，长江干堤决口300多处，死亡14.5万人；1954年水灾，长江干堤决口60多处，死亡3.3万人，江汉平原以及岳阳、黄石、九江、安庆、芜湖等城市都受水淹，京广铁路中断100多天……①

新中国成立之初，长江的洪灾以另一种形式出现在南京地段：与南京的繁华闹市隔江相望的长江北岸浦口段，一而再、再而三地发生严重塌岸。

当时，浦口火车站是津浦铁路的终、起点，也是连接河北、山东、安徽、江苏等11个省市的交通枢纽。直到1968年10月南京长江大桥通车、津浦铁路与沪宁铁路连成一线之前，不但津浦铁路与沪宁铁路之间的人员、物资，必须通过浦口码头与原名下关码头的中山码头转运，连南来北往的火车也必须在浦口分段过轮渡。而浦口段底坡由江水冲刷造成的坍塌，严重影响着浦口码头、轮渡桥架的正常工作。当时，抗美援朝战争正打得白热化，作为全国交通枢纽的南京港，军品、民品运输任务非常繁重。这条交通运输大动脉的畅通，既关系到百废待兴的国内建设，又关系到抗美援朝的攻守态势。为此，中央紧急召集中苏专家进行会诊，商讨有效的抢救方案。

严恺其时已到南京，全身心地投入了华水的创建工作。1952年11月15日，盖有中央人民政府大印、由毛泽东签发的府字第4536号任命通知书，使严恺在以谭震林为主席的江苏省首届人民委员会中有了第一个兼职："兹经中央人民政府委员会第十九次会议通过，任命严恺为江苏省人民政府委员。"

作为权威的水利专家、江苏省人民政府委员，严恺理所当然地应邀参加了抢险浦口段的会诊。会诊结果是，由多位苏联水利

---

① 严恺：《从1998年的抗洪抢险看我国的防洪和水利建设》，《水利水电科技进展》1999年第19卷第1期。

专家组成的顾问团，提出了另挖深槽、引开深泓主流的方案。严恺在反复现场踏勘的过程中，不时出现在脑海中的，是在黄委会工作期间亲历亲见的解决塌岸问题的往事——富有实践经验的治黄抛石扎排工，能编扎出对抗洪护坡非常实用的柳条柴排，并能正确沉排、抛石。修复杭州湾海塘期间解决塌岸问题的记忆，也在严恺的脑际翻腾。工程实践经验告诉他，浦口段江面狭窄而水势汹涌，不具备另挖深槽的回旋余地；如果强行挖掘，深槽本身难以自保，更不用说束水归槽以保护江岸了。在与中方参加会诊的其他专家交换意见后，严恺认为，对浦口段塌岸宜采用沉排、抛石护底护坡的方案。

但是，这个"保守疗法"与苏联顾问团"动大手术"的方案相左。当时，成立伊始的新中国不得不实行"一边倒"的外交政策，中苏关系正处于"蜜月期"。成千上万的苏联专家来到中国，把知识、经验和技术传授给中国同行，并与中国人民一道挥洒汗水，为新中国政权的稳定、经济的恢复和工业化基础的建设贡献力量。搞好与苏联专家的关系，事关大局。严恺对此不但认同，而且在与苏联专家的交往中，努力学习俄语，以扩大相互沟通的共同语言。提出沉排、抛石护底护坡方案，有可能影响与苏联专家的合作，甚至引火烧身。怎么办？犹豫不决之时，一代贤相范仲淹及"范公堤"出现在严恺的脑际。原来，在多次赴山东、苏北勘察沂河、沭河及淮河入海水道的过程中，严恺也实地考察过自海陵东新城（今江苏省大丰市刘庄镇北）经虎墩（今江苏省大丰市草堰镇南）越小淘浦（今江苏省东台市安丰镇以南）至富安、长25696丈的"范公堤"。海陵境内历史上这第一道挡潮屏障，虽经几任地方官的努力才修成，但开创者是范仲淹。北宋天圣元年（1023年），范仲淹任泰州西溪（今东台市台城西）盐仓监时，目睹海潮泛滥、民不聊生的景象，怀着忧民之心写了奏折，呈请朝廷修堰御潮。但当时，北宋王朝在对辽和西夏的战争中屡遭失败，正处内忧外患之际，范仲淹的修堤建议遭到大小官吏的反对。倡导"公罪不可无，私罪不可有"的范仲淹，以秉公办事、不避获罪的精神，冒着掉脑袋的风险再次上疏。宋仁宗终于准奏，委任范仲淹为兴化县令并主持构筑海堰。考察过程中，范仲淹治水的"公罪"境界颇使严恺感动。此时，这位先贤的"先天下之忧而忧，后天下之乐而乐"，给了严恺冒"引火烧身"不测后果的勇气，他以一切从实际出发的科学态度否决了苏联专家的意见。

这一否决，虽然没有被提到政治问题的高度，但"无理三扁担，有理扁担三"，决策层还是首选了苏联顾问团的方案，从上海调来当时全国最大的挖泥船，日夜施工，挖掘新的主流深槽。可施工实践证实了严恺他们的先见之明：日耗万金，效果极差，前挖后淤，塌岸依旧。亡羊补牢，中央批准采用中国专家的沉排、抛石护底护坡方案，日夜抢险施工，完全达到了预期的设计技术要求，终于确保了浦口段江岸的稳定，确保了南京水陆枢纽港的正常运作，也确保了抗美援朝物资源源北上。

抢险浦口段和创建华水的出色表现，给严恺添了新担子。1955年年初，时任江苏省政府主席惠浴宇派人找严恺谈话，请他出任江苏省水利厅厅长。这一兼职虽为严恺提供了用武之地，但他刚忙完华水草创时期的艰巨任务，正为该院建设的后续工作忙得不亦乐乎。他放不下为国家的水利事业培养人才的办学治校工作，也放不下服务国家河海工程建设、包括天津港治淤在内的学术研究工作。于是，他给惠浴宇写信，坚辞厅长之职。

惠浴宇找他做工作："严恺，你就别跟我犟了。政府需要你的权威，你不当这个厅长谁当？"严恺说了自己的想法。惠浴宇说："你说的情况，我都了解，但政府的工作需要你从大局出发，支持一下嘛。"严恺皱着眉头不说话。惠浴宇又说："这样吧，我们在省人民政府委员会会议上投票，选上你了，你可别再推辞。

当然，你可不许投自己的反对票！"他还进一步承诺："我保证给你配备比较得力的副厅长。平时没有大事的时候，你可以少来。"话说到这个份儿上，严恺不得不答应下来，但提出了附加条件："既然当这个厅长，来，我还得来，但我每星期只来一天。而且，话说在前面，所有的应酬，我都不参加。"

众望所归，对严恺的任职提议，在江苏省人民政府委员会会议上全票通过。不久，由周恩来签发，严恺被任命为江苏省水利厅厅长。

约法在先，严恺确实每周只到水利厅上一天班，但大事集中，决策科学、民主，小事放权，落实有板有眼。他还到水利建设第一线深入调查研究，解决实际问题。然而，凡是迎来送往等官样文章，他一概躲得远远的。射阳河闸竣工典礼，水利部等中央部门的要员前来参加，江苏省指定严恺陪同前往。对射阳河闸的建设，严恺不但关心，而且动情。他在苏北考察时对身边人

南京水利科学研究所的连云港大型模型试验厅

说："你们年轻人可能由于歌曲和小说，对苏联的伏尔加河以及静静的顿河浮想联翩。其实，射阳河的气魄不亚于它们。"可是，对陪同参加射阳河闸竣工典礼，严恺动用了约法中的"不参加"一条，让水利厅副厅长出面主持典礼。从上级领导到水利厅的同事、助手，对严恺远离迎来送往，从误认为他清高、孤傲，到感受到他无意于官场应酬、一心办实事而不以为非，再到对其刚正不阿、秉公办事的人格魅力渐生敬意甚至视为楷模。从今天的认识高度，或许可以说，这是比抢险浦口段更为重要的另一种抢险——对在庸俗作风冲刷下公仆意识塌陷倾向的抢险。

对于严恺主政江苏省水利厅期间及此前后对江苏水利事业的贡献，时任江苏省水利厅厅长吕振霖作了这样的评价：

1955 年，正是全党全国人民集中开展治水患、兴水利的年份，组织决定由严恺先生出任江苏省水利厅厅长。严恺先生在主政江苏水利期间，以其在水利科学上的深厚造诣和极大的工作热情，为江苏水利事业发展做了大量基础性和开创性的工作。他率领水利科技人员深入一线调查研究、考察论证，对长江和淮河下游治理、太湖和沿海水利规划建设提出了一系列重大设想和治水决策建议，为江苏治水事业的发展奠定了重要基础，作出了重要贡献……

尽管严恺先生后来专注于水利教育和科研事业，但仍然始终关注和支持江

1965 年 5 月，严恺（左四）等人在金沙江红岩峡考察

苏水利事业的发展。他不仅身体力行，组织水利专家、教授，帮助解决江苏水利发展中的许多重大课题，而且为江苏输送了一批又一批优秀水利人才。尤其是他倡导的"艰苦朴素，实事求是，严格要求，勇于探索"的工作精神和作风，影响和激励着一代又一代江苏水利人。[①]

为了变长江的水患为水利，严恺的一生与长江结下了不解之缘。从血气方刚到耄耋之年，从江之头到江之尾，都留下了他摇橹拉纤的号子、踏浪前行的旋律。抢险浦口段只是其中一个跳跃的音符，整治长江口才是他用生命的脉动奏响的不朽长歌。

二、奋战长江口

1958年，几位苏联水利专家应中国水利部、交通部之邀到长江口等地考察。他们看到中国的河口如此之多，却拿不出一本像样的河口资料，遗憾地说："中国的河口是世界上最多的，掌握的河口资料却是世界上最少的。"他们的结论小有出入：我国河口之多、之大在世界上属第三位；但他们的遗憾接近事实：由于历史原因，我国河口资料的积累确实少得可怜。

对苏联专家的遗憾，严恺深有同感。早在1948年担任交通大学教授、港工讲座期间，严恺在参加上海港扩建工作时就痛心地发现，由于长江口和上海港长期被殖民者及入侵者把持，相关资料少之又少、零零碎碎。因此，他开始对长江口作较为系统的研究，并把河口、海港与海岸作为学术研究的重点。在1951年发表

① 吕振霖：《在纪念严恺院士诞辰100周年座谈会上的讲话》，《一代宗师：严恺院士诞辰100周年纪念文集》，河海大学出版社2014年版，第31页。

的《潮汐问题》、1957年发表的《水利科学研究工作的几个方向》中，他都对河口、海港与海岸研究提出了指导性意见；在杭州湾海塘修复和天津新港治淤的工程实践中，他又组织科技人员对海河口、黄河口、钱塘江口等作了多侧面的调研。但对于长江口这样一个变化极为复杂、不可能毕其功于一役的我国第一大河河口，与它在中国社会、经济、文化发展中的龙头作用相比，研究规模和深度十分有限，系统性和综合性严重不足。

为了彻底改变这一状况，从1958年开始，在交通部、水利部等部门联合领导下，上海航道局、南科所、华师大河口海岸研究室等单位协同作战，由40多条船、1000多人组成的测量船队浩浩荡荡地开出黄浦江，先后对长江口进行了三次大规模勘测。

在一次专题研究长江口整治问题的会议上，严恺回顾说：

从1958年开始，进行了大规模的水下地形测量和水文测验工作。水下地形测量的范围从江阴以下，包括南北支，一直测到口

1958年，严恺（右）与相关专家研究长江口治理问题

外绿华山一带。9月，又对南北支、南北港和口外海滨进行30条垂线的大规模同步水文测验。这不仅对长江口是第一次，全国也是前所未有的（天津新港虽然比较早，但范围没这么大）。通过这次测验，不仅取得了非常宝贵的第一手资料，同时还培养了干部，取得了进行大规模同步水文测验的经验。第二年的3月和8月，在枯水和洪水两个季节又进行了更大规模的水文测验。上自江阴，下到口外海滨，布置了37条垂线进行同步测验。测验方法也较以前有所改进，精度也有所提高。有了这些宝贵的水下地形和水文资料，就使我们进行长江口科研工作有了依据。①

这些得之不易的科研工作依据，表现之一是严恺对长江口的自然条件、河床演变和状况了如指掌：

长江是我国第一大河，全长6300公里，流域面积180.8万平方公里。长江口属典型的江心沙岛型潮汐河口，潮区界位于安徽省铜陵与芜湖之间，距河口约640公里。潮流界在江苏省江阴以下，距河口约240公里。过去研究长江河口均以江阴为起点，自60年代江心沙围垦成陆后，徐六泾江面由13公里缩窄为5.7公里，徐六泾乃成为人工的控制节点，上游主流的变动不再对下游产生直接影响。此后研究长江口河床演变和整治规划等工作，重点即以徐六泾为上边界。长江口的下边界一般定在河口外较为平坦的-10米等深线附近，距徐六泾140公里。长江口径流量大，潮流亦强。以潮区界附近的大通水文站实测资料为依据，多年平均径流总量为9120亿立方米，多年平均流量为每秒29600立方米，最大洪峰流量为每秒92600立方米，最小枯水流量为每秒4620立方米。长江口潮汐属浅海非正规半日周潮，平均潮差在河口外为2.59米；潮汐由河口上溯，受地形和径流下泄等阻力影响，潮差向上游递减，到徐六泾平均潮差为2.07米，到江阴为

---

① 严恺：《开辟长江口深水航道，建设上海国际航运中心》，《中国工程科学》1999年第1卷第2期。

1.55米。在径流和潮流两股强劲动力的相互作用下，构成长江口有规律的分汊。在徐六泾以下，由崇明岛分隔为南、北两支；南支在吴淞口以下，又被长兴、横沙等岛分隔为南港和北港；南港在九段沙，再被分汊为南槽和北槽。整个长江口平面呈喇叭状，其形态为一宽展的平面扇形三角洲。本世纪以来，北支逐渐淤浅萎缩，南支已成为长江径流下泄的主要水道，南支的南港北槽目前乃是通海的主要航道。[①]

1960年，严恺被任命为长江口航道整治研究领导小组组长，对长江口的科学研究朝综合整治方向进一步推进。

华东师范大学的陈吉余院士回忆了严恺在长江口三次大规模勘测中的作用和成果：

上世纪中叶，世界船舶向大型化发展，原来颇为优良的长江口拦门沙航道水深出现不能适应时代要求的现象。因此，如何增深长江河口拦门沙航道问题便提到日程上来了。对于这样一个变化复杂、世界第三大河的河口，虽然十九世纪四十年代以来就有系统的水下地形测量的航道图，二十世纪初曾经有过水文测验，但要对它进行治理，就必须对它有全面的、系统的、深入的认识。为此，于五十年代末、六十年代初在上海成立了长江口航道治理研究专家小组，由严恺院士担任组长。小组由南京水利科学研究所的黄胜、上海航道局的黄维敬、华东师范大学的陈吉余等专家组成。

在这个小组形成之始，严恺院士对于如何进行研究，提出了高瞻远瞩的研究方针，要求"从江阴以下着眼，从拦门沙河段着手"。研究组根据这个方针安排了研究工作，在1958年长江口从江阴以下到口外大规模水文测验的基础上，进行了江阴以下全面的河床演变、河口盐淡水混合等问题研究，对河口水文、泥沙、

---

① 严恺：《开辟长江口深水航道，建设上海国际航运中心》，《中国工程科学》1999年第1卷第2期。

地形变化进行测验和测量。六十年代初，随着南港上口、中央沙头后退，进江航道出现困难。研究组研究了南、北港分汊河段变化和阴沙移动规律，为解决油轮进江后能够顺利通行问题提供科学依据。①

　　然而，好景不长。正当长江口整治研究顺利开展之时，反右倾的政治浪潮如长江口的咸潮般逆袭而来。其前因是1957年"左"倾思潮泛滥，导致反右派斗争严重扩大化，知识分子被戴上了"资产阶级"的帽子。1960年开始纠"左"，党中央制定了"高教六十条"等三个条例，对纠正知识分子问题上的"左"倾错误起到了重要作用。特别是在1962年的广州会议上，周恩来提出为知识分子"脱帽加冕"，并提出知识分子是人民的一部分，还将这一论断写进了二届全国人大三次会议的《政府工作报告》。周恩来回京前，要国务院副总理陈毅元帅讲话，宣布取消"资产阶级知识分子"的帽子，并宣布"工人、农民、知识分子，是我们国家劳动人民中间的三个组成部分"。广州会议为知识分子正了名，发展科学技术又被提上议事日程。正为长江口整治研究因反右倾运动而一度中断忧心忡忡的严恺，在1962年的一个学术报告中，为长江口整治的重要性和紧迫性大声疾呼："长江口是我国第一大河河口，在经济上意义重大。上海又是我国第一大港。目前由于长江口的铜沙浅滩和江亚浅滩淤积得很严重，较大船只都要候潮通过长江口再进入上海港。这是当前迫切需要解决的问题。"

　　严恺的呼唤，代表着众多有胆识的科学家和领导者的心声。长江口整治研究得以复苏，被列入国家科委的十年规划；并于1963年在交通部领导下组成长江口研究委员会，下设综合技术

---

① 陈吉余：《春风化雨　泽被中国河口海岸研究——敬贺严恺院士九十华诞》，《水利泰斗　教育楷模——祝贺严恺院士九十寿辰文集》，河海大学出版社2002年版，第170—171页。

组，负责制订科研计划和协调试验研究工作。通过进一步现场调查和资料分析，对长江口基本特征、演变规律的认识进一步深入，整治方案呼之欲出。

可是，一波才平，一波又起。对长江口整治所做大量研究工作，还没等到变成整治行动，就因1966年开始的"文化大革命"再次中断，而且一耽误就是十几个年头。

七耽误八耽误，长江口非但未得到全面整治，并且"病变"严重，积重难返。

> 大江东去，浪淘尽，千古风流人物。
> 故垒西边，人道是，三国周郎赤壁。
> 乱石穿空，惊涛拍岸，卷起千堆雪……
> 故国神游，多情应笑我，早生华发。

把长江口治理视为自己人生使命中核心组成部分的严恺，眼看着"乱石穿空，惊涛拍岸"的动乱严重干扰了对长江口"病变"的治理却无能为力，怎能不"早生华发"！10年，在历史长河中不过是一个瞬间；而对于人生，对于一个正当盛年的科学家，却失去了报效祖国的黄金年华，怎不叫人"潸然而涕下"？那时，严恺是否又产生过留学归来时报国无门、用武无地的太息呢？

"尔曹身与名俱灭，不废江河万古流。"把8亿人卷入漩涡的"文化大革命"连同在"文化大革命"中昙花一现的"英雄好汉"们，终于"身与名俱灭"了。历史如滚滚大江，以不可阻挡之势翻开了改革开放的新篇章，严恺又有了奋战长江口的用武之地。

1973—1976年，上海宝山钢铁厂经过艰难的10月怀胎，逐步孕育成形。兵马未动，粮草先行。这么大的钢铁厂，每天要吃进成百上千吨矿石，装运矿石的巨轮要从长江口进入上海港，停靠宝钢码头。长江口航道成了宝钢的命脉，航道治理任务迫在眉睫。1978年9月，国务院下文指示："一定要在宝山钢铁厂投产的同时，基本上完成防止码头淤浅的主要工程和将口门航道浚深至-7.5米，以确保矿石的运输。"为此，1979年年底，经国务院批准，成立了长江口航道治理工程领导小组，严恺为领导小组成员兼技术指导组组长。或许是有感于1960年担任长江口治理研究领导小组组长以后20年间长江口整治工程的时断时续，严恺在1980年5月5日召开的长江口航道治理工程领导小组第一次会议上，特别强调了打通长江口深水航道的重大意义，并特别强调全面规划、综合治理和及时高效：

我们对长江口虽然进行了不少科研工作，但今后还有更多更艰巨的科研任务要我们来完成。现在南槽航道虽然已浚深至-7米，但每年还需要挖泥1400万方进行维护，而两万吨级以上的航船仍需减载，候潮通过。为了满足宝山钢厂需要，除必须保证钢厂码头前沿的水深外，还必须加深入海航道。为了适应国民经济发展和国防建设的需要，长江口也必须开成一条深水航道。至于是能通航五万吨级航船的深水航道，还是十万吨级航船的航道，则要经过技术经济论证……为了使长江口的治理工作能有计划、有步骤地进行，并且取得最大的效益，必须有个全面的规划，提出综合治理的方案……从入海航道的选择和治理规划，到所接连上游河段的治理，要进行全面的规划，并且要考虑如何分期实施。但航道治理不是孤立的，必须同时考虑到工农业生产、城市港口建设、国民经济的其他方面以及国防建设等的需要——因此必须提出综合治理方案，使长江口开发利用收到最大的综合效益，这是一方面。另一方面，我们也要看到，长江口范围很大，自然条件复杂，牵涉的面很广，全面规划一次完成困难很大，需要的时间很长，而生产上的需要又不允许我们等待……所以目前最急需的是南支河段治理工程，特别是"三沙"（指福姜沙、通州沙、白茆沙——引者注）治理问题。南支河段治理既与整个长江口治理有联系，又可以分开来进行。特别是在宝钢前沿必须保持深水这一点已成定局的情况下，更是这样。从目前我们所掌握的资料以及对南支河段演变规律的认识来看，这样做也是可能的、有条件的。此外，如不及早进行"三沙"治理，还有一个顾虑，必须要考虑，就是南支河段在不断变化中。一旦河势改变，再想保证宝钢前沿水深就非常困难了，即使现在就着手治理，也不易马上生效。这个问题值得我们特别重视，就像打仗一样，必须掌握时机。

这里还有一个问题要提一下，就是要掌握时机，行动就要快、要及时。而我们现在从勘测、资料整理分析、模型试验、审定方案、设计到工程实施周期太长，特别是南支河段变化比较快，更需要缩短周期。这就要求现场测验、模型试验、施工技术等各方面都要现代化，以提高效率、加快速度、保质保量。

按严恺的战略眼光，打通长江口入海深水航道的价值，还在于从长江口到南京甚至武汉、重庆的黄金水道的开发利用。他对南京长江大桥让轮船通过的高度仅20多米深为惋惜。如果有46米以上的高度，在长江口治理大见成效之日，5万吨级的巴拿马型巨轮就能通过南京，逆流再上，长江这段黄金水道的经济效益将是何等可观呀！

南京水利科学研究所的长江口航道整治模型试验厅

　　自20世纪80年代初开始，严恺率领由南科所等单位的专家组成的长江口航道治理科技小组，为使10万吨级矿石船减载后进长江口及确保宝钢码头前沿水深忙开了。确保宝钢码头前沿水深的方案一个接一个出台，各种方案的规划思想不同，具体工程措施亦异，但目的都是为了调整河势，使其有利于确保宝钢码头前沿水深。到底采用哪个方案，必须通过详细的论证和模型试验才能确定。仅从《南科院发展纪事》记载的长江口研究情况和研究成果，就不难看出这项工程的复杂与艰巨：

　　1973—1984年，由于长江口航道远远不能适应外贸运输的需要，南科所在1973年开始兴建了长江口模型试验大厅（长108公尺，宽34公尺），制造了长江口航道整治大比尺模型，结合数学模型和有关专题进行综合分析研究。几年来，分别对宝山钢铁总厂码头前沿水深、"三沙"治理、外航道选线、堵塞崇明岛北支以及长江口综合治理规划等，进行了一系列试验研究工作……

　　多年来主要研究成果有：长江口基本情况及河床演变分析，长江口拦门沙形成及预测，长江口盐水入侵分析，长江口航道整治模型试验，长江口南支河段"三沙"治理方案模型试验，长江口二元盐度分布数学模拟，长江口流场计算分析，长江口细颗粒泥沙在盐水中的沉降及固结特性等。[①]

　　经再三论证、权衡利弊，严恺挂帅的长江口航道治理科技小组，终于拿出了经多种试验、反复论证的基本工程方案，即在长江口南支下段建筑一条连接石头沙和南沙头的导堤。这个方案立足于上海港和长江口南支的航运，服务于宝钢码头之急需，也能满足远期综合治理的要求。

　　然而，对这么大的工程，最后决策不能不慎之又慎。方案不可能尽善尽美，永远有继续完善的可能和必要；技术的、人力

---

① 张建云主编：《传承历史　再铸辉煌——南京水利科学研究院发展纪事》，河海大学出版社2009年版，第112—113页。

的、物力的条件都有待创造。何况，从小当家人到中当家人再到大当家人，哪个没有难念的经！加之另一种"病变"再次发作：部门间你来我往踢皮球，单位间你推我搡穷扯皮，给钱出力负责任担风险的事不想干，只想看着别人干，等着提意见。反正有宁波北仑港可以减载，管它是否经济合理！

由于长江口治理工作开展得不顺利，严恺于1982年年初向中央有关部门反映：对长江口的治理工作，必须组织协调各有关方面的力量，要有人总抓，还要有个实体办事机构。他的意见引起了中央的高度重视。这一年7月2日，时任水电部部长的钱正英派出调查组专门倾听了严恺的意见。接着，钱正英又会同交通部和上海市政府相关负责人，于8月25日在上海召开水利座谈会。严恺在会上作了题为《关于长江口综合治理及上海市防洪问题》的重要讲话，着重谈了4个问题：（1）关于长江口治理和上海市防洪的重要性；（2）关于全面规划和综合治理问题；（3）关于组织领导问题；（4）关于"三沙"治理和上海市防洪的一些意见。

会后，国务院于1983年9月成立了长江口开发整治领导小组，并于1984年6月扩大为长江口及太湖流域综合治理领导小组。严恺受命兼任该领导小组成员、科技组组长，并参与上海港扩建工程的技术指导。

1988年年底，根据国务院机构改革的统一规定，领导小组被撤销了，长江口治理有可能形成无人过问的状况。严恺对此焦急万分，认为领导小组撤销时，应开一次会，对过去5年的工作进行回顾和反思，并讨论今后怎么办，以及是否成立新的领导小组或协调小组，以利工作。

1990年3月，原长江口及太湖流域综合治理领导小组在给国务院的报告中说：

长江口扼长江的咽喉，是上海港及沿江各开放港口通向海洋的门户。河口水域浩瀚，宽达90公里，且滩槽冲淤复杂多变，至今基本上处于天然状态。存在的各种问题中，尤以对航运的影响最为突出。其问题的复杂程度和治理的艰巨性，在世界各大河口中还无例可循，只能摸索前进……

长江口（综合治理）是一项具有长远战略意义、全局性国土整治的大工程，它涉及到上海、江苏两个省、市和交通、水利、环保等不少部门，无论是河势演变的分析研究或整治方案的勘测、规划、设计和实施，都不是一省一市或某一个部门可以完成的。为使过去长期进行的整治工作不致中断，建议成立一个综合性的协调机构，组织有关各方通力协作，继续推进长江口整治工作的开展。

长江口"至今基本上处于天然状态"！从1979年严恺出任长江口航道治理工程领导小组成员、技术指导组组长算起，又过了10年，长江口依然故我！漂洋过海运到宝钢的铁矿石，仍在北仑港减载；1万吨级的轮船仍在长江口外，等待月球引力产生涨潮的自然力送其入港！

1991年，严恺（左）在讨论长江口整治问题的会议上

当然，研究成果的不断丰富、长江口整治方案的日臻完善和局部整治工程等方面的建树不少。除防止宝钢码头淤浅等工程外，苏州河闸桥的建成也是其中之一。

1991年4月15日，上海市政府给严恺发来请柬和邀请信。邀请信称：

在水利部和长江口及太湖流域综合治理领导小组的直接指导和支持下，上海市的重点防汛工程吴淞路闸桥（即苏州河闸桥）将于近日建成。此工程的建成将对上海市中心苏州河两岸地区提供可靠的防汛安全保证，并相应改善了外滩地区的交通条件，为此定于1991年4月30日在上海举行工程落成庆典。专此邀请水利部和领导小组领导来沪参加庆典，请届时光临。

1991年5月1日，上海《文汇报》头版以《外阻千年一遇大潮　内疏南来北往车流　吴淞路闸桥胜利建成》为题，刊发重大新闻：

昨天下午1时30分，原长江口及太湖流域综合治理领导小组组长、中顾委委员王林代表水利部和上海市政府宣布：吴淞路闸桥关闸、通车。至此，集防汛、交通重任于一身的吴淞路闸桥，经过几千名建设者两年多的努力，胜利建成……吴淞路闸桥工程，闸、桥结合，悬挂闸门，结构新颖，为国内外首创。该工程由单孔60米的挡潮闸与4车道的钢箱梁桥组成，桥下悬挂17扇闸门，大潮汛到来之际，可以放下闸门，关门挡潮，以保障汛期苏州河沿岸六区两县的安全。结合改善交通需要，又在闸上建一座4车道桥梁，引桥引道全长近700米，并相应拓宽吴淞路，以缓解外滩地区的交通拥塞状况。

国家防汛总指挥部副总指挥、水利部部长杨振怀说，上海的防洪标准偏低，不足抵挡百年一遇大潮。历史上曾出现五次大的洪水风暴潮灾害，给上海市人民带来了很大损失。吴淞路闸桥工程是按千年一遇防御风暴潮标准设计的，它的落成，可以抵御黄浦江千年一遇的潮水位，为保护苏州河两岸50多公里岸线上百万居民的生命和财产安全，筑起了一道坚实的大门，也为浦东开发和社会安定创造了一个良好的条件。

参加自己付出了心血的这样一个重大工程的落成庆典，严恺本应欣慰，可他满脑子都是对长江口"至今基本上处于天然状态"和整治方案有可能再度搁浅的焦虑。他想到，自己虚岁已经80，参与长江口整治工程少说也30多年了，要在有生之年为打通长江口深水航道杀开一条血路，必须背水一战！想到这里，近乎悲壮的激情油然而生。抓住庆典期间各路"诸侯"云集的机会，他再一次与有关各方商谈关于成立新的协调机构问题。但政府的改革力度很大，一刀切。

严恺再次感到了奋战长江口的悲壮，他悲壮地努力，悲壮地期盼。从他在1995年11月与曾小川、严以新合作的《长江口潜堤块体稳定性研究》中可以看出，严恺心心念念的还是长江口深水航道工程。他把注意力集中于宏观决策，也不忘微观研究：这篇论文旨在为长江口航道主体工程——南北两条导堤的设计标准提供依据。

1996年1月18日，报纸上的一条重要消息使这位84岁的长者心潮澎湃。严恺的眼睛湿润了，因为他多年的呼唤有了回声，几十年的期盼有了下文。机不可失。他立刻奋笔疾书，给时任国务院总理李鹏写信：

李鹏总理：

从1月18日的报上看到，您视察浙江、江苏和上海时提出，上海建成国际航运中心的报道，感到这是一项十分英明的指示，是使上海成为国际经济、金融、贸易中心的支撑条件，是带动长江三角洲和整个长江流域地区经济新飞跃的战略决策性举措，意义十分深远。对于如何实现您的指示，谨提出以下一些看法和意见，供您参考。

当前，集装箱运输已成为世界货运的发展趋势，并为国际航运中心的重要标志。因此，把上海建成国际航运中心必须考虑建立国际集装箱的枢纽港。从各方面的条件看，这个枢纽港应以上海港最为适宜，它不仅有上海这样的国际经济中心城市直接依托，具有辽阔的经济腹地和充沛的货源，而且集疏运条件优越，有良好的航运服务设施，如修、造船设备，海轮作业补给基地，包括淡水、供电的充分保证等，这是这一地区任何其它港口所不能替代的。目前唯一欠缺的条件是长江口拦门沙水深不足，因此，打通长江口通海深水航道是建立国际航运中心的关键工程。近四十年来的长江口治理与开发的研究已取得丰硕的成果，所提出的长江口 −12.5 米深水航道治理工程与疏浚、围垦相结合的方案，技术上已经成熟，是切实可行的，经济上也是合理的。工程实施后，将使第三代、第四代集装箱船和 5 万吨级海轮全天候进出上海港，10 万吨级的散货船乘潮进出；沿江进行必要的航道整治后，5 万吨级的海轮可直驶南京，10 万吨级的散货船可抵达江阴。利用疏浚土方进行吹填航道两旁滩地可以获得建港所需的陆域面积，而且围滩造地还可筹得建设资金。这项工程可在 10 年或更短的时间之内完成。如有需要，还可继续增深到 −13.5—−14 米。这在世界上一些大港也是有例可援的。如位于泰晤士河的伦敦港、位于哈得孙河口的纽约港、位于莱茵河下游新水道的鹿特丹港、位于密西西比河口的美国第二大港新奥尔良港等，都是由水深很小的港口发展成为深水大港的。例如与长江相当的密西西比河河口在整治前水深仅 2.7 米，整治后现在已达 13.7 米。

再从集装箱船的发展趋势来看，目前已趋向大型化，但主要是加大船的宽度。例如目前通用的第三、第四代集装箱船，宽度一般为 32.2 米，满载吃水 11—12 米，装箱数为 3000—4000 标准箱，而未来的超大型第五、第六代集装箱船载箱数可达 5000—6000 标准箱，宽度将增加到 40 米以上，可容纳 16—20 个集装箱并列，以利于缩短装卸时间，提高运输效率，满载吃水约为13米。因此，目前长江深水航道水深定为−12.5米，已能满足需要，将来如超大型集装箱船出现，再增深至−13.5——−14米即可。

......

这封信写成于1996年2月5日。落款处，严恺一丝不苟地签上了自己的名字。

国务院对此信高度重视，立即确定于当年3月组织一次长江口深水航道治理工程汇报会。在这次会议上，严恺进一步阐述了长江口整治工作的重要性与可行性。时任国务院副总理邹家华、吴邦国，全国政协副主席钱正英，以及交通部、水利部、上海市和江苏省的领导一致同意，这项工程早日上马。

严恺又开始了那种让他兴奋异常的忘我工作。12月3日，他主持了长江口深水航道治理专家顾问组第一次会议。

1997年1月29日，他向李鹏汇报了长江口深水航道治理工程状况。

这年9月，国务院又在北京召开了长江口深水航道治理工程汇报会。吴邦国在会上作了重要讲话，他说："我们请各位专家学者、各有关方面的领导来北京，研究长江口深水航道治理工程的问题，具有特别重要的意义……为了实施这一决策，交通部、上海市及江苏、浙江省提出了七个措施……通过两年来的工作，这七件事大部分实现或者即将实施。但关键是要解决长江口深水航道问题。"他最后强调："首先，要通过讨论提高对开辟长江口深水航道意义的认识……其次，讨论中，我们一定要有科学、求实的态度……第三，对长江口深水航道治理工程中的关键问题把握如何？特别是台风、洪水、大潮三碰头时，风险度多大。"无疑，这是一个决策性的意见，但在长江口深水航道整治方案这个关键问题上，留下了听取不同意见以集思广益的余地。

严恺在9月26日的发言中，对此作了全面的分析与总结，力排犹豫与顾虑，力促整治方案尽快实施：

听了各专题的汇报和参加小组讨论后，想对整治方案提些看法。

（一）关于南港北槽的整治方案

经过长时期的探讨、比选和试验研究，认为这个方案是经济上合理、技术上可行的最优方案。对这一方案，顾虑主要有二点：一是怕河势多变、不稳定；二是双导堤和丁坝阻水，会减少北槽的分流比，束水而难以攻沙。

关于第一点，在《河床演变规律分析》的报告中已讲得很清楚。概括起来主要是长江口已进入相对稳定的时期……但是也应看到，徐六泾这个节点还必须加强，而白茆沙河段也有待加以整治，以进一步稳定下游河势。所以，在整治北槽的同时就应研究徐六泾节点和整治白茆沙方案，并早日实施……修了双导堤后，北导堤就可以起到拦阻横沙东滩及串沟底沙输入北槽下段、稳定北槽的作用。

关于第二点，用双导堤或双导堤加丁坝调整水流，导流攻沙以加深航槽乃是行之有效的河口整治方法，国内外都有先例。如再辅以疏浚，即采用整治与疏浚相结合的方针，则更可以加快整治效果。模型试验结果也表明，工程实施后可以达到预期的目标，效果是明显的……为此，南科院已把南槽全都铺成动床，结果表明，南槽并未刷深。

此外，还有的对物理模型试验的比尺和变率太大提出意见……我们知道，治河工程，尤其是河口治理，不同于建造一座房屋，甚至一个电站，设计完了就可照此实施。治理河口必须走一步看一看，在实施过程中不断对设计进行一些必要的修改。因此，上海整体大模型在工程正式施工时投入使用就非常重要，必须抓紧建造。同时，南科院还进行了二维全沙数模的回淤计算，结果表明北槽方案效果显著……

最后，人们还关注北槽方案如遇到洪水、天文大潮和台风暴潮三碰头会不会造成灾难性的影响……今年8月，11号台风给了我们一次现场实测机会。这次台风恰与天文大潮相遇，相当于500年一遇……不管怎样，都不致造成灾难性的影响……

（二）对边滩运河方案的意见

……总之，边滩运河方案是不现实的。这个方案在70年代后期曾提出过，当时的长江口航道治理工程领导小组就认为不现实。以后虽经数度修改，但本质上并没有什么不同。我认为不要再因此而延误时机，影响长江口工程的早日上马了……当前，国际集装箱运输发展迅猛，竞争激烈，我国面临着周边国家和地区的严峻挑战。建立上海国际航运中心，使上海尽早形成国际集装箱枢纽港，已属刻不容缓，而打通长江口深水航道则是实现这一目标的关键工程，必须趁现在河势发展的有利时机抓紧进行。建议立即着手施工准备工作，论证研究试验段工程的位置及实施方案，力争在今年年底开工，早日完成长江口深水航道治理工程。

"长时期的探讨、比选和试验研究"——不是"长时间"，而是"长时期"。这个"时期"有多长？从严恺在1948年被聘为港工讲座并参与上海港的扩建工作算起，是半个世纪；从他在1960年被聘为长江口治理研究领导小组组长算起，也已37年。"探讨、比选"，有对多种方案包括生态环境、投资效益、施工难度和风险等的全方位比较，有对种种顾虑条分缕析的分析，有对国外工程实践经验教训的旁征博引，有这一年相当于500年一遇的台风与天文大潮相遇的确切数据。"试验研究"，有多方面专家的研究结论，有南科院、华师大等相关方面专家就物理模型试验、二维全沙数模研究的专题汇报。"不要延误时机，早日上马、立即着手、早日完成"，字里行间，蕴含着严恺这位85岁长者的急切呼唤和深情期盼。

1998年1月27日，这是新中国长江口整治工程，也是严恺会诊长江口40多年来具有里程碑意义的一天。这一天，他参加了长江口深水航道治理工程的开工典礼。对严恺当时的心情，陈吉余院士有这样一段细节描写：

1997年，长江口深水航道治理工程获得了国家的批准，以严恺院士为首的四十余年尽毕生大部精力从事长江口研究的三代人受到极大的鼓舞，多年的理想即将实现了。在一次晚餐上，从不见他饮酒的严老兴奋地举杯与在座的同志共同庆贺。①

然而，就在开工典礼的庆贺之声余音犹在之时，犹豫和顾虑再次冒了出来。1998年11月中旬，严恺参加了交通部召开的《长江口深水航道治理工程二、三期工程可行性研究报告（初稿）》专家座谈会。他在会上听说，有人曾向时任国务院总理朱镕基建议，在长江口一期工程完成后停建二、三期工程，而在离海岸30公里处的大、小洋山建设深水集装箱枢纽港，逐步取代上海港的集装箱运输。有的专家甚至坚持认为长江口是无法治理的，即使勉强治理了，也将陷入无休无止的再治理、再回淤的恶性循环中。长江口深水航道治理工程又面临夭折的危险！严恺对此十分忧虑，经过仔细斟酌之后，也给朱镕基写了一封信，着重说明：长江口深水航道治理虽分为三期，但一、二、三期是一个完整的体系。如果只做一期而停止二、三期工程，将会造成河势失稳，并使一期工程的效果难以维持，前功尽弃。因此，二、三期工程必须紧接着一期工程尽快进行。他还指出，岛港难以取代长江口内的上海港，更重要的原因是，上海港是腹地型和枢纽港，要为长江三角洲和整个长江流域地区的经济发展服务，不能只顾上海这个龙头，还必须兼顾龙身和龙尾，这才符合党中央关于"以上海浦东开发开放为龙头"的战略部署。他建议国务院

---

① 陈吉余：《春风化雨　泽被中国河口海岸研究——敬贺严恺院士九十华诞》，《水利泰斗　教育楷模——祝贺严恺院士九十寿辰文集》，河海大学出版社2002年版，第17页。

尽快组织研究，并批准继续实施长江口深水航道治理二、三期工程。

严恺不但直接上书最高决策层，还公开发表文章，进一步为开辟长江口深水航道造势，为其二、三期工程张目：

开辟长江口深水航道是建设上海国际航运中心的基础。1990年在邓小平同志倡导下，党中央、国务院作出了开发上海浦东的重大战略决策。在党的十四大上，党中央又进一步明确，要"以上海浦东开发开放为龙头，进一步开放长江沿岸城市，尽快把上海建成国际经济、金融、贸易中心，带动长江三角洲和整个长江流域地区经济新飞跃"。为了实现这"一个龙头、三个中心"的目标，作为支撑条件，党中央、国务院提出了建设上海国际航运中心的要求，而开辟长江口深水航道则是其中一项关键举措。

现代世界外贸货运主要依靠海运。为了与国际航运干线接轨，使我国进入世界市场，广泛参与国际竞争，建立上海国际航运中心乃是当务之急。当前国际航运中心的一个重要标志是集装箱运输。因此，把上海建成国际航运中心必须考虑建立国际集装箱枢纽港。这个枢纽港只能放在上海港，因为它不仅有上海这样的国际经济中心城市直接依托，具有辽阔的经济腹地和充沛的货源，而且集疏运条件优越，有良好的航运服务设施，如修、造船设备，海轮作业补给基地等，是这一地区任何其它港口所不能替代的。目前唯一欠缺条件是长江口门有大片拦门沙，其滩顶水深平均仅6米左右，通过疏浚，航道水深才能达到7米，万吨级以上海轮都要乘潮或减载才能通过，与国际上远洋运输船舶的发展水平差距很大。因此，开辟长江口深水航道，使大型国际集装箱船通过长江口进入上海港，就成为建立上海国际航运中心的关键举措……

主体工程除南北导堤、丁坝和疏浚工程外，还包括分流口工程，用以稳定南北槽分流口的河势，保持目前现有的对北槽有利的分流分沙比，并确保北槽进口的最佳水深。北导堤全长49.0公里，南导堤48.0公里，束水丁坝19座，疏浚航道79.5公里，分流口堤4.8公里。整个工程本着"一次规划、分期建设、分期见效"的原则，分三期实施。一期工程建北导堤16.5公里、南导堤20.0公里、束水丁坝6座和分流口工程，疏浚航道4496万立方米，计划工期4年，使航道水深达到8.5米。紧接着进行二期工程，完成余下的北导堤32.5公里、南导堤28.0公里和丁坝13座，疏浚航道5590万立方米，计划工期3年，使航道水深达到10米。三期工程全部为疏浚工程，疏浚航道15090万立方米，计划于3年内完成，使航道水深达到12.5米。[①]

中国工程院院士、河海大学教授吴中如，记述了严恺为开辟长江口深水航道及其后续工程，上书国务院和造势张目的下文和重大意义：

在严老的大力支持下，长江口深水航道工程的二、三期工程已通过审查，即将开工建设，计划在2007年完成。这将使长江口深水航道水深从8.5米增加到12.5米，第三、四代集装箱船全天候进出长江口，第五、六代集装箱船和10万吨散装货轮可乘潮进出长江口，上海港的吞吐量将在2010年达到2.84亿吨，集装箱达到830万标准箱；并为南京以下拥有10米以上天然深水岸线约290公里的深水泊位200多个，创造发展江海联运和各类物流中心的有利条件。这对提高上海港口在国际航运中的地位，使上海成为国际经济、贸易、金融中心，并通过长江黄金水道形成向长江三角洲及中上游地区的强大辐射力，发挥上海对长江流域经济发展的带动作用，实现以浦东开发开放为龙头，带动长江三角洲和整个长江流域地区经济的新飞跃发展，具有重大的战略意义。[②]

① 严恺：《开辟长江口深水航道，建设上海国际航运中心》，《中国工程科学》1999年第1卷第2期。

② 吴中如：《无私奉献的一代宗师——严老》，《水利泰斗 教育楷模——祝贺严恺院士九十寿辰文集》，河海大学出版社2002年版，第166—167页。

严恺在有生之年欣慰地看到，他有关长江口整治的半生心血、他率领的专家团队确定的长江口深水航道整治方案，成了党中央、国务院决策的科学依据。长江口这个情况最复杂、技术难题最多，也是迄今为止世界最大的河口工程，随着我国综合国力的不断提高，经过几代科技工作者的通力合作、不懈努力，终于一步步从蓝图变成了现实：2001年，国家投资150亿元的长江口深水航道工程第一期工程大功告成。2002年，二期工程正式开工。2005年3月29日，长江口深水航道实现10米水深全线贯通，10万吨级的海轮乘潮开进了上海港。2006年，三期工程也开工了，并于2011年通过国家竣工验收。长江这条黄金水道终于发挥了黄金效益。

陈吉余院士通过另一个细节，表达了对严恺的敬意：

从立项开始，严恺院士即极度关注，并倾注极大的心血为这项重点研究项目运筹帷幄，在多次会议上把关掌舵，甚至在长江口模型试验大厅指导工作时，将腿骨跌断，这样八十余岁高龄的学术巨星的敬业精神令人崇敬不已。[①]

直到90高龄时，严恺心心念念的还是长江口深水航道治理工程。他在严以新等人陪同下最后一次亲临施工现场，实地查验施工情况。长江口深水航道治理工程的建设者们，也忘不了严恺。每每遇到技术难题，他们都会向严恺求教。2011年5月20日，在中国共产党建党90周年前夕，严恺被追授为"长江口深水航道治理工程建设杰出人物"；他长期主政的河海大学和南科院，也同时荣获"长江口深水航道治理工程建设先进集体"称号。时任水利部部长李盛霖在总结表彰大会上指出，长江口深水航道治理工程建设，突破了一系列重大工程技术难题，取得了圆满成功，在

① 陈吉余：《春风化雨 泽被中国河口海岸研究——敬贺严恺院士九十华诞》，《水利泰斗 教育楷模——祝贺严恺院士九十寿辰文集》，河海大学出版社2002年版，第172页。

加快推动上海国际航运中心建设、充分发挥长江黄金水道优势、促进长江三角洲和长江流域经济社会发展中，产生了显著的经济效益和社会效益。

对于严恺来说，奋战长江口的最高奖赏不是诸如此类的荣誉，而是横贯我国中部的长江黄金水道优势的充分发挥。因为，这才是他为长江口呕心沥血40多年的终极追求。

三、顾问葛洲坝

1970年12月26日，是中国的"圣诞节"。适逢喜寿，毛泽东大笔一挥，批准了武汉军区、湖北省关于修建葛洲坝水利枢纽工程的动议。我国当时最大的水利工程——位于宜昌市境内长江三峡末端河段上的葛洲坝水利枢纽工程，随即在1971年5月破土动工。

虽然是"促生产"，但仍然离不了"文化大革命"期间特有的"抓革命"底色："红海洋"、人海战术，轰轰烈烈有余，脚踏实地不足。大坝的混凝土底座上留有"蜂窝"，甚至"狗洞"。

浪漫的、不很浪漫的，科学的、欠科学的……与新生儿诞生同时发生的必然是母亲的阵痛，"难产"紧紧纠缠着葛洲坝工程，惊动了当时兼任国务院长江流域规划办公室主任的周恩来总理。他说，新中国成立以后的20多年里，自己主要抓了两件大事，一个水利，一个上天。看来，水利比上天还难。周恩来把关乎人民生命财产的水利事业与关乎国家存亡的"两弹一星"相提并论，并且认为水利比上天还难，足见他对水利的重视程度。为国家计长远，为人民谋福祉，必须纠正"左"倾盲动的蛮干。他作出决

严恺（前排右二）在长江葛洲坝水利枢纽工程工地上

定：葛洲坝工程于1972年12月暂停施工；并要求大家总结经验教训，精心研究、精心设计。

严恺兼任所长的南科所从一开始，就介入了对葛洲坝工程的研究。《南科院发展纪事》中有这么一段记载：

1970年中央确定兴建葛洲坝水利枢纽工程，南科所派窦国仁先去宜昌，后赴武汉，1971年9月后在武汉建立了葛洲坝悬沙物理模型，任试验研究的技术负责人。1972年移师南京，南科所承担了葛洲坝水利枢纽泥沙模型试验任务，集中了包括外单位技术干部在内的数十人一起工作，在河港研究室内，成立了葛洲坝工程坝区泥沙模型试验组。在周恩来总理、钱正英部长关心和支持下通过全沙模型试验，提出了有利于通航、发电、泄洪、排沙的河势规划和枢纽布置，以及改善航道水流条件、减少航道淤积的工程措施，减少电厂上下游淤积和防止粗颗粒泥沙过水轮机的措施等。工程建成后，泥沙冲淤情况与模型预报基本相同，防淤减

南京水利科学研究所的葛洲坝工程坝区泥沙模型试验厅

淤工程措施效果良好。①

　　这与天津港治淤前呼后应，是严恺于1986年担任三峡工程论证泥沙专家组顾问的序幕，也是他在1973年4—6月率中国水利考察组出访美国的前奏。

　　1973年，美国国务卿基辛格博士访华。在中美紧张谈判之时，周恩来仍然牵挂着葛洲坝工程，向基辛格提出了一个试探性的动议：派水利考察组到美国去。言者有心，听者有意。由严恺担任组长，水电部、交通部、一机部、外交部有关人员组成的11人考察组迅速组成，经周恩来亲自审批后出访美国。

　　当时，中美尚未正式建交。严恺一行的赴美手续和考察活动，由时任中国常驻联合国代表黄华出面联系、协调。

　　警车开道、多名保卫人员伴随、记者紧跟不舍、向水利考

① 张建云主编：《传承历史　再铸辉煌——南京水利科学研究院发展纪事》，河海大学出版社2009年版，第118页。

1973年4—6月，严恺（右一）赴美考察期间接受记者采访

察组介绍情况的美国陆军工程兵团中将总工程师、向严恺鞠躬的阿肯色州代州长……友好、隔阂、陌生、警惕、小心翼翼、礼数周到，构成了当时中美双方交往的混合基调。严恺操着一口流利的英语，有理有节、不卑不亢地周旋于美方人士之中，并回答着记者提出的各类问题，一时成为美国媒体争相采访的新闻人物。这不只是一个水利考察组，也是一个向美国人民展示中国专家学者风采和友善、为中美建交打边鼓的特殊使团。

1973年4—6月，严恺（右）赴美考察期间，在美国田纳西河流域管理局招待会上，与田纳西市市长合影

　　"文化大革命"爆发前，严恺出访过波兰、荷兰、法国、苏联等国。时隔8年再次出国，严恺有点迫不及待了：要看的实在太多，要记的也实在太多。他要利用极为有限的考察时间，缩小

我国被"文化大革命"拉大的与国外水利建设新进展的距离。

　　1973年4—6月历时8周，水利考察组到了美国的13个州，行程约1万公里，实地考察了田纳西河等6条河流上的27座水坝、与之相连的13座船闸、17座水电站，以及其他防洪、灌溉等水利设施，还走访了几个大学和科研单位。严恺和水利考察组其他成员的视觉、听觉被高度调动起来，寻觅着解决葛洲坝工程关键难题的"他山之石"。

　　1973年7月17日，水利考察组在考察报告的结束语中说：

　　通过此次考察，我们看到了美国近百年水坝建设的经验，也进一步看到，我国人民在伟大领袖毛主席的领导下，短短二十多年中，在自力更生的基础上建成许多大型水坝的成就。因此，更增强了克服各种困难，多快好省地建成此坝，为征服长江打好第

1973年4—6月，严恺（前排左二）等人赴美考察期间访问美国陆军工程兵团

一仗的决心和信心。

能使人联想到"文化大革命"期间"假大空"文风的措辞，掩盖不住这次考察对于葛洲坝、对于中国水坝建设不假不空的意义，也表达了严恺和广大工程建设者"为征服长江打好第一仗"的实实在在的决心。回国后，在应邀作的访美报告中，严恺实事求是地对美国大坝建设的经验和进展作了肯定。对此，还没有摆脱"文化大革命"思维定式的人听了很不舒服，按照当年特有的语言习惯指责严恺：鼓吹美国的月亮比中国的圆！

严恺要圆的，是借"他山之石"攻葛洲坝工程之"玉"，是自己变水患为水利的矢志不移的夙愿。

早在1957年发表的《水利科学研究工作的几个方向》这一新中国水利研究的纲领性文献中，严恺就高瞻远瞩地提出了水利枢纽工程水工建筑方面的科研方向：

在今后十二年内，我国在水利建设方面将配合长江、黄河等主要河流水利资源的开发和水患的防止，以及水运事业的发展，兴建许多大型水利枢纽和无数的中小型水工建筑物。为了顺利完成这一艰巨任务，必须在水工建筑方面进行一系列的研究工作。主要的可以分为下列几方面：

（1）研究高水头水利枢纽工程地质问题和地基的处理、加固及计算方法：

长江、黄河等河流上的水利枢纽，坝高往往很大，一般都在60—70米以上，有的甚至大于200米。在这种高水头的情况下，对坝基和水库内的工程地质条件就有很高的要求。否则，如发生水库漏水、地基渗漏等问题（特别是在喀斯特筑坝问题），使水库不能蓄满，甚至结构物受破坏，就要造成异常严重的后果。因此，对这一问题必须及早进行研究。

在岩石地基的处理和加固的问题上，需要对已有的方法（水泥灌浆、沥青灌泥等）进行研究，改进已有方法的设计和施工，同时研究新的有效方法。

在岩石地基的计算方法方面，目前对于坝底水压力的分布和岩石弹性变形的测定问题还未完全解决，对于坝基滑动问题也需要作进一步的研究。

（2）高坝型式和计算方法的研究：

高坝技术在许多国家都有很大发展，美国多采取重力坝，法国、意大利和瑞士对于拱坝较有研究。一般说来，重力坝造价最高，在中国气候并非特别寒冷的情况下，轻型坝有发展前途。因此，科学研究的任务就是选择最经济合理的轻型坝式。同时还可以研究减轻重力坝的方法，例如降低渗透浮托力，对坝体预加压力以及允许混凝土受一定的拉应力等。为此必须研究更精确的计算方法来确定坝内各种应力，例如坝的温度应力问题就未完全解决。

在中国某些地区有地震现象，因此，需要研究坝的抗震问题。

（3）高水头水利枢纽中泄水建筑物的研究：

泄水的方式有二。一是经过坝身，二是通过坝旁岸上。在第一种情形下，需要研究的主要是经过轻型坝（薄墙坝）泄水和经过土坝和堆石坝泄水的问题。前者需要特别注意坝的震动现象，后者问题在于保护土表面和堆石表面不受水的破坏。在第二种情形下，主要是研究经过大直径隧洞宣泄大流量的问题。我国将来采用的大直径水工隧洞尺寸，将超过世界现有最大的隧洞（直径15米），因此，必须研究这种隧洞的施工方法、临时支撑和永久衬砌方法和衬砌构造以及岩石压力的计算方法等。

在高水头泄水建筑物中，需要研究高速水流问题，目前在于保证建筑物在任何水流情况下不致因冲刷和空蚀现象而遭受到损坏，同时还需要研究消能问题，以保障基础的安全。

此外，高水头门阀的研究也很重要，由于门阀尺寸特别大，水头又高，如何能做到运用灵活可靠和防止发生震动是一项需要解决的问题。

（4）大型及高水头水电站的建设问题：

我国将要建筑的水电站容量往往很大，例如长江三峡水电站发电可能达到1500万千瓦。许多水电站，水头很高，有的可能达到1300米。而在黄河上的水电站，水中还含有大量的泥沙。又由于我国水利资源的特殊情况，水电站的建筑地点，一般都在河道狭窄、岸坡陡峻的山区地带，布置厂房非常困难，因此，在水电站的建设工作中就存在着许多问题需要研究解决。

首先，为了解决厂房布置问题，需要研究坝内式厂房和地下式厂房的设计问题。在重力坝内安放厂房，大大削弱了坝体的强度，它的计算方法目前还未完全解决。地下电站的容量现在最大达到200万千瓦，这方面的结构问题以及岩石应力问题也还需要研究解决。

其次，由于水头高、流量大，需要研究大直径长输水道中的水锤问题，必须根据理论分析结合模型试验寻求解决的办法。

再次，由于装机容量大，需要研究巨型水轮机的设计制造问题（可能需要50万千瓦的水轮机，目前最大水轮机容量为13万千瓦）。同时由于水中含沙量高，需要解决浑水对水轮机组工作影响的问题……

空谈误国，实干兴邦。严恺不是一个坐而论道的空谈家，而是一个致力于把科研成果写进祖国江河湖海的实践家。解决葛洲坝水利枢纽工程的科技难题，正是他实践自己关于水利枢纽工程理论的一次探索，一次创新。因而，严恺顾不上对"文化大革命"中的遭遇痛定思痛，仍然将个人的得失荣辱置之度外。只要有利于国家、民族，不要说招惹非议、受点委屈，就是拼上命，他也会去干，也敢去顶。何况，党和人民了解他、信任他。正是在率水利考察组访美后，严恺被聘为葛洲坝工程技术委员会顾问。也是在1973年，他出席了中国共产党第十次全国代表大会，与党和国家的领导人及来自各条战线的代表，共商国是，同画蓝图。他记得周恩来到他下榻的京西宾馆看望来自江苏的党代表，他也记得自己在北京人民大会堂里投出的庄严一票。

严恺在纪念周恩来的一篇文章中，回忆了这段难忘的经历：

南京水利科学研究所的葛洲坝
2号船闸水力学模型试验厅

周总理对于我国的水利建设也是非常关心的。我国的一些重大水利建设，周总理都亲自抓，作出重要指示。1970年，由伟大领袖毛主席亲自批准的我国长江上最大工程就是在周总理经常关怀和指导下进行的。1972年底，周总理曾用两个夜晚时间听取了工程情况的汇报，最后指示要加强研究，吸取国外这方面的经验，并作出了派遣水利考察组出国考察的决定。周总理还要考察组回国后向他汇报考察结果。考察组于1973年夏回国后，周总理因忙于党和国家的大事，病情又日益严重，没有来得及听取我们的汇报。但周总理对这项重要工程的重要指示和关怀，却一直激励着同志们尽最大努力把工作做好。

就在出国考察回来后不久，党的十大期间，我又有幸见到了敬爱的周总理。[①]

来自党和国家领导人的关怀、赴美考察的收获，转化为严恺等专家尽最大努力攻克关键技术难题的成果：船闸的规模、布置与通航条件、闸门与启闭机、水利枢纽的航道淤积、泄洪道闸门与消能防冲、鱼道、大坝导流截流……随着关键性技术难题一一

① 严恺：《伟大的形象　光辉的榜样》，《新华日报》1978年3月11日。

解开，1974年10月，葛洲坝工程复工；1981年，首台17万千瓦机组投入运行；同年，葛洲坝首期工程荣获国家优质工程奖。长江流域规划办公室向严恺专函致谢：

严恺同志：

　　长江葛洲坝水利枢纽建设历经十年的艰辛努力，已于今年完成了关键项目大江截流，并且在经受了解放以来的特大洪水的严峻考验后，于新中国诞生三十二年的国庆前胜利地实现了通航发电，使第一期工程提前发挥了效益，对我国的四化建设作出了贡献。为此，中共中央、国务院来电嘉奖。大江截流设计又获得国家颁发的国家优质工程金质奖章。最近水利部为表彰工程建设者，批准我办职工发放一次性奖金。这是党和人民给予葛洲坝建设者的崇高荣誉和鼓励。

　　葛洲坝工程从开工以来就得到您的热情赞助和指导。在工程成就上，也凝聚着您的智慧，因此，请接受我们崇高的敬意，并请您和我们一道分享国家给予的荣誉和奖励……

　　我们期望在葛洲坝第二期工程中继续得到您的关怀和指导，为争取创造工程全优，为我国水利水电事业的发展，为振兴中华而共同努力！

　　严恺没有在敬意和荣誉面前止步，他与葛洲坝工程建设者们一起，用智慧和奉献使自己30多年前的夙愿变成了现实：1988年年底，最大坝高47米的葛洲坝工程昂首矗立于大江之上，成为继南京长江大桥之后，新中国浇铸在长江之上的又一大丰碑。总库容15.8亿立方米，闸门开处，哗哗的水声，不知是婴儿出世时欢快的哭声，还是母亲分娩时痛苦的微笑；年均发电量140亿千瓦时，给改革开放送去源源不断的能量，给千家万户送去奔向小康的光明！

　　严恺仍然没有止步。1988年12月上旬，他担任理事长的中国水利学会，与长江流域规划办公室、葛洲坝工程局、中国三峡工程开发总公司（筹建处）、水利部科教司、河北省水利学会和葛洲坝水电厂，联合主办葛洲坝水利枢纽工程第二次科技成果交流会。12月6日，严恺在会议开幕词中回忆说：

第一次科技成果交流会是1981年12月在这里召开的，距今已整整七年了。当时是葛洲坝第一期工程建成投入运行，为了及时总结经验，促进二期工程的加速建设，也是由水利学会、长办、工程局等单位联合发起召开的。那次会后，对葛洲坝工程中的科技成果作了较为系统的总结。1985年，二江、三江工程及其水电机组荣获国家科技进步奖特等奖，它标志我国水电科技发展进入了一个新的阶段，极大地鼓舞了参加葛洲坝工程的广大科技人员。

这次科技成果交流会是在大江工程全部完成的情况下召开的。在七年里，葛洲坝工程又取得飞速的发展……葛洲坝枢纽工程的实践，不仅取得了巨大的经济和社会效益，而且推动了我国水利科学技术的发展，为我国兴建大型水坝积累了丰富的经验。特别是葛洲坝工程还担负着三峡工程建设的实战任务……现在我们紧接着来总结交流葛洲坝工程的科技成果，更有重要意义，可以为三峡工程论证提供实践经验与科学依据。

由此可见，这两次科技成果交流会，既是严恺作为葛洲坝工程技术委员会顾问所做实实在在的工作之一，又是为解决三峡工程相关科技问题进行的实战演练。葛洲坝上游38公里处的三峡工程，是严恺的又一个用武之地。

四、魂牵三峡梦

三峡大型水利枢纽工程是一个梦，一个中华民族的志士仁人做了无数辈子的梦，一个只有我国的综合国力和人才、技术储备进入了改革开放历史新时期才能变为现实的梦。

我们曾无数次飞越大洋，深感在"三山六水一分土"（按科学统计，陆地占地球总面积的29％，海洋为71％）的地球上，十有其七的水域，真正的主宰者如今还不是人类。

我们曾多次沿着炎黄子孙的摇篮之一——长江，逆流而上或顺流而东。船过三峡，真是美不胜收。

三峡美，美在两岸陡峭的山势、如画的山色。郦道元的《水经注·江水》中载有：

自三峡七百里中，两岸连山，略无阙处；重岩叠嶂，隐天蔽日，自非亭午夜分，不见曦月。

三峡美，美在一泻千里的水势、奔放壮阔的江流。苏轼有诗云：

有如兔走鹰隼落，骏马下注千丈坡；

断弦离柱箭脱手，飞电过隙珠翻荷。

三峡美，美在独锁一江凶险，把波平浪静留给下游。唐代李群玉的《浔阳观水》有句曰：

莫见九江平稳去，还从三峡险巇来。

三峡美，美在朦胧、哀婉——那因民间传说而抹上了人文色彩的神女峰，那苍凉的船工号子，那与大自然融为一体的高猿长啸。

这里，便是孙中山于20世纪初在《建国方略》中提出建坝设想的所在！

毛泽东于1956年在《水调歌头·游泳》一词中，也做过这样的梦：

更立西江石壁，截断巫山云雨，高峡出平湖。神女应无恙，当惊世界殊。

思绪如潮，潮头被葛洲坝轻轻揽入怀中。在坝的上段，可从轮船上俯视坝下的游人；穿过大闸时，随着水位下降的落差，只能仰视头顶上的观光者了。

然而，葛洲坝工程不过是三峡配套工程中的一环。连"高峡出平湖"蓝图的描绘者——那位大气魄的叱咤风云领袖、大手笔的浪漫主义诗人，也不得不面对现实。他与时任国务院长江流域规划办公室主任林一山讨价还价："修三峡要72个亿，能不能少一些啊？50个亿行不行呀？"

361个亿！

在对三峡工程进行可行性论证时，投资估算和综合经济评价专家按1986年价格水平估算得出的三峡工程总投资，是上面这个吓人的天文数字。

这又是一场前无古人的伟大战役。主阵地已经摸清，外围战业已完成，三峡工程的全体参战人员翘首等待发起总攻的红色信号弹。

据历史记载，从公元前185年至公元1911年的2096年间，长江洪水成灾计216次，平均每10年一次。难怪在中国的大地上，龙王庙、河神庙、镇海塔之类比比皆是，而且几千年香火不断！

"千秋功罪，谁人曾与评说？"今天，中国共产党人偏要评说——要在三峡之上建起一座顶天立地的丰碑，为子孙万代造福！

对于三峡工程，国家急——现代化建设向三峡要能源，万顷良田向三峡要清泉，菜篮子工程向三峡要水产，大吨位轮船直达长江上游向三峡要航道，长江中下游深受洪水之灾的地区向三峡要安全。而这一切，都有赖于三峡工程的完成。正因为此，三峡工程先抓了试点——葛洲坝工程。三峡工程事关重大，又不宜操之过急。正因为此，从20世纪50年代起，对三峡工程进行了长达30多年的前期工作，对坝址、正常库水位的选择及工程平面布置等进行了大量的勘测研究与规划，积累了丰富的资料，可上上下下、方方面面仍很难形成完全一致的共识。人们一方面看到

南京水利科学研究院的长江三峡水利枢纽工程坝区泥沙模型试验

三峡工程在防洪、发电、灌溉、航运等方面的巨大作用；另一方面，又担心这一工程对长江尤其是三峡的自然与人文环境产生副作用。

在1979年5月24日的一次会议上，林一山就发表过以下意见：

这次会议讨论的情况很好。有争论，没有取得一致意见是好事。盲目一边倒或盲目反对都不是好事。对大自然作斗争有其复杂性，大自然不会说话，只能由不同认识的人代它说话。有争议有利于领导正确决策。最后决策靠人脑，不是靠电脑。要尊重客观规律，否则将犯大错误，向上反映要真实……

1983年，第一份《长江三峡水利枢纽可行性报告》提交国务院，国务院原则批准了这份报告。但鉴于三峡工程的极端重要性与复杂性，1986年，国务院又作出决定，由水电部牵头，成立三峡工程论证领导小组，组织与三峡工程有关的各方面专家，对三峡工程的可行性再次进行全面、深入、细致的论证，重新提出可行性报告。

对三峡工程进行再论证的战役打响了。参加此项工作的有412名专家，分为14组，涉及领域包括地质地震、枢纽建筑物、水文、防洪、泥沙、航运、电力系统、机电设备、移民、生态与环境、综合规划与水位、施工，以及投资估算和综合经济评价等。

对于三峡工程，严恺也急。他是力促三峡工程尽快上马的积极主战派——不是"情况不明决心大"的盲目主战派，而是立足于科学实验与长期实践之上的积极主战派。三峡工程可行性论证和再论证期间，他长期主政，后来先后被聘为名誉校长、名誉院长的河海大学和南科院的专家，也在他的领导与指导下，参与了三峡工程多个专题的论证和再论证：回水变动区模型试验、坝区模型试验、船闸整体模型试验、船闸阀门大比尺水力学试验、泄水雾化试验……

而严恺本人，早在1957年就在《水利科学研究工作的几个方向》中，多次提到三峡大坝。在论述高坝通航问题时，他提出：

我国将来兴建的水利枢纽，大部分都必须考虑到坝上下游的通航问题。长江三峡大坝上下游水位差将达180—220米，水库水

1986年9月，严恺（主席台上右二）主持长江三峡工程生态与环境专家组会议

位变化幅度将达50—70米。需要通行的可能是万吨船队：解决这样的通航措施史无前例。首先，需要研究通航措施的型式（多级航闸、各式升船机等）。其次，需要研究在水位变化很大情况下通航措施的布置问题。如果采用船闸方案，则需要研究闸厢充水和放水的消能问题和闸厢、闸门的结构问题。如采用升船机方案，则升船机的结构和机械制造问题将是研究的重点。

1979年5月29日，他飞抵北京，向党中央、国务院汇报三峡工程可行性研究的进展情况和自己的看法，距他提出大坝上下游通航问题的研究方向已时隔20余年。

1988年，严恺作为长江三峡工程生态与环境专题论证专家组副组长、泥沙专题论证专家组顾问，参加三峡工程的重新论证工作。受论证领导小组委托，他主持了三峡工程对中游平原湖区影响、对河口影响座谈会，以及长江三峡以上地区历年来沙变化趋势讨论会。与会专家对许多问题取得了一致认识，对有些问题的认识又深化了一步。他既不对存在的问题和不同意见讳莫如深，又敢于担当，绝不模棱两可。在1988年召开的水电部三峡工程论证领导小组第七次（扩大）会议上，发表对生态与环境专题论证报告的审议意见时，严恺说：

由于这个专题范围较广，牵涉到的问题较多，所以在专家组内很难对每一问题都作深入讨论和充分交换意见。例如报告中在两个问题上具有不同观点，未能作出结论。一是三峡工程对长江口和邻近海域泥沙冲淤的影响。一种观点认为，水库建成初期，大部分泥沙在库内淤积，输送到长江口的细颗粒泥沙将大量减少，导致三角洲海岸侵蚀，险工地段增加，并影响围海造地，因此引起上海市领导的极大关注。另一种观点认为不会有明显影响。我个人同意后一种观点。[1]

---

[1]　水利部科技教育司、三峡工程论证泥沙专家组工作组编：《长江三峡工程泥沙研究文集》，中国科学技术出版社1990年版，第796页。

1989年3月，在三峡工程论证领导小组第十次扩大会议上，严恺将参加三峡工程论证和再论证的丰硕成果、参与葛洲坝工程建设等的丰富实践经验，浓缩于这样一个结论之中：

听取了王家柱同志关于《长江三峡水利枢纽工程可行性研究报告》的汇报，阅读了有关文件，我认为这个报告根据近两年半来的论证成果，在14个专题论证报告的基础上，并汇集了以往多年来的有关资料编写而成，对兴建三峡工程的必要性、技术上的可行性和经济上的合理性作了较系统、全面的分析，并对在论证过程中各方面提出的某些不同意见作了必要的说明，因此已基本上能满足可行性研究阶段的要求。同意这个报告。

在发言中，严恺还就有争议的问题提出了自己的看法：

三峡工程在综合开发利用长江水资源中起着关键性作用，对我国经济建设具有深远的影响，不是其它方案所能替代的。对这样具有重大战略意义的工程，应该看得更远些，不应限于到2000年发挥效益如何来考虑问题。要充分看到三峡工程的巨大综合效益。首先在防洪方面，虽然长江中下游的防洪必须采取综合措施，但三峡工程却是一项关键工程，对各种类型的大洪水都能发挥不同程度的作用。就拿近年来发生的1954年特大洪水来讲，有人认为三峡水库只能控制宜昌以上全江洪水量的一半左右，对其余一半无法控制。当然，三峡工程不可能拦蓄长江中下游的全部洪水，但经过水库的补偿调节，遇1954年洪水仍能使枝江最大流量不超过56700—60000秒立米，沙市水位不超过44.5—45.0米，效果很明显。再拿中下游型的1935年洪水为例，经过水库的补偿调节，可使枝江最大流量不超过51700—56700秒立米，沙市水位不超过44.0—44.5米。三峡工程之所以能够对各种类型的洪水都发挥作用，是由于它所处的优越地理位置，控制了全流域180万平方公里流域面积中的100万平方公里，水库具有200亿立米以上的防洪库容，通过补偿调节，能够不同程度控制各种类型的洪水。这是其它方案不能代替的。我在历次会议上都曾特别强调长江中下游防洪的重要性，因为一旦发生水灾不仅将导致巨大经济损失，而且它关系到这个地区广大人民的生命安全，更不容等闲视之。我也曾举荷兰三角洲工程的例子，说明防洪问题的重要性、紧迫性。荷兰政府在第二次世界大战后不久，经济还处在恢复时期，就下决心投入数十亿美元巨款，修建举世闻名的三角洲工程，使它能够抵御4000年一遇的特大风暴潮。这项工程主要是为了防洪，也附带一些其它效益。如果单纯从近期投入和产出来考虑，这项工程就不可能上马了。而三峡工程除了防洪外，还有发电和航运等巨大效益，三峡工程在发电和航运方面所起的作用也是其它方案所不能代替的，这在论证报告中已讲得很清楚了。例如航运方面所提出的一个经优选后的方案，即分期整治川江航道，并辅以建设铁路的方案，可使单向通过能力提高到年4300万吨左右，接近三峡工程年5000万吨的通过能力，但它仍不能同三峡工程相比。因为通过航道整治提高川江航行条件难度很大，而且有一定限度。从长远看，像长江这样一条条件非常优越的河道，航运有很大的发展前景，三峡工程与替代方案比较对发展川江航运将会留有更多的余地。

这次会议原则通过了经重新论证后提出的三峡工程可行性研究报告。严恺明白："至于三峡工程究竟建不建、什么时间建，要由国务院审查委员会对可行性报告进行审查后，由党中央和国务院根据全国国民经济发展的战略规划和布局、国家的经济形势，从全局的高度综合研究后作出抉择，最后还要提交全国人大审议。三峡工程的可行性研究，毕竟不能代替国民经济发展规划研究，更不能代替国家做决策"，但他仍大声疾呼：

建议……尽快上报，争取三峡工程早日兴建……我认为三峡工程的前期工作已做到了这样的深度，在许多方面已远远超过可行性研究阶段的要求，应当可以作出决策了。

南京水利科学研究院全长约1000米的长江三峡水利枢纽工程回水变动区模型试验

严恺的深情呼唤，终于有了下文。

1990年7月，国务院再次召开三峡工程论证汇报会。会前，严恺正在荷兰参加国际海岸工程会议（ICCE），担心来不及回国参会，就留了一份书面发言，特别提醒，时不我待，长江中下游的防洪形势也不允许三峡工程再拖延：

我在历次三峡工程论证会上都特别强调防洪在长江流域综合开发治理中的重要性，绝不能掉以轻心，以免一旦发生特大洪水造成毁灭性灾难，则悔之晚矣，并曾举荷兰三角洲工程的经验教训。荷兰西南部几条河流的三角洲地区时常遭受来自北海的风暴潮袭击，造成水灾。荷兰政府也曾研究过三角洲的根治方案，但一直是议论，久久未能付诸实施。先后有过8个方案，到1953年1月29日又提出了第9个方案，还未及讨论，即于两天后的1月31日夜间到2月1日，三角洲地区遭受了特大风暴潮的袭击，造成1853人死亡、72000人无家可归、损坏房屋47000座，举国震

1989年，严恺（左一）等人乘船在长江三峡考察

动。当时，荷兰在第二次世界大战后不久，经济还处于恢复时期，政府就下决心投入数十亿美元巨款，修建了三角洲工程，使它可抵御4000年一遇的特大风暴潮，并把根治三角洲工程未能及早进行作为一个深刻的教训。长江中下游若发生特大洪水，其所造成的灾害和死亡人数，不知要比荷兰的那次水灾大多少倍，怎能掉以轻心？特别是对于关系到广大人民生命安全的工程更必须抓紧进行，不能单纯着眼于经济上，从近期的投入和产出是否合算来衡量工程的可行性。

为了能亲临会议，向与会专家和领导重申自己的观点，严恺尽量挤压在荷兰的行程，于7月12日赶到会场，并作了发言。因为他的书面发言已经作为大会材料发到与会者手上，他就着重根据会上一些专家对兴建三峡水库的担忧和替代方案谈了看法。结论仍然是：三峡工程的前期研究工作已经足够，应尽快决策，并进入设计阶段的研究。许多在可行性研究阶段争论不休的问题，也可以在设计阶段进一步解决。

7月13日，江泽民、李鹏等党和国家领导人在北京中南海会见出席这次汇报会的全体人员。从照片上可见，江泽民转过头去，与他身后右侧的严恺亲切交谈。距上次向党中央、国务院汇报，又是十易寒暑！严恺理解，这表明党中央、国务院对兴建三峡工程的决策慎之又慎，对为科学决策提供依据的三峡工程论证工作高度重视。他在1990年8月为《三峡工程论文集》所作的序言中，简述了参加三峡工程可行性论证和再论证的部门与科技人员之多、涉及的试验和专题之广、论证的时间之长、取得的成果之丰硕：

从事三峡工程勘测、规划、建设、科研的科技人员，一直在埋头工作，日以继夜地收集资料、分析计算、进行物理模型试验。据统计，有4000余名科技人员参与了上述工作……这里特别值得一提的是长江流域规划办公室的广大职工，他们为三峡工程的勘测规划和科学研究做了大量的工作，作出了有益的贡献……这些成果是国家的宝贵财富，凝聚了众多科技人员的心血。他们的劳动成果也应得到社会的公认和尊重……

国家科委将三峡工程关键技术的研究列入"七五"攻关项目计划，投入4500万元的专项科研经费，组织了有关科研单位、高等院校的数以千计的科研人员进行攻关，三年来已取得了大量的科研成果，为专家论证提供了可靠的科学依据。14个专家组的论证得以顺利完成，作出了有科学根据的结论，是与上述的工作基础分不开的……

作为中国科协的一个全国性学会——中国水利学会，更有责任向社会各界推荐众多专家经过多年辛勤劳动、实事求是提出的有科学根据的结论意见，供社会各界研讨，找出各自的答案。同时，也借此表达对长期从事三峡工程前期工作的广大科技人员的敬意。我深信，他们的辛勤劳动不会被人们遗忘；他们建设三峡工程的理想，总有一天会实现。

1991年春，当三峡工程论证报告获得全国人大常委会通过时，北京人民大会堂掌声雷动。几代人做了半个多世纪的"高峡出平湖"之梦，终于开始了圆梦进行时。但围绕三峡工程展开的旷日持久的争议，仍在延缓从论证通过走向开工建设的进程。因此，1992年1月15日，严恺在《人民日报》上发表《从生态与环境角度看三峡工程》，进一步回答了有争议的相关问题。

他首先分析了当时长江流域并不乐观的生态环境状况：

1.上游自然生态受到破坏，突出的问题是森林植被锐减，水土流失严重，泥石流、滑坡、洪涝灾害加重。

2.中下游平原地区地势低洼，洪涝灾害严重。洪水位高出地面数米至十数米，河道泄洪能力不足，容易造成洪灾。洪灾之后，生态与环境遭受严重破坏。

3.河口水体污染严重，近海鱼类资源衰减，以及盐水入侵问题等。

4.库区自然生态已遭严重破坏，森林锐减，基本上是向森林→灌丛→草坡→裸岩方向退化。库区内水土流失严重，水污染也有加重趋势。

严恺进而得出一分为二的结论：三峡工程对生态与环境的影响主要在中下游和库区，其中既有有利的影响，也有不利的影响，但总的来说是利大于弊。

1.有利影响主要是：首先，三峡水库可以有效地减轻长江洪水灾害给广大中下游平原地区所带来的生态与环境的严重破坏，以及灾区环境卫生恶化和疾病流行等，同时也可以减轻洪灾给人民心理上造成的威胁。洪灾的减轻还有利于中下游地区消灭钉螺、防治血吸虫病。其次，三峡电站装机1760万千瓦，年发电840亿千瓦小时，如以火电站代替，每年需燃5000万吨原煤，势必造成对大气和周围环境的严重污染。此外，还可以改善局部地区气候，减少洞庭湖淤积，调节长江流量等。

2.不利的影响主要是库区：水库蓄水后将淹没部分耕地和一些文物古迹、自然景观。特别是后者，不少人包括某些外国人士非常关心，认为是不可逆转的影响。实际上，三峡两岸壁高崖陡，随着三峡水位的抬高，旧的景观被淹没，还会出现新的景观，何况有些文物可以搬迁，水库所形成的人工湖可以为建立旅游点、发展旅游业提供有利条件。

不利的影响还有：在城镇迁建和移民过程中所产生的生态与环境问题，库区水污染加剧，以及对库区动植物的影响等。但这些不利影响采取相应措施是可以避免和减轻的。

有人担心三峡工程对一些珍稀鱼类产生影响，特别是中华鲟，以往是从大海洄游到长江上游产卵。三峡大坝将阻挡其洄游通路，会不会因此而绝迹。这个问题在修建葛洲坝工程时已经遇到。实践证明，现在中华鲟已成功地进行了人工繁殖，而且发现，在坝的下游，它们已找到了新的产卵场所。

在文章中，严恺还就其他几个问题作了条分缕析的分析：（1）关于移民及库区群众的粮食供给；（2）关于水库是否会诱发地震；（3）关于三峡两岸如果发生滑坡，是否会影响大坝安全；（4）关于泥沙淤积对三峡工程的影响；（5）关于水库是否会对荆州四湖的土壤产生潜育化和沼泽化；（6）关于对河口地区的影响；

南京水利科学研究院的三峡升船机承船厢整体动态模型试验

等等。

最后，他仍然力挺"修建三峡工程宜早不宜迟"。

这篇文章发表后两个半月，即1992年4月3日，第七届全国人民代表大会第五次会议审议通过了兴建长江三峡工程的动议，决定将这项工程列入国民经济和社会发展十年规划，由国务院根据国民经济发展的实际情况和国家财力、物力的可能，选择适当时机组织实施。

1992年秋，严恺凭借他在国际水利界的威望，在访问美国期间向海外同行和新闻媒体介绍长江三峡工程，为消除误解奔走呼号，为引进外资牵线搭桥。

1994年2月，严恺受聘担任长江三峡工程开发总公司技术委员会顾问。在此前后，他多次亲临三峡工程现场，接受技术咨询，审查工程情况。

1994年12月14日，82岁高龄的严恺应邀出席三峡工程开工典礼。他的心头，奔涌着像江水一样欢快的旋律。

然而，关于三峡工程利弊的争论没有因此而平息。1997年9月，国务院在北京召开长江口深水航道治理工程汇报会。力主长江口深水航道治理工程早日上马的严恺，在9月26日的发言中又提到了三峡工程：

这也使我联想到三峡工程。当时为了反对三峡工程曾提出过不少替代方案，如二级开发，不修三峡工程而以修建铁路替代三峡工程在航运上所带来的效益等等。这些方案明显不可能替代三峡工程，只会延误三峡工程早日兴建。即使到了三峡工程已在全国人大审议通过，并完成了初步设计，在国务院三峡工程建设委员会于1993年7月26日召开的第二次会议上还有人提出不同意见，这样就势必影响工程的开工。所幸当时主持会议的邹家华副总理当机立断，通过了初步设计，才使工程得以如期开工。这很重要，因为三峡工程越早建越好。如果因争论不休而推迟兴建，在经济上将带来很大损失，特别是从防洪上讲，要承担更大风险，在移民工作上也将增加困难。

1997年11月8日，在长江三峡举行隆重的大江截流仪式。在这个令全世界瞩目的时刻，严恺坐在观礼台上，与党和国家领导人、与全国人民分享了大江截流的巨大喜悦。

时任长江三峡集团公司党组书记、董事长曹广晶，回忆了老师严恺与三峡的不了情缘：

严老这一代水电人，都受孙中山先生建国方略的影响，都怀着要建设世界上最大大坝的梦想。学习水利的他站在著名的胡佛大坝前，久久凝视，一个更大的渴望在他的心底强烈地萌动——什么时候才能让三峡工程由蓝图变为现实？然而，他又清楚地知道，当时祖国的实力仅是修建一座葛洲坝就已经要举全国之力，更何况三峡工程？修建三峡工程的梦想能在这一代中国水电人手中变为现实吗？已逾花甲的严老打心眼儿里着急——他是替自己着急，替中国水电人着急，更是替这个多灾多难的国家着急。

三峡工程论证期间，严老是泥沙专家组顾问和生态与环境专家组副组长。也就是在这个时候，我和严老才有了近距离的接触。当时论证组的其他成员虽然也是全国范围内挑选出来的知名专家，但是学识、声望和严老比起来，那也是差别巨大。令人钦佩的是每次严老参加会，都认真准备、认真发言，平等地跟大家讨论，没有一点学术权威的架子。所以，专家们都非常尊重严老，不仅为他的学识，也为他那谦和的态度和人品。

三峡工程开工后，耄耋之年的他更是欣然受命，担任中国长江三峡工程开发总公司技术委员会顾问。之后，他又多次赴三峡工地参与技术及审查工作，也为工程建设提出了不少好建议。这样算来，他于我既是师长，亦属同事。我们都有一个共同的名字——三峡建设者……

我印象最深的一幕就是在三峡工程的开工典礼上，严老看着摩拳擦掌的建设者们，听着奔腾澎湃的长江水声，不住地擦拭着眼角的泪水。是什么能让一个八旬老科学家老泪纵横？那是发自内心的高兴的喜泪呵！①

"三峡出平湖"的世纪之梦终于走出蓝图，变成了现实。为之呼号、为之奔走的严恺能不喜极而泣？

医生使多少病人获得了健康甚至新生，多半能报出个数字；农艺师培育了一种高产新品种，亩产能提高几成也可以算出个概率；水利专家的一个科学预见、一纸整治规划、一项重大工程，到底能救多少人于水火之中、创多少经济效益，却很难说出个准确的数字。严恺"时不我待，长江中下游防洪形势也不允许三峡工程再拖延"的警示，言犹在耳之时，1998年在长江流域就发生了与1931年、1954年洪水不相上下的洪灾。正如严恺在《从1998年的抗洪抢险看我国的防洪和水利建设》中所说："洪峰接连出现，先后共8次，高水位持续时间长，长江中游大部分江段超过警戒水位的时间达2个多月，超历史最高水位的时间也持续1个多月。在这种不利的条件下能取得抗洪抢险的胜利，确实是很了不起的……"——造成的损失比1931年和1954年小得多，但仍然死亡1320人，损失约2000亿—3000亿元人民币。而根据1993年5月的物价水平测算，三峡工程175米方案静态投资约为900.5亿元，其中枢纽工程500.5亿元、移民400亿元。两相对比，不难得出这样的基本结论：三峡工程建设者们从事的变水患为水利、与长江和谐相处的伟大事业，救人动以千万计，获益者遍布生活在长江流域广阔地区的人民，受益时间可延及几代、几十代人。

如今，三峡水利枢纽工程成了世界上最大的单体建筑工程，

---

① 曹广晶：《谦谦君子　德音孔昭——谨以此文纪念严恺先生诞辰100周年》，《一代宗师：严恺院士诞辰100周年纪念文集》，河海大学出版社2014年版，第53页。

三峡水库的表面积相当于新加坡的国土总面积，成功拦蓄了2010年的特大洪水，拦截了2012年峰值达每秒71200立方米的、1981年以来的最大洪水。功在当代，利在千秋，历史将对三峡工程给予这样的基本评价。

"巴东三峡巫峡长，猿鸣三声泪沾裳。"严恺对三峡工程时不我待的急切呼唤中，满溢着对祖国、对人民的啼血之情。

五、会诊长三角

1984年，国务院原长江口开发整治领导小组扩大为长江口及太湖流域综合治理领导小组，严恺受命兼任该领导小组成员、科技组组长。他的科研关注点，也从长江口扩展到整个太湖流域。

太湖位于江苏省南部，与浙江省相连，是华东最大的湖泊，也是中国第三大淡水湖。古代太湖有"一湖跨三州"之说，即东吴（苏州）、中吴（常州）、西吴（湖州）。《吴郡志》载，太湖东西二百余里，南北百二十里，周五百里。现在，太湖由苏州、无锡、常州三市管辖。

1989年5月10日，严恺在为汇总近年太湖流域综合治理研究成果而出版的《太湖水利文集》所写《发刊词》中说：

太湖流域是长江水系的一个组成部分，面积36500平方公里，占长江流域的2%，但经济实力却占全流域的35%—40%。太湖流域的水利事业直接关系到流域内3200多万人口和产业的防洪、水资源保护与利用和水运的发展，对流域内的基础设施建设影响极大……

1949年建国以来，流域内各地为治理和开发太湖流域做了大量的以规划为主要内容的技术工作，同时兴建了一批地区性工程，改善了地区水利条件，取得了不少成绩。

1984年，国务院批准成立长江口及太湖流域综合治理领导小组和水利部太湖流域管理局，对太湖流域治理在新的条件下，作出了积极的努力，统一了综合治理的原则和总体规划方案，使太湖水利工作推向了新的阶段。

在《从1998年的抗洪抢险看我国的防洪和水利建设》一文中，严恺也回顾了太湖流域治理中的经验教训，重申了他"统筹兼顾，局部服从整体"的综合治理战略思想：

太湖流域的综合治理，这是一项以防洪除涝为主，统筹兼顾航运、供水和环境保护的综合治理工程。建国初期，中央就抓太湖治理，由当时的谭震林副总理挂帅，由于两省一市矛盾很多，未能解决。到了80年代，太湖治理又提到重要的议事日程，成立了太湖流域综合治理领导小组，把治理太湖作为上海经济区的一项重要任务。经过有关部门、专家反复论证，提出了太湖治理的十大骨干工程方案。全部工程完成后，太湖流域的防洪标准可以从3~5年一遇提高到50年一遇，也就是1954年同样的洪水。这十大工程经过领导小组审议后上报国家计委，并着重强调：鉴于太湖流域当前防洪除涝问题的严重性和紧迫性，万一再发生1954年那样的洪水，其后果将不堪设想，损失将远远超过1954年的100多亿元人民币（当时币值）。特别是十大骨干工程中的两条排洪河道——太浦河和望虞河必须抓紧开工，不能延误。原希望1988年就能动工，结果落空。一是资金不到位，二是两省一市对哪条河先开工以及一些具体的问题争论不休（望虞河的行洪水位问题，太浦河的平望北闸问题等），定不下来。结果，工程还是拖了下来。好了，到1991年太湖流域又发生了一次大洪水，全流域降雨量还没有达到1954年的量级，而太湖水位反而比1954年高出0.16米，造成很大灾害，损失惨重。这才引起从中央到地方的重视，投资也有了，但已是悔之晚矣。这也说明我们的防洪意识还不够强，抓水利建设的力度也不够。那次水灾从电视画面上也看到不少动人的场面，如临时拼命挖河清障、用炸药炸开某处排洪河道等，也体现了团结治水的精神，但效果可想而知。所谓团结治水不能只体现在一时一事上，而是应在治理上统筹兼顾，局部服从整体。如果当时早把太浦河、望虞河打通，灾害损失就会大大减小。

1996年，中国科学院受国务院委托，组织几十位院士、专家参加大型研究咨询工作——长江三角洲经济与社会可持续发展研究，严恺被聘为交通运输基础设施专家组组长。他的科研涉及面进一步拓展，从太湖流域向长三角地区辐射。

南京大学教授朱大奎回忆说：

交通基础设施组有五位中科院院士及一些专家，大家一起在浙江、上海、江苏的十几个城市现场调查，开各种座谈会等。严校长总是非常认真细致地作好准备，事先作好调查问询提纲，而且常常关照薛鸿超、朱大奎，要我们分别注意提问，调查了解。严校长每到一城市，都会对地方建设提出中肯的建议。在南通市，他一再提出，发展港口要注意内河航运，利用河渠解决集疏运问题。①

长三角地区，狭义的范围北起通扬运河，南抵钱塘江、杭州湾，西至南京以西，东到海边，包括上海市全部、江苏省南部、浙江省的杭嘉湖平原；广义的范围，指上海市、江苏省、浙江省和安徽省东部组成的经济圈，是国家定位的我国综合实力最强的经济中心、国际公认的六大世界级城市群之一。

严恺对长三角地区的关注，与他的人生经历相关：11—16岁的5年间，他在浙江读中小学；36—40岁的5年间，他在上海工

---

① 朱大奎：《怀念严恺院士》，《一代宗师：严恺院士诞辰100周年纪念文集》，河海大学出版社2014年版，第70页。

作；40岁之后，他以南京为家。因此，长三角给了他更多的亲近感，他也为江浙沪作出了更多贡献。杭州湾弄潮、浦口段抢险和长江口整治，都以他生活和工作的大本营为中心展开。比如，1996年7月15日，84岁的严恺在南京城市规划和建设问题座谈会上的发言《关于南京沿江地带开发建设问题的意见》，就是他对生活和工作了40多年的南京的回馈。这个发言针对南京"见城不见江"的遗憾，提出了尽快适度开发南京滨江新区的建议。南京沿江地带开发建设的规划、建设蓝图，终于呼之欲出。如今，在举办2013年亚洲青年运动会、2014年青年奥林匹克运动会的促进下，南京滨江新区已初具规模。不久的将来，南京滨江风光带，将被打造成可与国家4A级旅游景区"十里秦淮"风光带媲美的南京市又一张城市名片。

严恺特别关注长三角地区的可持续发展，更重要的原因是与长江口和太湖流域综合治理一以贯之的、服务于国家战略的高远视野。这集中反映在他为打通长江口深水航道请命，于1996年写给李鹏的信中：

长江口深水航道的打通直接关系到发挥上海浦东的龙头作用，关系到长江沿岸城市的进一步开放，关系到长江三角洲和整个长江流域的经济腾飞。这样，以上海港为核心的长江三角洲体系可以形成。长江三角洲的核心是上海，主轴是上海—南京，并向浙江、江苏两翼扩展。南侧除了上海、南京外还包括苏锡常和杭嘉湖地区，以及绍兴、宁波舟山地区，为我国最发达的地区，号称"金三角"。北侧包括通扬盐地区，可延伸到连云港地区，发展潜力很大，被称为"银三角"。

严恺关于长三角的战略思想，萌芽于参加长江口和太湖流域综合治理的长过程中，完善于参与长三角可持续发展调研的实践中。

1996年，84岁高龄的严恺，与严东生、任美锷等30多位院士、专家，在深入现场实地调研的基础上，形成了《长江三角洲经济与社会可持续发展若干问题咨询报告》。该咨询报告对长江三角洲地区的战略地位、发展方向以及影响当前与长远发展的主要制约因素和可选择的对策，提出了许多真知灼见。其中的《海港体系及其陆上交通网发展战略》，就是严恺负责的交通运输基础设施专家组的调研成果。包括这一成果在内的综合咨询报告，得到国务院和长三角地区有关省市的高度重视。当中的许多设想，如今已经变成了现实。

南京大学海洋研究中心教授、博士生导师朱大奎，回忆了随严恺开展长三角可持续发展调研的一幕：

我参加严院长主持的交通基础设施组，在这前后三四年的工作中，一起赴浙江、上海、江苏调查，听取各级领导、负责部门的汇报，深入到现场考察，每次日程很紧。例如在宁波，听完市

1996 年，严恺被聘为交通运输基础设施专家组组长，参加中国科学院长江三角洲经济与社会可持续发展战略问题综合研究。图为严恺（前排左四）与任美锷（前排左五）、薛鸿超（前排左六）等人，在宁波北仑港考察。

长的汇报，即赴各港口现场，到舟山各码头及拟建的岸线现场考察。当时，严院长已年过80，仍主持野外调查，主持讨论会，听取汇报……

长江三角洲的调查咨询工作，为浙江、上海、江苏经济发展，提供了决策性的建议，受到三省市负责人的高度赞扬。[①]

1999年6月，严恺撰写的《开辟长江口深水航道，建设上海国际航运中心》一文中"建设长江三角洲综合交通运输网"一节，就是他参加长江口及太湖流域综合治理和长三角可持续发展调研的结晶：

长江口深水航道打通后，还需要以上海国际航运中心为核心，发展综合交通运输网。这是长江三角洲经济与社会可持续发展的重要环节，也是三角洲成为长江流域腹地对外交流前方基地的重要关键。综合交通运输网应以海运为主体，并与内河、公路、铁路等密切联系。长江三角洲有十分优越的条件发展海上运输，沿长江主轴和滨海南北两翼都有能布设优良海港的港址和深水泊位，形成"T"形海港体系。这也是长江三角洲港口与航道体系和交通运输网的主框架。水运量居全国前列的长江两岸著名内河网，其设施已日益不能适应运输发展的需要，必须及时加以改造。长江三角洲陆路交通首先要着眼于全国的大交通格局。目前长江流域铁路南北纵向多，沿江东西向不畅，应及时加以改善。长江三角洲地区内部的铁路、公路建设，要保证城市间的客货运输通畅和中心城市有完善的辐射通道。应加快建设浦东铁路，并增加跨越黄浦江的大桥或隧道以满足浦东与浦西间日益增长的货运需要。建议建设金山、嘉兴、湖州线铁路和上海、太仓、江阴、镇江接沪宁线的沿江铁路，并完成从苏北新沂经淮阴、无锡到浙江

① 朱大奎：《中国学者的楷模——严恺院士》，《水利泰斗　教育楷模——祝贺严恺院士九十寿辰文集》，河海大学出版社2002年版，第186页。

长兴的铁路。[1]

　　与长江口深水航道整治研究一样，严恺没有停留在关于长三角发展战略思想的研究上，而是身先士卒的勇敢实践者、身体力行者。

　　1988年初夏，地处长江之滨的江阴也想搞一个港口，建几个码头，在改革开放中一显身手。江阴市领导冒着碰钉子的风险，到河海大学来请严恺等人，为这个对该市经济起飞关系重大的决策进行科学论证。他们万万没有想到，严恺这位大名鼎鼎的水利专家一听就爽快地答应下来。江阴人不知道，严恺答应得如此爽快，是因为他们的想法正中其下怀——给严恺提供了实践他关于长三角发展战略思想的用武之地。江阴是长江的咽喉，乃兵家必争之地、大江南北和江河湖海联运的重要交通枢纽；又位于有"江苏三小龙"之称的苏锡常的几何中心，不但有被誉为"中国第一村"的华西村，整个江阴在中国县域经济中也处于排头兵地位。在江阴建港、造桥，能为它以经济建设为中心的全方位发展再添腾飞的双翼，为沿江开发树立一个样板。严恺怎能不与江阴人一拍即合呢？他与祖籍江阴的薛鸿超教授等几名专家一连去了几次，认认真真地搞勘察、选港址、作规划。深受感动的江阴人，只能把感激之情表现在餐桌上。第一天，严恺望望佳肴，皱着眉头拿了两个馒头、夹了几筷子菜，独自回了宿舍。"一位吃惯了高级筵席的大专家，哪里看得上我们的土玩意儿？"主办者想。第二天的菜肴于是更上一层楼。哪知严恺的眉头皱得更紧了，只得打开天窗说亮话，主办者这才恍然大悟。市里过意不去，严恺临走时，他们送来了礼品。严恺一改找他帮忙时的毫无架子，拒人于千里之外。聪明者提醒说，当着人，谁肯收！于是，市领导一次来南京时，驱车把毛巾被等礼品送上门来。这可

───────────

① 严恺：《开辟长江口深水航道，建设上海国际航运中心》，《中国工程科学》1999年第1卷第2期。

把严恺气坏了："你们把我看成什么人了？我说不要就是不要。是谈工作，可以；是送礼，马上就走！"如今，江阴港成了内外贸并举的海、江、河中转港，5万吨级以下的江、海轮均可通航；连接江北泰州市与江南无锡市的江阴长江公路大桥，也于1999年10月建成通车。而江阴市在约占全国"万分之一"的土地上，创造了二百五十分之一的地区生产总值，有近10家企业名列"中国企业500强"。江阴从乡镇企业的发源地，到名扬全国的"江阴板块"，再到先人一拍的沿江开发、首开先河的跨江联动，从一个点折射出严恺当年关于长三角发展战略思想的生命力。

向滩涂开疆拓土，也是严恺与海岸带综合调查紧密联系的长三角发展战略思想之一。他指出："我国沿海潮间带有滩涂面积200多万公顷，而且仍在不断淤涨、延伸，开发潜力很大……预计到21世纪初，可围滩涂约70万公顷……"严恺开发滩涂的前沿阵地首先选择了江苏省。像长三角地区的上海、浙江一样，江苏的经济和社会发展很快，但人口众多、地域狭小、资源紧缺、环境容量有限等问题，一直困扰并制约着江苏经济和社会的可持续发展。怎么办？泥沙是河道治理、海港建设的大麻烦：上游水土流失、中下游出现悬河、河口港口淤塞，都有泥沙惹的祸。严恺偏偏要变废为宝。江苏海岸线长、滩涂多，这成了他点石成金的地利。

1987年8月，与严恺从事同一专业的次子严以新，赴美留学获博士学位后归国效力。上阵父子兵，严恺让他去打头阵。向滩涂开疆拓土，成了严以新冲上经济建设主战场后的第一个大战役。

1974年，知青严以新终于圆了大学梦。这一年，他25岁，是正常情况下博士毕业的年龄。由于从小在家里看到的都是水利方面的书，就连严恺讲的故事，也以水利前人的事迹为主，所以，虽然有机会选择别的大学和专业，严以新还是选择了与严恺研究领域相近的专业。对于这个时断时续读完高中，又下乡插队6年的大龄青年来说，完成大学学业，不像挖河泥、挑担子，拼的是体力；需要的首先是不屈不挠的精神、坚忍不拔的毅力。背水一战，"文化大革命"期间上山下乡的磨难成了"天将降大任于斯人"的序幕。严以新度过了一个个与河、海亲近的不眠之夜，迎来了一个个为背诵英语单词出早工的金色黎明。后发先至，严以新用多个"第一"证明了自己的实力：政治气候雨过天晴的1978年，考上了我国恢复研究生招生考试之后的第一届研究生；同年，通过层层考核，又脱颖而出，获得了公费赴美深造的机会，被选拔为改革开放历史新时期第一批出国留学生之一，后因自感学术基础薄弱，推迟到在国内读完硕士后再出国；1981年，在同届研究生中，第一个顺利通过硕士论文答辩。

初到美国"洋插队"，与当年的"土插队"一样，也有种种不适应。严以新面临的最大难题是语言障碍，国内死记硬背获得的英语高分，在国外话语环境中低能得可以——课堂上的很多内容不大听得懂。欺人太甚的还有，美国人对他的硕士学历不予承认。其时，严以新已32岁。而他的父亲严恺23岁留学荷兰，28岁已是中央大学教授。巨大的学习压力、强烈的心理落差，"打道回府"的念头突然冒了出来。可临行前严恺对他学成归来、报效祖国的谆谆教诲，又在耳畔响起，严以新打了个激灵。时不我待，背水再战，以"土插队"时在冰天雪地里挑河泥、爬陡坡的顽强毅力，泡图书馆、超前阅读、与外国同窗多接触多交流，他很快过了"语言关"并适应了那里的学习生活。他又一次证明了自己，证明了中国学子的实力：各科成绩全"A"，不少同学包括一些美国本土的同窗常常向他求教，以致美国海军破例邀请严以新去核潜艇参观，并以供他读完研究生达到使之为其所用的目的。但严以新不靠施舍靠实力，半年之后，获得了学校的全额资助。在特拉华大学土木工程系学习一年之后，他随同导师转到了佛罗里达大学海岸及海洋工程系，与在国内读本科、读硕士的专业接上了轨。中国学生的动手能力比外国学生差，对这一点，他在留学期间深有感触。为了弥补这一差距，严以新在尽力完善专业知识体系的同时，常常结合研究项目和博士论文的撰写，到海边去勘测、取样，在风口浪尖上扭转高分低能的偏向，提高发现并解决问题的实践能力。他学会了潜泳、驾船，开车更是驾轻就熟。佛罗里达风景秀丽的棕榈海滩是全球著名的旅游胜地，可他无暇顾及，以"土插队"时别人沉浸在过年的欢乐中而他留守工棚的耐得住寂寞，在他深爱的河风海韵中深钻细研、孜孜以求。留学期间，他还被推选为佛罗里达大学第一届留学生联谊会主席，在组织能力和领导才能上初露锋芒。

向滩涂开疆拓土，正是严以新所学专业的用武之地。父子俩一拍即合，严以新与兄弟院校相关领域的专家一起，对江苏岸外辐射沙洲进行"增生"围垦研究。南京大学教授朱大奎记述了他们开疆拓土的方案：

我与严以新教授一起，根据南大、河海十多年的工作结果拟了一个方案，即：2万平方公里辐射沙洲区，靠陆地部分在增长，目前海面以上部分的面积已达到3700多平方公里，可以通过工程措施，加速成陆。在今后30年中，每10年开发100万亩土地。[1]

每10年开发100万亩！对于人多地少的江苏省及长三角的其他地区，这是一个何等诱人的前景！总有一天，我们的后人会说：江苏省在20世纪与21世纪之交的面积，只相当于他们那个时代的几分之几；总有一天，我们的后人会发现：形如"一唱天下白"雄鸡的中国版图，胸肌越来越发达。

河海大学完成的江苏沿海港口布局规划研究项目，也是严恺与海岸带综合调查紧密联系的、关于长三角发展战略思想的产物

① 朱大奎：《中国学者的楷模——严恺院士》，《水利泰斗 教育楷模——祝贺严恺院士九十寿辰文集》，河海大学出版社2002年版，第187页。

之一。这成了严以新冲上经济建设主战场后的又一个大战役。

　　海浪借着风势，箭一样向渔船袭来，突然又像接到了撤离的命令，万马回旋般退回大海，船搁浅了。身后是无涯无际的大海，眼前是可望而难及的海岸。几条汉子手攀船沿踩进齐腰深的海水里，深一脚浅一脚地摸向泥泞的海滩。远看，这几个"泥腿子"与渔民无异；近看，一身海腥味盖不住一脸的精气神。他们没有时间等下次涨潮托起渔船时再上岸，收集到的科考采样等资料，有的要送实验室化验检测，有的要上岸分析汇总。

　　这是20世纪90年代末，严以新作为河海大学水港系科研团队的现场总指挥，为完成江苏沿海港口布局规划研究课题而在苏北沿海摸爬滚打的一幕。港口建设，新中国搞了几十年，但苏北沿海地区，除连云港外，缺乏水文、地质及地形资料，港口建设几乎是一片空白。改革开放以来，江苏走在全国前列的经济和社会发展速度，为相对贫瘠的苏北地区建设海港提供了经济基础。在江苏沿海选址建港以缩小苏北与苏南的发展差距，加快江苏经济腾飞，在全国率先实现现代化，成了时代赋予严以新以其同事们的使命。他谨遵父命，顺应时代的呼唤，自觉地让科研成果走出实验室、走出书斋，像严恺一样服务于经济建设这个中心。为了获取江苏沿海港口开发的第一手资料，摸清港口水沙运动、潮汐变化的规律及其对建港的影响，他们有时不顾晕船、呕吐，吃住在颠簸的船上；有时得顶酷暑、冒严寒，向风口浪尖里钻——一天里的不同时点、一年里的不同季节，夏天台风突然袭来当口、秋日大潮铺天盖地之际，都有同中有异甚至异大于同的规律。港口的开发建设，投资动辄高达几十亿、几百亿元，选址必须慎重、数据必须科学，容不得半点疏漏。从宏观上测试、选址、论证，到微观上"解剖麻雀"，直至最后制定可行性方案，他们在江苏1000多公里的海岸线上，不知来回跑了多少趟。在此基础上，他们创造性地提出了利用海岸外辐射沙洲深水潮沟通道建立港口的建议，并确定了以连云港、盐城大丰港和南通洋口港为重点的北、中、南三大港口群。这一江苏沿海港口整体规划，受到了国家有关部委及江苏省政府的高度重视，被作为江苏省苏北沿海港口建设的重要依据，在江苏省政府工作报告中加以阐述并很快付诸实施。以南通洋口港为例，这个深水良港的选址，南京大学的王颖院士等人发挥了"一锤定音"的作用，但严以新和他的团队不但有首先发现洋口港深水港槽之功，而且对洋口港的功能作了准确定位。他们还从"基于供应链战略"的独特角度，从基础设施、物流园区的规划和海上供电等方面进行拓展性研究，勾勒出这个国际大港的雏形。严以新还继承并发展了严恺的战略思想，提出了江风海韵兴江苏战略，即以南通为突破口的江海联动体系和运河概念：从洋口港沿长江的细支流开一条运河，与长江对接，既可以节约资源，不占用土地；又可以作为战争等非常时期的备用通道——一旦长江口被封堵，可从这条运河经洋口港出海。

江苏沿海地区的开疆拓土之战和港口布局规划，是以严恺主持的全国海岸带和海涂资源综合调查为背景、以其关于长三角可持续发展的战略思想为指导的。严恺其时虽已到耄耋之年，仍亲自参加了一系列实际工作。

1990年1月4日至5日，严恺参加了在南京华东饭店召开的洋口港建港预可行性研究报告评审会；同时，河海大学又对洋口港东段长沙港区外航道烂沙洋做了扩大延伸勘测；次年5月，南京大学、河海大学的专家教授再次下海，对烂沙洋水道进行了大面积的断面、泥沙、水文、气象等建港资料的前期测量工作。1992年5月，江苏省交通厅组织召开了江苏沿海港口布局规划审查会，严恺担任专家评审组顾问。

如今，严恺关于长三角可持续发展的战略思想已经结出了硕果：南通洋口港和苏通大桥，河、海互补，陆、港并举，以其对长三角乃至全国沿海开发的辐射效应，发挥着巨大的经济效益和综合效益。

事实证明，工程科技，包括水利工程科技对我国现代化进程的创新驱动作用其功甚伟。长江口治理、三峡工程、南水北调、长三角治理等一大批重大水利工程项目，已经并且必将为实现中华民族伟大复兴的中国梦源源不断地提供正能量。

科技兴国着先鞭

马克思说过，科学技术是生产力，事实证明这话讲得很对。依我看，科学技术是第一生产力。

——摘自邓小平在1988年9月会见捷克斯洛伐克总统胡萨克时的讲话

一、主政南科所

1956年7月，严恺受命兼任水利部南京水利实验处（简称"南实处"）处长；当年12月，该处更名为南京水利科学研究所（简称"南科所"），严恺继续兼任所长。这是严恺在水利科研机构的主要兼职。

南科所是中国水利和水运科学技术的综合研究机构。早在1934年春，当时的全国经济委员会就成立了中央水工试验所筹备委员会，1935年1月，正式成立中央水工试验所，1942年1月后改称中央水利实验处，1950年5月又更名为南京水利实验处，主要从事基础理论、应用基础研究和高新技术开发，承担水利、交通、水电工程中具有方向性、关键性和综合性的科学研究任务。

严恺对南实处的前身中央水利实验处并不陌生。受命兼任南实处处长之时，他也许想到了曾在该处工作过的挚友谢家泽，也许想到了10多年前在黄委会期间的青春岁月。他兼任南实处处长的背景是：按照水利部的决定，从南京水利实验处抽调95人，筹建北京水利科学研究所（后改为研究院）。抽调走的人员占南实处人员的一半，原所长、中国科学院学部委员（院士）黄文熙教授和水工研究室主任陈椿庭、土工研究室主任蒋彭年，以及一批技术水平较高的工程师离所北上，设备及图书资料也过半调往北京。加上新建的北京水科所就在主管部门身边，有"近水楼台先得月"的优势。严恺正是在这样的不利情况下，受命兼任南实处一把手的。身为华东水利学院负责人、江苏省水利厅厅长、中国科学院学部委员（院士）的严恺，选择辞去厅长之职而兼任这个处长。面对南实处急需稳定人心、重整旗鼓的局面，以献身水利科研的定力和在水利界的威望，身先士卒，带领南实处全体科研人员，冲上科研第一线。

1956年，在中国共产党第八次全国代表大会精神和"向科学进军"号召鼓舞下，南实处开始了有计划、有目标的学科建设和科学研究。之后，南科所的科研工作在困难中曲折发展。特别是"文革"的严重挫伤，使南科所的科研工作遭到很大损失，但南科所的广大科技工作者急生产所急，想生产所想，为落实周恩来总理"三年改变港口面貌"的要求，开展了长江口、瓯江口整治，长江中下游港址选择，连云港等沿海港口模型试验等任务；支持葛洲坝、东江、碧口、水口以及我国当时全国最大船坞——广州文冲船坞等水电交通工程建设，开展了其中的关键技术研究……直至1978年中国共产党十一届三中全会和全国科学大会召开，迎来了又一个科学春天。

在第三届、四届、五届全国人大的政府工作报告提出的全面实现"四个现代化"目标鼓舞下，南科所遵照科技发展的内在规律，重视在实验的基础上开展理论研究，逐步形成了自己的专业研究方向，向着水利科技现代化迈出了坚定的步伐。如：经过大量工程的泥沙研究，在理论上提出了河工模型试验理论、河床紊流随机理论，以工程实践为基础提出了土体极限平衡理论、软土地基稳定计算的有效固结应力法、二维有效应力地震反应分析方法以及新的土弹塑性本构模型等，取得了一系列独创性的理论成果；在研究积累过程中，通航水力学研究、河口整治研究、混凝土耐久性与水工新材料研究、软土地基加固研究等已经发展成为南科所重要的和具有特色的专业方向。按照科学实验本身的规律，南科所还一向重视科研手段的改进与创新，并视之为试验成功的桥梁和学科发展的"始渡线"。离心机、光弹离心机的研制与应用，多功能空蚀空化发生装置、非稳定渗流电阻网模拟等的成功研究，同位素、超声检测技术的应用，对提高相关学科的研究水平发挥了重要作用。南科所还注重处理实践创新与工程标准化之间的动态与静态、过程与结论的相互关系，积极参与行业规程规范的研究、制定和修订，成果累累。①

这是对严恺主政期间（1956—1983年）南科所工作业绩的书之于史的定评。

时任南科院院长、中国工程院院士张建云回忆说：

严院长到任的第一年就制订了《1956年至1967年科学研究工作远景规划》，他主持确定了南京水利实验处的科研定位，明确了全处11个研究方向，要求将淤泥质海岸建港研究、河口淤积及整治研究等4个专题研究建成国家研究中心，并要求在通航水力学等3个学科专题研究上形成自己的特色，显示了严院长高瞻远瞩的发展眼光和领导水平。②

严恺上任后的头两年，国内的政治风云阴晴莫测。南科所的归属也变来变去：1957年2月，决定由水利部和交通部共同领导；1958年，水利部与电力工业部合并为水利电力部，改由水利电力部和交通部共同领导。但严恺和南科所领导层以不变应万变——始终根据国家建设的需要，带领全体科研人员共同努力、团结奋斗，承担、完成了国家、部门、地方大量重要研究任务，科研工作井井有条地推进。

---

① 张建云主编：《传承历史　再铸辉煌——南京水利科学研究院发展纪事》，河海大学出版社2009年版，第89页。

② 张建云：《在纪念严恺院士诞辰100周年座谈会上的讲话》，《一代宗师：严恺院士诞辰100周年纪念文集》，河海大学出版社2014年版，第33页。

钟声扬回忆了严恺为南科所建设投入的精力之多、作出的贡献之大：

　　我参加了由严所长亲自挂帅的"钱塘江河口整治研究项目"，及在杭州召开的"全国河口整治工作会议"……他对南科所投入的精力和时间远比当华水院长要多得多，特别是对南科所河港室波浪泥沙组、河口组、长江口组的业务指导，所花的时间和精力是很多很多的，工作量是极大极大的。为解决国家重点研究项目"天津塘沽新港港池开挖、北堤堵口，及其外航道开挖回淤研究"、"上海长江口航道开挖及其回淤分析研究"、"钱塘江河口整治研究"、"东南沿海海塘海堤灾害破坏调查，台风浪预报及其对海塘海堤破坏作用的机理研究"、"海塘海堤合理断面结构及其地基基础处理的研究"、"大型军港及舰船建造基地工程的研究"、援外"毛塔努瓦克肖特港的研究"，以及"苏北沿海河口挡潮闸下游淤积整治研究"等项目，严所长无不亲自修改、审定，检查各个研究计划大纲和各个阶段工作进度，直至亲自审定修改有关重大科研成果报告，主持重大国内国际学术会议。①

　　1966年5月，"文化大革命"开始了。南科所党委处于瘫痪状态，所一级领导全部靠边站了，严恺也不例外。后来成立了南科所革命委员会，却仍将他排除在外，致使严恺脱离南科所达10年之久。这10年中，由于内乱及失去了泰斗级专家的领导，南科所在全国重点河海工程领域的信誉度受到严重影响。"文化大革命"前南科所在严恺领导下大显身手的兴盛景象，与"文化大革命"10年中门前冷落的巨大反差，使南科所的绝大多数专家和干部，进一步感受到了严恺不可替代的作用。大家迫切希望把他请回来，并一而再、再而三地向相关部门反映这一要求。

　　上上下下几经努力，1977年，严恺重新主政南科所。第二年

① 钟声扬：《是他的魅力所在令我尊敬和喜欢》，《水利泰斗　教育楷模——祝贺严恺院士九十寿辰文集》，河海大学出版社2002年版，第194—195页。

春，即1978年3月中下旬，66岁的严恺作为江苏代表，与作为湖北代表的二哥严铁生一起，参加了中共中央、国务院在北京人民大会堂召开的全国科学大会。时任中共中央副主席、国务院副总理邓小平在大会开幕式上发表重要讲话。他指出："四个现代化，关键是科学技术的现代化"，知识分子的"绝大多数已经是工人阶级和劳动人民自己的知识分子，因此也可以说，已经是工人阶级自己的一部分"，"科学技术是生产力"。这次大会澄清了长期束缚科学技术发展的重大理论是非问题，砸碎了"文化大革命"以来长期禁锢知识分子的桎梏，是中国科技发展史上一次具有里程碑意义的盛会。

聆听了中国改革开放总设计师邓小平关于"科学技术是生产力"的阐述，严恺深感欣慰；1988年9月，邓小平在会见捷克斯洛伐克总统胡萨克时又发展了这一思想："马克思说过，科学技术是生产力，事实证明这话讲得很对。依我看，科学技术是第一生产力。"旧社会，严恺的父兄和他自己科学救国之梦此路不通；新社会，在信仰、制度、道路问题解决之后，严恺对科学技术是第一生产力、对科教兴国信心倍增。如何带领华水和南科所的教育、科研人员，在贯彻执行科教兴国战略、人才强国战略中领先一步，作出创新性新贡献，并且在创新实践中发现人才、在创新活动中培育人才、在创新事业中凝聚人才，使大批优秀人才脱颖而出，成了严恺殚精竭虑思考的新课题、千方百计付诸实践的新超越。

"文化大革命"之前的10年，加上改革开放历史新时期的一段时间，严恺主政南科所的业绩反映在诸多方面。

人员发展方面：严恺上任的1956年，南科所共有175人，包括技术干部82人、行政干部44人、技工49人；到他退居二线的1983年，总人数已达到863人，包括技术干部496人（内有高级工程师33人、工程师240人、助理工程师和技术员223人）、行政干部56人、工人311人。

科研条件方面：严恺到任的第二年，即1957年，南科所就在南京虎踞关附近征地116.5亩，先后在虎踞关和广州路两处兴建了10多座试验厅、楼，如水槽试验厅、河道试验厅、潮汐河口模型试验厅、港口模型试验厅、高速水流试验室、不规则波港池试验厅、内河航道试验棚、水利枢纽泥沙试验厅、结构试验楼、土工试验楼、电子计算机楼，以及职工宿舍楼、生活服务楼等。到严恺被聘为名誉院长的1984年年底，南科院的房屋建筑面积达到6.6万余平方米，是新中国成立前总建筑面积的10倍左右。与之相应的是，随着水利科学研究工作的不断发展和专业分工的逐步细化，试验厅、室及配套的基本设备日趋完善，从机械的、手动的向电气测量和自动化方向发展，尤其是自行研制的仪器设备，有多项获得国家级发明专利。

人才培养方面：受水电部、交通部等部门委托，举办了各类学习班，如泥沙培训班、河口海岸学习班、电子计算机通用程序推广应用学习班、土坝裂缝及观察分析学习班、金属闸门防腐蚀学习班、港工钢结构防腐学习班、土坝渗流研究班、土坝裂缝灌浆研究班、水工混凝土试验学习班、振冲加固技术推广应用班等，为全国的水利、水电、交通、建工、市政领域和高等学校培养了数以千计的各类人才，并把培养重点逐步转移到新技术推广上来。

为此，严恺需要高超的领导艺术，更需要身先士卒。

我自（19）76年底进入领导班子，在党委和严院长的领导下工作，心情十分愉快。严院长每周来院一二次，主持办公会议，解决重大问题。至于我们各人分管的日常工作，他从不干预，充分发挥大家的主动性。但他亲自抓的工作，又十分认真细致，事必躬亲。[1]

---

[1] 杨鸿明：《严院长二三事——贺严恺院士九十华诞》，《水利泰斗 教育楷模——祝贺严恺院士九十寿辰文集》，河海大学出版社2002年版，第219页。

南京水利科学研究院铁心桥试验基地的水电试验厅

这是南科院原副院长杨鸿明对严恺离所10年后重振南科所领导艺术的回忆。张建云院士则通过严恺重新主政后南科所试验场地的两次大拓展，回忆了严恺贯彻科学技术是生产力，而且是第一生产力的高远战略眼光：

严院长上任的第二年，一次性征地116.5亩，实现了试验场地由广州路向虎踞关为主的转移。1983年，在改革开放新形势下，为谋求南京水利科学研究院的新发展，严院长高瞻远瞩，以战略家的发展眼光，力排众议，英明地决定在南京郊区铁心桥征地266亩，建设了大型水利科学试验基地，实现了大型试验场地从城内向城外为主的转移，为南京水利科学研究院的长期可持续发展奠定了坚实的基础。①

后来担任过南科院党委书记的李法顺，则通过在铁心桥试验基地完成的重大科研项目，说明了严恺的突出贡献：

"文革"之后，他抖擞精神，为发展扩大校、院事业，带领大家走遍城东、城西、城南的秦淮河两岸，为华水和南科所选址建新区。在南科院，大出城内占地面积许多的铁心桥试验基地，

---

① 张建云：《在纪念严恺院士诞辰100周年座谈会上的讲话》，《一代宗师：严恺院士诞辰100周年纪念文集》，河海大学出版社2014年版，第33页。

就是他领导、拍板定案，着手建设的。建设初期正值三峡论证项目上手，长江三峡回水变动区模型试验、坝区模型试验、船闸整体模型试验、船闸阀门大比尺水力学试验、泄水雾化等试验研究，都在这里进行；国家攻关项目，如珠江崖门口航道整治模型试验、瀑布沟坝工离心模型试验、深水筑港CDM工法离心模型试验研究等也是在这里完成的；国家重点建设项目，如上海国际航运中心洋山港的模型试验、汉江游荡性河段航道整治的试验项目等，委托任务如松花江哈尔滨段、珠江飞来峡、南京二桥、江阴长江大桥、苏通大桥、黄河达拉特、沙坡头及闽江水口、西江岩滩两个大型升船机等的模型试验研究也都是在这里进行的。连同新材料中试、生产基地，泥沙基本理论实验室等，这个建筑面积五万多平方米的基地已托起了南科院的半壁江山。职工们常说，没有铁心桥基地就没有南科院的今天。人们也不会忘记那里历时最长的模型试验之一所在的试验厅——淮河干流防洪模型试验厅还是严院长题的字。他对事业执着追求和艰苦奋斗的精神，在南科所有目共睹；他广博的知识、严谨的学风、高尚的品格有

南京水利科学研究院的长江三峡船闸模型试验

口皆碑。①

1984年1月3日，在南科所由"所"升格为"院"暨宣布新领导班子的大会上，严恺向全所人员和新领导班子作了"政治交代"：

方才，杨副部长（即杨振怀，后来曾任水利部部长——引者注）宣布了两部（水利部、交通部）关于我所由所改院和新领导班子的决定，这是我所值得庆幸的两件大事、喜事。

我所自解放以来在党和政府，特别是两部的具体领导和关怀下，通过全所同志的共同努力，在为水利、水电、水运建设服务以及发展这些领域的科技中不断壮大，作出了不少成绩。两部关于由所改院的决定，给了我们更多的责任、更大的希望……

我个人从1956年担任所领导工作（在"文化大革命"中一度中断）以来，时间也太长了……我相信在新班子领导下，全院工作一定能够取得更大的成就，开创新的局面。

严恺对新班子提出了四点希望，其中特别强调："克服软弱涣散状况，不要怕得罪人"，"班子要团结一致、同心协力，互相尊重、支持，也要团结好全院同志，多听群众意见"，"协调好两部下达的任务和指示，不要分彼此"。

这些话，既是他几十年领导南科所的经验之谈，也是被聘为名誉院长的严恺对新班子的希望。退居二线，古稀之年，严恺可以享享清福了吧？不，一辈子身先士卒、献身科学的惯性使他仍然事事关心。

在1984年庆祝南科院成立50周年的祝词中，严恺再次以高远的战略眼光和服务于经济建设的一贯原则，为南科院的进一步发展打气鼓劲，对后继者们续写新辉煌满怀信心：

南京水利科学研究院是我国历史最悠久的水利科学研究单位，五十年来完成了大量的试验研究工作，为我国的水利、水

① 李法顺：《受益多多话感受》，《水利泰斗　教育楷模——祝贺严恺院士九十寿辰文集》，河海大学出版社2002年版，第176—177页。

电、水运建设事业作出了卓越的贡献和培养了众多的科学研究人才，在国内外享有盛誉。当前，我国正在进行社会主义现代化建设，党的十二大把农业、能源、交通、教育和科技作为我国经济建设的战略重点，这几方面都同我院的方向、任务密切相关。因此，今后我院的担子更重了，责任更大了。相信全院同志定能再接再厉，团结一致，锐意进行改革，把各项工作做得更好，为我国四化建设作出更大的贡献。

杨鸿明回忆的一件小事，则是严恺仍然事事关心、严格律己的一个特写镜头：

记得九十年代初他已是名誉院长，一次国外专家要来院考察长江口模型，院里请他接待。他不但仔细了解了试验情况，当时已是八旬老人的他，还亲自到模型上

南京水利科学研究院的河流海岸实验楼

检查准备情况。由于模型上跳板安装不稳，老人家在检查时不慎跌倒，造成小腿骨折，令我们十分不安。当我们前往探望时，他丝毫没有责备，只是谆谆告诫我们要多注意科研设施的安全检查。经与河海大学梁瑞驹校长商定，河海负责严院长的医疗等事项，我院补贴一些保姆的护理费（严院长的行政关系在河海，从未在南科院领取工资、奖金）。当我们再次去探望他时，带去了一点保姆费用，他当即谢绝，表示这是他自己的事情，不用组织上负担。这种严格要求自己的精神，令我们肃然起敬。①

① 杨鸿明：《严院长二三事——贺严恺院士九十华诞》，《水利泰斗　教育楷模——祝贺严恺院士九十寿辰文集》，河海大学出版社 2002 年版，第 219—220 页。

对严恺的最高奖赏，是南科院这个河海工程科研实体在国家建设中的巨大贡献及其自身的不断壮大。在1978年的全国科学大会上，南科所就有18项成果获奖。此后建立了科研奖励机制，到1983年年底，南科所共获得国家级、省部级重大成果奖76项。其中与严恺的科研主攻方向联系比较紧密的，如河口防淤研究——北方机船拖淤试验、南方保港冲淤经验，中小型水库（土坝、溢洪道）安全检查技术及加固措施，川江三峡河段整治，泥沙起动规律，京杭大运河船闸水力学试验研究，苏北引江工程，长江口航道整治模型试验，长江葛洲坝工程泥沙问题的试验研究，浙江海堤综合调查报告等等。

严恺担任名誉院长期间，南科院的窦国仁、须清华、周保中、张瑞凯、张建云等历届院长及与他们搭档的党政领导班子成员和全体科技人员，以新的探索、进取，传承历史、续写辉煌。仅1984—2007年的20余年间，就有多项里程碑式的突破性业绩。

获各类资质证书43项，如国家发展和改革委员会颁发的工程咨询资格证书；江苏省科学技术厅、江苏省工商行政管理局、江苏省科技咨询协会颁发的AAA级江苏省信誉咨询企业证书（副本）；水利部颁发的建设项目水资源论证资质证书，水文、水资源调查评价资质证书；建设部颁发的工程勘察证书；国家认证认可监督管理委员会颁发的质检中心计量认证证书、实验中心计量认证证书等等。

获国家发明专利和实用新型专利60项，如太阳能热管式地下水直接净化装置、遥测遥读表面型核子水分密度仪、遥测遥控垂直位移计、抗洪抢护管涌的方法及其设备、测沙颗分仪、旋桨式流速流向仪、完全铸造的平面应变试验台、可调式仪器基架等等。

出版专著（不含参编）130多部，推出这些专著的出版社有科学出版社、海洋出版社、化学工业出版社、中国水利水电出版社、人民交通出版社、黄河水利出版社、中国书店出版社、河海大学出版社、浙江大学出版社、南京师范大学出版社和清华大学出版社等数十家。

获奖300多项，其中国家级奖励34项、省部级奖励293项。仅国家科技进步奖一等奖就有4项：葛洲坝二、三江工程及其水电机组（特等奖）、土质防渗体高土石坝、沪宁高速公路江苏段工程技术和建设管理、长江口深水航道治理工程成套技术。

以上发明专利、专著和科研成果，涉及的专业领域众多，如枢纽泥沙、船闸水力学、紊流结构、地下水资源、海堤调查、海岸冲刷、工程材料与结构、筑坝技术、软基加固、航道整治、港口建设、坝体渗流、污水排放、河工模型、淤泥质海岸治理、土工织物、遥感技术等。

如今，隶属水利部、交通运输部、国家能源局领导的南科院，下辖4个部设机构：水利部大坝安全管理中心、水利部应对气候变化研究中心、水利部基本建设工程质量检测中心和水利部南京计量检定中心；9个研究所（中心）：水文水资源研究所、水工水力学研究所、河流海岸研究所、岩土工程研究所、材料结构研究所、大坝安全与管理研究所、水利部农村电气化研究所、水利部南京水利水文自动化研究所和水利信息技术研究中心；5个科技开发公司（院）：南京瑞迪建设科技有限公司、南科院勘测设计院、南水工程建设分公司、南京瑞迪高新技术有限公司和江苏科兴工程建设监理有限公司。科技创新能力有了突破性提升：建有水文水资源与水利工程科学国家重点实验室、水利部水科学与水工程重点实验室、港口航道泥沙工程交通行业重点实验室、通航建筑物建设技术交通行业重点实验室、南科院试验研究基地等10个创新平台。国际合作与交流也有显著推进：近年来，每年派出学习培训的技术骨干达70余人次，接待国外、境外专家来访或讲学200余人次；成功举办了第32届国际海岸工程大会、水工模

南京水利科学研究院本部位于南京市广州路 223 号的建筑群

型试验和原型观测技术国际研讨会，以及气候变化与水问题国际研讨会等大中型国际学术会议。高端人才培养上了新台阶：现设有水利工程一级学科博士点、岩土工程学科博士点，土木工程一级学科硕士点和环境工程、材料学等12个学科硕士点，并设有水利工程博士后流动站。近年来，每年招收研究生近60人，其中博士、硕士研究生各半，在读博士、硕士研究生近160人。

正如在严恺的辉煌业绩中，有南科所（院）党政领导班子和广大科技工作者的奉献一样；在严恺退居二线之后的南科院的辉煌业绩中，也有严恺主持、参与或此前打下的基础等直接、间接的奉献。从中不难看出，严恺当年为什么坚辞江苏省水利厅厅长之职而欣然出任南实处处长：他在国家一系列重大工程中的发言权，后盾之一是南科所（院）的科学实验和丰硕成果；南科所（院）的发展与贡献，又与严恺作为中国当代水利泰斗的引领作用密不可分。而处于这相得益彰顶层的驱动力，是严恺萌芽于西游"取经"时期，生根在我国河海工程实践中的对科技救国、科技兴国的执着追求。

南京水利科学研究院……是我国成立时间最早、研究持续时间最长，研究范围涉及水利、交通、能源三大领域的水利综合性科研院所。经过四分之三个世纪的风雨历程，南京水利科学研究院已发展成为主要从事水利水电水运工程和其它有关工程基础理论、应用基础及技术开发研究的国家级科研机构，建有多个国家级和部级重点实验室、工程技术研究中心，具有30多个特色鲜明、优势突出的专业研究方向，拥有多类别、多专业、多层次资质证书，设有博士后流动站和多个博士、硕士学位点，获得数百项国家级和省部级科学技术奖励，为新中国水利事业发展作出了重要贡献。

时任水利部部长陈雷在《南科院发展纪事》序言中的这段评语，也是对担任所长时间最长的严恺主政南科所工作业绩的评价。

二、享誉水利界

作为当代中国水利界的一代宗师，严恺以业绩和威望被推举为多个全国性学术团体的理事长。

他是中国水利学会第三、第四届理事长，第五届名誉理事长。

中国水利学会成立于1931年4月，前身是中国水利工程学会，1957年更名为中国水利学会。1981年2月，中国水利学会第三次全国会员代表大会在北京召开，严恺被推举为理事长；1985年8月的中国水利学会第四次全国会员代表大会上，严恺连任理事长。直到在1989年12月的中国水利学会第五次全国会员代表大会上被聘为名誉理事长为止，严恺担任中国水利学会理事长近10年。

1981—1989年，是中国改革开放历史新时期的初始阶段，也是中国水利事业在改革创新中大发展的阶段。仅严恺参与或领导的就有全国海岸带和海涂资源综合调查、长江口及太湖流域综合治理、长江三峡水利枢纽工程论证等，而他担任理事长的中国水利学会也呈现出兴旺的发展态势。

时任中国水利学会常务副理事长顾浩，这样评价严恺主持中国水利学会工作期间学会的发展盛况：

在先生主持中国水利学会工作期间，学会各方面工作获得了快速发展。在严恺为理事长的第三届理事会带领下，学会有了很大发展，全国各省、自治区、直辖市水利学会都召开会员代表大会，健全了机构，增强了凝聚力，在理事中增补了中青年科技人员。会员大幅增加并开始发展团体会员，中国水利学会专业委员会由7个发展到14个。学术交流和各种培训活动十分活跃。全国会员人数发展到近3万人。先生连任第四届理事长后，地方水利学会建立了各级学术机构和工作机构，全国会员人数又增加逾万人并开始吸收外籍通讯会员，根据水利蓬勃发展的需要，专业委员会增加到21个。学会工作机构在原有的科技咨询工作委员会、科普工作委员会、《水利学报》编委会外，又成立了国际合作交流工作委员会、水利优秀学生奖学基金委员会。学会的规模不断壮大，机构趋于完善，职能更加健全，更广泛地联系水利科技工作者。[1]

截至1989年，严恺担任了近10年理事长的中国水利学会，会员发展到5.4万余人，还发展了10个国家的25名外籍通讯会员。严恺担任联合国教科文组织（UNESCO）国际水文计划政府间理事会副主席、国际大坝会议中国委员会主席等职的国际大坝委员会中国委员会、国际水文科学协会中国国家委员会、国际灌溉排水委员会中国国家委员会、国际水资源协会中国地区委员会等，与中国水利学会都有组织联系。

---

[1]　顾浩：《在纪念严恺院士诞辰100周年座谈会上的讲话》，《一代宗师：严恺院士诞辰100周年纪念文集》，河海大学出版社2014年版，第29—30页。

从严恺主持中国水利学会工作期间的突破性进展可以看出，该学会的宗旨——促进水利科学技术的繁荣和发展、促进科技创新与人才成长，得到了有效贯彻。该学会的任务落到了实处：组织国内及国际学术交流与合作；普及水利科技知识，弘扬科学精神，传播科学思想与科学方法，推广先进技术；开展技术开发、技术推广、技术咨询、技术服务；开展继续教育和技术培训等。在中国水利学会第五次全国会员代表大会上，严恺所作题为《深化改革　努力奋进　发挥学会在振兴水利事业中的作用》的工作报告，对此作了实事求是的总结，既从一个侧面折射出其间我国的水利事业与国家改革开放同步推进的业绩，也反映了严恺和该学会理事会的工作业绩。基于严恺的杰出贡献，中国水利学会在成立70周年时，授予严恺功勋奖；在2011年该学会成立80周年时，又追授严恺特殊贡献奖。

严恺作为新中国水利界的一代宗师，在全国性学术团体的地位和作用，在中国海洋工程学会的成立、发展中也有充分的反映。中国海洋工程学会是严恺担任副理事长的中国海洋学会领导下的全国性二级学会，成立于1979年8月，是海洋工程科技工作者及相关单位自愿组成的学术性社会团体，业务主管部门为中国科学技术协会，挂靠在南科院。到1999年的20年间，严恺一直担任该学会的理事长。

中国海洋工程学会成立于改革开放之初，首届全国科学大会召开的第二年。可以认为，科学技术是生产力，而且是第一生产力，既是这个学会的催生剂，又是它发展的动力所在。该学会通过各种形式的学术活动，进行不同学术观点、不同学派之间的交流和协作，加强各学科之间的相互渗透，加强海洋工程技术、海洋开发和海洋经济之间的结合，以提高我国海工事业人才的整体科学技术素质，推进我国海工事业的发展。

为此，中国海洋工程学会规定了以下主要工作内容：

1.开展海洋工程科学技术交流活动，促进学科发展；

2.接受海洋工程领域重大课题及关键问题的委托及咨询任务；

3.对国家海洋工程事业和技术的政策、措施及发展方向提出建议；

4.发现和推荐海洋工程科技人才，推广研究成果；

5.开展国际学术交流及港、澳、台地区的学术交流活动，促进国内外同行在海洋工程方面的学术交往与合作；

6.普及海洋科普知识，举行讲座，组织考察等活动，培养年青一代对海洋工程事业的热爱；

7.主办《海洋工程》和 China Ocean Engineering（英文版）等学术刊物，面向国内外公开发行。

由此可见，中国海洋工程学会在成立之初，就以发展海洋科技、弘扬科学精神为己任，不但顺应了改革开放对海洋工程的迫切要求，而且为21世纪海洋事业的大发展铺路奠基。正像该学会的基本任务所说："为发展我国海洋工程科学技术，赶超世界先进水平，为在本世纪内把我国建设成为具有现代农业、现代工业、现代国防、现代科学技术的社会主义强国作出贡献。"

《南科院发展纪事》记录了从成立到1984年的5年间，中国海洋工程学会的发展盛况：

学会下陆续成立了海岸工程、离岸工程、海洋能源、水下工程和潜水技术4个专业委员会。共有会员近3000人，参加的会员单位有200多个。至1984年先后召开了14次国内学术讨论会，包括年会1次，海岸工程方面3次，离岸工程方面3次，海岸能源方面3次以及水下工程和潜水技术方面4次，与会代表1777人，宣读和交流的论文1273篇，对国内海洋工程的科技交流，推动海洋工程的发展起了很大作用。此外，以中国海洋工程学会名义，组织会员参加了4次国际学术性会议，接待了两批国外专业代表团。[①]

① 张建云主编：《传承历史 再铸辉煌——南京水利科学研究院发展纪事》，河海大学出版社2009年版，第147页。

南科院高级工程师葛志瑾，回忆了中国海洋工程学会跨学科、跨系统、跨行业的感召力和促进科研、培养人才之功：

交流学术论文……内容丰富，有基础理论研究，有新技术、新方法的介绍推广，有现场资料的分析，工程可行性、设计、施工工艺的研究总结等。大部分论文都具有较高的学术水平和实用价值。学术交流中互相学习共同提高，拓宽了代表的学术视野，促进了海洋工程学术理论的提高与发展，在海洋工程界与相关专业内产生了很大影响。中国土木工程学会港口工程学会、中国水利学会港口航道专业委员会、中国海洋湖沼学会海岸河口学会、上海海洋湖沼学会、上海水利学会、天津水运工程学会、广东海洋湖沼学会、中国造船学会近海工程学术委员会、中国石油学会海洋石油学会、国家科委海洋专业组等，都要求与海洋工程学会联合召开学术讨论会，形成了多学科学术交流。参加代表也逐渐由海洋工程界发展到有关部委、高校、科研院所、设计院、工程局、沿海省市的有关部门以及施工单位等。跨越了学科、系统、行业界限，都把两年一度的海洋工程学术讨论会当作海洋工程技术界的一次盛会。代表中有老一辈的专家、教授，中科院、工程院院士，大批中青年科技骨干，海洋开发、管理、施工部门领导。大家同堂进行学术交流，共同探讨我国海洋工程事业的发展大计，所以，海洋工程学术讨论会不仅促进了学术交流，提高了学术理论科技水平，客观上还起到了团结广大海洋工程科技工作者，共同奋斗，改革开拓，加速海洋工程事业发展的作用。

期刊是学会交流的重要阵地，学会在1983年、1987年分别创办了《海洋工程》（中文版）、《中国海洋工程》（英文版）。中文期刊基本做到学会会员人手一册……创刊至今已出版74期。对海洋工程科技人员的学习、交流、提高科技水平、解决生产实践中的问题起到了很好的作用，深受会员及会员单位的喜爱。1992年和1999年被评为自然科学海洋类核心期刊，1993年和1997年收录为国家科委中国科技论文统计源期刊，是《中国学术期刊文摘》创刊以来的引用期刊。1996年开始被中国科学引文数据库列为来源期刊及统计源，1996年进入清华大学光盘国家工程研究中心。除印刷版，还出版光盘版。①

华东师范大学的陈吉余院士，则通过严恺主持的一个学术讨论会成了中国河口研究起点的记述，说明了严恺在全国性学术活动中的作用：

严恺院士是中国水利科学泰斗，广被多方面的水利学科。河口海岸学科是一门陆地水文、海洋水文和地貌的交叉科学。虽然中国河口海岸现象记录有悠久的历史，但是现代科学研究在上世纪50年代以前，仅寥寥几篇而已。1956年，苏联河口学专家萨莫依洛夫应我国政府之邀，任中国科学院竺可桢副院长的顾问，他

1957年3月，严恺主持召开中国河口学报告会

① 葛志瑾：《海洋工程学会的好理事长——严恺教授》，《水利泰斗　教育楷模——祝贺严恺院士九十寿辰文集》，河海大学出版社2002年版，第245—247页。

对中国河口非常感兴趣，建议进行中国河口研究。于是，中国科学院在地理研究所设立河口研究小组，调我任组长，组织召开全国性会议，推动河口研究工作。这个会议就以中国河口学报告会名义于1957年3月在南京华东水利学院召开，当时任该院院长的严恺教授就担任了这个讨论会的领导组组长，中国科学院地理研究所郭敬晖教授任副组长，前来参加的单位十分踊跃，长江口的黄维敬、黄河口的庞家珍、珠江口的韦金信、海河口的徐选、钱塘江口的李光晒等都在会上分别做了各个河口的研究报告，内容十分丰富。萨莫依洛夫以《河口演变过程的理论及其研究方法》一书的主要内容，由天津大学的常锡厚教授代为讲授，施成熙教授对陆地水文学与河口过程有关问题进行系统报告。报告会期间，严院长出席开幕式并对会议提出要求，并亲切看望各位代表。报告会后，部分代表与苏联专家到长江口考察，继而到杭州因严院长关系参加正在召开的钱塘江下游治理座谈会。就在这个会议后，在专家们建议之下，批准成立钱塘江河口研究站。与此同时，华东师范大学成立了河口研究室，科学出版社内部出版了由我汇编的中国河口学报告会文集。自此以后，中国河口研究蓬勃发展起来，特别是长江河口和海河河口都是在严院长领导之下，进行了长期而系统的研究。所以，1957年在华东水利学院召开的河口学报告会被称是中国河口研究的起点。①

　　这次学术报告会，也成了严恺领导长江口研究实践活动的先导：从1958年开始的对长江口的三次大规模勘测，直到20世纪90年代长江口深水航道的整治、长江黄金水道的打通，都可以视为严恺对这次河口学报告会学术成果的理论拓展和实践建树。严恺在其领衔的全国性学术团体中的作用，由此可见一斑。

---

① 陈吉余：《春风化雨　泽被中国河口海岸研究——敬贺严恺院士九十华诞》，《水利泰斗　教育楷模——祝贺严恺院士九十寿辰文集》，河海大学出版社2002年版，第168—169页。

三、倡导"三结合"

严恺在领导天津新港回淤研究时，创立了"理论指导、科学实验、现场观测三结合"的原则。

理论指导，是对天津新港改扩建工程在新中国海港和航运建设中的必要性、可行性，攻克关键难题的途径和方法，以及不同解决方案的利弊得失等，进行全方位的综合考量，提炼出指导工程实践的科学理论，重在高屋建瓴的顶层设计、宏观把控。

科学实验，是对回淤这一瓶颈问题进行海岸动力学、海岸动力地貌学、细颗粒泥沙运移特性等多学科的综合研究、多层面的模拟实验，重在摸清规律，为工程实践提供科学依据。

现场观测，是对港口的气象、水文、地貌、回淤原因等，进行实地勘测与调查，重在为理论指导和科学实验提供具体情况，奠定客观基础。

此后，严恺一以贯之地将"三结合"原则运用到他主持和参与的一切重大工程中。以上海为龙头，兼顾长江三角洲等龙身和两翼，统筹防洪、码头、航运等诸方面，就是严恺关于长江口深水航道整治的指导性理论；南科所（院）、莆田海堤实验站、慈溪保滩促淤实验站等，就是他的科学实验基地；全国海岸带和海涂资源综合调查，数次率专家组赴苏北、福建和广东，实地考察珠江三角洲等，就是他的现场观测。

严恺的"三结合"原则，基础是坚实的科学研究，途径是理论与实践的结合，目标是服务于国民经济建设。

他在华水1956年校庆时举行的第一届科学讨论会上，就此作了深刻阐述：

水利建设的目的，总的来说，不外是改变水的自然情况，利用它来为国民经济的各部门服务。这里所谓自然情况，主要是指河流自然情况和海洋自然情况，其中尤其是改造河流的自然情况以根除水患和开发水利，是目前全国水利建设中最迫切的任务。

为了这个目的，需要采取的措施可分为两部分，一是研究和了解河流或海洋的自然情况和水文特征，找出它们的变化规律，寻求控制和利用它们的方案；二是建设经济而又可靠的水工建筑物来实现这些方案……[①]

他在1993年3月为《中国水利学会专业学术综述》第三集所作的序中，针对我国水利基础研究的某些方面落后于发达国家、滞后于水利建设高新技术发展的状况，强调"关键还要依靠科技进步"：

随着水利建设的发展，我国的水利科学技术取得了很大的成就，但对水利学科发展又提出了新的要求，特别是高新科技的飞速发展，我们有不少基础研究已落后了，有的研究水平与世界先进水平相比还存在差距，因此我们要加强对水利学科基础研究的紧迫感和危机感……我国90年代的大江大河大湖综合开发治理的任务十分艰巨，要加快建设的步伐，提高工程的效益，关键还要依靠科技进步和提高水利职工的素质，要有坚实的科学研究基础。

严恺在中国海洋学会主办的港口发展与中国现代化学术讨论会上的总结发言中，对理论与实践相结合作了深入浅出的论述：

我们常说要理论与实践相结合，但在实际工作中，往往还存在很多的片面性，存在着如何使理论与实践相结合的问题。在座代表中有许多是实践家，有港务局长、总工程师、高级工程师和

① 刘晓群主编：《河海大学校史（1915—1985）》，河海大学出版社2005年版，第70—71页。

航运企业家，他们经年累月，甚至于从年轻时直干到头发斑白，一辈子在港口工作，积累了丰富的实践经验，对于港口的一桩一石都记得清楚；在港口发展的理论方面，他们也有研究，这是他们的长处。但是比较起专门从事理论研究的教授和专家来说，尚有一个把丰富的实践经验加以提高的问题。也就是说，把在实际工作中积累的丰富经验加以在理论上认识，再反过来指导实践的问题，这可以使我们在工作中减少盲目性，可以避免失误。在座代表中有许多理论家，有来自高等院校的，也有来自各个研究单位的，他们从事了多年，有的一辈子从事理论研究工作，尤其在宏观研究方面，都有很深的研究和造诣，也有许多有益的研究成果。但由于工作性质的关系，往往缺乏更多的实践经验，也有一个需要接触实际，在实践中提高的问题，这样才能使我们的研究成果更切合实际，更容易在实践中得到应用……只要理论与实践相结合，那么它所发挥的力量就无比强大，这是一条真理。

1984年11月，在中国海洋学会第二次全国会员代表大会暨海洋开发战略讨论会上，严恺所作《中国海洋学会五年来工作总结》谈到"开展学会工作的初步体会"，第一条就是"开展学术活动，必须树立为国民经济建设服务的指导思想"：

党中央在制定了国民经济发展要依靠科学技术、科学技术发展要为国民经济服务的方针之后，全国各行各业出现了一个重视科学技术的新局面。我们从几年的工作实践中体会到，作为科技工作者的群众团体，在用科学技术振兴中华的新的历史时期，必须从指导思想上适应这一新形势的要求，才能使学会的活动富有生命力。本着这种指导思想，在制定历年计划的时候，坚持各项活动要与我国海洋事业的发展相协调。还特别着重从当前开发利用海洋资源和科研、生产实践中迫切需要解决的问题里选择题目。

难能可贵的是，严恺关于科研为国民经济建设服务的指导思想，在新中国成立初期的天津港治淤期间就已经确立，并且贯穿于他科技攻关历程的始终。

李法顺回忆了严恺搞科学实验"板凳宁坐十年冷"的锲而不舍精神，以及他兼任华水水利研究室主任期间对现场观测的高度重视：

严恺（左二）在南京水利科学研究所水力学实验室，与黄胜（左一）、陈志昌（右二）、薛鸿超（右一）讨论学术问题

说起严院长的科学实践，便会想到他对规划设计、工程前期研究和基础资料积累的重视。他所主持的天津塘沽新港、连云港、长江口深水航道等项目的关键技术研究，都曾作过几年、十几年，甚至几十年的试验研究，为工程实施、运行并取得效益提供了保障。他所领导的华水水利研究室，从积累基础资料入手，各组分别进行了福建莆田、浙江慈溪为海涂围垦服务的风浪等建站观测；在宜兴水文实验站开展茗岭小流域建站观测；苏北平原

水闸调查及南通闸、运东闸驻点闸下消能防冲现场测验，并从模型选砂开始，作室内动床模型试验，以此与现场对比等。20世纪60年代中期"科研革命化"提出，研究室的政治学习听从学校布置，记忆中也未曾具体操作过"科研革命化"的专题学习，但研究室科技人员下现场早已习惯。室里为大家配备了雨衣、长筒胶鞋、电筒，有的站点还配了摩托车，科技人员的驾车、驾船技术日渐长进。①

严恺关于科研为国民经济建设服务的一贯思想，与1958年国家提出的"科研必须结合生产，为社会主义建设服务，以任务带学科"的方针一拍即合。在1959年和1960年中央分别召开的全国高等学校科研工作会议和全国科学技术计划会议指引、鼓舞下，华水掀起了向科学技术要生产力的热潮：

1956年……全年科研项目30项。1958年列入计划的科研项目增加到80多项，连同计划外项目达140多项。到1960年，据当时统计，科研项目猛增到755项。这些项目中包括一批国家重点科研项目。1958—1960年间，承担国家科委下达的三峡科研项目25项，塘沽新港科研项目6项，江苏省科委和上海市科委重点项目62项，国家12年科学远景规划课题29项……1958年接受生产单位委托的研究任务达100多项，学校与长江流域规划办公室、上海市水电设计院、广州水电设计院、淮河水利委员会勘测设计院等单位都签订了科研合同。②

这股热潮在"文化大革命"中冷至冰点，在改革开放中又持续升温，从1978—1988年10年间由华水（河海）牵头和参加的、获国家奖励的科研项目可见一斑：

---

① 李法顺：《我所接触的严院长二三事》，《一代宗师：严恺院士诞辰100周年纪念文集》，河海大学出版社2014年版，第64页。
② 刘晓群主编：《河海大学校史（1915—1985）》，河海大学出版社2005年版，第118页。

1.苏北引江工程。

2.湿润地区洪水预报方法。

3.全国可能最大暴雨等值线图。

4.火电厂供水工程温差异重流理论的研究和应用。

5.水坠法筑坝及水力冲填技术。

6.拱坝应力计算分析法的改进。

7.月牙形内加强肋岔管及无梁岔管。

8.水枪机组暂态速率上升和过渡过程的研究。

9."75.8"河南特大暴雨成因分析和华北内陆台风预报。

10.葛洲坝水利枢纽一期工程。

11.中国水资源初步评价。

12.地质力学模型试验技术及其在坝工建设中的应用。

13.NST-1型泥沙粒度分析仪系统。

14.海港水文规范。

15.葛洲坝二、三江工程及其水电机组。

16.江厦潮汐试验电站设计与研究。

17.黄浦江潮位分析。

18.钢闸门面板试验研究。[①]

在严恺的"三结合"原则推动下出现在华水的这股热潮,对他主政的南科所的发展,同样起到了重大作用。南科院教授级高级工程师罗肇森回忆说:

1957年,交通部水运科学研究院筹备处合并到水利部南京水利科学研究院(当时称所)时,带来两大任务:川江炸滩(航道整治)和塘沽新港回淤。交通部任务重,无人无设备,合并后如虎添翼,在严院长的领导下,迅速开展了工作:增添了设备,大力培养人才。尤其难能可贵的是,严院长亲自领导主持塘沽新港回

---

① 刘晓群主编:《河海大学校史(1915—1985)》,河海大学出版社2005年版,第327页。

南京水利科学研究院的"九五"国家攻关项目——三峡船闸输水阀门大比尺水力学模型试验

淤问题的研究,组织了新港回淤研究组,深入现场,做出累累硕果。这中间,最主要也是最起指导作用的,是严院长提出的"三结合"的科研方法和任务带学科的指导思想。"三结合"是现场调查、资料分析,理论研究和室内试验相结合。多年来,南科院的研究工作即是按此路子进行的:现场调查、资料分析是基础,理论研究是指导,模型试验是实践;研究工作中,理论与实践相结合。为此,从五十年代开始,我们即创造了不少有价值的研究成果。当今,计算机发展了,除了物理模型外,又增加了数学模

南京水利科学研究院的淮河干流正阳关段大型防洪模型试验

型，是理论分析和数值实验的体现，但仍然是"三结合"中的一部分内容。其次，是任务带学科，这是理论与实践相结合、密切结合生产的思想路线，许多研究成果也是由此而获得的。例如：新港泥沙回淤带动了细颗粒泥沙问题的研究；葛洲坝及三峡的泥沙问题发展了全沙模型相似律；港口、航道的开发推动了回淤预报方法的发展；由于有任务，模型场地不足，因而研究大范围的以及一、二维相结合的大范围的数学模型等等。[①]

严恺的"三结合"原则，还拓展为以华水为基地的教学、以南科所等单位为大本营的科研，与国家重点建设项目为主战场的实践互动互补的产学研"三结合"模式。

严恺的"三结合"原则能够得心应手地贯彻并取得巨大成效，水利（电力）部、交通部等中央主管部门功不可没：它们授予的分属产学研各方面的诸多兼职，给严恺实施其"三结合"原则提供了组织保证：华水的人才培养过程，无论是教学内容的更新还是毕业设计的实验与新人见习，都有赖于科研和工程项目的实践；科研和工程项目的实践，又得益于华水培养的专业人才这支后备军源源不断地加盟。同一人主政或参与领导工作，使华水、南科所和国家重大工程项目之间的互动互补如水到渠成。主管部门更有意识地促成产学研各方面强强联姻。1995年，经水利部批准，河海大学与水利部南京水文水资源研究所合作成立水利部遥感技术应用中心南京分中心，以及2005年3月，科技部批准南科院与河海大学联合建设水文水资源与水利工程科学国家重点实验室，便是两例。

陈吉余院士通过天津新港回淤研究首开中国河口海岸研究先河的"产""研"互补，凸显了严恺以理论联系实际为内核的"三个结合"之功：

---

① 罗肇森：《科研三结合，成果累累》，《水利泰斗　教育楷模——祝贺严恺院士九十寿辰文集》，河海大学出版社2002年版，第230—231页。

中国现代海岸科学研究的开展，塘沽新港回淤研究起了带动作用。而塘沽新港回淤研究则是由严恺院长亲手促成的。塘沽新港是京津门户、华北地区的主要港口。1958年，为解决严重回淤问题，成立了新港回淤专家组，聘请了苏联专家任目丘仁、奥尔洛夫、曾柯维奇三人，严恺院长为中国专家组组长。该项研究布设了具体任务，1959年开始组织了渤海湾动力地貌调查研究，有中国科学院海洋研究所、华东师范大学、北京大学等单位，北起高尚堡，南至黄河口系统调查；由南京水利科学研究所、华东水利学院进行了水文、泥沙、波浪等海洋动力学研究，从而开拓了中国海岸研究的先河。中国河口海岸的研究历程具有以下的特点：它一开始就是走动力和地貌相结合的道路，越过了单纯静态的描述，进入动态描述的阶段；它一开始就是走理论与实践相结合的道路，生产实践紧密地依靠科学研究，科学研究也紧密地为生产建设服务；它一开始就是与工程实践相结合，从而使学科有明确的发展方向，在理论研究和解决工程实际问题两个方面都发挥了相互促进的作用，并使学科得到迅速发展。①

陈吉余院士还现身说法，以自己的成长历程说明，严恺的"产学研"结合是以生产实践和科学研究带动"学"——高层次人才的培养，使国家重大工程成了人才培养基地。陈吉余说：

我虽没有作为先生课堂教学的学生，却是先生一名及门弟子。在1999年的冬天，我以将近耄耋之年的老学生，前往先生的居室，向他恭恭敬敬地鞠了三鞠躬，行了拜师礼，先生含笑地收下我这个老学生。

为什么我要在随同先生一道从事河口海岸研究工作的40年之后来行这个拜师礼呢？这就要从我的学术成长过程说起。我是浙

---

① 陈吉余：《春风化雨 泽被中国河口海岸研究——敬贺严恺院士九十华诞》，《水利泰斗 教育楷模——祝贺严恺院士九十寿辰文集》，河海大学出版社2002年版，第169—170页。

江大学史地系毕业，获得的学位是文学士。我从事的专业、所教的科目是地貌学，是理学课程。我一生从事的科研工作是河口海岸学，实际接触的多与工程有密切联系，是一门应用基础的科学，解决了一些工程实际问题，取得了一些成果。这是多少年来，在具体研究的实际应用中所取得的。而实际锻炼又与严恺先生多年的熏陶和指导分不开。饮水思源，所以，我要拜先生为老师。[1]

在另一篇文章中，陈吉余较为详细地叙述了严恺在工程实践中对他的熏陶和指导：

我这名弟子和……严老的其他弟子不同，他们学习的时间一般只有4年，多则10年，而我则是一个跟随严老学习40多年的老学生了。从1957年中国河口学报告会在华东水利学院严老主持下召开，中国河口学发轫之始，我就是严老的院外弟子了。1959年塘沽新港回淤研究，也是在严老的主持下，开始了中国淤泥质海岸的研究。我作为中国河口海岸研究的主要开拓者之一，但要寻根，河口海岸的根就在华东水利学院、现在的河海大学；河口海岸学科也就是在严老育苗、灌溉和扶持下而茁壮成长的。

40多年来，我跟随严老奔波在中国漫长的海岸线上，从事长江河口、钱塘江河口、海河河口等河口治理的研究，从事18000公里中国海岸带和海涂资源综合调查工作，我和许多共同研

南京水利科学研究院的水工试验大厅

---

[1] 《一代宗师：严恺院士诞辰100周年纪念文集》，河海大学出版社2014年版，第42页。

究者，以及我所带领的一批河口海岸研究者们受到严老许许多多的启示，做了许许多多可以说是严老布置的作业，接受严老对许多关键问题的质疑，在许多专业会议上，严老直接点名要我阐述对某些问题的见解。在众多的前期研究工作中，严老高屋建瓴作出精辟的总结……40多年的学习和实践，使我从地学出身走上了与水利科学和工程实际密切结合的治学之道。什么叫教育，严老对我的指导是实实在在的因材施教，发挥各自的特色，从实践中来，理论联系实践，培养出能够解决实际问题的人才，这就是严老的活的教学思想方法。

塘沽新港、长江河口以及全国海岸带调查，可以说是当今中国河口海岸人才培养的基地。特别是长江河口，是严老带领着三代人历经40年倾注大量心血的研究基地，最终能够使这一复杂的河口从不认识到认识，从没有整治到河口深水航道治理，并已初见成效。①

"我感到严恺教授是我学后教育的真正的良师，我也拜了严恺教授做我的老师，严恺院士也收留了我这个学生。我为有这样的老师而荣耀、中国河口海岸研究有这样的宗师而荣耀。"这不仅是陈吉余院士的感受，也是跟随严恺在国家重大工程项目建设实践中成长起来的几代水利人的共同感受。

西南交大校友会的甄秀坤教授在1998年5月拜访严恺后，深有感触地说，严恺"一个80岁干了起码两个80岁的工作"。业绩的倍增，在很大程度上得益于严恺的"三结合"原则，尤其是任务带学科、水利工程与人才培养的结合。而业务、行政双肩挑，成了严恺贯彻自己的"三结合"原则的平台：数任在身，不仅不相冲突，反而相得益彰。

---

① 陈吉余：《敬贺严恺院士九十华诞》，《水利泰斗　教育楷模——祝贺严恺院士九十寿辰文集》，河海大学出版社2002年版，第28—29页。

四、创新治水经

严恺这位一辈子与江河湖海难分难舍的当代大禹传人，既植根于中华民族的水文化，又有在自己的治水实践中不断升华的治水真经。

治河工程之目的，主要为便利航运及保护都市田庐，勿使遭受水患。以言前者，河槽必须宽深适宜，水流平缓，以利舟楫，凡此多有赖于合理之治导或闸堰工程……防护方法不外施用治导工事（束水工事与护岸工事）以固河槽，筑堤以防水，或筑坝以拦洪。他如便利都市农田之排水，降低沿河两旁地下水位等，亦多需整理河槽以畅水流。是以治河之目的虽有不同，治理之方法因亦各异，但求河槽中固定整齐，水流畅通，则属一致之需要。

整理河槽，要在顺势以导，不可强制；尤以通航河道之治导，最宜注意。盖普通河流，一二公寸航深之增加，均有赖于计划之精确与实施之审慎也。①

这是严恺在发表于20世纪40年代的论文中表述的治水思想。他指出，治河的方法应该因治河目的之不同而异，但强调求水流畅通为"一致之需要"，并把"顺势以导，不可强制"视为治水的关键，进而强调"计划之精确与实施之审慎"。

2000年6月6日，在接受中央电视台《东方时空——东方之子》栏目采访时，严恺既为中国的水利史开始之早而欣慰，又为今人把"水利"一词理解得太窄而忧虑。他说：

司马迁在《河渠书》中说："甚哉，水之为利害也。"水利这

---

① 严恺：《河槽过渡曲线之规划》，《水利》1946年第14卷第4期，第147页。

个词是很好的，外国是没有的。水利不仅仅是工程的问题，而且是对水资源的利用。这个海啊，的确了不起，对于我们是个很好的资源，我们应该利用好它。

这两段表述相隔半个多世纪，但不难看出，从青年时期到耄耋之年，严恺的治水思想，既一以贯之，又不断创新。

中华民族兴于水，又饱受水患，5000多年的文明史可以浓缩为与水奋斗的历史，因此，古代圣贤留下了"治国先治水，治水即治国"的名言。严恺怎能不引以为荣呢？1998年9—10月间，严恺在分别向河海大学师生和九三学社江苏省委员会部分成员作的报告中就自豪地说："中国人民同水打交道，同水作斗争历史悠久。传说中的大禹治水，十三年三过家门而不入，就是发生在4000多年以前、人们所经常乐道的事。"顺应水往低处流的自然规律，改堵为疏，因势利导地治水，正是大禹的治水经。其中"以水为师"的治水思想，体现了"人水和谐"这一水文化的核心理念。严恺"顺势以导，不可强制"的治水思想，究其源头，恐怕应该追溯到这儿。让严恺自豪的是，与中国的大禹治水传说相对应的，是西方《创世纪》中的诺亚方舟神话。同是面对洪水，西方人选择的是逃避，而中国人选择的是治水。战国时期秦国蜀郡太守李冰率众修建于公元前256年的都江堰，就是中国先贤治水的实证：它是世界上年代最久、唯一留存、以无坝引水为特征的宏大水利工程。都江堰使成都平原"水旱从人，不知饥馑，时无荒年，天下谓之'天府'"，这是《史记》对其历史功绩的定评。建在都江堰渠首的二王庙，则是老百姓对李冰父子的纪念。严恺作为当代大禹传人，无论是李冰父子总结出来的、被誉为治水三字经的"深淘滩，低作堰"六字诀，还是清光绪元年（1875年）成都府水利同知中州胡均书写并刻于二王庙的"遇湾截角，逢正抽心"八字格言，他都内化于心、外化于行，融会贯通到自己的治水经中。

对大海，严恺也由衷地赞美："海啊，的确了不起"。在冰心的笔下，大海温柔而沉静，"她住在灯塔的岛上，海霞是她的扇旗，海鸟是她的侍从；夜里她曳着白衣蓝裳，头上插着新月的梳子，胸前挂着明星的璎珞；翩翩地飞行于海波之上……"大海同时超绝而威严，"她驾着风车，狂飙疾转的在怒涛上驱走；她的长袖拂没了许多帆舟"。而作为水利科学家的严恺，对大海的赞美不像他的这位闽侯同乡绘声绘色，却同样爱到了骨子里。

严恺于1985年在中国海洋学会主办的港口发展与中国现代化学术讨论会上的总结发言中，对人类文明与海洋、与海上交往的密切关系，如数家珍般娓娓道来：

人类的文明离不开江河和海洋……人类通过海上交往，创造了灿烂的文明。

中国的祖先很早就注意利用海上航行扩大和世界各国的交往，渤海边上的古碣石港（今秦皇岛）、黄海边上的连云港、东海边上的宁波港和泉州港，都是古代对外交往的港口。秦始皇时，徐福就到了日本……唐代的鉴真和尚是从扬州去日本的；明朝时，郑和七次率船队远航南亚和中东，开辟了中国到欧洲的海上丝绸之路……

严恺的孙辈，名字中都有一个"海"字，其中既寄托着严恺对曾经任教于北洋水师学堂和担任海军舰长的父兄的怀念，更寄托着他与水及其"大本营"——海血

1997年12月8日，严恺作关于长江三峡经济可持续发展交通基础设施建设的咨询报告

265

脉相连、海我一家、人水交融的思想。

薛鸿超回忆说：

严老一生与水相伴，耕耘于那片蓝色的海洋。寓情于水，生命便有了永恒的流动。我相信，对于爱水的人，每一次面对着波纹的盈动，都会柔情万种，这是心与水的深切交融。虽然严老"严"字当头，但无论何时何地，只要与水相处，他的热切与光华便毫无保留地显现出来。[①]

钟声扬回忆了随严恺进行沿海考察期间，感受到的严恺对祖国江河湖海的无比热爱：

当考察到闽东南沿海一带，特别是与广东毗邻的南海海岸带，发现大片大片红树林……整个团都极大地兴奋了。红树林如此顽强地生存，起着有效保护沿海岸滩的大自然防波林作用，引起了我们极大的专业兴趣。当时我们与地方政府部门的座谈会上，严所长就明确指出：要保护好这天然的海岸红色长城"红树林"，要高度评价红树林对南海海岸带的天然保护作用，看来其防浪护滩作用远胜过英国的"大米草"。要研究红树林"植物防浪护坡"的消能机理……

在这次考察中，我们会不时地听到他赞叹祖国秀丽河山的感人之词。无论经集美，过杏宁海堤，渡鼓浪屿，越泉州到晋江，勘钱塘江，驻西湖新新饭店，登舟山要塞等等，他都会情不自禁地对祖国的辉煌历史、朴实的民风和秀丽的大自然景色，发出他出自内心的深深感叹。在日常工作讨论到有关长江、黄河的整治时，他常深情地流露出这两条是我们的母亲河，是举世无双的壮丽大河……[②]

---

① 薛鸿超：《海岸工程的泰斗——怀念严恺院士》，《海岸工程及水运经济——薛鸿超教授文集》，海洋出版社2008年版，第1094页。

② 钟声扬：《是他的魅力所在令我尊敬和喜欢》，《水利泰斗　教育楷模——祝贺严恺院士九十寿辰文集》，河海大学出版社2002年版，第202—203页。

严恺对江河湖海的热爱，也是对生命之水的热爱。

有形的水，与无形的空气一样，是人类赖以生存的物质条件：地球上70%是水，成人体内70%是水。所以说，水是生命之源，它孕育了人类，也孕育了人类的文明史、文化史。纵观世界文化源流，尼罗河孕育了古埃及文明，地中海造就了古希腊、古罗马的历史，黄河和长江则分别承载着蕴藉深厚的中原文化及绚烂多姿的楚文化。

中华民族素称"龙的传人"，龙与水结下了不解之缘。"水不在深，有龙则灵"；神话传说中的龙宫、龙王，都在大海的深处。可见，"龙文化"与"水文化"，"你中有我，我中有你"；甚至可以说，"龙文化"就是"水文化"。《庄子·秋水》中的河伯，可以看作黄河乃至江河的化身。再看长江，从青藏高原到入海口，千回百转，就像舞动的龙身；其间广纳博采的支流，就像龙足和龙爪；长江口，就像硕大无朋的龙头；上海市，就像璀璨的龙珠；江上的浪花、江边的护坡，就像飞动的龙鳞。而大江东去、百折不回，岂不是龙文化有形的图腾？这怎能不让以祖国的海岸为经、以长江为纬，做经天纬地大文章的严恺折腰？老子的"上善若水"、孔子的"智者乐水"等对水之美德的赞美，早已融进了严恺大脑的年轮里。

正因为爱之深，所以，严恺力主改变破坏生态平衡的水利、海洋开发状况，把探索的视点聚焦于其治水经的新章节：变竭泽而渔式的无序开发，为可持续发展的有序开发。

他在与薛鸿超联名发表的《发展海洋工程，为开发海洋资源服务》一文的结尾处强调：

海洋环境与海洋工程是相互作用、相互影响的。随着海洋资源开发利用的大规模发展，海洋工程的大量兴建……也将对周围的海洋环境，从而对生态环境带来相当的影响。这种影响包括造成岸滩演变、水域污染，恶化生态平衡、破坏其他资源等，有时会带来相当的危害。对海洋环境问题必须给予足够的重视……

1991年，我国发生了20世纪以来罕见的特大洪涝灾害。严恺责无旁贷地与继他之后分别担任河海大学校长的左东启、梁瑞驹联名，于1991年7月31日上书时任中共中央总书记江泽民和国务院总理李鹏。信中说：

我们，作为水利科学工作者和水利高等教育工作者，也在认真总结这次发生特大洪涝灾害和抗洪斗争的经验教训，现根据我校派往苏皖两省参加这次抗洪抢险斗争的数十位教授、副教授的汇报材料，提出以下几点建议，供参考。

在列举了南京、太湖流域等地区20世纪以来大洪水和特大洪水发生频率正在增加的史实后，他们一针见血地指出：

出现这些情况，虽然与全球范围的大气环流异常有关，但更重要的是人类在改造自然过程中也一定程度带来了对防洪除涝不利的影响。在世界范围内，洪灾造成的损失呈增长的趋势，这要引起我们高度的警觉。水利科学因此也孕育着新的发展——探索洪水与环境的相互关系，这是当前应认真研究的课题。

在与周家苞合作撰写的《中国海岸带的开发利用》一文中，严恺再次指出：

在我国海岸带开发利用中，存在的主要问题是缺乏统一规划，综合利用差，环境污染严重，管理水平较低，导致资源的优势不能充分发挥，甚至破坏生态平衡，损害海岸带资源的合理开发利用，必须采取措施加以改进……

过去由于缺乏全面规划和综合论证，以及管理体制上的一些问题，有不少经验教训应引以为戒。例如，1959—1979年间全国有6万多公顷传统的养殖滩涂被围垦废弃，造成很大损失。又如，由于兴建厦门高集路堤，围堵杏林、马銮和筼筜三湾，使厦门港纳潮量减少，潮流速减缓及流向改变，在原细砂海床上淤了一层淤泥，导致珍贵的文昌鱼几乎绝迹。再如，山东胶州湾，由于湾顶不断围垦，使该湾在50年内减少了水域面积120平方公里，约缩小总面积的1/3，导致湾口流速和潮汐通道过水断面减小，使青岛港主航道之一的沧口水道出现萎缩和西移征兆。此外，由于河口建闸引起闸下淤积对河道泄洪、排涝、通航和水产等产生不利影响的事例也不少……

随着国民经济的发展，污染源日益增多，对海岸带自然环境和生态系统的影响和破坏也日趋严重。海洋是陆上一切污水、废物的主要消纳场所。内陆和沿海地区有大量工业废水、生活污水以及含有农药、化肥的田间排水汇入江河后流入海洋……上述污水废物中含有有机污染物、油类及重金属汞、镉、铬、铜、铅等有害有毒物质，污染损害海岸带和海洋的环境和资源，破坏生态系统平衡，危害人体健康。在海岸带中，河口、港口、海湾和沿海城市及工业区附近岸段污染尤其严重。例如上海黄浦江就因污染而发生黑臭……苏州河有20公里终年黑臭。沿海地区地下水也受到污染，如宁波市原有1000多眼水井，现多数已不能饮用。水质污染对农业和水产的危害也很大，引水灌溉造成农业减产，鱼类往往因水质污染而大量死亡，严重时还将引起富营养化而形成赤潮。

从上面的论断和举例中，我们可以看出，在严恺的治水经里，江河湖海是亲密无间的兄弟姐妹：江河东流注入大海，大海涌潮倒灌入江河，便是其互动互补的运动规律。江河湖海与高山平原相互依存、相生相克，故有沧海桑田之变。江河是陆地的血管，江河流通不畅、流量不足甚至干涸，如同人的动脉粥样硬化甚至血管堵塞一样，陆地便没有了生机。即使在常人眼里潮水和海岸的摩擦对抗，在严恺看来也是"不是冤家不聚头"的相拥相爱：滩涂，是它们爱的结晶，养育着海贝、螃蟹等万千生灵；海边湿地，是它们共同经营的爱巢，既是陆地之肺，又是鸟类的栖息地。海岛，是陆地交给海洋代管的儿郎；湖泊，则是海洋托付陆地照料的女娘。江河湖海相互之间，江河湖海与水生动植物之间，江河湖海与人类之间，无不"你中有我，我中有你"，往往一损俱损，牵一发而动全身。因此，他呼吁：

为了防止资源衰退和环境破坏，保证资源的连续利用和维护环境的良性循环，保护有重大研究价值的生态与环境和珍贵生物资源，应设立相应的保护区，如沿海滩涂珍禽自然保护区，红树林、珊瑚礁自然保护区，滩涂贝、藻类重点养殖保护区等。

严恺主持修复钱塘江海塘时，突破传统的岸壁式直墙海塘模式，设计出新型的斜坡式海塘，也是其对大海与陆地相互关系认知的一个例证。钱塘江海塘从吴越时代开始修建，2000多年间不断崩塌再不断修建的岸壁式直墙海塘，也修成了一条比海堤还要牢固的思维定式——与海争斗。严恺设计的斜坡式海塘，从表面看，似乎只是变"硬对抗"为"软对抗"；从深层透视，则折射出严恺不把海与岸当作"天敌"，而是视为挚友的治水理念：潮涨潮落不是海与岸的进退攻守，而是相拥相亲；扩而大之，人与水的和谐，一如海与岸的交融。

严恺告诉他的学生们："翻开中国历史，凡是国家昌盛时期，没有不把水利作为安邦定国的大事来抓的，而社会动乱又往往是从严重的水旱灾害所引发的。"他在随口吟诵司马迁的《史记·河渠书》中充满哲理的名言时，加了一个"shèn zāi"："甚哉，shèn zāi，水之为利害也！"无论是把这个"shèn zāi"理解为"甚哉"，突出他对水之为利巨大、为害惨烈的慨叹，还是理解为"慎哉"，突出他对关乎国计民生的水利工程慎之又慎的态度，都能让我们感受到严恺对水、对水的大本营——海的挚爱甚至敬畏。用严恺自己的话说："水利工程，一动就是上亿元的投资。每当我签字时，真是落笔千斤重啊！"这是一个与水打了一辈子交道的科学家、一个以"兴水之利，防水之患"为己任者才会有的感受，才会有的境界！

如果说严恺倡导并身体力行的"理论指导、科学实验、现场观测三结合"以及多部门协作、多学科交叉是其水利科研思想，统筹兼顾、综合开发是其水利建设思想，那么，他集二者于一体的治水理念是与水为伴、人水交融。而"甚哉，shèn zāi，水之为利害也"便是严恺人水和谐治水理念的反映，主要表现为：

在重大水利工程拍板时，严恺既不避风险，敢于担当，又为"计划之精确与实施之审慎"殚精竭虑，特别注重决策的民主化和科学化。"在水利建设中，最大的失误是决策失误……决策民主化和科学化是获得正确决策的根本保证。"在其主编的《中国的南水北调》中，严恺直言不讳。为此，他在科学实验、现场观测等方面不厌其烦，一次次深入工程现场，通过科学实验小心求证，不厌其细。他把握泥沙运移规律、顺应河势水情变化，以求人水亲和的治水理念，在天津港治淤、长江口整治工程、海岸带调查中均有充分反映。对于长江口深水航道建设工程，严恺就反复强调："导流攻沙以加深航槽乃是行之有效的河口整治方法，国内外都有先例。如再辅以疏浚，即采用整治与疏浚相结合的方针，则更可以加快整治效果。"他力主打通长江口深水航道，"必须趁现在河势发展的有利时机抓紧进行"。

王颖院士回忆了严恺为吃透海况、河势、水情而组织的多部门联动、多学科交叉的成功经验，在此后"兴水之利，防水之患"实践中的辐射效应：

在严恺院士以后所领导的长江口治理工程、珠江口治理与白藤堵海工程、海口与八所港扩建，以及近期的长江三角洲港口布局咨询中，他均组织多学科专家参与，将海洋工程与动力和地质地貌密切结合起来。突出的贡献是指导全国首次海岸带综合调查，多学科研究的结晶，为祖国海岸带的合理开发利用与生态环境的可持续发展建立了系统的数据库，奠定了坚实的海岸科学研究基础。[1]

在治水实践中，严恺越来越清醒地认识到把水利工作纳入我国人口、资源和环境这一大系统中来考虑的极端重要性，越来越注重对水资源以管理保护、优化分配为前提的合理开发利用。针对我国水资源自然分布的地区差异，严恺多次指出，发展经济必须根据水资源的状况作整体规划，才能真正做到合理、有效。同时，水资源有灌溉、航运、发电、水产、供水等多种用途，又涉及防洪、排涝、排污、景观等环境问题，所以，严恺十分重视工程的综合功能，曾多次指出，只有综合考虑资源开发和环境保护，统筹兼顾水资源的多目标开发，才能最大限度地"兴水之利，防水之患"。对长江口深水航道工程，他坚决反对在这条黄金水道的河口建船闸，也坚决反对在浅海段建长导堤，理由是"这不仅对沿海航运带来不利影响，更重要的是它对周边海域生态环境的影响不容忽视"。严恺主张，将"兴水之利，防水之患"与水资源和水生态的保护有机结合起来。

在分析1998年特大洪灾的成因时，严恺认为：

人类在河流上或流域内兴建各种水工建筑物以及在流域内改变土地利用和植被状况等，都能引起水文因素和水文情势发生变化。其中水土保持遭到破坏，是人们所经常关注的问题。的确，乱砍滥伐林木、破坏植被，不仅对生态环境破坏严重，也是造成水灾的一个重要原因，必须坚决制止……另外一项重要的人类活动是湖泊和河流滩地被盲目围垦，降低了调蓄洪水和河道行洪的能力，也是造成水灾的一个原因……

针对上述状况，他提出了对症下药的治理方略：

中国的防洪问题是水利建设中的一个重要课题。搞水利建设就是要开发利用和保护管理好水资源，达到兴水之利、除水之患的目

---

[1] 王颖：《中国海岸科学的先导——严恺院士》，《水利泰斗 教育楷模——祝贺严恺院士九十寿辰文集》，河海大学出版社2002年版，第118页。

的。搞水利建设一定要进行综合治理，开展综合开发利用，而提高防御洪涝灾害的能力则是水利建设亟待解决的重大问题……

搞好水利建设（防洪是其中的重要组成部分），必须遵循全面规划、统筹兼顾、标本兼治、综合开发利用、综合治理和可持续发展的原则。搞水利建设还要从更宏观的角度，把水利工作纳入我国人口、资源和环境这一大系统中来考虑。因为在人类的社会发展中，人口、资源和环境三者是相互影响又互相制约的。水利是这个系统中的一个重要子系统，特别在中国，尤其要在这大系统中，统一考虑才能保障经济与社会的可持续发展……现在我国许多地方水土资源已经相当高程度开发了，有的甚至过度开发了，人口还在不断增多。因此，必须充分认识到这种状况，协调人口、资源和环境的发展，这样才能保证经济与社会的可持续发展。因此，在发展水利事业和制定水利规划时必须全面地、站得更高地来考虑问题。例如在发展灌溉事业时就要充分考虑如何节约用水的问题，这不仅在水利建设上，在其它事业中，包括工业都是如此。要特别重视提高水的利用率。我们必须建成一个节水型的社会，同时，我们还要保护好水资源和江河湖海的生态环境，大力防治污染。①

在其主编的《海岸工程·前言》中，严恺重申：

必须依据沿海地区的承载能力与综合开发方针，对沿海地区资源和空间进行统筹规划、合理开发利用、切实保护生态环境，实现资源、环境的可持续开发利用与海洋产业的协调发展，更好地为我国社会主义现代化建设服务。

严恺关于切实保护生态环境，实现水资源、水环境可持续开发利用的治水理念，是在应对水污染和水生态恶化挑战的实践中逐步形成的。中国古代治水，主要是为了防洪、农业灌溉和漕

---

① 严恺：《从 1998 年的抗洪抢险看我国的防洪和水利建设》，《水利水电科技进展》1999 年第 19 卷第 1 期。

运。当代中国治水，除了防洪和灌溉，还包含了水力发电、除涝治碱、水土保持、城镇供水、人畜饮水等。改革开放以来，中国进入了前所未有的高速发展时期，综合国力迅速提升，人民生活大为改善。与此同时，在急剧推进的城市化和工业化过程中，形成了巨大的资源危机和生态赤字。"水利涉及天、地、人多方面的复杂因素，是一项巨大的系统工程。新中国的水利事业也并不'万事如意'。在取得胜利和成绩的过程中，也经历过失败和挫折。"[①] "水少了，水脏了"就是其中的突出问题。数据显示，我国600多个大中城市，有400多个缺水、100多个严重缺水；中国已经成为世界上污水排放量最大的国家，水体污染日益严重，加剧了水资源短缺，并直接威胁人民身体健康。我们亟须重新思考与人的命运息息相关的水的重要性，并把水污染治理作为与时俱进的治水新课题。继2005年首届长江论坛通过了《保护与发展——长江宣言》、第二届黄河国际论坛发表了题为《维持河流健康生命——以黄河为例》的宣言，2006年"十一五"规划纲要中首次提出"在保护生态基础上有序开发水电"之后，2011年中央颁发的关于加快水利改革发展的一号文件，可以说是中国当代治水中一场不亚于大禹改堵为疏的划时代变革的标志：从传统水利转向现代水利，从工程水利转向资源水利，从竭泽而渔转向可持续发展，从人水斗争转向人水和谐。正如钱正英所说：

中国正处于从近代水利到现代水利的转变过程中。水利工作要进入一个新的历史阶段，要再依过去的老路走，不行。关键是要转变观念，树立人和河流和谐发展的观念。放眼全世界，观念都在进步。水利界的观念也需要转变。[②]

---

① 马国川：《共和国部长访谈录》之《钱正英访谈录·中国水利在新的历史拐点上》，三联书店2009年版。

② 马国川：《共和国部长访谈录》之《钱正英访谈录·中国水利在新的历史拐点上》，三联书店2009年版。

南京水利科学研究院铁心桥试验基地折射严恺治水经的"人与自然和谐相处"文化墙

　　严恺的认识与实践不可能超越时代，但他进行了前瞻性探索，并在探索中逐渐萌生、强化了以水为伴、人水和谐甚至以水为魂、人水一体的治水理念。

　　2014年，习近平在国际工程科技大会上的主旨演讲中强调，当今世界，科学技术作为第一生产力的作用愈益凸显，工程科技进步和创新对经济社会发展的主导作用更加突出。对于严恺在治水工程科技领域的不懈探索和突破，包括他的治水思想及其核心理念的发展、创新，也应当作如是观。

第九章

心香一瓣荐轩辕

为了促进我国水利科研和教育事业的发展，我曾多次出国访问、考察和出席国际会议。过去中国人被人看不起，现在中国人到处受到重视和尊重。长期以来我所憧憬的强盛的中国有希望在我们手中实现。雄辩的事实说明"没有共产党就没有新中国"是颠扑不破的真理。

——摘自严恺在1981年7月11日发表于《福建日报》的《党使我的夙愿得以实现》

一、还珠赠玉

中国人爱用"桃李满天下"来赞誉劳绩卓著的教育工作者，套用到严恺身上，"天下"一词有了全新的含义。

在我们的老祖宗那里，"天下"其实是狭义的，只指中国这块地盘。

60多年过去了，弹指一挥间。严恺一生里最辉煌的岁月，多半融入了华水、河海学子的专业起步之中。他以博大的爱心，实现了广义的"桃李满天下"：从海峡这边，到海峡那边，从大洋此岸，到大洋彼岸，都有他的弟子。其中，还有一批异国弟子。严恺把培养异国学子，当作他年轻时留学海外借"他山之石"的还"珠"赠"玉"之举。

华东水利学院是新中国首批接收外国留学生的高校之一。从1954年开始到"文化大革命"爆发的12年中，华水招收了4批外国留学生，共100多人（其中，1959年是接收留学生最多的一年，达45人；1966年接收的留学生因"文化大革命"爆发，而中断学业回国）。所学专业有水利土壤改良、陆地水文、河川枢纽及水电站水工建筑、农田水利工程等。学历层次有专科、本科和研究生3种。这4批外国留学生清一色地来自越南。为了服务于增进中越两国人民"同志加兄弟"的友谊，严恺和华水的外事部门、相关专业的教师，付出了多少心血！

作为老一代留学归国者，严恺有一颗包容的心，有一腔无私的爱。半个多世纪前，他为圆科学救国之梦，去国远游，借他山之石。如今，中国的河海工程事业也已"自立于世界民族之林"了。作为中国在河海工程学科方面综合实力最强的高等学校，华水充分发挥在港口航道与海岸工程、水文水资源、水利水电工程、土木工程及环境工程等学科上的优势，为培养外国留学生尽职尽责。在严恺看来，这是还珠赠玉于他国人民的分内之举。他深信，播种友谊，即使收获的不完全是友谊，外国弟子及其祖国和人民也终将获益。那么，为外国留学生付出的心血就是值得的。他一如既往地为培养异国学子尽心尽力。

改革开放给神州大地带来了满园春色。"文化大革命"期间处于半封闭状态的国门，伴着时而重浊、时而清越的吱嘎声，又慢慢打开了。中国和世界各国人民的友谊，随着经济、科技、文化交流的广泛开展，繁花满枝头。其中艳极美极的一朵，是中非友谊之花。"黑非洲，黑非洲，黑夜沉沉望不到头……"一曲争取黑人解放的悲歌，使近现代与黑人朋友有过同样遭遇的中国人潸然泪下。中国人民不会忘记，1971年10月25日，第26届联合国大会以76票赞成票，"恢复中国在联合国的一切权利，并立即把蒋介石集团的代表从联合国组织及其一切机构中所非法占据的席位上驱逐出去"，其中26票就来自非洲国家。毛泽东动情地说："是非洲朋友把我们抬进联合国的。"借改革开放的长风，华水配合我国的外交政策，首先向非洲各国敞开了校门，成为我国接收以非洲国家为主的留学生和进修生最多的高校之一。

1977—1985年前来学习的69名留学生遍及世界亚、非、拉、欧四大洲的23个国家，其中已经圆满毕业学成回国的有37名，他们普遍在本国水利建设岗位上发挥作用，有的成绩突出，被政府任命为技术部门的工程师、总工程师、主任工程师等负责人。1984年12月，教育部在北京召开的外国留学生工作会议上，介绍了《外国留学生在中国学习之后五十例》，其中在江苏学习的留学生6例，我校占4例，他们是：

布隆迪留学生辛达海布拉·龙让，1981年毕业于水电站动力设备专业。该生回国时，正值布隆迪最大的首都水力发电厂开始修建，政府拟从各国留学生回国人员中选派一批人负责建厂工作。经过两年实际工作的全面技术考核，龙让在技术、理论及实践上均超过其他人而居首位，被晋升为总工程师。

尼泊尔留学生乔达里，1978年毕业于农田水利工程专业。他由于在实际工作中表现出色，理论水平和解决问题的能力均超过从其他国家留学回国的人，因此被晋升为主任工程师。

布隆迪留学生迪库，1981年毕业于水电站动力设备专业，现任布隆迪一水利工程主任工程师。该工程曾因比利时人习难而陷于停顿，而迪库在技术方面发挥了重大作用，所以被破格提升。

几内亚留学生孔代·西迪亚，1982年毕业于农田水利工程专业。该生入学时基础较差，但经4年努力，毕业时各门功课均达优良，回国后经政府考核受到很高评价，被派往联合国援几的水利技术专家组工作，除担任翻译外，还负责几内亚方面的技术工作。专家们对孔代的理论水平和解决问题能力十分赞赏。[1]

1986—2000年，我校共培养博士生16名、硕士生72名和本科生200多名，另有68名短期进修生，他们来自非洲、亚洲、欧

---

[1] 刘晓群主编：《河海大学校史（1915—1985）》，河海大学出版社2005年版，第224页。

洲的 51 个国家和地区。^①

　　华水培养的外国留学生，带着从母校学到的专业知识和中国师长的深情厚谊回到自己的祖国，报效自己的人民，为各自的祖国作出了贡献，同时也没有忘记母校和中国。几内亚的阿布巴卡尔等人，从河海大学学成归国，工作数年后，又报考了该校的研究生。他们接到录取通知书时，满溢于心的，是再返中国、二进河海的欢乐。留学生毕业时，对河海的师长恋恋不舍，尤其以同在国际水利界德高望重的严恺老校长合影为荣。归国后虽与河海远隔重洋，但万水千山隔不断他们对严恺老校长和异国母校的绵绵思念。每当河海大学的师长去非洲参加援建工程时，这些留学生们或为师长创造良好的工作、生活环境，或从四面八方赶去拜会来自中国的校友。

　　除培养留学生外，华水还为来自世界各地的人员举办过多期讲习班、培训班，在传授河海工程专业知识、水利建设经验心得的同时，播种中国与世界各国人民的友谊。

　　1977—1979年，学校每年为联合国开发计划署和世界气象组织举办一期国际洪水预报讲习班。

1977—1979 年，华东水利学院每年为联合国开发计划署和世界气象组织举办一期国际洪水预报讲习班。图为严恺于 1978 年在第二期讲习班开学典礼上致辞。

① 姜弘道、郑大俊主编：《河海大学校史（1986—2000）》，河海大学出版社 2005 年版，第 224 页。

3期讲习班共有30个国家的60多名水文、气象部门负责人和专家教授参加。讲习班主要介绍我国湿润地区的洪水预报方法、理论和实践，交流经验，加强了解，增进友谊，对加强我国与第三世界技术合作活动起了积极作用。1980年和1985年又分别为联合国教科文组织举办了两期国际水文训练班，来自孟加拉、印度、朝鲜、古巴、泰国、伊朗、菲律宾、约旦等24个国家的57名学员参加了训练班。训练班的教学活动包括理论学习、教学实习和参观访问，共开设水文学、水文测验、工程水文学、水力学、水文预报及模型、水利计算等7门专业课，同时开设优化规划、计算机、PMP、随机水文、水资源规划等6个专题讲座。[1]

1980年、1985年，华东水利学院分别为联合国教科文组织举办了两期国际水文训练班。图为严恺（站立者）在训练班开学典礼上讲话。

① 刘晓群主编：《河海大学校史（1915—1985）》，河海大学出版社2005年版，第224—225页。

在严恺担任河海大学名誉校长之后，他的后任们不负众望，还珠赠玉不但惯性依旧，而且与改革开放之时俱进。到2006年，培养了来自74个国家的764名留学生；在世界尤其是亚太地区的河海工程界，为我国赢得很高声誉的国际培训也势头不减。

1987年，我校再次受联合国教科文组织委托，举办"水库对环境影响和评价国际培训班"。1987年和1991年先后又举办2期国际水文高级培训班。其中，1991年的培训班接收了来自发展中国家从事水资源开发、管理和利用的工程师、专家、教师和政府官员15名，开设了工程水文学、水文信息管理、水资源评价和水资源管理等6门课程。

继1990年世界银行经济开发学院委托我校举办"江河多目标开发经济政策高级研讨班"获得圆满成功后，1995—1996年间，我校受世界银行委托，又先后举办了4期世界银行贷款项目移民管理系统及干部培训研讨班。

1996年9月，在巴黎召开的第12届国际水文计划政府间理事会同意在我校设立"国际水文水资源及环境培训与研究中心"。水利部将该中心列为全国水利系统"九五"期间国际合作对外窗口之一。该中心成立不久，即举办了国际水资源可持续利用研究生班。

1986—2000年，学校共举办各学科、各类型的涉外培训班、讲习班和研讨班30多期。[①]

还珠河海情深，赠玉友谊长存。从河海漾起的培养异国学子的每一道涟漪，都会把老校长严恺和河海大学师长的爱心与期望，带到天涯海角，带到五大洲、四大洋。

---

① 姜弘道、郑大俊主编：《河海大学校史（1986—2000）》，河海大学出版社2005年版，第225页。

二、推进开放

　　培养异国学子，只是严恺让外国人从中国的改革开放中获益、把河海大学推向国际的一个方面。与之相呼应的另一个重要方面是："请进来"——引进海外智力；"走出去"——外派留学生。

　　引进海外智力，最早可以追溯到20世纪50年代。其时，中苏两国、两党的关系正处于"蜜月期"。新中国甩开旧中国一穷二白既往史的新长征，从学习、借鉴苏联经验起步，高等教育战线也不例外。1954年2月，时任清华大学顾问的水工结构专家高尔钦柯，是最早受聘来华水讲学的苏联专家。1955年9月，苏联列宁格勒水文气象学院的伊·弗·郭洛什柯夫应聘来华水担任院长顾问两年，协助华水创办我国第一个陆地水文专业，当年11月就完成了该专业四年制过渡教学计划和五年制教学计划初稿，并为水文系教师开设了径流及水文计算课程，指导11位青年教师和4名研究生预做毕业设计。他还向母校要来教学大纲、课程设计、毕业设计样本等有关教学资料约200本。这位院长顾问离校回国时，严恺代表中央高教部在欢送会上给他颁发了奖状和奖章。1954年到1960年间，先后来华水参观、座谈、讲学的苏联专家有：拉蒲图列夫、可诺夫·尼科夫、卡尔波夫、耶力亚夫、卡斯巴申、列维、利昂诺夫、谢富拉等人，广涉水利土壤改良、水力学、海港、泥沙、海洋水文、水能等专业。来华水考察、访问的，有苏联、越南、朝鲜、日本、波兰、匈牙利、罗马尼亚、保加利亚、印度等国的水利代表团和考察团，计30多批、100多人。

　　进入改革开放的历史新时期后，华水引进海外智力的国家越来越多，人数越来越多，涉及的专业也越来越多：

至1985年止，邀请来校讲学的主要学者、专家有：美国的教授、专家、学者21人，爱尔兰的教授、学者、专家2人，联邦德国的教授、学者、专家4人，荷兰的教授、学者、专家4人，加拿大的教授、学者、专家4人，挪威、日本、新西兰、中国香港的教授、学者、专家各1人。

几年来，邀请学者、专家讲学的内容涉及工程水文学、水文预报、水资源系统分析、河床演变、海上钢平面平台设计、农田排水和渗流理论、环境水力学、水电站非恒定流及抽水蓄能电站、海洋水文、海岸工程、土力学、水锤计算、流体力学、波浪理论、运筹学、计算机辅助教学及计算机管理、水利经济政策计划和组织、水质管理、现代化施工管理等20余个学科。

专家们的讲学有利于教师了解国外新动向，扩大教学科研的视野，更新、充实学科内容。通过讲学活动，促进了学术交流，也获得一批有实用价值的教材及教学科研资料，同时还借用一些专家夫人的力量，在提高师生外语水平上发挥了一定作用。[1]

1985~2000年，我校共聘请各类外籍专家来校任教、讲学近百人次。学校还聘请多名著名专家担任学校的名誉教授，进一步加强了联系与合作。[2]

"来而不往非礼也"。与"请进来"同时展开的，是多种形式的"走出去"。

在聘请苏联专家的同时，学校也先后派出28名教师去聘有苏联专家的兄弟院校学习或报考苏联专家指导的研究生班，所学课程有水能利用、水力学、土力学、水工结构、港航、施工、政治

---

[1] 刘晓群主编：《河海大学校史（1915—1985）》，河海大学出版社2005年版，第226—227页。

[2] 姜弘道、郑大俊主编：《河海大学校史（1986—2000）》，河海大学出版社2005年版，第221页。

经济学、哲学等。

学校从1953~1958年先后选派16位青年教师去苏联留学，所学专业为水资源水文、水利水工建筑、海洋工程、水工水力学、水力动力装置、水力施工机械、土力学、岩土工程等，其中有11位教师获苏联副博士学位，另有3位高中毕业考取留苏本科生的，回国后来校任教。这批教师逐步成长为骨干教师，是教学、科研的主力，多数人还担任校系（包括科研所）两级领导工作，为学校发展做出了贡献。①

在改革开放的历史浪潮中，华水的"走出去"也水涨船高。其中，以教师出国学习、进修为主。

1978—1985年，通过各种渠道已派出教师共89名，分赴美国、英国、加拿大、联邦德国、荷兰、爱尔兰、日本等10多个国家的高等学校、科研机构进修学习。其中，攻读博士学位20人、硕士学位17人。已有40多位教师学成回国返校，为教师队伍增添新鲜血液，给教学、科研面向世界、面向现代化带来生机和活力。②

截至1999年，华水在"出国潮"的大背景中派出的留学人员已达到664人。他们没有辜负国家的期望和学校的重托，在国外经历了各种考验，克服了语言、生活和环境等方面的困难，专心学习新理论、新技术、新方法，努力向国际学术前沿冲刺；许多人学成后，谢绝导师的挽留，放弃优厚的生活待遇和良好的科研环境，回校服务，报效祖国。索丽生就是其中的杰出代表之一。他是华水在20世纪80年代初的硕士毕业生，毕业留校后不久，即被派往美国留学。获博士学位回校后，索丽生在教学科研中取

---

① 刘晓群主编：《河海大学校史（1915—1985）》，河海大学出版社2005年版，第53—54页。

② 刘晓群主编：《河海大学校史（1915—1985）》，河海大学出版社2005年版，第213页。

得了突出成绩，以他为负责人的水锤基本理论及其工程应用研究于2000年获得国家科技进步奖二等奖。此后，他挑起了河海大学副校长的担子，又升任水利部副部长。

华水除先后派出一大批教师出国进修、攻读学位外，还派出一批骨干教师和少数领导干部参加国际学术交流，出国讲学，出访考察。

1986~2000年，学校共派出考察组20个、人员100多人，出访国家达20多个。他们中的许多人很快成为学校新一代学科带头人，有的走上了各级领导岗位。[①]

由个人或团组的"请进来""走出去"，到建立院校间相对长期的协作关系，是严恺推进开放、加强国际学术交流的里程碑式新台阶。到2000年，河海大学已与美国、联邦德国、法国、荷兰、日本、爱尔兰、新西兰、巴西、澳大利亚等国的29所大学建立了校（所）际协作关系，签订了合作协议，持续不断地开展师资交流、学生培养、科学研究等方面的合作。

建立校际关系后，较长时期保持密切来往、协作关系的有：

（1）1980年9月，联邦德国下萨克森州科教代表团来我校访问期间，下萨克森州东北专科学院会同汉诺威大学与我校签订了建立校际关系促进学术交流的协议。之后，双方互派了教师进行讲学并互换学生学习、进修。1984年10月，在南京举办了中国华东水利学院与联邦德国部分院校（汉诺威大学、布伦瑞克大学、下萨克森州东北专科学院）水文及海岸工程学术讨论会……会议期间，下萨克森州科教代表团团长帕坦斯基代表科教部长卡森斯向我校提供3000马克赠书款，以支持双边校际合作。

（2）1980年10月，严恺院长率领的中国水利科学、教育考察团在美访问考察期间，与德列威大学等校签订了科学教育合作协

---

① 姜弘道、郑大俊主编：《河海大学校史（1986—2000）》，河海大学出版社2005年版，第219页。

议。1981年5月，德列威大学海工专家王象教授应邀来华讲学、参观，并就两校科学、教育合作具体安排、落实进行商谈……1983年5月，王象教授偕夫人、罗伯特安教授偕夫人应邀来院短期讲学，并与本校薛鸿超教授等一起在启东县黄海盐场对共同筹建海岸岸滩观测站进行站址察勘，并完成了观测站的选址工作。合作研究的开展，对我国海岸工程建设及近海综合开发利用将有重要的作用。

（3）1982年8月，受联合国教科文组织国际水文计划爱尔兰国家委员会主席莱恩和爱尔兰高尔威学院工程水文系主任纳须教授邀请，严恺院长乘11月出席第五届国际水文计划政府间理事会之便顺道访问了爱尔兰……爱尔兰共和国外交部合作发展司双边援助处为我校派教师参加爱尔兰国立大学国际水文班提供了奖学金，爱尔兰纳须教授亦向我校提供4名研究生的奖学金，其中包括往返路费。

国际交流的日益增多，使得我校已成为水电部系统接受外国留学生和开展国际学术交流的重要机构之一。同时，学校亦已具备独立组织双边和多边国际学术会议的能力。[①]

严恺推进对外开放的另一种形式，是利用他在国际同行中的威望，通过举办国际性学术会议等，努力推进国内外水利界双向或多向的广泛学术交流与合作。

罗肇森回忆说：

严院长除了抓科研任务外，还特别关心科研人员的成长和培养，多次举办学习班，派员出国进修、考察，加强国际交流与合作。1980年，在北京召开了第一次国际河流泥沙学术讨论会后，1981年，美国水道试验站水工研究所主任麦克安纳里来信，邀请南科院或北科院（指位于北京的水利水电科学研究院——笔者注）

---

① 刘晓群主编：《河海大学校史（1915—1985）》，河海大学出版社2005年版，第227—228页。

就有关挡潮闸淤积的内容写成一篇论文参加在美国召开的国际河口研究联合会第六次会议。严院长得知后，极力争取由我院写成论文出席会议，使我受益匪浅。1987年，由严院长主持，在北京召开发展中国家海岸及港口工程国际会议。会上，挪威水工研究所需要有关拖淤工具的资料，严院长又亲自给我介绍，转送了我们苏北新洋港的耙型及有关报告，加强了学术交流与国际合作。由于严院长的重视、参与和支持，使我院与国外许多单位有了交往，我院在国际上的地位和知名度有很大的提高。①

1983年10月，由中国水利学会和国际水文计划中国国家委员会共同发起，并由我校和南京水利科学研究院积极筹办的第二次河流泥沙国际学术讨论会在南京召开。会议结合当前国际上河流泥沙的研究动态以及生产上遇到的急需解决的河流泥沙问题，选择了5个中心议题进行交流和讨论。来自亚、欧、非、美、拉美五大洲25个国家的147名学者参加了会议。

1984年和1985年，学校又分别独立主办了中德双边水文和海岸工程学术讨论会和中美双边水文极值学术讨论会，这两场学术讨论会均开得十分成功。

这些国际学术活动不仅有利于学校学术思想的活跃和学术水平的提高，同时也有利于扩大国际影响，提高学校的国际声望。②

德国汉诺威大学Franzius研究所的Karl–Friedrich Daemrich博士，回忆了1983年应严恺之邀到华水担任客座讲师，以及参加第一届、第二届中德水文和海岸工程学术讨论会的难忘经历：

我对河海大学的记忆可以追溯到1982年，而且这记忆中有很大一部分是关于严恺教授的。1982年11月20日，我收到了严恺

---

① 罗肇森：《科研三结合，成果累累》，《水利泰斗　教育楷模——祝贺严恺院士九十寿辰文集》，河海大学出版社2002年版，第231页。

② 刘晓群主编：《河海大学校史（1915—1985）》，河海大学出版社2005年版，第228页。

教授的邀请信，有幸代表Franzius研究所到河海大学担任毕业班学生波浪理论等相关课题的讲师，为期一个月。

这次河海之行从1983年的10月中旬开始，一直到11月中旬。与我同行的还有汉诺威大学水文水资源学院的Lehmann博士……

11月8日，我不得不告别南京和这儿的同仁们。当时我真的希望可以有机会再回到这片土地……

因为要在法兰克福做短暂的停留，所以1984年我再次见到了严恺教授和梁瑞驹教授。这次的简短会面我们讨论了秋季要在南京举办的第一届中德水文和海岸工程学术讨论会的组织和学术报告情况。

我们很荣幸在德国汉诺威主办了第二届中德水文和海岸工程学术讨论会，并且邀请到了严恺教授和其他九位来自南京的同仁。

尽管会议安排占据了绝大多数时间，但我们还是抽出一点时

1984年10月，严恺（前排右三）、梁瑞驹（后排右四）等人，与参加第一届中德水文和海岸工程学术讨论会的德方代表合影

间带同仁们在汉诺威转了转。幸运的是，当时恰好赶上街头文化节，我们邀请同仁们领略了一下汉诺威特有的啤酒和杜松子酒，还有Luettje Lage。Luettje Lage要把对方头顶上的一满杯酒喝掉，想喝进这杯酒也不是那么容易的。

我还很高兴地"绑架"了两位同仁到我家去指导我的乒乓球技术，当然了，最后还是"中国代表队"取得了胜利。[①]

严恺推进开放，加强对外学术交流与合作，除依托华水（河海）外，还有南科院这个平台，《南科院发展纪事》对此有具体记载。其中，除上文已提到的在天津新港回淤研究中与苏联专家的合作外，严恺主政南科所期间比较重要的国际交流还有：

1961—1965年，先后来南科所参观访问的有加拿大、荷兰、印度尼西亚、阿尔巴尼亚等国的专家。严恺还率领由刘家驹、刘德豫、薛鸿超组成的海岸工程代表团，赴荷兰和法国考察。

1977—1978年，共有外宾12批67人次来南科所参观访问，包括美国、日本、荷兰、菲律宾、伊拉克和毛里塔尼亚等国。其中，毛里塔尼亚港口设计专家组和驻华大使等3人来南科所，检查援建该国努瓦克肖特友谊港的港口模型试验成果。

1979—1980年，来南科所参观访问的有17批102人次，包括联合国以及美、法、荷兰、爱尔兰、加拿大、巴基斯坦等国和中国香港地区。为执行中美政府间水力和发电有关水资源利用合作议定书中的长江口治理科研合作项目，美国陆军工程师团的阿·丁·托赫特上校一行9人来到南科所，就长江口基本情况、"三沙"的三个治理方案以及模型试验等问题，充分交换了意见。另外，佛罗里达州立大学博士、美籍华人王御华，荷兰德尔夫特科技大学教授德·弗瑞斯和德尔夫特水工研究所副所长阿勒尔斯马，

① Karl-Friedrich Daemrich,"*University of Water Resources and University Institutes in Northern Germany*",《一代宗师：严恺院士诞辰100周年纪念文集》，河海大学出版社2014年版，第95—97页。

南京水利科学研究所援建毛里塔尼亚努瓦克肖特友谊港的波浪、淤积模型试验

美籍华人唐绍禹和戴英本，法国中央水工研究所的克利斯坦·夏尔·安德烈·奥尔吉隆，美国加州大学教授沈智刚，以及美国土木工程师学会代表团，也先后来南科所访问和进行技术交流。

1981—1982年，来南科所参观访问的有39批103人次。其中，美国代表团有14批，其余的绝大多数为发达国家代表团。

1983年，来南科所参观访问的有18批74人次。除美国、荷兰、丹麦、日本、澳大利亚、加拿大、联邦德国等国外，苏联、罗马尼亚、民主德国、匈牙利、捷克斯洛伐克等国也陆续派专家学者来访并进行科技学术交流。南科所邀请苏联国立水文研究所功勋科学家卡拉乌舍夫教授来宁参加第二次河流泥沙国际学术讨论会，并借此机会来南科所短期讲学；邀请美国密西西比大学教授王书益博士短期讲学，并进行学术交流。民主德国德累斯顿工科大学地下水渗流专家L.卢克纳尔教授来南科所访问，并讲授地下水渗流模拟理论和方法，以及模拟机和数模混合机在地下水研究中的应用等专题。

1984年，来南科所参观访问的有23批69人次。主要是西欧各国、美国、加拿大以及日本、澳大利亚等国，东欧的罗马尼亚和匈牙利也派学者来南科所访问。应邀来南科所讲学和进行技术交流的，还有日本京都大学教授赤井浩一、日本爱知县土木部博士本守真人、联合国开发计划署的姚元澄、荷兰德尔夫特科技大学教授巴蒂埃斯、匈牙利布达佩斯工科大学水资源开发研究中心的哈斯普拉等人。

严恺推进对外开放的努力，也从他主持的学术团体这个平台上反映出来。他代表中国水利学会第四届理事会向第五届代表大会所作的工作报告中提到："由我会发起的'河流泥沙国际学术讨论会'，从1980年开始，至今已举行四次，其中一、二、四次在中国，第三次在美国召开。"

特别值得一提的是，首次河流泥沙国际学术讨论会就促成了联合国教科文组织同中国政府达成协议。严恺为此率团到位于法国巴黎的联合国教科文组织总部出席会议时，向该组织总干事提出相关建议。严恺的建议获得联合国教科文组织各国代表的认可，后于1984年在北京成立了国际泥沙研究培训中心。严恺连任两届理事长的中国水利学会，到1989年他担任名誉会长之时，已有10个国家的25名外籍通讯会员；该学会下属的专业委员会中，有5个国际性学术组织。

严恺担任理事长的中国海洋工程学会，同样通过推进对外交流，使国内外海洋工程界同行相互学习、互补共赢。南科院高工葛志瑾回忆道：

1987年9月7日—11日在北京召开"第二届发展中国家海岸及港口工程国际会议"，严教授是国际会议组织委员会主席，海洋工程学会积极参加了会议的组织工作。本届会议国外代表183人，其中发展中国家代表81人，国内代表250人，共433人。会议分7个专题进行学术交流。国内250名代表有机会与各国同行进行面对面的广泛交流，受益匪浅，这是少数人出国参加国际学术交流无法相比拟的。参加会议的国外专家学者，不少在国际上久负盛名，他们来自五大洲、50多个国家和地区。共发表论文207篇，不少在理论和实践上具有创新见解，达到国际先进水平。

这次会议规模大，困难多，但组织工作做得相当好，开得非常成功，受到国外代表的赞誉，为国家争了光……

海洋工程学会在短短的20年中，从无到有，从小到大，今天已是蜚声海内外，在我国海洋系统中是会员人数最多、科技力量最强的学会，在国际海洋工程界也有一席之地。之所以能取得如此巨大成绩，除学会全体工作人员努力工作外，主要归功于严理事长的正确领导、学科泰斗的声望、德高望重的人格力量和对海洋工程事业的无私奉献精神。严教授真正是学会的好理事长，是广大科技工作者的良师益友。[1]

严恺推进对外开放的另一个重大举措，是通过各类国际性学术活动，将他的诸多学术报告、学术论文，以多种文字发表在多个国家的报刊上或收入国际学术交流论文集，广泛、多侧面地向国外同行介绍中国河海工程建设的成就、经验和学术研究成果，从一个侧面扩大了中国在国际上的影响。

1958年暮春，他赴波兰考察河海工程并应邀讲学，其讲学报告《塘沽新港回淤问题》刊于波兰的《海洋技术与经济》杂志，把中国人民使旧港换新颜的建设成就推向世界；

1980年，他率我国海洋工程学会代表团参加在澳大利亚举行的第17届国际海岸工程会议，并作了题为《中国海岸工程研究工作中的一些主要课题和成果》的报告；

1982年春，他的照片和介绍文字出现在联邦德国的两家日报上；

---

[1] 葛志瑾：《海洋工程学会的好理事长——严恺教授》，《水利泰斗　教育楷模——祝贺严恺院士九十寿辰文集》，河海大学出版社2002年版，第248—249页。

1986年3—4月，他在美国密西西比州召开的第三次河流泥沙国际学术讨论会上，发表了《中国海岸和河口的泥沙问题》；

1987年6月，他在德国汉诺威召开的第2届中德水文和海岸工程学术讨论会上，发表了《中国港口工程的发展》；

1958年春，严恺（左）赴波兰考察河海工程并应邀讲学

1988年6月，他在西班牙马拉加召开的第21届国际海岸工程会议上，发表了《不同波浪条件下之海滩断面变化》；

1990年6月，他在荷兰德尔夫特召开的第22届国际海岸工程会议上，发表了《改善长江口的研究》；

1992年10月，他在意大利威尼斯召开的第23届国际海岸工程会议上，发表了《辐射沙洲海岸的工程选址》；

1994年10月，他在日本召开的第24届国际海岸工程会议上，发表了《长江口黏性泥沙特性的研究》。

再以《三峡工程——一项合理规划资源综合利用的工程》为例，它是1987—1992年间，严恺在斯里兰卡等国召开的发展中国家海岸及港口工程国际会议上，以及访问美国期间应邀给美国内务部垦务局人员，用英语所作的报告。我们可以从中透视他的良苦用心：

1. 防洪

过三峡后，长江进入中下游的冲积平原。这里的工农业高度发达，沿江有许多重要城市，如沙市、武汉、芜湖、南京、上海等。还有一些主要铁路线，如京广线、京沪线等也在该平原上。因此，必须对防洪高度重视。平原面积为126000平方公里，高程为高水位以下几米至十几米。整个平原，包括600万公顷农田和7500万人口，由3万公里长的堤防保护，其中3600公里堤防在干流上……

防洪的最危险河段是荆江河段。北岸大堤总长180公里，平均高12米，有的地方高达16米，保护着80万公顷的耕地和500万人口。一旦决堤，人民的生命财产将遭受巨大的损失，并威胁武汉的安全。三峡水库一旦建成，能控制95%流经荆江段的洪水量和三分之二流经武汉的洪水量……

2. 水力发电

虽然中国煤炭储量和水力资源十分丰富，但是地理分布很不平衡。华北有大量的煤矿，西南有丰富的水力资源，而华东两者都很缺乏。三峡水电站以其有利的地理位置和巨大的装机容量——1300万—1800万千瓦或更多——将大大缓和华东、华中和川东地区的电力短缺。不仅如此，三峡水电站恰恰处于"南水、北煤"的分界线上，它将对水火电发挥补偿调节和配合运行的重要作用，大大改善我国能源结构……

正常高水位为175米时，三峡水电站的装机容量为1768万千瓦，年发电840亿度。

3. 航运

长江是我国内河航运的主干线。从宜宾至长江口2800公里全年可通轮船。航运的障碍主要在上游，尤其是重庆至宜昌长660公里的河段，河流穿过丘陵山区，沿河到处是急流险滩，给航运带来极大的困难，严重地影响了重庆港的货物运输。重庆港是从我国西南地区向长江下游转运货物的主要港口。这一河段还有多处仅能容纳1500吨以下船只的单线航道……

三峡工程建成后，航运条件将得到极大改善，以175米的正常库水位为例，回水将延伸至重庆，淹没了全部139处急流险滩，使现在只能单线航行的46处瓶颈河段改善为双线通航，万吨级船队可直达重庆……

从字里行间不难看出，严恺如数家珍般向国外同行和读者介绍三峡工程多方面的作用及效益，让对三峡工程不了解的人们了解中国水利建设的昨天、今天和明天，消除一些外国同行对此的误解。由此可见，严恺在我国改革开放大背景下于水利战线推进对外开放的种种努力，不但在河海工程的研究和建设领域泽被国际同行，而且服务于国家的总体外交战略，为增进中国与世界各国人民的理解和友谊打开了一扇窗户、搭建了一个平台。

河海大学已与20多个国家和地区的50多所大学建立了校际协作关系，这从一个侧面印证了严恺推进对外开放的历史功绩和发展状况。

三、心系两岸

血浓于水。严恺在台湾有多位侄辈、侄孙辈族亲。仅严复的后人中，其三孙女严倬云是首任海峡交流基金会董事长辜振甫的夫人，曾任台湾妇女联合会主任委员；四孙女严停云是台湾著名作家，曾获得世界艺术文化学院荣誉博士称号。与严以新同为"以"字辈的男丁中，严以侨是严复的长孙，在2003年被中华人民共和国民政部追认为革命烈士。像亲情一样割不断的还有：严恺在青年时期担任过中央大学教授，在台湾不但有老同事，还有老学生。他利用这些优势，通过以学术活动为主的种种努力，推进海峡两岸以及内地与香港的交流合作，推进祖国的统一大业。

　　1995年11月14日，严恺（左二）与陪同参观的台湾成功大学副校长欧善惠（左一）等人，在位于台湾台中的港湾技术研究所合影

　　《河海大学校史（1986—2000）》对此记载道：

　　1993年10月，在美国佛罗里达大学教授、我校名誉教授王象的积极促进下，我校和台湾成功大学在我校联合举办了海峡两岸港口及海岸开发研讨会，近20位台湾教授、专家以及企业界人士前来参加，会议取得圆满成功。1995年11月，由我校牵头，南京水利科学研究院、南京大学、青岛海洋大学、中国港湾建设总公司等单位的23名专家、学者组成代表团赴台湾参加第二届"海峡两岸港口及海岸开发研讨会"。参加会议的台湾学者、专家有300多人。会议共收到论文130篇，其中祖国大陆学者、专家撰写的论文23篇，内容涉及波浪理论、水下施工技术、海洋环境、海岸工程管理及航道规划等各个方面。在台湾10天期间，代表团访问了台湾成功大学、台湾海洋大学、台湾大学等有关高校，考察了高雄港、台中港、基隆港、港湾研究所及第三核电厂，所到之处均受到热情的接待。会议之余，彼此还进行了广泛交流和专项拜访。通过这次访问，交流了两岸最新研究成果，密切了两岸同行的联系，具体了解了台湾有关大学的各种情况，以及港口建设、研究、经营方面的概况，探讨了进一步加强合作交流的可能性。之后，两岸交流又举行过多次。学校与香港大学等香港的多所大学具有长期的良好合作交流关系。我校许多教师都有在那里短期访问、合作研究的经历，还有不少教师在那里取得了学位，回校工作后发挥了很好的作用。①

严恺主持了1993年10月15—28日在南京召开的首届两岸港口及海岸开发研讨会。参加研讨会的有两岸有关高等学校、科研单位以及港口和海岸界的学者、专家、科技与管理人员100多人，讨论的专题包括海洋环境与作用、海岸开发与保护、港口规划与管理、工程设计施工与研究等方面。这次会议的作用，正如严恺在为研讨会论文集撰写的《前言》中所说：

"两岸港口及海岸开发研讨会"将促进海峡两岸港口及海岸工程界的学术交流，加强科技合作和业务往来，有利于两岸港口及海岸建设的发展，有利于两岸港口与海岸工程科技和教育事业的发展。

两位台湾水利

1987年1月12日，严恺（前排左三）率薛鸿超（前排左四）、陈志昌（前排右一）、严以新（前排左一）、姜弘道（后排左一）等人，访问香港

① 姜弘道、郑大俊主编：《河海大学校史（1986—2000）》，河海大学出版社2005年版，第221—222页。

界人士、两岸港口及海岸开发研讨会台湾方面的组织者，从与严恺相识、相知的独到角度，介绍了严恺在推进海峡两岸交流中的独特作用。

严恺90寿辰之际，台湾成功大学副校长欧善惠教授发来贺信：

先生长年治学，化雨均霑，雅著龙门之望；春风广被，高扬鹿洞之光。学术湛深，岿然为水利界之楷模。

今日欣逢大庆，海屋添筹，南极腾辉，欢动九流。[1]

严恺百岁诞辰时，他又作文以祭：

我早期比较有交流的大陆资深院士，有今年百岁诞辰的河海大学严恺院士、清华大学张光斗院士及中国海洋大学文圣常院士……这三位资深院士中认识最早，交流最多，影响最深的就是

1995年11月9日，在台湾成功大学召开的第二届两岸港口及海岸开发研讨会上，严恺（右）在河海大学校长姜弘道（左）作关于三峡工程的主题报告前讲话

① 《水利泰斗　教育楷模——祝贺严恺院士九十寿辰文集》，河海大学出版社2002年版，第22页。

河海大学严恺院士。

第一次见到严恺院士是1988年在西班牙南部度假胜地马拉加举行的第21届国际海岸工程会议上，该次会议办得非常成功，广受大家称许。因为是西班牙第一次主办该研讨会，国家特别重视，由胡安·卡洛斯一世国王担任大会荣誉主席，相关部门首长担任荣誉会员。该次研讨会我与严院士发表的论文有相同的主题，严院士的论文题目为《不同波浪条件下之海滩断面变化》，我的论文题目为《斜向波浪作用下之海滩断面》，被安排在同一会场，当时只知道严院士是大陆海岸工程的鼻祖，没有做更多的交流，但觉得严院士是位谦谦学者，有长者风范。

第二次与严院士见面，是1993年在南京河海大学举行的首届两岸港口及海岸开发研讨会……会议期间有较长时间与严院士接触，也感受到严院士的大师风范。参加会议的有来自各地的代表120人，其中大陆代表102人，台湾代表16人，美国代表2人，会议上共宣读论文74篇，互相进行了交流，双方也认为应以此次两岸间交流为契机，进一步促进两岸从事港口及海岸开发从业人员的交流。为建立两岸交流的渠道，决定由河海大学及成功大学作为双方的联系单位，并指定河海大学严以新教授及本人分别为大陆方面及台湾方面的联系人，双方决定1995年在台湾举行第二届两岸港口及海岸开发研讨会，以后每两年轮流在双方举行。会议期间，与会代表参观了河海大学、南京水利科学研究院、南京港及新港工业区，会后去张家港市、杭州、上海等地参观。此行让台湾代表印象深刻，除看到各地建设正蓬勃发展外，感觉上，大陆的研究方向较为务实，产官学的联系甚佳，全力投入生产建设。大陆代表对会议的参与也相当认真，与会者均为年高德劭，且热心参与讨论。严院士在每场论文发表时一定准时到场并仔细聆听，用心参与，让人印象特别深刻。

此后，第二届两岸港口及海岸开发研讨会如期于1995年11

1995年11月15日，赴台湾出席第二届两岸港口及海岸开发研讨会的严恺（左一）一行，应邀参观台湾大学的拖轮实验室

月在台南成功大学举行，与台湾第十七届海洋工程研讨会合并举办，由本人担任筹备委员会主任委员，大陆代表团原拟派25名代表参加，结果来了34位产官学代表，包括河海大学严恺院士、姜弘道校长，大连理工大学邱大洪院士，南京水利科学研究院窦国仁院士及产官学单位资深教授主管，可谓阵容坚强。会后并赴台湾各港口及大学参观访问，广受各界重视。严院士随代表团赴各地参访，这应该是严院士第一次访问台湾。因严院士曾担任中央大学教授，在台北访问期间，多位早期中央大学校友，包括前台湾大学校长虞兆中、前台湾电力公司总经理朱书麟、新亚工程股份有限公司董事长邹祖琨等，特别设宴款待这位师长，场面特别温馨。经由两岸正式轮流主办的研讨会，两岸同行互访更加频繁，我每次去大陆访问，都会受邀顺道访问河海大学，与师生做专题演讲，后来并被聘为河海大学兼职教授，这一切都因严院士的促成……

在有机会与严院士接触的过程中，常感受到他从事学术的严谨态度、高瞻远瞩的真知灼见，提出并身体力行河海大学的校训"艰苦朴素，实事求是，严格要求，勇于探索"，作为青年学子活生生的典范。严院士能将科学技术与工程实务结合，运用在经济建设，一生贡献国家，富国利民，努力不懈。足迹遍及大江南北及海内外，其丰功伟业实为教育界、工程实业界之楷模。我个人能有机缘向大师请益并蒙指导提携，铭感五内，在严院士百年华诞，谨致个人最诚挚的敬意与怀念。[1]

台湾实验研究院海洋科技研究中心教授、台湾成功大学水利及海洋工程学系主任高家俊，在严恺90寿辰时也发来贺电：

先生对于海洋水利之学术贡献，犹如江水滔滔，绵延不绝，又如泰山高耸入云，与日月争辉。实为吾等后辈所效法之先驱。[2]

严恺百岁诞辰时，他追忆了无缘做严恺入门弟子的遗憾：

和严老结缘是1982年他到德国汉诺威大学访问期间，那时候我是德国政府奖学金生，在佛兰休斯水利研究所（Franzius Institut）攻读博士学位……

严老当年已年届七旬，仍为了提升水利教育水平，不辞辛劳风尘仆仆地远赴海外寻求学术合作，令人敬佩。出门在外，无法好好吃饭，是很辛苦的，为此，陪同他到访的梁瑞驹教授要我帮忙找一家中国餐厅。汉诺威是有好几家中国餐厅，但为了适合德国人口味，菜色都不太适合咱中国人胃口。我临时起意，要内人准备几道粗菜招待。家里来了尊贵的客人，内人和我都很紧张，但是严老和蔼可亲的长者风范，很快就解除了我们的顾虑。我们从水利谈到国家发展战略，言谈中让我对严老作为知识分子先天

① 欧善惠：《大师风范　后进楷模》，《一代宗师：严恺院士诞辰100周年纪念文集》，河海大学出版社2014年版，第85—86页。
② 《水利泰斗　教育楷模——祝贺严恺院士九十寿辰文集》，河海大学出版社2002年版，第39页。

下之忧而忧的情操肃然起敬。那晚我们谈兴高昂，待我恭送严老回旅馆时已过了午夜。临别时，严老说："欢迎你回祖国看看。"我顺口应了一句："欢迎老师来台湾走走。"我心里想，哪有可能，我们身在敌方耶！然而世事难料，谁会知道当年的应酬话后来都实现了呢！

20世纪80年代后期，两岸之间开启了一扇小门，我们可以赴大陆出席国际学术会议。因此，我1990年得以借出席在北京举行的国际水理学会亚太年会（IAHR-APD）之便，顺道访问河海大学。犹记得飞机在大连落地的刹那间，严老"欢迎你回祖国看看"的那句话让我情绪如此激动。我特别花21个小时从大连搭火车到北京，为的就是达成严老"看看祖国"的约定。会后，我搭飞机到上海，又花4个钟头搭"游二"火车到南京，一路上真是"故国风云"在眼前，心情澎湃。梁瑞驹校长贴心地为我安排访问行程，让我感动与感谢。在办公室敲门拜见严老前，我深吸一口气让自己镇定，男儿是有泪不轻弹的。他的书案井然有序，才寒暄两句，他就谈起长江口整治、南水北调的工程概念，他从大战略规划到设计细节都如数家珍般地通晓，让我难望其项背。谈起学术，他目光炯炯有神，滔滔不绝，完全不像是年将八十该含饴弄孙的老人。

1993年，在严老主持下，严以新和欧善惠教授共同筹办了第一届两岸港口及海岸开发研讨会。那时我是团员中唯一访问过大陆的人，办理台湾代表团的出入境申请手续自然成为我光荣的职责。研讨会期间，严老全程坐在听众席，全神贯注地聆听，一丝不苟。时而虚心提问，向年轻学者吸取经验；时而提出深入见解，让我们有醍醐灌顶般的收获。他的向学精神让我自惭形秽，当他为国家水利建设大战略劳心劳力时，我却埋头写点小文章，汲汲于争取那一点点出国开会的经费呢。

1995年，第二届会议在成功大学召开，严老率团来台湾。在桃园机场下机时，他紧紧地握着我的手，我们没有说话，但是从他紧握的手中我能体会他心中的激动。才不过十余年间，当年我们在德国第一次见面留下的约定居然都实现了！

1997年，我们在西安第三届会议中再次见面，欧善惠教授和我从严老手中接下河海大学客座教授聘书，这是我人生中少有的光荣之一。由着这些因缘，2002年，我和严以新联合德国柯哈瑟教授（Prof.Sören Kohlhase）共同举办中国大陆、德国、中国台湾三方海洋工程研讨会，约定每两年由三方轮流主办。2012年，第六届会议将在基隆台湾海洋大学举行，我的学生董东璟和严以新的学生周晓艳都是重要筹备人员，这是后话。

后来有好几年，我每次去大陆都设法到南京拜见严老，不敢说是拜访老朋友，更重要的是借着拜访严老提醒自己作为知识分子的责任。我无缘在课堂上向严老学习，做他的入门弟子，而他作为中国传统士大夫，以天下为己任的崇高情操却是我终生的座右铭。[1]

这两位台湾水利界名人对严恺的回忆，只是严恺心系两岸交流的一个侧面，但足以让我们真切地感受到严恺推进两岸交流的心迹和效果：不但加强了两岸科技界的联系，加速了两岸海洋工程的发展，而且增进了两岸科技界的友谊，推动了祖国统一大业的进程。

四、蜚声国际

严恺在国际河海工程学术团体中，如同在国内一样，也享有盛誉，担任过多种职务：

---

[1]　高家俊：《一位门外弟子对严恺教授的怀念》，《一代宗师：严恺院士诞辰100周年纪念文集》，河海大学出版社2014年版，第87—88页。

国际大坝委员会中国委员会主席，

联合国教科文组织国际水文计划政府间理事会副主席，

发展中国家海岸及港口工程国际会议顾问委员会委员，

河流泥沙国际学术讨论会顾问委员会主席……

1976年莺飞草长的季节，严恺率团赴墨西哥，出席第12届国际大坝会议。这是中华人民共和国的代表首次正式参加国际大坝会议。时任墨西哥总统埃切维尼亚会见了严恺，该国水利部部长宴请了中国代表团。严恺一行乘埃切维尼亚总统的座机，在异国的天空中飞来飞去，参观墨西哥的水利资源和设施。

中国翻开改革开放历史新一页后，严恺再次活跃在国际水利界。他的学识、他的威望、他的组织与领导才能，使他蜚声国际同行，在国际学术团体和学术活动中具有巨大的影响力、感召力。

1979年，联合国教科文组织国际水文计划政府间理事会决定从亚洲地区产生一名副主席。这是亚洲国家提高与扩大国际学术影响的重要机会，各国都极为重视。这一年，严恺68岁。经过"文化大革命"的磨难，他更加淡泊了，对这一职位并无特别兴趣，可上级部门找他做工作来了：事关国家荣誉，华水又是世界上规模最大的、水资源专业齐全的名牌大学，再加上他在河海工程领域的独特造诣，只有他出马，才能稳操胜券。严恺只好同意。他一亮相，其他几个国家的竞争者纷纷退避三舍。1979年11月，在联合国教科文组织国际水文计划政府间理事会第三届会议上，严恺当选为副主席；1981年8月，在第四届理事会上又再次当选。

严恺是科学巨匠，也是播种友谊的使者。他的足迹踏遍了五大洲的数十个国家和地区。每到一国一地，他都把中国人民的传统美德，把中国社会主义建设的伟大成就，把中国河海工程领域的研究成果，撒向不同肤色人们的心田，为增进世界各国人民与中国人民间的相互理解和友谊鞠躬尽瘁。

严恺是河流泥沙国际学术讨论会的发起人。图为他（主席台上左八）于1984年10月主持在南京召开的第二次河流泥沙国际学术讨论会。

为了让更多的人了解中国，让国际友人亲眼看一下我们脚下这块古老而又年轻的土地，亲身感受一下中国人民热情友善的传统风貌，严恺利用自己的学术威望和众多的国际友人，促成多次国际学术会议在中国召开。

1984年10月，他在古都南京主持召开了第二次河流泥沙国际学术讨论会。

1987年9月，他在北京主持召开了第二届发展中国家海岸及港口工程国际会议，并作了题为《中国海岸与港口工程》的主题报告，全面阐述了我国在这方面取得的成就。

1989年11月，他作为组织委员会名誉主席，参加了在北京召开的第四次河流泥沙国际学术讨论会，并作了题为《淤泥质海岸及河口泥沙的若干问题》的学术报告。

在国内召开学术会议，严恺不忘增进友谊；赴国外考察、讲学、参加学术会议，他同样不忘播种友谊。

1973年4—6月间，中美关系的大门才打开一条缝，他就受周恩来之托，为葛洲坝工程率中国水利考察组走访了美国的13个州，一路传播友谊，成了中美建交序幕中有声有色的插曲。请看几则严恺的日记摘要：

4.30　有一美国女教师来访，邀请我们到她家吃饭，我婉言谢绝，说了一些友好的话。

5.2　下午参观密西西比大学工学院，由院长Karl Brenkert接待，各系主任及学生代表参加。晚上Brenkert在家中举行茶会，招待考察组。前任院长、副院长夫妇、各系主任夫妇等也来参加，表示友好之情。

5.3　晨，美国农业部泥沙实验室主任Robin-son教授和林业水文实验室的Woodburn教授登门造访。下午回到旅馆，见到Robin-son送来的《河流水力学》二本，价值22美元。前天我曾托美中学术交流委员会的Alex先生问过可否买到此书，不料他竟买了送来。与老屠等商量，只好回赠些礼品，表示谢意。

5.10　乘飞机到小石城，换乘汽车到阿肯色州州长府。下车

1987年9月，严恺在北京主持第二届发展中国家海岸及港口工程国际会议

后许多记者跟着照相。副州长Ri-ley代表因公去了华盛顿的州长，迎接考察组并送给每人一份旅行者证书。他希望中国客人回国后能记住阿肯色州及两国人民的友谊，我致答词，表示感谢。晚上该州举行招待会，副州长、市长等讲了话，我再次表友谊之意。记者也来照相，当天电台就几次播出这条新闻。

5.11 今天阿肯色州各报都登了考察组消息并照片。

5.12 各报仍纷纷刊登我们参观的消息。另一方面，电台播了一右翼分子反对美国与我国交往的讲话。

5.15 上午到盐河工程总部，由副总工程师Teeple接待。介绍情况、参观、招待会……报纸、电视台均载、播了考察组消息。

5.25 接受电视台记者采访，发表电视讲话15分钟。内容：向美国人民致意，对考察组所到之处受到的热情接待和科技人员的认真介绍致谢，谈中国水利建设成就、美国水利设施观感。

事有凑巧，改革开放的东风使严恺与Alex先生再次相逢。20世纪80年代，严恺有一次去上海参加学术活动，在宾馆大厅里散步，只见一个洋人喜出望外地走上前来，与他热烈拥抱："这么巧，中国有10亿人，我竟能在这里遇到您！"严恺也有点不相信自己的眼睛："Alex? Alex！"当晚，他尽地主之谊，设便宴款待客人。

中美人民之间的友谊，山挡不住，海隔不断！

1980年秋，严恺率中国水利科研教育代表团访美，促使华水与美国的四所大学签订了校际合作协议，满载而归。

友谊要用心血去浇灌，也要用原则来维护。对有意无意制造"两个中国"的做法，严恺绝不退让。

1980年，第17届国际海岸工程会议在澳大利亚悉尼召开。悉尼，这个澳大利亚历史最久也最大的港口城市，有南半球规模最大的海港大桥，有风格独特、闻名世界的帆形歌剧院，旖旎的风光吸引着各国旅游者。即使是来此参加会议的学者，也会因未曾光临这些景点而遗憾。

严恺一到悉尼，首先了解会议日程。看到递交给会议的论文目录中有"中华民国"字样，他立即找会议组委会，对此提出抗议，组委会当即道歉。

1984年，在美国休斯敦召开的国际海岸工程会议又出现了类似情况。组织者故作超脱，声称："我不管，我是搞技术的。"事关祖国尊严，严恺火了。他严正声明，如果会议组织者不改正错误，他立即退出。经多方交涉，组织者不得不作出让步。

1988年，西班牙，五星红旗迎接着严恺一行的到来，一面青天白日旗也挤了进去。严恺严肃地指出，中国只有一个，制造"两个中国"是干涉我国内政的行为。台湾地区出席会议的两人，一老一小。老的也许素知严恺大名，颇有敬畏之心，故默不作声。小的不知深浅，与严恺争论起来，口口声声三民主义长、三民主义短的。严恺反问，你知道什么是真三民主义，什么是假三民主义？三民主义，你记得几条？接着，他用中文背开了三民主义的某些段落，又用英文背了孙中山先生遗嘱的片段，惊得自以为三民主义信徒的年轻后生半天说不出话来。

正如严恺在1981年7月11日发表于《福建日报》上的《党使我的夙愿得以实现》一文中所说：

"没有共产党就没有新中国。"这对我这样曾在旧社会度过大半生的知识分子来说，体会尤深。

小时……就听说，中国什么都不行，是个极弱之国，经常受外国人欺侮，什么甲午战争割地赔款啦，五七、五九国耻纪念啦，五卅惨案啦……尽是些丧权辱国的事。这些都使我心里难受，也很不服气，总希望有一天中国能强盛起来。那时，我与许多青年人一样，有过科学救国或教育救国的思想。

1949年5月上海解放了，党对于像我这样从旧社会过来的知识分子也十分重视。那时我在交通大学教书，党和政府经常让我参加一些重要的水利建设。对比之下，过去是有劲无处使，而这时是使出全副力气还不够……

为了促进我国水利科研和教育事业的发展，我曾多次出国访问、考察和出席国际会议。过去中国人被人看不起，现在中国人到处受到重视和尊重。长期以来我所憧憬的强盛的中国有希望在我们手中实现。雄辩的事实说明"没有共产党就没有新中国"是颠扑不破的真理。

有比较才有鉴别，严恺的爱憎，是通过亲身经历得出来的。作为旧社会的过来人，他从制度、道路和信仰的比较中得出了自己的结论。他深知，国家的分裂是民族的灾难，统一是自立于世界民族之林的重要条件。他坚定不移地维护社会主义祖国的尊严，并以此作为维护和增进海峡两岸及世界各国友谊的基础。一个真正的爱国主义者，无论何时，无论何地，都会赢得人同此心者的敬重。

国际同行对严恺的敬重，是因为他的操守和品格，也是因为他的学养和建树。德国水利专家Sören Kohlhase博士回忆了1984年在南京参加第一届中德水文和海岸工程学术讨论会时，严恺留给他的第一印象：

2012年8月10日，我们迎来了严恺教授100周年诞辰。我希望可以借此机会向严恺教授，一位不仅被中国人所敬仰，也被世界各国人民所爱戴的伟大科学家，表达我的怀念之情。

在我的职业生涯中，我有幸参加了一些国际性会议并参与了多个有意义的水利工程项目，而其中绝大多数又都在环境优美的地方进行。不带任何个人崇拜的色彩，我确实从这些活动的组织者身上学到了很多东西。在一次远行中，我的学生不时说"没有你不认识的人"，想到严恺教授，这让我深感自豪。

我尽量不让自己去回忆严恺教授在任华东水利学院院长时所作出的杰出贡献，华东水利学院是河海大学的前身，我的第一次造访是在1984年，那时的我还是个毛头小伙子。我也尽量不让自己去回忆他同时作为水利工程师和科学家这两种身份在各自领域所作出的突出贡献。也许跟他共事过的人更有资格在此谈论他的丰功伟绩……我想谈一点从我个人角度对他的赞美以及他对我职业生涯的重要影响，而这些方面自然而然地又会谈到中德在水利工程方面的合作，这些合作的成功跟严恺教授是分不开的……

严恺教授是一个非常有威信的人，我在这儿就举一个我退休这么多年还记忆犹新的例子。那是在南京1984年第一届中德水文和海岸工程学术讨论会的闭幕晚宴上，对于德国人来说，11点正是聚会达到高潮的时候，而这时，严恺教授站起身对所有人说："聚会结束。"

在场的每个人都听清了这简短有力的几个字，随后，中方和德方的代表们跟随严恺教授鱼贯而出，其中有些德方代表还端着大半杯啤酒或者茅台。

那次聚会非常美妙，我永远也忘不了双方代表是何等的融洽。因为德国人素来爱喝几杯并且把聚会时间拖得很长，所以严恺教授做了我们认为是非常英明的决定。此后，我也常常效仿他的做法让聚会在恰到好处的时间结束。我所有的同事都知道这个故事……

中德水文和海岸工程讨论会是直至今日中德在水文领域一系列成果丰硕的合作的一个契机。我在 Rostock 大学工作的时候就已经有中国台湾、大陆和德国的很多大学加入了这一合作，在2004年的研讨会结束之后，我还曾为此写过一篇文章刊登在Die Küste 杂志上。那一年的主席是严以新教授，他告诉我，他父亲的身体状况已经不允许再参加会议了。

"聚会结束"，我在前面提到过这句话。水利工程师们欢聚一堂，这里是水利工作者的圣地。而我也永远忘不了跟严恺教授在答谢晚宴上对话的情景……

我一直把严恺教授当作我指路的明灯，而我与他仅有的几次会面已足够我回味余生。[①]

荷兰同行对严恺的敬重，比德国同行多了长达半个多世纪的历史渊源。

1986年10月，荷兰海牙国际机场，在迎接国家元首般的隆重礼仪中，严恺神采奕奕地步下飞机。摩托开道，警车殿后，在彩旗和欢呼声中，严恺被接到荷兰首都阿姆斯特丹的国宾馆。

从第二次世界大战后的经济恢复时期起，荷兰政府就投入数十亿美元巨款，奋战30余年，建成了又一项世界之最——能够抵御4000年一遇特大风暴潮的东斯赫尔特大闸。严恺是应邀出席大闸落成典礼的贵宾之一，在与他平起平坐出席典礼的贵宾中，有法国总统密特朗、英国女王伊丽莎白二世和比利时国王博杜安一世等人。

东斯赫尔特防风暴大闸由62座巨型闸墩支撑，这些巨墩被赋予了人格魅力：全部用世界上著名科学家的名字命名——荷兰人以这种方式表明他们对科学与科学家的尊重，希望这些伟大的科学家成为荷兰乃至世界人民的保护神，其中之一被命名为“严恺”。这是严恺的殊荣，也是中国河海工程界的殊荣。他欣然命笔题词：“Great Wall” on the Sea, Wonder of the World（海上“长城”，人间奇迹）。他的巨幅照片及与荷兰的历史渊源等介绍，出现在荷兰报刊上。

这是严恺第三次到荷兰。

半个多世纪之前，他怀揣科学救国之梦到荷兰留学。

1965年六七月间，他率团赴荷兰考察海岸工程，竟是通行无阻，接待规格同样很高。这当然不只是他在20世纪30年代留学于此之故，荷兰同行们对严恺在中国和世界河海工程中的造诣及学术地位是一清二楚的。

① Sören Kohlhase, “*In Memoriam of Prof. Yen Kai*”，译自《一代宗师：严恺院士诞辰100周年纪念文集》，河海大学出版社2014年版，第89—93页。

到了德尔夫特科技大学，该校图书馆主任是严恺当年一位老师之子。于是，该图书馆的资料对中国考察团"门户开放"。严恺那次在荷兰期间，还先后三次应邀作题为《中国海岸工程问题》的学术报告。

中国代表团偶然见到一份南美水利情况最新考察报告，觅之不得。在中国餐馆设回请便宴时，严恺流利的荷兰语、渊博的知识、精辟的见解，令报告起草者肃然起敬。第二天，起草者就把这份报告送了过来，上面恭恭敬敬地写着："请严恺教授指正。"

随同出访的中国专家们大喜过望，为有这样一位德高望重的团长而深感自豪。有人惊叹："没想到，先生在荷兰有这么大的神通、这么高的威望！"

2002年，在严恺90寿辰之际，国际水利学会秘书长、荷兰德尔夫特科技大学土木工程及地球科学学院院长H.J.Overbeek教授，代表严恺在20世纪30年代留学荷兰的母校发来贺信：

严恺同来访的荷兰德尔夫特科技大学校长亲切交谈

尊敬的严恺教授：

在您90寿辰之际，我非常荣幸地代表您在荷兰的母校和土木工程及地球科学学院向您表示最衷心的祝贺。

几年以前，即1997年，我们邀请了荷兰政府交通、公共工程及水资源管理部部长来我校参加一个特别的毕业典礼，在这个典礼上，我们庆祝了第10000个学生获得土木工程学位。尊敬的严恺教授，您可以引以自豪，如此众多的德尔夫特学子追随您的脚步，选择了土木工程专业。

可惜当年在德尔夫特市中心东大街土木工程系里的您的教授们已无人在世了，请接受这一来自我们晚辈的祝福吧。

对我个人而言，能祝贺您的寿辰有着特别的意义。多年以来，我有幸作为德尔夫特水利科学研究所所长和国际水利学会秘书长，认识您，了解您，并和您有多年的交往。您对土木工程行业在中国以及在世界范围内都做出了突出的贡献，您孜孜不倦的工作也使得国际水利学会真正成为从事与水相关的研究和工程人员的全球性学会。我依然清晰地记得您出席1995年伦敦国际水利学大会并成为荣誉会员的生动场面……

尊敬的严恺教授，让我再一次表达我发自内心的祝贺。我衷心地希望我们最美好的祝福与您生命的力量、高尚的精神和健康的身体同在。[1]

以严恺为荣而敬重有加的，不只是荷兰及德尔夫特科技大学，还有众多的国家和国际文化、学术组织：

世界文化理事会授予他"科学成就证书"；

国际海岸工程协会给他颁发了"海岸工程杰出成就奖"；

墨西哥科学院聘他为外籍院士……

严恺"我以我血荐轩辕"，着力推进海峡两岸和世界各国间

---

[1] 《水利泰斗　教育楷模——祝贺严恺院士九十寿辰文集》，河海大学出版社2002年版，第34—35页。

的学术交流，其意义之重大，我们可以通过习近平在2014年国际工程科技大会主旨演讲中的这句话来体会：

工程科技的灵魂在于开放，在和平、发展、合作、共赢的时代潮流中，提高工程科技发展国际化水平已成为各国推动工程科技创新的普遍共识和重要手段，共享工程科技成果是推动共同发展、促进共同繁荣的重要途径。

第十章

人到无求品自高

有时我也想，别人也常劝我：七十多岁了，何必揽那么多事，不会清闲一下，休息休息么？但事到临头，还是承接下来了。我想，我为人民工作的时间不会很多了，所以，总想抢时间多为国家做些事情，现在做得很不够。

——摘自严恺于1986年1月18日在河海大学党员
会议上作个人年终小结时的讲话

一、脾气骨气

严恺一辈子都没有学会圆通之术，他只要有火窝在心里，非发脾气不可；即使是在太岁头上动土，也不管不顾。

"文化大革命"中，严恺宁折不弯的脾气，多次使他成了"岸壁式直墙海塘"，与造反狂潮硬碰硬。

一次，几个红卫兵冲到他家里，逼他交出所谓黑材料——工作笔记。他的脾气可不比红卫兵小："什么'黑材料'？没有！"结果，他在连推带搡中滚下了老式小洋楼窄而陡的楼梯，到医院就诊，才知断了三根肋骨，足足在病榻上躺了个把月。

严恺的脾气，还冲着河海工程建设中的地区本位主义和山头林立、各行其是而发。

连云港、石臼争建深水港，江苏、山东两省各不相让。连云港地处中国沿海中部的海州湾西南岸、江苏省的东北端。港口北倚长6公里的东、西连岛天然屏障，南靠云台山，为横贯中国东西的铁路大动脉——陇海、兰新铁路的东部终点港，被誉为新亚欧大陆桥的东桥头堡、新丝绸之路的东端起点，是中国中西部地区最便捷、最经济的出海口。连云港还具有悠久的航运发展史，新中国成立后进行了多次改、扩建，特别是1973年以来进行了大规模扩建，已成为运输组织管理、中转换装、装卸储存、多式联运、通信信息及生产、生活服务等功能齐全的大型综合性港口。而石臼没有城市、铁路等作依托，要建港，基建的战线会拉得过长，财力不能集中用在刀刃上，更不能尽快发挥经济效益。然而，上上下下的地区本位主义造成了可行性论证和决策的不偏不倚：平分秋色，一起上马。

严恺气，气愤那使本该倾斜的天平平衡的砝码。

河口、港口，部门、单位点线切割，山头林立，各行其是；只顾眼前得益，不管今后发展，忘了子孙后代，后果堪忧。严恺大声疾呼，成立岸线统一管理机构，处理好局部利益与全局利益、眼前利益与长远利益的关系，全面规划、综合开发，让资源得到最充分的利用，让效益得到最大程度的发挥。

科研单位搞自负盈亏，有油水、创收多的项目争着上，而坐冷板凳的基础理论研究没人肯花大气力搞。长此以往，怎么得了？对此，严恺急，急得怒火中烧。

严恺也有不急的一面。

他的卧室，简单得近乎空寂；书房里，一个老模老样的炉子蹲在一侧，慢悠悠地燃烧着。对此，他不急。

一套亚麻色的出国西装，从20世纪60年代一直穿到90年代。对此，他也不急。

严恺严于律己、宽以待人的长者之风，更让人肃然起敬。

"文化大革命"中的对立面，在他官复原职后顾虑重重。他主动找上门去："谁能不犯错误？我就没有错误？过去的一笔勾销。"

即使对那个与他跌断肋骨不无因果关系的造反派，严恺也网开一面。当那人所在单位派人前来调查时，他强调是在推搡过程中不慎滚下楼梯所致。

严恺给别人提意见不留情面，却并非无情。

一次，他看到《人民日报》撰文表扬当时的水利部部长钱正英对人民来信很重视，处理认真、及时。不久，在一次会议上，他见到了钱正英，不客气地提开了意见："《人民日报》表扬你重视人民来信，可我给你的一封信，个把月不见下文，是何道理？"钱正英一回水利部就查询，原来是秘书把严恺的信误转到有关部门去了。她赶紧给严恺复信道歉。

其实，严恺对钱正英这位大学期间就投身革命，出任水利部部长几十年，后为全国政协副主席的女革命家、实干家很有好感。从他的嘴里，我们听到了这样的叙述：

新中国成立初期，严恺在上海某大学作专业报告。其时，身为华东军政委员会水利部副部长的钱正英不声不响坐在后排，听得有滋有味。

钱正英参加革命前后经历了思想进化三段式"卖—送—还"："我学了一些技术，以前总觉得是把知识卖给人家，后来觉得应把知识送给人们，最后才认识到该把知识还给人民。""卖"是雇佣意识，要讨价还价的；"送"是恩赐思想，带点居高临下的味儿；"还"是奉献精神，心甘情愿做公仆。钱正英的现身说法，使当时还是党外人士的严恺深受启发，至今仍历历在目、津津乐道。

从严恺的火气与呼唤、急与不急、宽与严中，我们看到了一位老科学家的铮铮铁骨、火热追求，一位中国共产党的优秀党员对祖国、对人民的拳拳之心。

二、文品人品

按严恺的学术造诣和地位，他写上几部专著并非难事。在他的学术思想启示甚至直接指导下成长起来的弟子们，写的专著一部又一部；在他倡导下建立起来的几个新兴学科领域，专著、教材出了一本又一本。可他自己，虽多指导性、权威性的学术论文，虚龄80岁之前却没出过大部头的专著。

严恺有个习惯，随身携带被"文化大革命"中造反派污为"黑材料"的日记本，记下考察、调研的过程，特别是闪过脑际的新想法、新思路。把他当年整整齐齐按时间顺序排列于几个抽屉内、如今珍藏于严恺工作成就室内，写得密密麻麻、工工整整的笔记本稍加梳理，就是既有理论高度又经实践检验的专著或编著。他事必躬亲，在国际国内的学术会议上作的报告、发言，基本上是亲手写的，只要汇编成册，也是泽被后人的文集。可严恺全身心地把传世之作写进祖国的江河湖海，把满腔赤诚融入培养河海工程专门人才的百年树人事业中。

20世纪90年代以后，耄耋之年的严恺退居二线，双肩挑的担子减轻了，深入河海工程一线的活动减少了，这才能挤出时间静下心来笔耕。继他主编的《中国海岸带和海涂资源综合调查报告》于1991年面世之后，他与梁其荀分别担任正、副主编的113万字的《海港工程》、120万字的《海岸工程》，又先后于1996年、2001年由海洋出版社隆重推出。

这批"海"字号的鸿篇巨制，是严恺作为海工大师的代表作，是他大半辈子理论积淀和实践经验的结晶，是深深扎根于中国河海工程沃土中的参天大树。严恺为使这批科学之树根深叶茂而培根固本的前期成果，主要有：

《潮汐问题》，《华东水利》1951年第1卷第1期。

《水利科学研究工作的几个方向》，《华东水院学报》1957年第1期。

《天津新港回淤问题的研究》，《新港回淤研究》1963年第1期。

《关于珠江三角洲整治规划问题的报告》，1975年。

《发展海洋工程，为开发海洋资源服务》，《中国科学技术协会三届二次全委会论文集——科学发展若干问题探讨》，1987年。

即便有如此深厚的积淀，严恺也没有掉以轻心，而是反复修改、精益求精。

写于1993年2月22日的《海港工程·前言》中，严恺在回顾中外海港建设的历程时指出：

当前国际贸易物中的99%通过海运，世界上有2300多个港口用于国际贸易，并要求海港建设向深水、大型、综合、自动化作业的方向发展……我国沿海港口建设，经过长时间的努力，已具备了相当规模，沿海主要港口的码头泊位已达960多个……基本能适应近期经济发展的需要。通过建国以来40多年的建港实践，成长并壮大了一支具有理论基础和技术装备的筑港力量，特别是在淤泥质海岸建大型深水港口积累了一定理论知识和工程实践经验。

《海岸工程》在海洋出版社正式出版前，1992年10月由河海大学出版社以《中国海岸工程》为书名先行推出。严恺在前言中写道：

必须依据沿海地区的承载能力与综合开发方针，对沿海地区资源和空间进行统筹规划、合理开发利用、切实保护生态环境，实现资源、环境的可持续开发利用与海洋产业的协调发展，更好地为我国社会主义现代化建设服务……

海洋开发是从海岸带开发起步的，海洋又为海岸带空间提供了区位优势，便于进行区域间、国家间的经济、文化交流。故此，海岸带既是开发对象，又是进行海洋开发与国际交流的基地和桥头堡。

翻阅《海港工程》《海岸工程》等书，我们不难看出严恺这位科学巨匠一以贯之的水利思想、治水理念，以及他志不在小的战略眼光。比如，《海岸工程》第4章中关于波浪对直墙式建筑物与斜坡式建筑物的作用两节，第7章中有关中国四大河口——长江口、黄河口、珠江口、钱塘江口——治理问题的阐述，无不是严恺大半辈子科研成果与工程实践相结合产物的再升华，又反作用于河口、海口治理的再实践。

这几部巨著编写过程中反映出来的严恺对待著书立说的严谨态度，对于某些不愿坐冷板凳、下苦功夫，却好高骛远的学界晚辈，是令他们耳热心跳的心灵洗礼。

担任《中国海岸工程》编委会秘书的周家苞回忆道：

1991—1992年间，严老为了适应我国沿海经济发展的需要，应出版社之约主编了《中国海岸工程》。该书是我国第一部系统、全面地论述我国海岸带环境、资源和各类海岸工程的理论与实际相结合的巨著，严老为此倾注了很多时间和心血。该书出版后获我国科技类图书精品一等奖。我参加了该书的编写并任编委会秘书，目睹严老自始至终严字当头、一丝不苟的治学精神和工作作风。一开始，严老着重抓本书的编写大纲，全书的框架由严老提出并和部分编委研究后拟定。各章编写大纲由各章撰稿人提出后汇总成册，经编委会讨论，反复修改后确定。在编写过程中由严老主持召开过九次编委会，对一些重要问题或分歧意见，由编委会讨论决定。每次开会，严老均要求写出会议纪要，打印后分发各编委，以便执行和检查。开会时，严老都要提前到达会场。若有人迟到，不管是谁，他都要严厉批评。在严老的言传身教影响下，开会时大家都很准时，交稿也不敢拖延。记得当时有一位编委去党校学习，还把任务带去，抽空按时完成写稿任务。编委（撰稿人）写好初稿上交经初审修改后，最后，主编严老还要逐字逐句审阅修改后才能定稿。①

河海大学文天学院党委副书记、副院长张建民写道：

严恺对待著书立说的态度和做法，更是一个严格的特例。作为学校领导，他历来鼓励高校教师结合教学、科研实际工作，注意收集资料，积极编写教材，促进学科专业发展。像严恺这样学识渊博、造诣精深的著名专家学者，如果他愿意，或者只要有这个意思，一年完全可以成为几本大书的挂名主编，不费多少力气就可以达到名利双收。然而，严恺认为，写书是一件非常严肃的事情，不可以急功近利，也不可以沽名钓誉，更不可以东拼西凑胡编乱造，假装科学贻害别人。本着这样严格的做人做事原则，他在平日的工作中一直是个有心人，随身带着笔记本，主持或参与重要会议、项目考察、成果鉴定等工作时，悉心积累了大量的、宝贵的第一手资料，但总是非常谦虚地强调著书的火候未到，并且从来不接受任何的挂名主编……

上个世纪80年代末期，在教育界、科技界的一些学者再三请求下，严恺同意出任《中国海岸工程》一书的主编。他的脾气很倔，不做则已，既然要做就必须做好。严恺亲自审定书稿的编写大纲，认真谋篇布局，仔细揣摩章、节、段及其内在结构的关系，并且具体落实到什么人既够资格又有水平写好某章某节等等。编写过程中，他极其认真地写好自己负责的部分，对其他作者送来的稿件还要一一过目，甚至严格到标点符号都看得非常仔

① 周家笆：《严老是实践十六字校训的楷模——记严恺教授二三事》，《水利泰斗　教育楷模——祝贺严恺院士九十寿辰文集》，河海大学出版社2002年版，第122—123页。

细，凡是不对的地方，全都纠正过来。严恺如果发现一些常识性的错误是某个熟悉的作者马虎所致，他会通过电话或把作者本人叫到自己的办公室里，严厉地批评一顿。正是这样严格把关、精益求精，所以，河海大学出版社编辑出版的《中国海岸工程》一问世，全面而独到的见解，缜密而严谨的论述，完整而新颖的体系，以高质量、高品位书籍的形象，在学术界引起很大的反响。后来，该书被评为第二届全国高校出版社优秀学术著作特等奖。这是"严格"所产生的精品。[①]

严以新的夫人赵小妹对公公严恺治学的严谨，也有切身体会："我在河海大学外事办公室的时候，父亲的外文稿件是我负责打印的。打了一阶段，我就发现，父亲的文稿上从来没有出现过一个错误，包括标点都没有错。我就想，哪一天找到一个哪怕是漏掉的标点。结果打了十几年，打了无数的稿子，直到我去年离开外办到南大读博士，也没有发现。"

"说心里话，不说违心的话；发表自己有真知灼见的意见，不做官样文章"，这是严恺的做人原则，也是他的治学原则。他在科研一线呼风唤雨之时，几乎不对自己术业有专攻的研究领域之外的其他学术问题发表意见。即使是业内专家讨论工程问题，他也要求自己和弟子们不要夸夸其谈、言过其实，而要慎而又慎、严谨务实。晚年，他觉得自己与科研第一线、与学术前沿渐行渐远，思维也大不如前，连专业领域的问题也不再轻易开口了。他最痛恨只是某一领域的权威，却自以为无所不知、喜欢信口开河的"万事通"。严恺这种"知之为知之，不知为不知"的态度，与学术领域的弄虚作假、沽名钓誉有天壤之别，做人则为人品，治学则为文品。

---

① 张建民：《治校必须严格——对严恺教育管理思想的几点认识》，《水利泰斗　教育楷模——祝贺严恺院士九十寿辰文集》，河海大学出版社2002年版，第141—142页。

与上述那批"海"字号巨著相比，严恺任主编，刘国纬任副主编，由浙江科学技术出版社于1999年9月出版的《指点江山展宏图——中国南水北调》，只是一本科普读物性质的小册子，可同样体现了严恺厚积而薄发的严谨治学态度。

时光回溯到1952年10月30日下午2点钟左右。在河南东坝头黄河大堤上，雄才大略的毛泽东用浓重的湖南口音，向身旁的水利等相关部门领导人，提出了一个比"高峡出平湖"还早4年的梦想："南方水多，北方水少，如有可能，借一点来是可以的。"[1]这是在百废待兴的新中国成立之初，这位忧国的领袖决胜千里之外、百年之后的梦，忧民的诗人浪漫气息浓郁得似乎有点不着边际的梦。

对水利事业具有战略眼光的严恺，说起南水北调来，虽古今中外无所不包，却不是天马行空。在《指点江山展宏图——中国南水北调》的前言中，他先要言不烦地一语破的、直奔主题："在历史上，先人为我们留下来万里长城和京杭大运河。在当今的中国，大概没有任何一项工程能够如南水北调工程这般宏伟了。"然后，简要介绍此书的内容："其中突出阐述了世界面临的水危机，并在此背景下介绍世界跨流域调水概貌。接着，从古代中国修筑大运河，谈到当今中国可持续发展与水资源短缺的矛盾，进而引出中国南水北调的由来和功能。"

从《水与社会可持续发展》一章中，我们能再次感受到严恺人水和谐治水理念的脉动。水至柔，亦至刚。水能载舟，亦能覆舟，蕴含的不仅有民本思想，也有顺应水的个性、与之和谐相处的自然规律。无水则无生命，也就没有人类及其生存必不可少的一切。如果人类还不能自觉地维护生态平衡、保护水资源、珍惜水资源，那么，当水以"至刚"甚至"覆舟"的一面"报复"人

---

[1] 《毛泽东年谱(1949—1976)》第一卷，中央文献出版社2013年版，第621页。

类之时，人类离灭顶之灾也就不远了。

从《世界跨流域调水》一章中，我们可以读出，我国的南水北调并非心血来潮的一时冲动、好大喜功的标新立异；而《运河史话》一章，把我们带进了值得自豪又不无苦涩的水文化的历史长河。

京杭大运河是世界上里程最长、工程最大、最古老的运河，从开凿至今已有2500多年的历史，部分河段现在仍有通航功能。它北起北京（涿郡），南到杭州（余杭），经北京、天津两市及河北、山东、江苏、浙江四省，贯通海河、黄河、淮河、长江、钱塘江五大水系和一系列湖泊，全长约1794公里，是苏伊士运河（190公里）的9倍、巴拿马运河（81.3公里）的22倍。这条运河是中国历史上沟通南北的一条大动脉，是我国北方始终能保持政治、文化中心地位的一条生命线。在古代，它背负着南北大量物资运输交换的重任，对中国南北地区之间的经济、文化发展与交流，特别是对沿线地区工农业经济的发展起了巨大作用。漕运历史绵延近千年，直到清朝末期，随着陆上交通和海运的发展，才最终退出历史舞台。但新中国成立以来，京杭大运河的部分河段得以新生：沿线的鲁、苏、浙三省对其位于各省的河段进行了整治、扩建和渠化，使之成为中国仅次于长江的第二条"黄金水道"。

《南水北调——绘在中国大地上的重彩》一章，通过叙述和数据，将前言中"在当今的中国，大概没有任何一项工程能够如南水北调工程这般宏伟了"的断语，条分缕析地展现在读者面前。我们看到，由于受地形和季风气候的影响，中国降雨的时空分布极端不均匀：大部分地区，多雨的四个月的降雨量，约占全年降雨总量的70%，造成了洪灾和旱灾两个极端的时间段；长江以北水系，流域面积占全国总面积的64%，水资源量却只占全国的19%，造成了水资源相对丰富和十分贫乏两个极端的地域空间。因此，南水北调与北煤南运、西气东输一样，是解决中国资源分布不平衡的重大战略性工程。通过跨流域的水资源合理配置，可以大大缓解我国北方水资源严重短缺的问题，促进南北方经济、社会与人口、资源、环境的协调发展。自南水北调设想提出以来，在党中央、国务院及水利部等职能部门的关怀和领导下，广大科技工作者做了大量的野外勘查和测量，在分析比较50多种方案的基础上，形成了南水北调东线、中线和西线调水的基本方案。西线工程在最高一级的青藏高原上，海拔高于整个西北和华北地区，但因处于长江上游的西线水量有限，只能为黄河上、中游的西北地区和华北部分地区补水；中线工程从长江支流汉江中、上游的丹江口水库引水，自流供水给黄淮海平原大部分地区；东线工程因地势低需抽水北送，却可以借大运河之力发挥，使千年古运河重新焕发青春。

从毛泽东提出南水北调设想到确定工程方案，时长超过半个世纪；从破土动工到修建完毕，时长也要近半个世纪。南水北调工程规划最终调水量为448亿立方米；其中，东线148亿立方米，中线130亿立方米，西线170亿立方米。如此长的工程建设时间、如此宽的工程范围、如此大的调水量，动用的人力物力之巨可想而知。围绕南水北调工程的不同意见，像对长江三峡工程等的争议一样多。但只要争议各方均出于忧国忧民之心，争议就是和而不同的百家争鸣。对专家而言，有取长补短之益；对领导而言，有兼听则明之功。在南水北调工程中局部利益遭受重大损失者，心情或许会从北朝无名氏所作《挽舟者歌》中找到共鸣："我兄征辽东，饿死青山下。今我挽龙舟，又阻隋堤道……前去三千程，此身安可保！寒骨枕荒沙，幽魂泣烟草。悲损门内妻，望断吾家老……"隋炀帝南巡时的纤夫，自有悲歌的缘由，正如孟姜女哭长城自有苦衷。从报刊上，笔者看到过诸如"丹江口喊渴"之类的报道，也不是假新闻。但皮日休《汴河怀古二首》中"尽道隋亡为此河，至今千里赖通波"的诗句，或许可以让因视点各异而持"远近高低各不同"见解的人们觅得历史的启示。如果从南水北调工程建成后，将解决700多万人长期饮用高氟水和苦咸水的民生大事，将在一定程度上改写我国"水少了，水多了，水脏了"的状况，从中华民族的未来、中国梦的实现这一战略高度来看问题，恐怕会多一点辩证的认识。

像对待长江三峡工程一样，严恺正是这样看问题的。在该书的尾声中，他给我们勾画了这样一幅令人神往的蓝图："当南水北调工程全面实现的时候，华北和西北干渴的土地将得到滋润，生态环境将显著改善，丰富的资源因为有了水而得到开发，工业和农业因为有了水而蓬勃发展，人们的生活将因为有了水而变得更加美好。"

这种高远的视野、脱俗的境界，跟井底之蛙的短视、以个人或局部利益为转移者的见地，有天壤之别，内化于心则为人品，注入笔端则成文品。

三、清廉情操

1980年7月8日傍晚，法国巴黎戴高乐国际机场。有位长者在候机室焦急地徘徊：班机起飞在即，他还在等退票。还好，真被等到了，他急匆匆登上飞往北京的波音747客机。

这位长者不是别人，正是严恺。他作为联合国教科文组织国际水文计划理事会副主席，刚刚出席完该理事会执行局第八次会议就急于返回祖国。要不是上海《文汇报》的一名记者恰巧也在机场候机，捕捉到了这条新闻，回国后在报纸上刊发出来，这小小的一幕早就淹没在历史长河了。

套用一句张冠李戴的外交辞令，笔者想说，严恺在进行"与其身份不符的活动"。把他在国内外的各种头衔列一张明细表，恐怕得三五页纸。68岁高龄，这么高的地位、声望，按级别、论身份，他是有资格来个前呼后拥的。严恺却自己提着行李等退票，多"丢份"！是清正廉洁的情操，使他自觉地远离讲排场、摆阔气等不正之风。一次，到机场接他的一个年轻人抢步上前为他提皮箱，他制止说："我能做的事自己做。我不要你拎，你也不要给别人拎。"严恺对这句话的解释是："能自己干的，何必麻烦别人？让年轻人提皮包、干杂务，简直是误人子弟！"

莫非严恺对巴黎"水土不服"？不！十几年前，他曾率团到法国，参观世界上最大的潮汐电站——法国朗斯潮汐电站。法国电力公司请客人吃海鲜，鲜活得连海贝肉也能跳出盘子，他照样吃得香甜。

莫非严恺在巴黎人生地不熟？不！会议刚刚结束，就有友人希望他再住几天，顺便游览一下巴黎风光。他谢绝了，请驻法大使馆代为购买当天的回程机票。大使馆告诉严恺，因为时间仓促，当天的飞机票已经买不到了，请他稍等两天。可是，严恺回国心切，提起行李直奔戴高乐机场。

莫非严恺囊中羞涩，再逗留就揭不开锅了？不！事有凑巧，我们无意间"打捞"出了他那次出国时的一份账单，一张平常得不被人注意，却珍贵得可以给《中国共产党章程》作注的账单。

出国所领费用：国内，水电部2390法郎；国外，联合国教科文组织另发生活费2304法郎。

实际花费：住宿850法郎，用餐30.6法郎，乘地铁12法郎，零用80.8法郎，合计973.4法郎。

回国后上交：3721法郎。

也就是说，严恺那次出国，不但没花国家一分钱，反而给国家"赚"了1000多法郎的外汇。

他完全可以用完这笔费用，这算不得什么；正如他节省下来上交的这笔外汇，对国家，甚至对如今一个小得不能再小的科室或公司，都算不得什么。有人甚至会认为，严恺的上交之举不是作秀，就是"傻帽"。但细微处见精神，这笔上交的结余费用中藏着的清正廉洁的情操，是用多少金钱也买不到的精神财富，足以让搞不正之风但尚可救药者脸红心跳。

清正廉洁情操的养成，非一朝一夕之功，是在人生历练中逐步形成的。而它一旦凝聚为大写的人才有的精气神，就会习惯成自然地表现出来。

不熟悉严恺的人，从他参加国际会议和外事活动的照片上，看到他多半西装革履、穿着得体。熟人却知道，严恺对穿着并不讲究，甚至有点念旧。他有一件老羊皮布面旧大衣，几十年过去了，一直舍不得丢。他有一块旧怀表，李法顺记得"那只表的工龄比我当时的年龄长不少"。这块表虽然超期服役，却清清爽爽、完好准时。那些年，各类新款手表、怀表层出不穷，但严恺不为所动，就是喜欢自己用惯了的这块旧怀表。他还有一双老式样的皮鞋，从陆地到船上，从国内到国外，从晴天到雨天，对这双劳苦功高的"敝屣"，严恺也是恋恋不舍。有人提醒他，他的形象代表学校和国家，劝他买一双新鞋。他抬了抬脚，看看皮鞋，笑着说，这双鞋子还能再穿两年。后来，鞋帮子磨损得实在不像样了，严恺才让它"下了岗"。

这些很有点"抠门"的节俭，似乎与清正廉洁的情操有段距离，也远离当今普通老百姓的钱包渐渐鼓了起来的生活现实。其实不然，节俭、廉洁与清正互为表里、互动相生，因此，古人有俭以养廉、廉以养德之说。与严恺有过零距离接触的人士所讲下面这些小故事告诉我们，对于严恺来说，这类"傻帽""抠门"的举动，不是特例，而是常态；不是偶然，而是必然。

曾担任南科院科研处副处长的高级工程师孙海宁对此作了概括：

严恺院士出国何止二三十次，他出国的食宿开支都非常节省，从不超标，多余的外汇，全部交还外事部门，受到大家高度赞赏。更有甚者，70岁以后，他到国外开会，部领导为了减轻他的劳累，建议派员陪同出国，也被他婉言谢绝。他称自己身体尚好，多派一个人就要多花国家一份外汇。他的为国为民的高尚情操，怎不令人景仰？①

王颖院士记述了一个并非偶然的特例：

60年代初有次在天津（利士德）大饭店开会，当时单间房价是12元一天，这个价格相当于今日千元以上。我提出："房价太贵了，不能报销，我不能住在天津大饭店。"严院长知道后说："是太贵了，我也不能报销。"结果，他将他住的设备高雅的大单间房腾出来让我和另一位女同志住，他自己搬到与其他男代表在一起的大房间合住，并且用每位代表平摊宿费的办法，来解决我们的困难。那时，正好碰到著名歌唱家王昆也住在天津大饭店，我是在1956年出访印度时认识她的。她看到我们住的大单间，直说："真照顾年轻人，帮你们解决困难啊！"至今，我仍自责：怎么就心安理得地换住了？严恺教授身为一校之长，却仍恪守学校财务规定，真是难能可贵的品格，是我永远要学习的榜样。②

华东师范大学河口海岸学国家重点实验室的虞志英教授深有同感：

1990年11月23日，严院长在连云港开会，在会议间隙提出要去看现场。严院长一行人至新建粮食筒仓附近工地，提出要上

① 孙海宁：《科坛教苑两丰碑，四射灵光往复回——敬记严恺院士几件小事》，《水利泰斗　教育楷模——祝贺严恺院士九十寿辰文集》，河海大学出版社2002年版，第241页。
② 王颖：《中国海岸科学的先导——严恺院士》，《水利泰斗　教育楷模——祝贺严恺院士九十寿辰文集》，河海大学出版社2002年版，第120页。

船看施工现场。陪同的金镠同志要去调拖轮，严院长阻止，就近找了一条运输施工人员的老旧小机帆船使用。当时与严院长一起的，有交通部规划院的石衡总工、陈吉余教授和三航院韩增寿总工及指挥部人员等七八位。上船时又无码头，只能顺栈桥边垂直而下，由几位年轻人帮着将这几个均已七八十岁的老人拉上船。陪同人员甚为紧张，但几个老头上船后蹲在驾驶舱前的甲板上，有说有笑地认真完成了一次现场考察……

严院长平时严以律己、宽以待人、作风正派。我常听人家说，他在参加会议期间从不接受宴请和送礼，我听后似信非信。在当今社会上，无论是政府官员、企业家及科学家参加各类会议，会议主办方会按惯例宴请和赠送一些礼品，这是常情。像严院长等参加的高级别会议，主办单位宴请或送礼品是少不了的。有一次我参加的一个港口城市召开的会议上，会后亦有宴请，大家一身轻松去市府所在地的高级宾馆参加宴请。开车时间已过仍不见开车，一打听是市领导正邀请严院长同往，但严院长不领情，要留下吃面条。结果，留下一位副市长陪严院长，我们则高兴地赴宴去了。另外一例，是我校聘严院长为教授时，校长要宴请，同样被严院长婉拒。结果，只能由陈先生（指陈吉余院士）和我陪同严院长，在学校大食堂一菜一汤、两块大饼解决问题。他边吃边说："节省时间，多做工作、多休息"。这是我亲身经历的事。在当今社会上不正之风有愈演愈烈之势时，重温严院长一身正气抵制不良风气的崇高品质，将给予我们很大的警示作用。[1]

这类并非偶然的特例不胜枚举。

在福建和浙江考察海塘、海堤时，主要交通工具是一辆旧中巴车。浙江省交通厅交际处要给严恺派一辆小车，被他婉谢了。他乐于和整个团队在一起同甘共苦，吃同样的份饭：每人一盘

---

① 虞志英：《榜样　楷模——记亲历严院长二三事》，《一代宗师：严恺院士诞辰100周年纪念文集》，河海大学出版社2014年版，第72—73页。

菜、一碗汤、一罐蒸饭。很有点"一箪食，一瓢饮"而不改其乐的先贤古风。

刚正不阿的严恺洁身自好，对有悖清正廉洁的做法不留情面，难免得罪人，但更感动人、教育人。

一次，严恺在西安参加一个大型的项目鉴定会。主办方规定，每人只需自交伙食费1元，会议结束时却摆下盛宴。严恺问及原因，说是伙食费结余。他当即朗声责问："只交1元，哪来的结余?!"

1987年，75岁高龄的严恺应青海、甘肃、宁夏、陕西四省区之邀，为了治黄大业考察黄河上游，他愉快地踏上了征途。

"九曲黄河万里沙"，旧地重游，严恺既看到了"奔流到海不复回"的时代大潮，也看到了潮中泛起的令人痛心彻骨的"沙"。

考察途中，所到之处用隆重接待、迎送筵宴设下的"路障"，使他不得不像当年的志士仁人通过封锁线一样左冲右突，以摆脱围追堵截。

他直言相劝："我们该办的事太多了，该花钱的地方太多了，哪能为吃喝一掷千金！"

他的倔脾气一上来，谁也拗不过：行程数千里，穿越四省区，宴请一次也不参加。简简单单两个菜，吃了就走。

接待人员也有同样多的感慨："上级部门下来的人，都像严老这样，该多好啊！"

20世纪90年代初的一个春节前夕，南科院党委书记和院长登门给严恺拜年，并带去2000元作为他担任名誉院长的奖金。严恺不收，他说："我只是挂名的名誉院长，怎能收奖金？"推辞不掉，他请院党委书记把奖金作为自己的党费上交党组织。多年中，严恺不收评审费，许多兼职的津贴也捐给了组织。

查一民对此感慨良多：

党中央三令五申不准公款吃喝，但在很多地方却是令不行、禁不止，或我行我素，或阳奉阴违。然而，这种事情要是碰到了严恺先生，那就必然要碰个一鼻子灰：轻者落个自讨没趣的尴尬下场，重者必遭先生的当头棒喝。即使是在无可奈何的情况下，他也会以只吃几筷蔬菜、一碗面条，或拿一个馒头就走等方式来表示他的反对。于是，有人认为他是吃素的，不吃荤菜；也有人认为他这样做是"不近情理，影响关系"。其实据我所知，严恺先生并非素食主义者，他年轻时留学欧洲养成的习惯，恰恰是肉食为主，多吃水果，很少吃蔬菜……严恺先生的严字当头，并非不近情理，而是恰恰相反，严得有道理、有感情，令人肃然起敬。①

不管时代的潮流和社会风尚怎样，人总可以凭着自己的品格，不同程度地超凡脱俗，而非随波逐流。在一些人为了位子、房子而奔波、角逐时，更多的人仍在执着地追求理想和信仰，严恺便是如此。他给人们树起了一面镜子、一个榜样：清正廉洁，对于个人，是立身处世的基因；对于政党，是执政治国的基因。

四、昆仑肝胆

在华水，有九三学社、民主同盟、民主促进会、民主建国会、致公党等民主党派的委员会或支部。

民主党派对学院对国家都做出了贡献。第一，协助学校贯彻中国共产党的教育方针和知识分子政策，积极开展思想工作，团

---

① 查一民：《新河海的奠基人　实事求是的典范——记严恺先生若干办学思想和实践》，《水利泰斗　教育楷模——祝贺严恺院士九十寿辰文集》，河海大学出版社 2002 年版，第 151—153 页。

结广大教师进行教学改革，开展科学研究和科普教育，发挥了积极的作用。第二，参政、议政。首先，在校内，院、系两级行政领导人都有民主党派成员。其次，中共华东水利学院总支部和党委会定期召开民主党派座谈会，请他们对学校各方面工作进行评议，提供意见。民主党派同志开诚布公，提出很多建设性意见。第三，20世纪50年代，民主党派有两位同志被选为南京市人大代表、两位同志被选为南京鼓楼区人大代表。60年代以后，民主党派有成员当选为江苏省人大代表、江苏省政协委员、全国人大代表、全国政协委员，发挥了更多参政议政作用。①

民主党派的参政议政作用是否能充分发挥，是中国共产党各级组织执政能力的试金石之一。

华水各民主党派的专家、教授们，从1956年之前是九三学社社员的严恺被信任、重用中，看到了共产党广纳百川的胸怀，不谋一党的私利，而谋国家、民族之公利的磊落。严恺曾多次当选为全国人民代表大会代表、中国共产党全国代表大会代表，与党和国家领导人，以及来自全国各界、各地、各民族的代表共商国是。

而作为过来人的严恺，则推己及人，对民主党派的成员一视同仁、真诚以对。作为一校之长，他虚心听取民主党派人士在治校、育人方面的意见和建议，积极支持他们在校内外开展参政议政活动，而且身体力行做表率。查一民写道：

严恺先生是我校九三学社德高望重的老前辈，也是江苏九三的老领导、老顾问。然而在九三社员中间，他从来没有一点老校长、老领导的架子和脾气，始终以一个普通社员的身份参加各项活动。他很支持我们这些小辈的工作，积极主动地完成我们交给他的任务。记得在1998年长江特大洪水时，严恺先生极其关注这

① 刘晓群主编：《河海大学校史（1915—1985）》，河海大学出版社2005年版，第77页。

场洪水的起因和防治决策，不顾八十多岁的高龄，为中央的正确决策积极建议。为了引起大家对防治长江洪水的高度重视，我们建议他向九三学社江苏省直属各单位的全体社员作报告。他欣然接受，并作了十分认真的准备，他的报告赢得了全体听众的热烈欢迎。他还带头拿出一万二千元积蓄作为抗洪救灾的捐款。[①]

作为民主党派人士，严恺与中国共产党肝胆相照、荣辱与共；作为中国共产党的领导干部，他努力处理好党政一把手之间以及与副手之间的关系，形成教书育人的向心力、凝聚力。严恺主政学校数十年间，与他搭档的党委书记有多人，其中与严恺共事时间较长的，"文化大革命"前有胡叔度，此后是胡畏。胡叔度在1958—1964年与严恺共事6年。他于1936年参加革命工作，1937年参加中国共产党，在苏北解放区历任区委书记、县委书记等职，调任华水党委书记前历任江苏省人事厅副厅长、南通地委书记、江苏省高教局局长等职。胡畏在1972—1983年与严恺共事超过10年。他也是1936年参加抗日救亡及地下工作、1938年入党的老革命，抗战时期曾在苏北解放区任区长、区委书记、县委组织部部长等职，新中国成立后历任江苏省委宣传部副部长、南京大学党委第二书记兼副校长等职。与严恺共事多年的副校长、党委副书记等更多，其中共事时间最长的是徐芝纶。他在1934年毕业于清华大学土木系，1936年、1937年分别获美国麻省理工学院土木工程硕士学位、哈佛大学工程科学硕士学位，1937年回国后，先后在浙江大学、中央大学、交通大学担任教授、水利系主任，1952年与严恺一起来南京创建华水，并于1954年起兼任教务长、副院长等职，是中国科学院学部委员（院士），力学、弹性力学领域的大师级专家。严恺与他们之间，只有治校方略上的和而

[①] 查一民：《新河海的奠基人　实事求是的典范——记严恺先生若干办学思想和实践》，《水利泰斗　教育楷模——祝贺严恺院士九十寿辰文集》，河海大学出版社2002年版，第153—154页。

不同，没有个人得失之争的"窝里斗"，配合默契，肝胆相照。

严恺的肝胆相照，显著特点是敢做诤友：直言不讳、不留情面，刚正不阿、疾恶如仇。

出于忧国忧民之心，即使对高层领导的表态有不同意见，严恺也不避风险。在1989年2月27日至3月7日召开的三峡工程论证领导小组第十次（扩大）会议上，针对国务院一位副总理"主张上的有道理，主张不上的也有道理"的模棱两可态度，严恺点名道姓地说："我认为，作为国务院副总理和国务院三峡工程审查委员会负责人，在可行性报告即将报审还未见到报告时，就急于对三峡工程表态，是不够慎重和难以理解的，即使作为内部讲话、个人意见也是欠妥的。"

就是对领袖人物的批示，严恺也并非"理解的要执行，不理解的也要执行"。"文化大革命"期间，一个当时言出法随的单位占用华水的地盘搞游泳池，其后，那里竟成了它的合法"租界"。20世纪70年代末80年代初，双方相争不下。对方的一面之词上了内参，反诬华水不讲道理。当时，那位好动感情的党中央总书记看后大笔一挥：这样无法无天的事有一件查一件！这条批示犹如泰山压顶，可严恺就是不弯腰，与时任华水党委书记胡畏联名"动本"，说明情况。这位总书记兼听则明，欣然收回成命。

对一度出现的拖欠中小学教师工资等现象，严恺厉声怒斥。

查一民记述了这么一件事：

记得有一次，我陪国家教委分管出版社工作的司长、严先生在交大时的学生沈友益同志去看他。他很高兴，并设便宴招待，喝了葡萄酒，回忆往事，谈兴很浓。这使我感受到先生亲切随和的一面。然而，后来谈到社会上的不正之风时，先生却突然激动起来。他大声指责一些地方拖欠中小学教师工资的现象，非常严厉地说："报纸上说公款吃喝一年要花掉几百个亿，为什么中小学教师的工资却发不出？真是岂有此理！拖欠教师工资这是连国民党都不敢做的事，为什么有的地方干部如此胆大妄为？真是太不像话了！国家教委管不管？！"先生的一席话，令满座为之动容。由此可见，先生对于公款吃喝等腐败现象之所以深恶痛绝，固然是他疾恶如仇的刚烈性格使然，更是他一贯忧国忧民的思想感情的真实流露。先生一辈子以天下为己任，始终抱着"先天下之忧而忧，后天下之乐而乐"的高尚情操。他总是把自己的一言一行，与为国为民的人生目的紧紧联系在一起。①

严恺对党内外的腐败现象和不正之风等痼疾顽症深恶痛绝，对自己的专业领域，更因爱河海工程之深而恨决策失误之切。"上海港的吞吐量不要超过一亿吨。"或许是囊中羞涩之故吧，当时的一锤定音者颇有点小家子气，上海港的建港规模就这么定下来了。改革开放带来了上海港的空前繁荣，"一亿吨"的决策余音未绝，实际吞吐量早突破了画地之牢。"看来不要超过一亿两千吨。"两年后的更正照样保守，到20世纪80年代后期，又被发展的现实远远抛在后面。而上海港不得不穿一套接长了袖子、裤脚，却仍紧紧裹在身上的外套，抬抬腿、扭扭腰都有炸缝的危险。严恺没有因大声疾呼但回天乏力止步，而是以具体的行动补天：宏观决策者可以大而化之，严恺只能勉为其难，为欠科学的决策寻找科学的出路。

严恺与民主党派、与中国共产党的肝胆相照，是以实事求是为基点的，"栽花"不违心，"挑刺"不避祸。以严恺对1998年抗洪救灾的透彻分析为例，他实事求是地"栽花"：

1998年，我国发生了历史上罕见的洪水灾害，特别是长江，发生了1954年以来又一次全流域型的大洪水，东北的嫩江和松花江也出现了特大洪水。全国人民对此都十分关注。在党中央、国

————

① 查一民：《新河海的奠基人　实事求是的典范——记严恺先生若干办学思想和实践》，《水利泰斗　教育楷模——祝贺严恺院士九十寿辰文集》，河海大学出版社2002年版，第152—153页。

务院直接领导和关怀下，数百万军民同洪水作了殊死的搏斗，抗御了一次又一次的洪水袭击，终于保住了重要堤防，保住了重要城市和主要交通干线，保护了人民的生命安全，最终取得了抗洪抢险的全面胜利……

1998年，洪峰接连出现，先后共8次，高水位持续时间长，长江中游大部分江段超过警戒水位的时间达2个多月，超历史最高水位的时间也持续1个多月。在这种不利的条件下能取得抗洪抢险的胜利，确实是很了不起的，是同党中央、国务院和各级领导对这次抗洪抢险的高度重视和广大干部群众同心协力与洪水拼搏分不开的。

他也实事求是地"挑刺"：

1998年，全国水灾损失估计大约为2000亿至3000亿元人民币，动用了800万人的劳动力，长达2个月之久，抢救转移群众400多万人；而且，灾后恢复生产、重建家园还是一项十分艰巨的工作。所以，虽然1998年的抗洪抢险非常了不起，但我们仍愿今后不再重复这样的抗洪抢险局面。因为这说明我们的防洪体系、防洪设施仍不能适应防洪的需要，还要靠如此的抢险来减轻灾情。灾后痛定思痛，我们今后必须进一步改进和完善我们的防洪体系和设施……

近年来，水利建设的地位更得到了进一步的确认，已把水利列为国民经济和社会发展的基础产业和基础设施，但在实际工作中往往会被忽视，得不到保证。不妨举个例子：太湖流域的综合治理，这是一项以防洪除涝为主，统筹兼顾航运、供水和环境保护的综合治理工程。建国初期，中央就抓太湖治理，由当时的谭震林副总理挂帅，由于两省一市矛盾很多，未能解决。到了80年代，太湖治理又提到重要的议事日程，成立了太湖流域综合治理领导小组，把治理太湖作为上海经济区的一项重要任务。经过有关部门、专家反复论证，提出了太湖治理的十大骨干工程方案。

全部工程完成后，太湖流域的防洪标准可以从3~5年一遇提高到50年一遇，也就是1954年同样的洪水。这十大工程经过领导小组审议后上报国家计委，并着重强调：鉴于太湖流域当前防洪除涝问题的严重性和紧迫性，万一再发生1954年那样的洪水，其后果将不堪设想，损失将远远超过1954年的100多亿元人民币（当时币值）。特别是十大骨干工程中的两条排洪河道——太浦河和望虞河必须抓紧开工，不能延误。原希望1988年就能动工，结果落空。一是资金不到位，二是两省一市对哪条河先开工以及一些具体的问题争论不休（望虞河的行洪水位问题，太浦河的平望北闸问题等），定不下来。结果，工程还是拖了下来。好了，到1991年太湖流域又发生了一次大洪水，全流域降雨量还没有达到1954年的量级，而太湖水位反而比1954年高出0.16米，造成很大灾害，损失惨重。这才引起从中央到地方的重视，投资也有了，但已是悔之晚矣。这也说明我们的防洪意识还不够强，抓水利建设的力度也不够。①

更为难能可贵的是，严恺不是止步于"挑刺"的旁观者，而是义无反顾的实干家。正是这种"天下兴亡，匹夫有责"精神的传承与发扬，使严恺成了当代大禹传人、水利科学界的一代宗师。是把个人的一切毫无保留地奉献给科技兴国伟大事业，是长达70多年活跃于水利科学前沿的不懈奋斗，铸就了他不朽的业绩、人生的辉煌。

① 严恺：《从1998年的抗洪抢险看我国的防洪和水利建设》，《水利水电科技进展》1999年第19卷第1期。

第十一章

河清海晏续梦人

在"四化"建设中，我们需要进一步发展农业、能源、交通和城乡建设，这些都需要大批的具有现代化科学知识的人才。因此，我们需要在华东水利学院的基础上，进一步建设一座有自己特色和专长的综合性的大学，面向现代化、面向世界、面向未来，为90年代以至下世纪培养能坚持社会主义方向的合格人才，这就是我们建设河海大学的目标。

——摘自钱正英于1985年12月18日在庆祝华东水利学院
恢复传统校名河海大学庆典上的讲话

一、华水的前世今生

1985年9月，国家教委批准华东水利学院恢复传统校名——河海大学；同年11月20日，邓小平挥毫为河海大学题写了校名。

12月18日上午，专程赶来南京参加河海大学恢复传统校名暨建校70周年庆典的水电部部长钱正英等人，为河海大学新校牌揭幕。下午，庆典在南京五台山体育馆隆重举行，全校7000多名师生和全国各地，尤其是上海、浙江、江苏的校友代表，纷纷前来参加大会。应邀赴会的贵宾，还有时任江苏省委副书记、省长顾秀莲，江苏省原党政一把手江渭清、惠浴宇，时任南京大学校长匡亚明等人，以及兄弟院校的领导和在宁的华水历届老领导。

华水为何成了河海大学，并且不是更名，而是恢复传统校名？

原来，华水的前身是河海工程专门学校。该校在1915年3月15日创办于南京，是我国历史上第一所培养水利专门人才的学府，1924年7月改名为河海工科大学，1927年9月并入中央大学的前身第四中山大学。虽然老河海只存在了12年，但这所学校是辛亥革命的产物，对我国水利高等教育具有划时代的意义，在学校创办人、领导人和培养的毕业生中，颇多青史留名者。

这所学校的创办人，是时任北洋政府实业总长兼全国水利局总裁的张謇。中国科举制度中的状元，真正有为民造福大建树的寥寥无几，而张謇却是这寥寥无几中的翘楚之一。他奉行实业救国、教育救国的宗旨，首开以现代气象、水文和测量技术对我国的水利进行调查观测之先河，著有《张季子水利录》。此外，他一生中创办了20多家企业、370多所学校，不愧为"状元实业家"。记得一次笔者在南通夜游濠河，出生于海门的张謇竟是濠河景观中最大的亮点，颇令几代都自称"海门人"的笔者引以为荣。严恺创建华东水利学院之时，师生自己动手、艰苦创业以及借用校舍等，与张謇创办河海工程专门学校之初的想法和做法，竟如出一辙：

为了节省开办费用，又能尽快招生开学，确定暂时借用校舍。张謇原拟在上海借用中国公学或中国图书公司房屋，后来考虑在上海繁华都市不利于"养成勤苦纯朴之校风"，决定改在南京，借用前江苏省咨议局房屋（民国之后为江苏省议会，现湖南路10号）。[1]

其中，借用校舍是形似，"养成勤苦纯朴之校风"与严恺提出并倡导的十六字校训中打头的"艰苦朴素"是神似。当然，老河海在其"存活"的12年间竟6易校址，与严恺在"文化大革命"结束后不得不第二次创业，虽都是创业之艰辛，但老河海的转世投胎与华水向新河海的华丽转身，折射的与其说是老河海与华水的不同命运，不如说是动乱沉沦与和谐发展的不同时代。

---

[1]　刘晓群主编：《河海大学校史（1915—1985）》，河海大学出版社2005年版，第2页。

不过，江山代有才人出。河海工程专门学校筹委会主任黄炎培，当时任江苏省教育司司长，是中国近代职业教育的创始人，新中国成立后曾出任中央人民政府政务院副总理、全国政协副主席等职。单科性的河海工程专门学校，也是黄炎培职业教育办学思想的样板之一。改名为河海工科大学后的首任校长茅以升，是土木工程学家、桥梁专家、工程教育家，中国科学院院士、美国工程院院士。他是严恺的校友、学长，还在不同时期担任过同样的职务——江苏省水利厅厅长。

偶然中有必然的是，老河海的教育方针、方法和与之相应的要求，与华水、新河海贯彻执行的新中国的教育方针，也多一脉相承般的共性。

建校之初，首先确定了三条教育方针，作为学校各项工作的依据和准绳：

（1）注重学生道德思想，以养成高尚之人格；

（2）注重学生身体之健康，以养成勤勉耐劳之习惯；

（3）教授河海工程必需之学理技术，注重自学辅导、实地练习，以养成切实应用之知识。

对于学生，则强调两点：

（1）必须问志愿，实有从事河海工程事业之决心然后来学；

（2）必自审体格，足胜从事河海工程事业之劳苦然后来学……

为保证教学质量，使学生具备切实应用之知识，学校创办之初还提出如下教学要求和方法：

（1）聘请富有工程经验而热心教学者为师；

（2）注重教学方法，使学生能活用理论，而不专致力于记诵；

（3）广储仪器设备，以供学生实验；

（4）组织参观工程以资感发，派遣实习以增阅历。[①]

---

① 刘晓群主编：《河海大学校史（1915—1985）》，河海大学出版社2005年版，第7—8页。

老河海建校之初，在张謇和黄炎培等人的影响、引领下，首任校长许肇南和教务部主任李仪祉等一批留美留德归国学人制定的教育方针、方法等，与严恺提出并身体力行的十六字校训以及"理论指导、科学实验、现场观测三结合"原则，也多相通相似之处。连重视体育锻炼，都有共同的基因：

学校对学生的体育锻炼十分重视，体育课特别严格。体育条例规定了5项田径运动的及格标准，并将体育课列为四学年均设的一门主课，实行强制运动，每日早操，每周三次下午操，在运动开始前5分钟，各级自修室、图书阅览室均严行锁闭，断绝学生出入，以防过于勤学者不顾身体，不参加运动。"盖河海工程，主其事者，勘查测绘，举必躬亲，跋涉山川，逾越险阻，体质不强，自难胜任。"[1]

为什么老河海与华水在教育方针、方法等方面会如此相似？答案得从学校创建者近似的人生历程以及他们对河海工程的深刻理解中去找。比如在老河海时间最长、与父兄同为同盟会会员的李仪祉，与严恺一样，都是出于教育救国的初衷而留学归国的，都有朴实务实的作风和一丝不苟的教学态度，都有被中国水利界公认的定评：前者是在理论和实践上贡献最大的近代水利专家，还是港口专家、教育家；后者是当代河海工程界的一代宗师，执教、办学、治校长达大半个世纪的教育家。

这样的创建者、领导者和教育方针与方法，使老河海与华水、新河海一样，培养出了一批杰出人才。在老河海，中共地下党的活动很活跃。中国共产党早期的一批活动家如恽代英、萧楚女、邓中夏等人，都应邀来老河海办过讲座或发表过演讲；当时的中共南京地委领导成员、南京市学联领导如曹锐、严传等人，都是老河海的学生。老河海不但是汪胡桢、须恺等水利学术权

---

[1] 刘晓群主编：《河海大学校史（1915—1985）》，河海大学出版社2005年版，第8页。

威的摇篮，还为张闻天、沈泽民等共产主义战士的起步打下了基础。曾在中国工农红军二万五千里长征的危急关头、艰难时期担任过中国共产党领导人的张闻天，其早期的马克思主义宣传等革命活动，就是从老河海开始的。

因而，虽然严恺创建华水是在老河海已不复存在的25年之后，新河海也只能以创建、发展了33年的华水为基础，虽然河海老校名的恢复以20世纪80年代学院改大学、校史比长短的思潮为背景，但总体上看，这是我国高等教育从精英教育阶段走向普及教育阶段的必然，是极左路线下的历史虚无主义逐渐被改革开放后尊重历史而不割断历史的理念取代的必然，是主攻水利的高等学府应对在改革开放中迅速崛起的中国对河海工程事业急需的必然。正如钱正英在华水恢复传统校名庆典上所作题为《祖国在召唤你们》的讲话中指出的：

在"四化"建设中，我们需要进一步发展农业、能源、交通和城乡建设，这些都需要大批的具有现代化科学知识的人才。因此，我们需要在华东水利学院的基础上，进一步建设一座有自己特色和专长的综合性的大学，面向现代化、面向世界、面向未来，为90年代以至下世纪培养能坚持社会主义方向的合格人才，这就是我们建设河海大学的目标。①

时任河海大学校长左东启在题为《承前启后，再展宏图》的讲话中，对此作了诠释：

如果说1915～1952年是我校发展的第一阶段，1952～1985年是第二阶段，那么，从今年起，我们就开始进入发展的第三阶段。使用"河海大学"这个校名，正是为了造成有利于进一步扩大发展的条件。称为"河海大学"决不是简单地恢复，而是要充分发挥我

① 刘晓群主编：《河海大学校史（1915—1985）》，河海大学出版社2005年版，第240—241页。

们的传统和潜力，突破旧的框框，开创新的局面。[①]

建设河海大学的新目标，从突破旧的框框开始。华水的招生范围早已超出了华东地区，还招收了大量留学生；随着对外开放的推进，专业设置中与海、与电等相关的学科越来越多，有的超出了狭义的水利范畴；而"学院"的定位，也成了学校发展的桎梏，需要有个名副其实的新校名。经广泛征求意见、院长办公会议

严恺从办公室深情地凝望河海大学校园

讨论，确认以恢复传统校名为好。这也是严恺酝酿已久并付诸行动的期盼：河海之"海"，是严恺人生和事业的半壁江山，与他的奋斗、他的成就如影随形般密不可分。恢复传统校名的动议一锤定音后，华水在向国家教委递呈报告的同时上报水电部，由钱正英出面请邓小平题写新校名。这是华水恢复传统校名的"来龙"。

庆祝恢复传统校名的大会上，被聘为名誉校长的严恺在开幕词中回顾了老河海和华水两个发展阶段的历史，对抓住大发展的历史机遇，办好新河海提出了热切的希望。他说：

在河海工程专门学校和河海工科大学的历史阶段，我们既涌现出像张闻天同志那样坚持真理、严以律己、诲人不倦的老一辈革命家，又有我国近代水利科学技术的奠基人李仪祉先生为学校树立严谨、朴实的优良学风。1952年华东水利学院建院伊始，我

① 刘晓群主编：《河海大学校史（1915—1985）》，河海大学出版社2005年版，第241页。

们就坚持党教导我们的艰苦朴素、实事求是的作风。三十多年来，我们一直把"艰苦朴素，实事求是，严格要求，勇于探索"十六字作为我们的校训。在面临学校事业大发展的今天，要办好河海大学，我们仍然要继承和发扬过去的优良传统，牢记这十六个字，它永远是我校立业、守业、创业之本。[①]

华水的今生——新河海的发展"去脉"显示，恢复传统校名以来的30多年间，校长的接力棒从左东启、梁瑞驹、姜弘道、张长宽、王乘，传到了现任校长徐辉手里。新的校领导没有辜负严恺的期望，每一棒都在探索中登攀、在创新中冲刺，取得了里程碑式的新进展、突破性的新建树。

以下引文，就是新河海从恢复传统校名到20世纪末15年间发展的缩影：

1985年学校恢复传统校名——河海大学，从此，学校有了新的定位，肩负着新的历史使命，开始了改革与发展的新的征程。

1986~2000年的15年是学校承前启后的重要时期。承前，就是要继承与发扬学校以水建校、以水强校的优势与特色，为我国水利现代化事业作出更大的贡献；启后，就是要做好水利学科重点发展、多学科协调发展这篇大文章，为进入新世纪后学校更快地发展、更大地提高打下扎实的基础……

在这15年中，学校的办学规模有了很大发展。在校普通本、专科生由3935人增加到11579人，成人本、专科生由1032人增加到5544人，研究生由362人增加到1438人。学生总数由5329人增加到18561人，增加了2.5倍。

在这15年中，学校的学科、专业覆盖面有了很大拓宽。本科由涉及4个专业门类、8个二级类的14个专业，增加到涉及6个专业门类、19个二级类的35个专业；博士学位授权培养点由涉及1

---

① 刘晓群主编：《河海大学校史（1915—1985）》，河海大学出版社2005年版，第239—240页。

个学科门类、3个一级学科的6个二级学科，增加到涉及2个学科门类、5个一级学科的10个二级学科；硕士学位授权培养点由涉及2个学科门类、4个一级学科的10个二级学科，增加到涉及6个学科门类、23个一级学科的37个二级学科。

在这15年中，学校的科技工作取得了很大进步。年新增科技合同经费数由735.6万元增加到15915万元；获得国家级科技进步奖、国家发明奖共29项，其中15项是我校为负责单位之一或第一负责人获得；获得省、部级科技进步奖268项。

在这15年中，学校的师资队伍在数量增加的同时，结构更加合理。教师总数由819人增加到1209人，其中教授由24人增加到145人，副教授由105人增加到367人；在教授中，博士生导师由13人增加到56人，45岁以下的教授由零增加到59人，具有博士学位的教授由3人增加到52人。

严恺（右二）深入工地，听取河海大学南京江宁校区建设工作汇报

在这15年中，学校的办学条件有了显著改善。校园面积由42.67公顷（640亩）增加到129.5公顷（1943亩），各类房屋建筑面积由19.08万平方米增加到51.58万平方米，其中教职工宿舍由5.75万平方米增加到20.52万平方米，教学科研仪器设备总值由2166万元增加到11843万元。[1]

把这个缩影局部放大，我们可以看到，新河海中的"海"字，被严恺和他的后继者们发挥得淋漓尽致："海"字号著述，成了严恺学术海洋中的"马六甲海峡"；"海"字号专业、学科和科研专题，成了新河海如今的半壁江山。

新河海名正言顺地突破了单科性的水利范畴，河与海贯通，水与电联姻：学校正朝着建设以水利为特色，以水资源开发、利用、治理、配置、节约和保护为重点，以工科为主，文、理、经、管、法多学科协调发展的多科性综合大学的既定目标前进。

新河海从学院升格为大学的"扩容"以及新老几代人的不断开拓，催生了两个新校区、十多个二级学院。

两个新校区分别是江宁校区和常州校区。江宁校区位于南京市江宁经济技术开发区的中心，占地面积58公顷（870亩），已有学生近万人，是高层次复合型人才培养基地、水利职工继续教育和培训基地，以及资源水利的研发基地。常州校区创建于1986年，位于有"江苏三小龙"之称的苏锡常地区的国家级常州高新技术产业开发区内，占地436亩，设有机电工程学院、物联网工程学院、企业管理学院等，是河海大学建设研究型大学的重要组成部分。

二级学院有：水文水资源学院、水利水电学院、港口海岸与近海工程学院、土木与交通学院、环境学院、能源与电气学院、计算机与信息学院、机电工程学院、物联网工程学院、力学与

---

[1] 姜弘道、郑大俊主编：《河海大学校史（1986—2000）·前言》，河海大学出版社2005年版。

材料学院、地球科学与工程学院、理学院、商学院、企业管理学院、公共管理学院、法学院、马克思主义学院、外国语学院、体育系等专业院系和大禹学院（拔尖人才培养学院）。

新目标、新定位、新突破转化为国家河海工程新业绩，首先转化为人才产品的培养规模和培养质量：拥有12个博士后流动站；12个一级学科博士点，66个二级学科博士点；35个一级学科硕士点，198个二级学科硕士点；11种硕士专业学位类别，其中，工程硕士专业学位涉及18个工程领域；51个本科专业。

面对诸如此类的新挑战，"艰苦朴素，实事求是，严格要求，勇于探索"的十六字校训，比以往任何时候都弥足珍贵。

河海大学新一代教学和教育管理人员周家苞、钱自立等人，从几个"面向"对人才素质综合要求的角度，把视点聚焦于"勇于探索"的核心——创新。

最能反映河海发展大势的，是老河海、华水、新河海教职工、新生和毕业生人数的比较。

教职工人数：在老河海创办后的第三年（1917年），还只有22人（其中，教师11人）。华水创建的当年（1952年），就有170人（其中，教师70人），是1917年的近8倍；恢复传统校名时（1985年），已有2066人（其中，教师819人），是1917年的近94倍。新河海发展到现在，教职工已达3400多名，相当于恢复传统校名之初的1.6倍。具有教授、副教授职称的高级专业人才，就超过了1985年的教师总人数：高达近千人。其中的"中组部海外高层次人才引进计划（千人计划）"、教育部"长江学者奖励计划"特聘教授、"国家级教学名师奖"获得者、国家杰出青年基金获得者、国家级有突出贡献的中青年专家、原人事部"新世纪百千万人才工程"获得者、教育部"新世纪优秀人才支持计划"获得者等，超过200人；还有"国家级教学团队"、"长江学者和创新团队发展计划"创新团队、"江苏省高等学校优秀科技创新团队"等近10个。

招生人数：老河海在创办的第一年（1915年），招收新生两个班共80人，并为山东省举办补习班招生19人，共99人。华水创建当年即招生728人，是1915年的7倍多。新河海恢复传统校名当年的招生数就高达1431人，是1915年的14倍、华水草创之初的近2倍。

毕业生人数：老河海存在的12年里共232人，加上合并时转到别的学校后毕业的90人，也仅有322人；华水仅1985年一年的毕业生，就高达748人；新河海发展到现在，每年都有1000余名本科毕业生，近百名硕士、博士毕业生。

到2006年严恺辞世时，他为之奋斗了半个多世纪的这所高等学府，已经成了国家首批授权授予学士、硕士和博士学位，实施国家"211工程"重点建设、国家优势学科创新平台建设，并设有研究生院的教育部直属全国重点大学。到2012年严恺百岁诞辰时，新河海各类学历教育的在校学生已高达46925名，是老河海时期历年平均在校生150—200人的268倍左右，比1985年年底的在校生5526人又翻了8倍多。其中，除19871名本科生外，还有研究生14750名、成人教育学生11998名、留学生306名。

时任国际水利学会主席肯尼迪教授，曾称新河海为"东方的麻省理工学院"。

这一切，无不凝聚着严恺及其搭档和继任者们，以及从华水的前世老河海，到今生新河海几代人的智慧、心血和奉献。饮水思源，钱正英告诉新一代河海人：

从当年"河海"教授李仪祉先生、"河海"校长茅以升，到今天的河海大学名誉校长严恺、前任"华水"副院长徐芝纶，都是你们光荣的代表。①

---

① 刘晓群主编：《河海大学校史（1915—1985）》，河海大学出版社2005年版，第240—241页。

二、育成十六字校训

新一代河海人没有忘记中华民族的水文化史，以及学校从老河海到华水，再到新河海的创业史：校园里屹立着夏禹、李冰父子、李仪祉、张闻天、严恺、徐芝纶等人的塑像，辟有张闻天、严恺生平事迹以及河海校史陈列室等，构成了河海特有的以物质形态传承的人文精神，昭示在水文化的历史长河中冲浪的新河海人续写辉煌。

新一代河海人没有忘记严恺在庆祝恢复传统校名大会上的期望与嘱托：十六字校训"永远是我校立业、守业、创业之本"。他们要面对的，既有新机遇，又有新挑战。

新挑战之一：腐败已蔓延到一向比较纯洁的校园，权钱交易、弄虚作假、抄袭他人成果等学术腐败并不鲜见。

新挑战之二：现在的大学生大部分是独生子女，他们备受家长呵护，在求学之路上有着过五关斩六将的经历，普遍存在自我感觉良好、自律意识淡薄、经不起挫折的弱点。

新挑战之三：我国高速发展的历史新时期，推动了治水思想的转型——从以保障人民生命财产安全、服务于经济建设为切近目标的时期，转向以保护水环境、服务于可持续发展为长远目标的新时期。

十六字校训是华水30年办学经验的结晶。

为了继承和发扬优良传统，大力倡导和建立一个具有传统特色的优良校风，严恺院长认真总结了解放后建院30年的办学经验，在1982年30周年校庆前夕，正式提出并经院长、党委讨论通过，将长期育成的"艰苦朴素，实事求是，严格要求，勇于探索"十六字确定为我校优良校风。通过大会倡导，层层贯彻，加强校风、教风、学风的教育，激励全校师生员工团结一致，艰苦创业，为开创新局面、建设新"华水"共同耕耘。每年新生到校，校风教育作为入学教育的一项重要内容，使优良校风代代相传，发挥无形而有效的教育力量。[①]

作为优良校风结晶的十六字校训与教学、科研、生产三结合，是严恺教育思想密不可分的有机组成部分。前者是办学、治校、育人的总体要求和目标，后者是实现这一要求和目标的基本途径与方法。

从古至今，水利的定位都与当时的社会背景、人文环境、生产力发展水平相辅相成。因为"水之为利害"涉及江山的安危，因而，治水被人们推崇为"经世之学""治国安邦之学"。水利的特殊地位，必然要求治水人具有与其他行业不同的职业责任、职业作风、职业操守。十六字校训，就是严恺与其治水思想相呼应的、对治水人综合职业素质的基本要求。

黄瑾是从学风这一校风的基本层面，解读十六字校训的：

首先，严老本身就很注意艰苦朴素，几十年艰苦奋斗、自强不息、勤奋拼搏，在组建华东水利学院时，更为突出。艰苦朴素，来源于具有强烈的为人民、为祖国四个现代化建设服务的责任心、事业心、使命感。艰苦朴素是艰苦奋斗的基本内容。艰苦朴素首先不是指穿着的朴素，而是指精神状态、精神气质，涉及精神世界的广泛问题……

实事求是是我们党的思想路线，也是唯物主义的认识路线。唯物论和唯心论、辩证法与形而上学，是两条对立的思想路线。严老把实事求是作为河海学风的重要内容，是有深刻含义的。今

① 刘晓群主编：《河海大学校史（1915—1985）》，河海大学出版社2005年版，第230—231页。

天回忆起来，严老主持河海大学工作的年代里非常注重实事求是，坚持从实际出发、从实效出发，对形式主义、花架子、阿谀奉承极为反感……

严格要求是河海大学传统学风的重要内容，而且具有丰富的内涵，它包括严肃的负责精神，严格的教学要求，严谨的治学态度，严以律己、为人师表的师德……

勇于探索是河海大学学风的又一个重要内容。勇于探索是指在辩证唯物主义认识路线的指引下，把继承和创新结合起来，不畏艰难，以扎实的理论基础、严肃的科学态度，去揭示科学领域未知奥秘，"有所发现、有所发明、有所创造、有所前进"……

总之，艰苦朴素、实事求是、严格要求、勇于探索既是严老倡导的河海学风，又是严老自己几十年光辉历史的真实写照。[①]

从教育思想这个核心来解读，结合严恺的办学实践、言传身教，我们发现，十六字校训中浓缩的严恺的教育思想，不是政治、军事专业的教育思想，也不是文学、艺术专业的教育思想，而是高等水利专业的教育思想。它是与中华民族源远流长的水文化史和华水的创建、发展史紧紧联系在一起的，是中国共产党的教育方针与严恺自身的个性化特质、华水的水利专业特色融为一体的产物。

艰苦朴素，是一种思想作风、工作作风，更是一种以奉献为内核的人文精神。它是大禹治水精神的外部特征，是一辈子与江河湖海打交道的人不可或缺的内在素质。从远古的原始社会形态开始，治水精神的凸显、传承，都与社会生产力发展水平紧密相关，而艰苦朴素是其必然产物。从某种意义上来说，艰苦朴素无论在革命战争年代，还是在新中国成立初期百废待兴的年代，都是被客观条件"逼"出来的。在物质文明大提高而艰苦朴素被

① 黄瑾：《严老的教育思想和"河海"的学风》，《水利泰斗　教育楷模——祝贺严恺院士九十寿辰文集》，河海大学出版社 2002 年版，第 102—105 页。

一些人淡忘的今天，更凸显出其在精神文明建设领域的意义之重大。"历览前贤国与家，成由勤俭破由奢"既是对历史经验的总结，更是对后人的警示！水利工作者的工作环境和工作条件、生活条件都比较艰苦，往往在人烟稀少的江河湖海上作业，常常在雨、雪、风、沙、冰、暴、潮等条件下从事勘探、规划、设计与施工，晴天一身水，雨天一身泥。所以，严恺强调要艰苦朴素，继承并发扬夏禹治水三过家门而不入的人文精神。

"实事求是，是马克思主义的根本观点，是中国共产党人认识世界、改造世界的根本要求，是我们党的基本思想方法、工作方法、领导方法。"习近平于2013年12月26日在中共中央纪念毛泽东诞辰120周年座谈会上所讲的这段话，为我们解读严恺倡导的实事求是，提供了最新也最具权威性的依据。水利工程有自身的规律，人们只能认识它、掌握它、利用它，按水利规律办事。水利的客观规律、特殊地位、巨大投入，必然要求水利工作者具有实事求是的职业态度，其核心就是"一切从实际出发"的科学态度，而要摒弃种种与之相反的唯意志论：缺乏科学依据的拍脑袋，情况不明决心大的盲目蛮干，好大喜功的政绩工程……所以，严恺特别强调实事求是。

严格要求，被严恺视为教书育人的第一要务。俄国作家果戈理曾说："人弄到这种地步真是可怕：他要什么样的生活和工作上的舒适环境就给予他什么，于是，他什么也不想干，再也不想去工作了。"如今大学校园里的许多怪现象、青年人身上的许多怪毛病，多半是"宽大无边"的副产品。宽，笑口常开，可亲可近。严，却不那么讨人喜欢——它生着一张令人敬畏的脸，常与下面这些峨冠博带的语素平起平坐：威严、尊严、庄严，严肃、严厉、严酷；旧时还是父亲的别称，有"家严"为证。严，说起来容易，做起来难。难就难在你要严，有人偏不敢严、不善严。敢严，一要打铁先得自身硬，如果律己不严，只好"宽以待人"，以免物议。二要不怕得罪人，套用一句时髦话叫作"人人都说从严好，严到头上受不了"，一动真格的，"恐严症"患者便会吱哇乱叫。所以要善严，既要严而有情，出于公心、爱心，貌似无情却有情；又要严而有法，不以亲疏定宽严，而以党纪、校纪等为准绳。三要严而有度，即宽严相济，给人留下在高度集中前提下横枪跃马的广阔天地。一言以蔽之，严是创造教书育人良好生态环境的必要保证。没有治学之严，岂有合格人才？没有律己之严，岂有律人之范？没有治校之严，何谈校风校纪？钱正英说："我认为，'十六字'的特点在于'严'。一般说，艰苦朴素、实事求是、勇于探索，这是我们许多同志对自己的要求，但各人的实践程度却大有不同。严恺同志的特点在于严格要求，由于他要求最严，所以成为我们的师表。他姓严，确实是严字当头、严于律己、严于治校。"

勇于探索，是在继承的过程中求发展、图创新。屈原的"路漫漫其修远兮，吾将上下而求索"之所以千古流传，正在于"求索"二字。人生之路也罢，治学之道也罢，是没有空中缆车可坐的，舍"求索"不可能到达彼岸。对于兴水利、搞工程的专业人士来说，勇于探索也有特殊意义。江河湖海既有相通互动的共性，又有各具情态的个性，无不因时间如春夏秋冬、地点如东西南北、环境如植被生态之异，而千差万别、千变万化。因此，不可能一成不变、一劳永逸地解决问题。唯有勇于探索，才能认识其特殊规律，把握其运动态势，用具体问题具体解决的方法，达到变水患为水利、实现人水亲和的目的。

严恺提出的"艰苦朴素，实事求是，严格要求，勇于探索"这四个方面，既各有侧重点，又互动互补。搞教学、搞科研、搞工程，离开了这四个方面，就沉不下"板凳宁坐十年冷"的心，吃不了深入一线的苦，做不出有所发现、有所创造的业绩。可以说，治校、治学，做人、做事，离开了"苦，实，严，勇"，要造就合格人才难，做一个大写的人更难。

从严恺在1956年为《华东水利学院学报》写的发刊词中，也可以窥见他后来浓缩进十六字校训的教育思想：

华东水利学院自1952年全国高等学校进行院系调整时成立，至今已经四年……今后主要任务将是如何进一步提高教学质量，使培养出来的干部质量能更符合国家建设的需要。

为了实现这项任务，一方面需要我们不断地总结教学工作中的各项经验，加以改进和提高；另一方面，尤其重要的是要进一步提高教师的业务水平，而要提高教师的业务水平，就需要在教师中广泛地开展科学研究工作……

自从党和政府提出向科学进军的号召以后，高等学校在配合科学研究机构和生产部门解决科学和生产技术上的各种问题，以提高我国的科学技术水平上，起着很重要的作用……

为了使我院今后的教学工作和科学研究工作能够健康发展，除必须加强马克思列宁主义的思想领导外，还需要贯彻执行党中央所提出的"百家争鸣"方针，提倡学术上的自由争辩。为此，学报必须站在全院教学和科学研究工作的前面，认真发扬这种精神。

不难看出，如果说在华水的草创时期，严恺把师资队伍建设重点放在招兵买马之上的话，那么，当学院初具规模、正常运转之后，他立即把师资队伍建设的重点转移到"提高教师的业务水平"这个"软件"上来。

为此，他号召"广泛地开展科学研究工作"，为"进一步提高教学质量"提供坚实的后盾。他深知，没有切实的科研，就不可能用最新研究成果来更新教学内容，也不可能赶超世界先进水平。如果放松、放弃科研，必然会钻进沿袭老教案、照搬旧内容的死胡同，等于把一盘发霉变质至少是不新鲜的剩菜残羹硬塞给学生，岂不令弟子辈难以下咽？

为此，他"提倡学术上的自由争辩"，为科研也为教学注入活气，注入生命力。他深知，"学术上的自由争辩"是科学、健康发展的重要法宝。勇于探索就得百花齐放，百花齐放才能使科研"活"起来。把"活"起来的科研成果注入教案、带上讲台，才能有"活"起来的教学内容、教学效果。他也深知，真正"活"起来的科研和教学，犹如一丛含露乍开的蓓蕾，在晨风中舞步轻摇，楚楚动人，馨香四溢；反之，就如同一束造型逼真并被洒上香水的塑料花，可以"乱真"，却不可能具有生命力。

要这样做，并做到位，非"艰苦朴素，实事求是，严格要求，勇于探索"不可。而抓这一切，目的是"使培养出来的干部质量能更符合国家建设的需要"。为此，他特别注重学生实际能力的培养，即配合或参加"科学研究机构和生产部门解决科学和生产技术上的各种问题"的能力。严恺一生的成就，多半植根于祖国河海工程建设的实践中，而不是闭门造车的书斋里。这也是他的教育思想的根基所在。

从1978年12月27日《新华日报》一则题为《壮心不减》的报道，我们看到了严恺把学校办成既是教学中心又是科研中心的决心，目标一如既往——"把华水办成具有世界先进水平的以水利为中心的理工科大学"：

文化大革命前，这个学校为国家培养了七千多名水利技术人员。他深深感到，水利是农业的命脉。水利学院一定要为农业大干快上培养更多的又红又专的专门人才。他兴奋地告诉记者说："去年高校招生制度改革以后，新生的质量高，数量多。我院今年招收学生九百多名，是历史上最多的一年。同时，建立了水文研究所、水利水电研究所、环境水利研究所，加强水利科学研究，使学校真正成为既是教学的中心，又是科研的中心。"

严恺同志越谈兴致越高。他告诉记者说："最近院领导作过研究，首先，要使思想适应，从上到下都要把注意力转移到教学和科研上来；其次，要改变管理方法，调整机构，健全制度，充分发扬民主，实行科学管理；再次，加强同国外的学术交流，决定明年聘请两名美国教授来华水讲学。我一定要和其他同志一起，发愤图强，急起直追，把华水办成具有世界先进水平的以水利为中心的理工科大学。"

为此，严恺与学校党委密切配合，把党的教育方针落实到教学的各个环节中去，使马克思主义、爱国主义、国际主义等思想政治教育，与艰苦朴素、吃苦耐劳等作风的养成同步推进，以培养德、智、体全面发展的新一代水利工作者。为达此目的，他十分重视各级领导班子的配备和提高：哪些系、所、处的党支部班子强，工作好，好在什么地方，好的原因是什么；哪些松松垮垮，战斗堡垒作用未充分发挥甚至搞内耗，问题的症结何在，如何合理解决……他了如指掌。就连年级辅导员、系人事秘书等基层政工干部的思想动态，行管科、伙食科、幼儿园的人员配备，他也细细摸底，逐一分析。教研室主任会议，留学生的思想工作、教学管理，本科生、研究生的招生和分配……他事必躬亲，提设想、听汇报、作指示、查落实，不搞脱离实际的花架子，严格要求到一丝不苟的程度，从而形成了他独到的凝聚力、推动力、威慑力。他走到哪里，哪里就长精神、出效益。

一般讲来，有压力是正常的，也是好事。工作也好，学习也好，总要有些压力才好。学习是很艰苦的劳动，要真正学点东西，不经过艰苦的努力是不行的。只要感到自己的知识不足，为党、为国家、为实现四个现代化需要掌握更多的本领，这个压力就能推动我们不断前进……

——1979年5月5日下午，他语重心长地与青年教师对话，句句不离"艰苦朴素，严格要求"，也就是以"艰苦"为跳板，变压力为动力。

今天请同志们来座谈，要采取些什么措施使我院多出人才，出高质量的人才；多出成果，出高质量的成果，在某些领域内赶超世界先进水平……如何进一步调动大家的积极性，充分发挥我校这支教学、科研队伍的作用，再挖潜力，把力量使在点子上……

——1979年7月19日下午，他在华水各方面代表参加的座谈会上认真听取意见、建议，平易亲切。

其后，严恺不断倡导十六字校训。他在1986年3月为河海校史题词，并在1987年、1988年，分别为河海大学福建校友会、厦门校友会、西安校友会成立题词，都不离"艰苦朴素，实事求是，严格要求，勇于探索"这一核心。

严恺80寿辰前夕，笔者曾问起他的办学体会。这位劳绩卓著的教育家深有感触：

——搞专业院校，把高校从属于具体部门，看来有利有弊。从弊的一面看，容易造成人才培养、使用上的部门所有制，培养的人才知识面太窄，视野不宽。水利建设需要多学科综合的知识，是多部门综合的事业，不只是水利部门的事。它涉及交通、国防、对外贸易部门，涉及工、农、商、渔各领域的经济起飞问题，要多学科齐头并进，重点突破。

——教育学生如何做人，永远是办好高校的基本和首要问题。没有爱祖国、爱人民的思想，无私无我的奉献精神，艰苦朴素、吃苦耐劳的作风，不可能成为一名高标准的优秀水利专门人才。

综上所述，"艰苦朴素，实事求是，严格要求，勇于探索"，既涵盖治校、治教、治学的共性，又突出水利人才培养的特色；既有中国传统文化，尤其是水文化的丰厚内涵，更有严恺毕生追求的强国梦。"艰苦朴素"中，蕴含着奉献精神，立足于为祖国建设、中华腾飞效命的使命感；"实事求是"中，有儒家"知之为知之，不知为不知"的底蕴，更有一切从实际出发的严格的科学精神；"严格要求"中，有"其身正，不令而行""严师出高徒"等古训的影子，更有为国家培养优秀人才、造就河海工程领域栋梁之材的办学宗旨；"勇于探索"中，有对夏禹父子由堵而疏、李冰父子"深淘滩，低作堰"治水经验的吸取，更有勇敢实践、不断创新，与时俱进地把中国的传统水文化推向发展新阶段的时代命题。

总之，十六字校训是作为教育家的严恺，熔其教育思想和治学、做人之道于一炉的结晶。正如严恺自己所说：

"十六字校训"是我几十年来从事教育工作，特别是在河海大学的工作实践中所体会出来的办好大学、培养合格人才的指导思想和办学经验，也是我个人的座右铭。当前，在改革开放、走向社会主义市场经济的新形势下，"十六字校训"更有它特殊的意义。面对社会上出现的一些腐败思想和不良现象，例如拜金主义、享乐主义，缺乏崇尚知识、崇尚文明的风气，不求进取、纪律松弛等，必须加强社会主义精神文明建设，采取有效措施，加强对青年的思想道德教育，弘扬"十六字校训"传统，培养"四有"新人。①

严恺不但是十六字校训的提出者，而且是率先垂范者。

无论是在他身为一校之长的华水，还是在他兼任所长 28 年之久的南科所，无论是身处顺境，还是处于"文化大革命"中的逆境，无论是做人，还是做学问、搞工程，"艰苦朴素，实事求是，严格要求，勇于探索"，几乎成了他习惯成自然的、如影随形般的内在素质，并且产生了感召力、凝聚力和辐射效应。这种感召力、凝聚力和辐射效应，来源于他的才智、他的威望、他的认真、他的热诚，连同他的执着，更来源于他"其身正，不令而行"的身教。

李法顺以自己同严恺共事期间的切身体会，勾勒出了严恺的领导艺术及其人格魅力：

严院长的领导艺术，我以为应首推沟通。他胸襟坦荡，会

① 转引自张建民：《浩瀚大海识英雄——记严恺院士》，见中国工程院网站 2004 年 11 月 2 日、《科教文汇》2005 年第 6 期等处。

上会下有什么事通通气，有什么意见随时提提。外出开会或有什么业务工作，行前总打个招呼，回来后哪怕是一点感受也说上几句。有什么不顺心的事，外面不好讲也发上几句。大家也理解，不是外人，思想也需要沟通。共同语言多，开展工作就容易顺利。其次是充分授权。开会时，大家汇报各自的工作，经常听到他"好"、"好啊"的高高赞同声……再就是重视决策。"决策就是管理"是西方决策理论学派H.A.西蒙的重要论点。回想起严院长长期执掌校政，对决策是十分重视的。每当要作出重要决策，他总是静心地倾听，本来就出言慎重，这时就更加谨慎，常常以询问的口吻做开头，和大家一道权衡利弊。当断即断，又从不拖泥带水，贯彻起来更是雷厉风行。还有，就是重视对群众思想情绪的把握。严院长十分热爱生活，热爱学校，热爱他长期从事的教学、科研工作。他对有关学科的历史与现状、对相关教师的基础与专攻都了如指掌，与广大师生员工有着广泛的共同语言，并注意保持与教学、科研一线的密切联系，掌握大家的感情和思想脉搏。他的工作和治学一样严谨、朴实。[1]

孙海宁忘不了严恺的艰苦朴素：

严恺院士的老羊皮大衣非常沉重。他经常骑自行车通过虎踞关陡坡，往返于他的住处和我所之间。我出于关心和爱护他的健康，建议他换一件呢大衣或轻裘大衣，而将老羊皮大衣留给子女穿用。严恺院士称，他对这件大衣，含有深厚的感情，还是三十年代，他从荷兰留学回国，参加黄河中上游测量地形时穿着的。冬天在西北地区搞野外测量，没有这样厚重的大衣，是不能御寒的。几十年了，丢了太可惜，子女也不会要，所以，他仍留下自己穿用。

他的一块怀表，估计也是三十年代在欧洲留学时买的。说起怀表，解放后，一般工作人员，我是很少看到有人使用的。多少

---

[1] 李法顺：《受益多多话感受》，《水利泰斗　教育楷模——祝贺严恺院士九十寿辰文集》，河海大学出版社2002年版，第178—179页。

年来，我跟随他参加过上百次由他主持召开的各种会议。会议开始，他的第一个动作，就是将怀表从身上取下，放在自己的桌子面前，以便严格掌握时间。记得在七十年代末到八十年代初，我跟随他到上海参加一个学术讨论会，住在靠近外滩的新城饭店。会议是由严恺院士主持的。开会时，他带了不少技术资料放在主席台上，同时也从身上取下怀表放在桌上。上午11时半，会议准时结束。回到房间，到12时，我请他到餐厅就餐。他打算看看时间，一摸怀表不见了。我当即提醒他，是否遗忘在会议室了。我立即到会议室寻找，可是会议室经服务员整理后，已无一人在内。饭后，我找到总服务台，了解到上午当班服务员，查询后领回。我借此机会，建议他买块手表，使用起来可能方便些。他说，这块瑞士产名表……走时非常准确，怎能扔了呢……

他以自行车代步，不坐单位接送的小轿车。我院前两任领导，包括原中央水利实验处和南京水利实验处处长，上下班均由小轿车接送。严恺院士兼任南京水利科学研究所所长时，按常规派车接送他，但被他婉言谢绝了。他的住处离我所有好几里距离，中间有一段虎踞关陡坡。未削坡修路前，即或是中青年通过时，上下坡也要下车推行一段。可是，他为了节省公家的汽油，宁可受苦受累，上下班仍以自行车往返……

不住高级宾馆。那是1966年11月"文化大革命"初期，我陪同严恺院士赴交通部请示汇报工作。当年，红卫兵都涌向北京，一般机关办公室、招待所都被红卫兵占住了。我们到达交通部，已是下午四点钟左右。当时，交通部科技局桂局长、总工程师刘工到处为我们联系住处，都不能解决。直到下班前，才联系到当时可谓顶级宾馆——北京饭店，我们住了一宿。第二天早餐后，严恺院士嘱我到服务台结账，称我们不能搞特殊化，住这样的高级宾馆。又回到交通部科技局，科技局了解情况后十分为难，无法另行找到住处。严恺院士坦然向他们提出，请局里同志每家借一条被子，晚上睡在他们的办公桌上。结果下午，由局里几位同志，带来了各家抽出的六条被子。晚上把桌上的办公用品拿走，我们睡在几个桌子拼起的办公桌上，才算解决了住宿问题。[①]

查一民记述了严恺在"文化大革命"逆境中，仍然一如既往地坚持实事求是的浩然正气：

严恺先生在"文革"中受到过非常严重的冲击，曾被打成我校"修正主义教育路线的总头目"等等，被关进"牛棚""劳动改造"，公开批斗，受到非人的对待。当时的"造反派"曾多次逼迫他"交代罪行"、交出"黑材料"，但都遭到了他的严词拒绝。甚至有一次在"造反派"抄家时，他拒绝交出"黑材料"，被推搡着从楼梯上滚下来，摔断了三根肋骨。然而，他毫不动摇、绝不屈服。他这样做不仅是坚持自己做人的原则，也是保护全校的干部和教师，不让他们受牵连和迫害。他的骨气，令大家钦佩。

后来，由于我院广大师生员工强烈要求"解放严恺"，而且，无数次的审查、批斗不仅没有发现严恺有任何"历史问题"和"三反罪行"，反而证明他的一生都是完全清白的，于是，工、军宣队的头头不得不表态说："只要严恺承认执行了修正主义教育路线，就可以解放他、使用他、结合进领导班子。"但是，他宁可不要"解放"、不要"结合"，也不肯违心地承认莫须有的"罪名"。当时，他已被分配到直属三连来劳动，而我是副连长。我怕他再受冲击，劝他不要再跟工、军宣队顶牛，他也不听。他对我说："有就是有，没有就是没有。自己没有做过的事，怎么能违心地承认？"他这种敢于坚持真理的勇气，确实令我感动。工、军宣队却说他"顽固不化"，还要继续对他进行批判，要他

---

① 孙海宁：《科坛教苑两丰碑，四射灵光往复回——敬记严恺院士几件小事》，《水利泰斗　教育楷模——祝贺严恺院士九十寿辰文集》，河海大学出版社2002年版，第236—242页。

继续"斗私批修"、"触及灵魂"。最终,"顶牛"的结果还是工、军宣队让了步,同意解放严恺,"结合"进院"教育革命组"当负责人……

当时,严恺的处境很艰难,并随时可能被再次"拉下马"。然而,他仍一如既往,无所畏惧,与极左思潮进行坚韧不拔的抗争。例如当时驻我院工、军宣队的最高负责人(某部队参谋长)曾下令把学校的花圃和草坪全部开垦成菜地,种上蔬菜,还准备把我院的大操场开垦出来种粮食。严恺挺身而出与广大师生员工一起坚决抵制,终于保住了大操场。还有,当时"四人帮"正在鼓吹工农兵学员"上大学、管大学、改造大学",反对"满堂灌"(教师课堂讲授)、反对考试成为时髦。但是在严恺和刘晓群同志领导下,我校却仍在想方设法地加强基础课和基础技术课的课堂教学,在"开门办学"中也安排了尽可能多的理论教学;同时还严格考试制度,加强考试监督。为此,严与刘都曾受到批判,说他们搞"管、卡、压",是"修正主义教育路线回潮"。但是,他们还是顶着压力,狠抓教学质量不放松。特别是1972年周总理指示要加强基础理论之后,他们更是积极贯彻,使我院的教学质量有了显著的提高。我校许多工农兵学员之所以能学到较多的理论知识,不少人在"文革"后考上研究生继续深造,与此是密切相关的。当年,水电部领导指定由我校主持制定"文革"以来第一个全国性的高校水工专业教育计划,严恺亲自主持了这一工作,他与许英才、刘晓群等同志一起,在关于"培养目标"这个最重要的问题上,大胆摒弃了"培养普通劳动者"的流行提法,恢复了"文革"前"培养高级工程技术人才"的实事求是的提法。这在当时是"冒天下之大不韪"的惊人之举,极易被当作"修正主义教育路线回潮"、"资本主义复辟",政治上很危险……然而,严恺不怕被再次打倒,他很坚定地说:"如果大学只是培养普通劳动者，那还要办大学干什么？"①

南科院教授级高级工程师毛昶熙，忘不了严恺冒着得罪高层领导和苏联专家的风险支持他探索的科学态度：

1956年首任南科（所）院领导严老，不仅大力发展他最擅长的河港研究室，兴建国内第一流试验室，就是对水工室也首建了国内渗流试验室，请来苏联渗流专家龙仁、管涌专家卢巴契可夫等坐阵指导电拟试验和管涌试验研究工作，并设计制造电力积分仪和水力积分仪等大型试验仪器设备。记得严老很关心的一项电拟试验"昆山地区明沟排水降低地下水位研究"，在新试验室工作很兴奋，连续几天就得出结果：要满足雨后降低地下水位不影响小麦生长时，需要沟距47米。讨论报告时，在大会上遭到水利部领导的严厉批评，说是脱离实际（因当时苏联的土壤改良书上都是沟距百米以上到几百米），跟随来的部专家在会上也就照着最高部领导的话发言了。出乎意料，严老却安慰我说："他说的不一定对，科学实验么。"随后按照水利部意见组织苏南圩区调研，并在昆山设点现场试验，一年后的结论：这样的地质土质情况，沟距必须小于50米方可满足要求。被搁置下来的研究报告成果加上现场试验就被送到《江苏农学报创刊号》，1962年正式发表了。从这件事情，使我认识到严老的严谨科学态度是多么非凡。②

严恺出去搞普查、勘察，走路快得别人都跟不上。脚趾跑得化脓，先后拔除了两个脚趾甲，还是跑得别人跟不上。一壶水、几个冷馒头、两个熟鸡蛋，他就能撑一天。跟他一起去的同志往往受不了他的快节奏、低消费，在下面提意见。他也能偶尔让大

①　查一民：《新河海的奠基人　实事求是的典范——记严恺先生若干办学思想和实践》，《水利泰斗　教育楷模——祝贺严恺院士九十寿辰文集》，河海大学出版社2002年版，第148—151页。
②　毛昶熙：《庆祝严恺院士九十华诞——记我院筹建全国第一个渗流试验室》，《水利泰斗　教育楷模——祝贺严恺院士九十寿辰文集》，河海大学出版社2002年版，第215页。

家放松一下，"享受"一下，而他自己依然是快节奏、低消费。与严恺有较多零距离接触者，对他以准时、惜时，快节奏、高效率自律，也这样律人的严格要求，无不交口称赞。

钟声扬回忆说：

从总体上说，严所长平日言语不多，比较严肃，要求严格。几乎可以这样说：有多大多重的工作，他就有多深多沉的严肃和严格；而每当胜利完成一场战斗，迎接下一个战斗间隙之际，他会主动地和年青一代宽厚相处、潇洒休整，甚至富有不灭的童心，使人感到十分亲切可信。

严格准时：这是与严所长共事最起码的素质要求，这是做任何事情的ABC基本要求。他不仅仅这样要求他人，更是如此这般地严格要求着他自己。每当会议决定翌日凌晨5：00出发赶路时，第二天凌晨按时上车的第一人准是他本人，并且每次都这样。这使个别爱睡懒觉的"老油条"，再也不敢接二连三地迟到了。

当日事当日毕：讨论行动计划时，可以七嘴八舌，各抒己见；一旦形成决定，订成计划，则严格按计划执行。除特殊情况下，非人算能够做到者，则今日的计划必定要今日完成。①

严恺对自己的严格要求，不是一时一事，而是无时不严格、无事不严格。

严格按共产党员的标准要求自己。与他在同一个党支部10多年的黄瑾记得，每次过组织生活，严恺都非常认真，不但从不迟到，而且每次都做了发言准备，写在小本本上。每次出国访问或参加国际学术会议，出访归来，他都向领导班子和党支部汇报，始终以一个普通党员的身份生活在党员群众之中。

严格按教师的标准要求自己：不脱离教学第一线，一直坚持授课，培养本科生、硕士生、博士生。他的教学内容注重理论与

---

① 钟声扬：《是他的魅力所在令我尊敬和喜欢》，《水利泰斗　教育楷模——祝贺严恺院士九十寿辰文集》，河海大学出版社2002年版，第200—201页。

实际相结合，时有他亲身经历、亲自设计的重大工程实例。对每届毕业生，他都安排野外实习、毕业设计，从而大大提高了学生的动手能力和从事实际工程的才干。他上课没人敢迟到，考试没人敢作弊，从来不给人情分，仍然是在中央大学执教时的铁面无私，不及格就是不及格。

1954年考入华水水港系、后来在严恺指导下攻读硕士学位的南科院河港所原所长陈志昌，讲述了一件令他终身难忘的往事。1955年春节，下着鹅毛大雪，他和十几名同学没有回家过年。大年初一的早晨，大家出门吃早饭，竟发现严恺站在门口，正拍打身上的雪花。一进屋，他就拉起学生们的手微笑着说："新年好，我来看看大家。"十几个小伙子感动得直抹眼泪。陈志昌在纪念文章中写道：

我们每周都必须将学习或研究情况向导师汇报一次，然后听取他的指导。他的教导循循善诱，知识与做人并重，身教重于言教，许多精心点拨使我铭记在心、终身受用。例如：研究江河湖海，并对其实施治理工程，最重要的是掌握和吃透现场第一手资料，这既是研究工作的科学依据，也是工程设计的重要基础；不同的潮波性质对河口、海岸的造床作用各异，治理工程对策一定要有针对性，因势利导，不断优化；对不同的学术观点要格外细心听取，扩大视野，吸收其合理部分以丰富研究成果；等等。

他爱惜人才。他的记事本中，记载着许多人才资料。他在主持学校和研究所工作期间，吸纳了大量优秀人才，并能够量才使用，为他们在各自的岗位上发挥才能创造条件。他对于有缺点错误的同志，评价时能坚信其基本点，不仅不予歧视，而且给他们在工作中改正错误的机会。

我心目中的严师，不是因为他姓严，而是他一辈子对己、对事、对人，都是"严"字当头。他一切以国家和人民的利益为重，在成就和荣誉面前从不自傲，为我们树立了道德高尚、事业奋进的光辉榜样。①

身为一校之长，又有诸多不能兼而不干、顾而不问的兼职，严恺怎么忙得过来呢？

他分身有术。

一是善于增加自己的劳动强度，提高时间的利用率。用"分"计算时间的人，比以"时"计算者，时间要多出59倍。严恺的时间观念极强。工程设计项目、科研攻关项目，凡接了任务、排好日程的，一定按期保质、保量完成——国家现代化建设不等人。

他外出考察、开会，也是绝对准时。开始，司机不了解这一点，有时提前到了，就按喇叭催他。他说："别按喇叭，我会准时出来的。"后来，司机发现，严恺每次上车，与约定的时间不过相差几秒钟。

二是不惜向自己的健康挖潜力，争分夺秒挤时间。

他从不睡午觉。外出时，中饭一刻钟，饭后小憩一刻钟，出发。下面提意见："司机可受不了，出了问题怎么办？""好，休息半小时。"他爽快地答应，"大方"极了。

当年每次去北京开会，除非乘飞机，他总是叮咛买第66次的车票。若是工作人员买了其他车次的票，他会发脾气。事后，工作人员在一次党小组民主生活会上向他提意见。严恺认真听取了批评，并检讨了自己发脾气的错误，最后才作了点说明："我这么一把年纪了，再也浪费不起了。第66次车从南京到北京这一段是晚间运行。这样，我在上车那天照样可以干手头的工作，上车后睡一觉，第二天一早到北京后又可以办不少事。""多少事，从来急，天地转，光阴迫。一万年太久，只争朝夕！"严恺的肺腑之言及其只争朝夕的精神，在同事们的心海里激起千重浪涌，催人奋发！

① 陈志昌：《缅怀严师》，《水利泰斗　教育楷模——严恺院士诞辰100周年纪念文集》，河海大学出版社2002年版，第67—68页。

老虎也有打盹儿的时候，严恺的身体岂是铁打的？不，请看他在1984年5—7月因病住院期间的日记：

5.23　到工人医院看病，诊断为劳力性心绞痛，医嘱半休半年，不要出远门。

6.2—11　赴京参加大百科全书海工部分定稿会。

6.13　上午8点，去工人医院住院；9点，南科院来人汇报某同志问题。下午，检查间隙向医师请假，到南科院找人谈话；回病室后处理华水转送来的国内和国外多封来信，落实第二次河流泥沙国际学术讨论会有关事项。

6.14　早晨灌肠，后抽血，拍胸片、腹片；下午华水来人，带来纸笔，嘱为特别优秀的毕业生题词。

6.16　B超检查肝、胆、胰，发现胆结石等症，服利胆素。

6.19　上午8点召开全国海岸带和海涂资源综合调查技术指导组扩大会议，讲话。

6.30　医生谈检查结果之一：前列腺增生非药物所能及，建议秋季动手术。

7.2　医生谈诊断结果之二：冠心病应引起重视，嘱一定要控制脑力和体力活动。

7.5　下午去南科院，落实该院和华水向第二次河流泥沙国际学术讨论会递交论文的有关事项。

这是在严恺不得不闲的住院治疗期间！

时任河海大学党委副书记郑大俊教授通过严恺的话，让我们透视到了他藏于惜时、准时之后的内心世界：

他工作太忙、太累，许多人不理解，一是不理解对时间这样吝啬，二是不理解为什么这样做。1986年1月18日，老院长在党员会议上作个人年终小结时说了这样一段话："有时我也想，别人也常劝我：七十多岁了，何必揽那么多事，不会清闲一下，休息休息么？但事到临头，还是承接下来了。我想，我为人民工作的时间不会很多了，所以，总想抢时间多为国家做些事情，现在做得很不够。"老院长惜时如金，学习、学习、再学习，工作、工作、再工作，图的就是抢时间为国家多做些事情。这是多么高尚的境界啊！[①]

时间是人类的财富，也是国家的财富。严恺珍惜它、利用它，因此，岁月留给他的不仅仅是染雪的双鬓，更多的是献给祖国和人民的累累硕果！

"抢时间多为国家做些事情，现在做得很不够。"这就是严恺，这就是古稀之年的严恺！

从采访对象嘴里以及与严恺有较多接触者的回忆文章中，我们听到、看到许多严恺的"严"故事。

他兼任南科所所长，却拒绝接受该所的任何报酬。

孙海宁回忆说：

严恺院士很重视廉政建设，律己很严，即或是名正言顺的补助或津贴，也分文不取。例如1956年开始兼任我所所长，我所按常规每月补贴两位兼任正副所长车马费各100元，但他拒收给他的津贴，据说当时担任中科院学部委员每月也有100元津贴，同样不收。有人劝他应该领取，他则表示，我已有了一份工资，额外的津贴不能再取，如一定要我领取时，请将车马费作为党费交给组织。

九十年代初期，我院经济效益逐年提高。严恺院士在1984年机构改革后，担任名誉院长。某年，我院党委书记和院长在春节前往拜年时，从财务处领出2000元作为名誉院长的奖金，带给严恺院士。他称，我只是挂名的名誉院长，怎能收此奖金？书记告知钱已从财务处代办手续后领出，不好退回。严恺院士对我院对

① 郑大俊：《一丝不苟地做人 一丝不苟地做事——严恺老院长生活中的二三事》，《水利泰斗 教育楷模——祝贺严恺院士九十寿辰文集》，河海大学出版社2002年版，第159页。

他的关心，表示感谢，但请书记将此奖金作为党费上交组织。①

工资外收入，凡推不出去的，他也交了党费。1989年以后，严恺干脆让办事人员代收代存，留作公益基金。

我们找到代办此事的工作人员了解严恺的"小金库"，看到了一本存折和一张账单。从1989年6月到1990年12月的一年半内，有葛洲坝工程建成奖、"七五"攻关项目阶段成果奖、在中国科学院审议"八五"攻关项目咨询费、《中国大百科全书·水利卷》审稿费、《人民长江》《海洋与湖沼》等刊物的稿费、《荆江大坝志》评审费等等，累计1252元。

这是一张金额小得令如今的普通工作人员也看不上眼的账单，又是一张付出之多与收入之少反差大得令我们瞠目结舌的账单，更是一张珍贵得可以给《中国共产党章程》作注的账单。它出现在人民共和国改革开放的历史新时期，商品经济的浪潮冲击着每个人道德和精神的"堤坝"，人人都面临着信仰和信念的严峻考验。"堤坝"发出碎裂声响者有之，轰然倒塌者有之。而严恺的"堤坝"却"我自岿然不动"——他不愧是国际大坝会议中国委员会主席。从严恺的这个"小金库"和已发现、未发现的种种账单中，我们能听到一个中国共产党党员清廉高洁的心音、正道直行的足音。

他工资较高，按规定该交收入调节税。对这件别人唯恐躲不过的事，他月月催着办事人员跑税务所。为了减少办事人员的麻烦，后来，他干脆嘱咐一次性把半年的税提前交上。

陶行知先生曾用两句诗来表明自己办学的心迹，也提出了"人类灵魂工程师"应有的奉献精神："捧着一颗心来，不带半根草去。"严恺毕生的实践证明，这两句诗绘出的精神境界，他是

① 孙海宁：《科坛教苑两丰碑，四射灵光往复回——敬记严恺院士几件小事》，《水利泰斗　教育楷模——祝贺严恺院士九十寿辰文集》，河海大学出版社2002年版，第233—234页。

当之无愧地拥有。

严恺严于律己，也严格要求别人。

张建民通过实例，记述了严恺对培养人才近乎苛刻的严格：

治校严格，就是为了造就终端产品——国家需要的合格的建设人才，这是教育者的崇高职责所在。严恺在教育培养人才方面把关严格，严肃认真，在社会主义市场经济条件下，具有很现实的意义，更是值得总结研究和深入探讨的。

20世纪80年代中期，古稀之年的严恺招收了一位硕士研究生。当时，他认为这个学生的基本情况还是比较好的。带着对弟子未来成材的期望，为了使弟子学习取得进步，他给这个学生制定了一个系统的学习、进修和从事科研的计划。但是，事情出乎严恺的意料。这个学生由于心里想着早日出国，借导师的名声到处联系，因此，学习上勉强应付，不积极参与科研，实验数据收集得不完整，总之一句话，学习上严格不够。到了做硕士学位论文阶段，这个学生所写文章的观点得不到数据材料的有力支持，体系不够严密。严恺仔细审查论文以后，大为不满，责令重新补充实验并取得相关数据，要求认真修改论文。这个学生此时才感到做严恺的研究生确实不那么简单，并且没有任何求情通融的余地，等清醒过来再去补充资料已经没有时间了。结果，这个学生论文答辩没有获得通过。名教授的学生，竟然没有毕业。严恺的苛求，正是源于对教育事业的认真负责、对管理学校的严格。这件事对不少学生来说，起到了深刻的警示作用。毫无疑问，拒绝"严格"，必须为此付出代价。

严恺对待另外一位博士生学习进修的做法，不能不让我们感到他严格的另一面更是令人敬佩。90年代初，他开始指导一位博士生。他为这个学生选定了一个很有价值的研究方向，但是需要一些先进的仪器设备进行实验，并要得到从事这个方面研究的专家指导，国内一时还不具备这些条件。为了严格人才培养标准，他以宽阔的胸襟和开放的意识，主动帮助联系了丹麦一所大学的教授，商定派这个博士生到丹麦的大学去，接受国外同行的指导，共同完成了培养高级人才的任务。这是"严格"的人格魅力。①

严恺对学生严格，对部下同样严格。一次，华水和南科院共同接待一个美国水利专业代表团。严恺召集这两个单位的外事工作人员和参加接待的相关单位负责人开筹备会，时间定在上午10点。这天上午，严恺原已安排参加华水的党委会，但他请假准时回到办公室。参加筹备会的一位系主任迟到了10分钟，严恺很生气，严肃地批评了他。他申述从系里前来的途中，被系里一位老师拦住，商量一桩要办的急事，因此迟到。似乎情有可原，但严恺对时间有自己的计算方法，他说："你一个人迟到了10分钟，我们在座的4个人，不是因为你白白浪费了40分钟吗？"

在南科所，严恺有个由姓氏的谐音和个性合成的外号——"阎王"。每当他大驾光临，谁也不敢在他面前打马虎眼。

杨鸿明写道：

五六十年代，我还是一个年轻的技术干部，由于兼任团委副书记，参加过几次严院长主持的会议。记得当时党委的负责同志都要预先打招呼：明天严院长来参加会议，大家都不要迟到。所以，在我的印象中，凡严院长参加的会议，秩序都特别好，绝无迟到、早退者。这与严恺院长几十年如一日、以身作则、身体力行密不可分。严恺同志的时间观念极强，无论大小会议，他总准时到达；主持会议，大家围绕主题发表意见，谁也不敢七拉八扯，因此，会议效率特高。②

① 张建民：《治校必须严格——对严恺教育管理思想的几点认识》，《水利泰斗　教育楷模——祝贺严恺院士九十寿辰文集》，河海大学出版社2002年版，第142—144页。

② 杨鸿明：《严院长二三事——贺严恺院士九十华诞》，《水利泰斗　教育楷模——祝贺严恺院士九十寿辰文集》，河海大学出版社2002年版，第218页。

严恺的严格要求对任何人都一样。有一次召开全国水利学会会议，他作为学会理事长，向会议作工作报告。有位部级领导因故迟到，也被他当众批评得面红耳赤。1983年，严恺在斯里兰卡主持第一届发展中国家海岸及港口工程国际会议组织委员会会议。一位外国与会者姗姗来迟，严恺以开玩笑的方式说了一句不吐不快的话："在国内如有人迟到5分钟，我对他说的只有一句话：'Let out please'（请出去）。"那位外国大胡子也闹了个大红脸。

凡是交由严恺签字或审查的报告、总结、论文，如果出现估计、大概等字样，他是决不会轻易放过的——科学不允许"大概"，要的是板上钉钉式的实在、一丝不苟的认真，即实事求是。

真正的共产主义信仰，不是漂亮的言辞，而是为祖国、为人民谋福祉的行动。这就是严恺，认真得近乎苛刻的严恺，"其身正，不令而行"的严恺！新一代河海人，被他的身教和表率实实在在地影响着、激励着。

新一代河海人对校训也有了与时俱进的解读：

——如今，21世纪已经来到，知识经济已经显现。加强基础知识、培育创新精神、培养有创新能力的人才是我们高校的任务，也是当务之急。根据我的体会，在当今新形势下，十六字校训中的"勇于探索"至关重要。"勇于探索"，其目的在于创新，而"艰苦朴素"的精神、"实事求是"的态度、"严格要求"的作风等，都是进行探索、创新取得成功的必要条件。[①]

——弘扬艰苦朴素精神是"穷国办大教育"的需要，是素质教育的必然要求。实事求是是马克思主义的精髓和灵魂，强调的是"使思想和实际相符合，使主观和客观相符合，一切从实际出发"。

进一步更新教育思想和观念，在继承和创新的基础上，努力

---

① 周家苞：《严老是实践十六字校训的楷模——记严恺教授二三事》，《水利泰斗　教育楷模——祝贺严恺院士九十寿辰文集》，河海大学出版社2002年版，第124页。

实现教育的"两大转变"……从当前我们面临的科学技术加速发展及其综合化、整体化发展趋势出发，从知识经济时代的来临及其社会经济、科技、文化信息发展趋势出发，重新审视以往的教育思想和观念。

就学校的人才培养模式来说，力戒办学模式趋同化……强化受教育者在知识、能力、素质诸方面综合化教育模式……强化教育应"面向现代化、面向世界、面向未来"、面向社会、面向市场，理、工、文、经、管、法相互渗透，优势互补，综合发展。严格要求……对高校而言，则要从严治校、从严治教、从严治学。

勇于探索的核心是要求不断创新……创新的过程就是寻求和把握事物发展变化的客观规律的过程，就是依据"实事"去"求"是的过程。①

以严恺为首的学校领导班子率领华水人育成的十六字校训，以其超越时空的治校、育人张力，成了新一代河海人实现把河海建成"具有国际一流水利学科的高水平研究型大学"之梦的精神宝库。

三、严恺基金送长风

1995年，在建校80周年之际，河海大学为弘扬"艰苦朴素，实事求是，严格要求，勇于探索"的优良校风，以及严恺教书育人、为人师表、严谨治学的师德和学风，为推动水利、电力、交

① 钱自立：《解读〈校训〉》，《水利泰斗 教育楷模——祝贺严恺院士九十寿辰文集》，河海大学出版社2002年版，第127—134页。

通、海洋等科技事业的发展，决定设立"严恺教育科技基金"。

严恺得知消息后，首次捐款人民币20万元，此后又多次将稿费、咨询费和出差补助费等投入基金，在遗嘱中又交代再捐20万元，支持这项人才培养工程，给河海学子送扬帆彼岸的长风。

严恺捐入这项基金的几十万元，在腐败官员眼里，数额小得不够给他们巧取豪夺的血盆大口塞牙缝的。可对于严恺来说，这是他多年的积蓄。家家都有本难念的经。他的夫人陈芳芷晚年卧病在床，严恺自己忙里偷闲精心照料。可顾了家事，还是忘不了国事天下事，得请人护理才能两不误，家庭日常开支翻了好几倍。这且不说，即使把他交出或用于其他捐助的经费，比如他的子女整理严恺留下的书稿时发现的多张资助失学贫困儿童的汇款单、在美国办学术讲座回国后上交水利部的800美金授课费、1998年长江特大洪灾中所捐1.2万元人民币等等积攒下来，严恺也有了把捐给基金的捐项增加好几倍的经济实力。因此，这笔基金捐款，如同他一次因公出国就上交给国家结余款3000多法郎外汇一样，平常得不为人注意，却珍贵得可以给《中国共产党章程》作注。

在严恺的感召下，2012年，严恺诞辰100周年之际，中国水力发电工程学会、中国水利学会和河海大学于9月9日，联合向河海校友发出倡议：

让我们一同为"严恺教育科技基金"捐资助力，共筑大业，让"严恺教育科技基金"成为河海校友的一面旗帜，在河海大学乘风破浪前进的征程上，镌刻上我们——赤诚河海学子的共同印记。

在这一活动中，陆佑楣、张基尧、敬正书、索丽生、周大兵、曹广晶、严以新、顾浩、李菊根、张建云等，有院士、校长、院长、董事长、总经理等头衔的知名校友，以及河海大学当时的党政一把手朱拓、王乘，都是倡议的发起人。

倡议得到河海校友的热烈响应。中国水电工程顾问集团公司本部和在该集团工作过的在京19名河海校友率先捐资38万元，严以新和他的学生及再传弟子捐资70万元。集腋成裘，严恺教育科技基金达到了700万元人民币左右。

河海大学相关部门《关于做好2013年度"严恺教育科技基金"和"徐芝纶教育基金"有关奖项推荐评选工作的通知》中，有关前者的内容，可以让读者具体感受这项基金再续河清海晏之梦的良苦用心。

一、有关要求

……

二、"严恺工程技术奖"的推荐、评选

1.推荐对象

"严恺教育科技基金"的捐助单位、河海大学合作发展委员会成员单位中，为发展我国水利、水电工程与港口、航道、海岸、海洋工程勘测、设计、建设、管理事业做出突出贡献的工程技术及管理人员。

2.推荐条件

具备下列部分条件（一等奖须符合下述条件中的三项，二等奖须符合下述条件中的两项）：

（1）为企业发展做出突出贡献并取得显著效益者；

（2）在工程建设中，善于科学管理，为工程建设做出突出贡献者；

（3）有强烈的事业心和责任感，勇于创新，积极进取，在水利、水电工程和港口、航道、海岸、海洋工程建设中，在技术上有所创新和突破，并取得显著成绩者；

（4）在支持教育事业、促进科技进步方面做出显著成绩，或为本行业、本单位的人才培养和科技进步做出突出贡献者。与河海大学合作开展科学研究和工程建设并取得显著成绩者优先。

3.推荐程序

……

4.获奖金额及名额

……

三、"严恺奖学金"的推荐、评选

1.推荐对象

河海大学全日制在读优秀研究生，河海大学二年级及以上的全日制在读优秀本科生。

2.推荐条件

（1）政治立场坚定，自觉遵守国家的各项法律、法规和学校的规章制度，具有良好的道德品质，在现学历阶段未受过行政处分；

（2）刻苦学习，奋发成才，基本理论扎实，学习成绩优异，在各类统考、竞赛中成绩优良；

（3）具有较强的学习和分析问题的能力，具有较宽的专业技术及相关知识，研究生必须在专业理论方面有扎实的基础，在科研方面有较高水平或突出成果；

（4）硕士研究生必须在中情所期刊源或CSSCI刊源上正式发表本专业领域学术论文不少于2篇（署名为河海大学，本人为第一作者；可允许1篇本人为第二作者、导师为第一作者），博士研究生必须在中情所期刊源或CSSCI刊源上正式发表本专业领域学术论文不少于3篇（署名为河海大学，本人为第一作者；可允许1篇本人为第二作者、导师为第一作者）；

（5）身心健康，达到国家体育锻炼标准。

凡在全国各类竞赛中获奖以及发表高质量学术论文（SCI、EI、22种CSSCI刊源及相当于三大检索论文、署名为河海大学）者优先推荐。

3.推荐程序

……

4. 获奖金额及名额

……

四、"严恺港口、航道及海岸、海洋工程专项奖学金"的推荐、评选

1. 推荐对象

河海大学港口、航道及海岸、海洋工程学科、专业的全日制在读优秀研究生、三年级及以上全日制在读优秀本科生。

2. 推荐条件

必须具备下列基本条件：

（1）政治立场坚定，自觉遵守国家的各项法律、法规和学校的规章制度，具有良好的道德品质，在本学历阶段未受过行政处分；

（2）学习刻苦、成绩优异。本科生在评选学年内，所学课程学分绩点在4.0以上（含4.0）；

（3）硕士研究生必须在中情所期刊源上正式发表本专业领域学术论文1篇以上（署名为河海大学，本人为第一作者）；博士研究生必须在中情所期刊源上正式发表本专业领域学术论文2篇以上（署名为河海大学，本人为第一作者；可允许1篇本人为第二作者、导师为第一作者）；

（4）身心健康，达到国家体育锻炼标准。

凡在全国各类竞赛中获奖以及发表高质量学术论文（SCI、EI、ISTP刊源及相当于三大检索论文、署名为河海大学）者优先推荐，并可适当降低成绩要求。

3. 推荐程序

……

4. 获奖金额及名额

……

《通知》的第一条"有关要求"中，有"各责任部门评选结果及有关材料请于9月30日前报送至河海大学教育发展基金

1995年12月20日，严恺（前排左四）与郑金海（后排左三）等首届严恺奖学金一等奖获得者合影

会""获奖者将被授予获奖证书和奖金，并在校庆期间表彰"等款。从《通知》中可以看出，严恺教育科技基金的推荐、评选、表彰过程，是一个多层面双向、多向互动的过程，也是一个营造创先争优氛围的过程。评选出来的各类获奖者，为河海学子树立了近在身边的榜样。比如2005年11月，葛洲坝集团公司副总经理、总工程师周厚贵荣获严恺工程技术奖二等奖，并应邀在河海大学庆祝建校90周年的校庆活动中作了专题报告。

截至2013年，严恺教育科技基金4类奖项的获奖人数分别为：严恺教育奖，42人次；严恺科技奖，40人次；严恺工程技术奖，50人次；严恺奖学金，960人次。各类获奖者共1092人次。

严恺教育科技基金设立至今已20多年。无论在严恺身前还是身后，这笔基金都通过褒奖先进、扶掖新人，发挥着有限的物质

（左起：陈志昌、薛鸿超、严恺、郑金海、严以新、洪广文、杨正己、白辅中、诸裕良）

1998年9月8日，严恺等专家参加严以新的学生郑金海的博士学位论文答辩会（左起：陈志昌、薛鸿超、严恺、郑金海、严以新、洪广文、杨正己、白辅中、诸裕良）

奖励、无限的精神激励作用。

在1995年11月获首届严恺港口、航道及海岸、海洋工程专项奖学金一等奖的郑金海，其成长历程是严恺教育科技基金激励河海学子和科技人才再续河清海晏之梦的典型例子之一。1993年，由河海大学港口及航道工程专业毕业后，郑金海考取了严以新的硕士研究生。那次获奖，不仅是对他此前刻苦学习的褒奖，更是为他此后扬帆出港送来了万里长风。严恺奖学金的鞭策与激励，成了郑金海硕士还未毕业就提前报考博士学位的精神动力之一。

由于严以新获得博士生导师资格还在其后，郑金海在报考博士生时，选择了心中的传奇人物、河海大学名誉校长严恺为导师。严恺对这位获严恺奖学金一等奖的再传弟子也关爱有加，约

河清海晏续梦人

385

郑金海到办公室见面，了解他本科和硕士研究生阶段的学习情况，并就长江口细颗粒泥沙运动特性和拦门沙成因等问题，进行带面试性质的考查，予以认可。因为正式录取时严以新已经是博士生导师，考虑到专业和指导上的连贯性，郑金海继续留在严以新门下攻读博士学位，1996年又一次获严恺奖学金。1998年，严恺亲自参加了郑金海的博士学位论文答辩会，并提问："说明用于验证数值计算的实验和现场资料的代表性。"郑金海的回答，使特别注重"理论指导、科学实验、现场观测三结合"的"太老师"严恺大为满意。获海岸工程博士学位并留在河海大学任教后，郑金海一路顺风顺水：2006年被破格晋升为教授，2009年获得博士生导师资格，2011年享受国务院政府特殊津贴，2012年获得严恺科技奖二等奖，2014年获得国家杰出青年科学基金，2016年被评为长江学者特聘教授。

追踪郑金海青年时期的人生轨迹，我们发现，他在攻读硕士学位、博士学位和初出茅庐三个不同阶段，先后三次获三类严恺教育科技基金，如同轮船进港、靠岸，补充燃料、淡水；荣获国家杰出青年科学基金后，他踏上了开足马力驶离港口、驶离海岸、驶向近海、驶向远洋的新征程。当然，对于郑金海的成长，严恺教育科技基金的激励、驱策，只是一个方面。是改革开放步步推进的时代大潮、十六字校训熏陶下的河海大学校园氛围、导师的耳提面命和榜样作用，与郑金海个人内因的化合、裂变，使他在首次获严恺奖学金以来的20多年间，在教学、科研和工程领域不断进步：主讲的本科课程海岸动力学被评为国家精品资源共享课，并讲授国家精品视频公开课水利类专业导论（第五讲）；主持的教改项目获2014年高等学校水利类专业教学成果特等奖；指导出站博士后2名、毕业博士生2名、硕士生43名，其中4人获得江苏省优秀硕士学位论文奖；主持和参加国家科技支撑计划课题、"973计划"课题、国家自然科学基金重点项目、国家自然科学基金国际合作项目等50余项；出版学术专著1部，发表学术论文160余篇；先后获得国家科技进步奖二等奖1项、教育部和行业协会科技奖励9项，以及霍英东教育基金会高等院校青年教师奖、宝钢优秀教师奖、江苏省青年科技奖和江苏省优秀科技工作者等表彰奖励；入选教育部新世纪优秀人才支持计划和江苏省"333工程"中青年科技领军人才培养对象，带领的团队也入选江苏省高校"青蓝工程"科技创新团队。

为撰写《严恺传》而与郑金海的多次零距离接触中，我们真切地感受到他"直挂云帆济沧海"的素质和实力，他与严恺、严以新父子一脉相承的为人为学"基因"。

他办事干练、高效、严谨。我们希望他协助查找与严恺相关的历史资料和照片等，他在第一时间一一落到实处；因为出差在即，来不及办妥的事项，他就托自己的搭档、河海大学港口海岸与近海工程学院党委书记胡忠华办理。看得出，学院这两位党政一把手配合默契。我们请郑金海修改、把关的传记文稿，连地名和水利专用名词中误打的同音字，漏打的英文字母，他都一一补正。

他准时、惜时，决不拖泥带水。约好了接受补充采访的时间、地点，他正点到达，直奔主题，回答我们提出的问题。让院办主任带我们去找追随严恺长达半个多世纪的薛鸿超教授请教相关问题后，他当即告退，显然是急着去见走廊里来找他的老师和学生，不让大家因等待而浪费时间。

他责任心强，言而有信。2014年5月底，我们请郑金海为《严恺传》中《河海冲浪有后人》一节把关，他在6月初发回修改稿时有言："此后如果有可能，我想花点时间再改改。因为我最近在准备7号国家杰出青年科学基金项目的答辩，实在抽不出时间静下心来梳理一下。我觉得我对这部分的准确表达是需要承担作为严老师第一位毕业博士生的责任的。"一诺千金。10月中旬，他果然仔仔细细地全文修改了《严恺传》送审第二稿。

他为人低调，谦恭礼让。我们提出要对他进行深度采访。他说，在严恺基金激励下作出突出成绩的人多的是，建议我们采访同是首届严恺奖学金一等奖获得者的郑永来——当年的水工结构工程专业博士生，现在的同济大学水利工程系党总支书记兼系副主任、教授等人。我们在勾勒河海大学发展现状时，因为对校名中"海"字的偏爱，把郑金海曾担任院长的港口海岸与近海工程学院放在河海大学二级学院之首。他在修改时批注："建议参考学校网站对学院的排列。"查了河海大学网站关于学校的简介，我们才明白他勤勉治学、努力争先，却无意越位、拒绝越位。

他推己及人，知恩图报。郑金海自己得益于严恺基金，也希望他人从中获益，并发动自己所带的毕业研究生一起给严恺基金捐款。他通过这一反哺之举，进一步激励包括自己在内的捐款者，以及更多的学生、教师和科技工作者，继承、发扬老校长严恺的崇高精神，为河海大家庭的血脉传承，为培养出更多更优秀的河海工程建设人才尽一份心力。

一滴水可以反射太阳的光辉。透过郑金海的成长和业绩，我们看到，严恺教育科技基金的每一类奖项、每一年评选、每一次颁奖，都以看得见、摸得着的形式，为再续河清海晏之梦育才树人：推继承发扬的前浪，筑精神世界的海岸，鼓扬帆远航的长风。

四、河海冲浪有后人

20世纪50年代，周恩来曾开玩笑地称赞严恺是"计划生育模范"，因为严恺只有二子一女。

在严恺子女的记忆中，这是一个和谐的五口之家。虽然严恺对己对人对子女都要求严格，"脾气大"也是出了名的，是个典型的严父，但"其身正，不令而行"。严恺因一身多任而四海奔波，不在家或无暇顾家的时间居多。就是在家，通常吃饭时，他才从楼上的书房下来，吃完又回到书房去了。相夫教子的主内担子，贤妻良母型的陈芳芷就无怨无悔地挑了起来。

严恺、陈芳芷夫妇俩偶然也有在工作等方面相互碰撞的时候。那是工农兵学员"上管改"时期的事。一次，海军学员买了一些体育器材，找院长签字报销，严恺批了条。到了学院财务科，担任科长的陈芳芷发现不符合规定，就是不给报销。这又是一种和谐：和而不同的和谐，貌似拆台、实是补台的和谐。

1990年，严恺、陈芳芷夫妇迎来了他们的金婚纪念日，江苏省妇联给他们送来了纪念品和鲜花。而最值得纪念的，是他们的儿女都长大了、成才了。

严以强学的是化工专业，曾任天津化工研究院副院长、总工程师，国家二氧化氯学会理事长，卫生部消毒产品专家。他在祖父严文炳强兵富国、教育救国之梦破碎的地方，在父亲严恺的出生地，书写着无愧于父祖辈的人生历程。

严以方像她父亲严恺一样，漂洋过海，出国留学。不过，她10岁刚出头就遭受"文化大革命"之灾，学成之时祖国改革开放的大背景等人生际遇，给她提供了另一种选择——她成了美国万国商业机器公司的软件工程师。

子承父业的是严以新。

2008年3月5日，北京人民大会堂，胡锦涛来到出席十一届全国人大一次会议的江苏代表团。时任中共中央政治局委员、中央书记处书记、中央组织部部长李源潮，向他介绍严以新代表时，胡锦涛一面握手，一面亲切地说："我们是同行。"原来，胡锦涛毕业于清华大学水利工程系；而严以新是水利专家，时任河

20 世纪 80 年代，严恺的全家福

海大学副校长、中国致公党中央副主席。

2008年4月13日，严以新在家里接受了我们的采访。他是在4月10日晚上才从北京赶回来的。4月11日上午，召开了由他领衔的课题组会议；下午，他参加了学生的毕业典礼。我们去采访那天虽然是星期日，可他挤给我们的采访时间只有早上的两个钟头。10点以后，他又有会议。给我们泡上茶，他在我们对面坐下来。从他宽阔的额头、浓浓的眉毛甚至笑容与走动中，我们约略能看出严恺的影子。严以新富态的脸庞是他母亲陈芳芷的遗传基因，隆起的肚子则是他有别于父亲严恺的个人特色，言谈举止给我们留下了熟人闲聊般的平常人印象。严以新当年带的研究生们的回忆，以及从互联网上搜索来的，每每带有调研、视察等字样的关于他的信息，才使我们触摸到他大不平常的另一面。

正如前述他强攻江苏岸外辐射沙洲增生围垦项目和江苏沿海港口布局规划中呈现的，严以新搞科研、做项目，最大的特点如同他的名字——以新：以新的视野——国际视野、战略视野和宏观视野，拓展攻关阵地；以新的高度——站在国际海岸和海洋工程的科技前沿，发现并解决重大现实难题。他提出工程与经济、管理等学科既交叉又融合，以学科交叉的角度和方法去研究，这是视角的新、方法的新。经济规模持续扩张，如何实现水运的可持续发展？严以新又以前瞻性战略眼光，开始了对港口的预警性研究：2005年，申报了省部级新课题——应对港口危机的措施和办法。

新视野、新高度、新方法，必然催生新突破。新突破的主攻方向是将严恺人水和谐的治水理念付诸实践，从水资源利用转向水资源保护、水环境修复。"十五"期间，严以新作为国家"863"项目"苏州市城市水环境质量改善技术研究与综合示范"的首席专家，针对苏州的河网水系城市特色和水污染顽症，在大量的现场监测调查、关键技术研发及其示范工程的建设与实践中，带领课题组成员实现了一个又一个技术突破，形成了园林景观及河网水体水质改善与生态修复的基础技术体系。示范区消除了水体黑臭现象，河道的氮、磷指标降低了70%以上，局部区域恢复了水生植物及底栖动物，水质总体达到了景观用水标准，为重污染城市的河道水环境质量改善提供了一个成功范例。

"十一五"期间，严以新又依托国家水体污染控制与治理科技重大专项（简称"水专项"）"城市轻度污染景观河湖多元生态水质改善与功能提升关键技术研究与工程示范"课题，在"十五"重度污染河道治理关键技术研发的基础上，在典型平原河网城市扬州和典型丘陵城市南京，分别开展了城市低强度污染景观湖泊及关联河网以及城市轻度污染景观河道的多元生态水质改善和功能提升关键技术研究与工程示范两项研究，构建了宜居城市景观河湖水系统建设创新理论。

严以新挂帅治理苏州水环境这个国家"863"项目和国家水专项课题的攻关团队庞大，是多学科、多部门联合攻关。作为项目首席专家，严以新在继承发展严恺治水理念、恢复城市水环境人水和谐的过程中，首先解决了人与人和谐、多学科协同作战的难题，其次选准了突破口——一头截住污染源，另一头重建水生态系统，显示了他指挥大兵团作战的协同能力。而综合采用水力调控、水质净化、水生态修复等技术，实现水利工程与环境工程、生态工程的有机结合，则从人与自然和谐的角度切入了可持续发展这一核心。

严以新的国际视野、战略视野，在长三角港口建设及强强合作的发展进程中也有充分体现。1996年到1998年间，围绕长三角地区的港口开发，有过一场大争论。处于强势的一方认为，应集中有限的财力、物力发展上海港；以严恺为代表的另一方则认为，优先建设上海国际航运中心是必要的，但江苏、浙江也需要发展，不能搞上海一枝独秀。严以新站在处于弱势的一方，他联系美国的密西西比河、德国的莱茵河、埃及的尼罗河等河口、港口开发的经验教训，提出以上海港为中心的沪浙苏均衡发展、长三角整体推进战略。新华社发了内参，最后采用的是处于弱势一方的观点。现在，以上海为首，长江沿江港口为身，浙江、江苏的沿海港口为翅膀的长三角"一体两翼"格局已经成型。长三角港口群的腾飞正为长三角的经济发展注入源源不断的活力，但港口的大发展不可避免地带来竞争。在相关合作会议上，严以新的赤子之情溢于言表："现在的情况是，国际船运公司组成的航运联盟议价能力大大提高，我们的港口如果出现'窝里斗'，那么最终吃亏的是自己。"他不但为中国计，而且为中国计长远，指出在长三角开发中要特别注重实施资源节约型、环境友好型建设。

严以新的前瞻性新战略视野，在2004—2007年由他主持的国家自然科学基金重点项目"长江流域调水等工程对河口环境的影响和对策"中，也发挥得淋漓尽致。郑金海教授说："严老师现在的成功，说明他研究的战略高度。他能看到别人看不到的高度和未来，对国家发展有战略意义。他从工程到管理，从区域经济到产业结构，从沿江、沿河到沿海、海洋逐步拓展，贡献大大超过了水运。"

严以新当年带的博士生，如今的河海大学商学院副院长、博士生导师，江苏省政协常委许长新，在接受我们采访时说："严老师不仅是港口工程的技术专家，更是港口与区域经济发展的战略思考者。他不只是考虑港口建设，更重要的是考虑港口与区域经济、港口与社会发展的复杂关系……他善于把先进的思想集成起来，以国际视野和战略视野来指导研究、指导学生。"

严以新带的另一位博士生封学军教授说："在珠江三角洲，严老师更多的是从航道方面入手，分5年、10年直到50年，规划了航道的战略性架构与发展，从航运信息化、学科交叉等方面，对航运的现代化提出了具体的方案。"

可以说，在严以新的所有主要研究方向——海岸、河口动力环境及其模拟，海岸防护工程，海岸、河口泥沙运动，海岸与水运工程经济的广阔领域，都有理论创新和方法创新。像严恺一样，严以新也把教书育人作为自己的主战场，使自己的能量产生裂变效应。

篮球场上，比赛双方你争我夺，传球、远投，欢声笑语不断。参赛的几乎都是年轻学子，只有一位正当盛年的师长，但见他运球自如、投球从容。换下场稍息时，球场边大呼小叫的球迷们，把他围在中间，可交谈的重点不是比赛的攻守策略，而是攻关难题、论点梳理。原来，打篮球的是博士生导师严以新和他的研究生弟子们。

搞河海工程这一行，钻进实验室后往往不是半天、一天就能出得来的，出现场、去海上也是家常便饭，没有好身体做本钱怎么行？为此，严以新像严恺一样重视弟子的体育锻炼。不过，目标不再是甩掉"东亚病夫"的帽子，而是拥有在海岸和海洋工程中经得起大风大浪的强健体魄；方法也迥异，不是指挥或带头做课间操，而是经常约学生一起打篮球、羽毛球，一起爬山、唱卡拉OK。显然，严以新参加这些活动的目的不只是健身，还为了在与学生打成一片过程中提高团队的凝聚力。为此，他也与学生一起做实验，即使实验在家门口做，也坚持不离开现场；中午加班，与大家一起吃盒饭。他当选为中国致公党中央副主席后，大多数时间在北京，仍不忘博导之职，通过视频等现代媒介，经常抽空悉心指导十几位在读的弟子。

自然，严以新像严恺一样，也有严的一面。比如，对学生的学术论文、实验报告，他总是逐字逐句修改，以科学家和工程师的双重标准一丝不苟地要求他们。但他的严格，摒弃了以"君君臣臣、父父子子"为遗传基因的师道尊严、老师说一不二的师生话语权原则，融进了更多亦师亦友、平等互动的现代教育理念，给学生尽可能多的自主权、话语权，充分发挥学生的主观能动性。"兴趣是最好的老师。"学生入门之后，他往往先推荐几本书，让他们找出各自感兴趣的地方，在兴趣这个导师的牵引下，收因材施教、因势利导之效。

许长新是在上海财经大学获得经济学硕士学位后，被分配到河海大学的。1993年，他作为课题组成员，跟着严以新做苏北沿海港口项目时，在与严以新聊天过程中谈到，河海大学应该设立一个水运经济管理专业方向的博士点。由于硕士阶段所读专业而对投资经济研究最感兴趣的许长新"言者有心"，服务于经济建设这个中心的主战场意识浓厚又从善如流的严以新"闻者有意"，双方一拍即合。在严以新的努力下，这个聊出来的专业方向，真的成了港口、海岸及近海工程博士点的一个新方向。1997年，许长新成了这个研究方向的第一批博士生之一。担任导师的严以新，则放手让这个学有所长的弟子充当半个老师，发挥博导助理的作用。即使对其他学生，严以新也给予和自己平等的话语权，讨论问题时不仅可以争辩，而且鼓励学生提出不同意见，谁对就听谁的。

严以新像严恺一样，重视在做课题、搞项目的实践中培养学生。可以这样说，严以新只当半个老师，起"师父领进门"的作用，"修行"则放手让学生在游泳中学会游泳。郑金海对此感触尤深，他说："严老师特别强调，研究生有机会，要多去工程项目现场，多参与课题研究，把学理论、做实验，与在工程实践中再认识、再提高联系起来，让我们在参与中切实感受课题的重要性并抓住研究的中心环节，以此来开阔视野、拓宽思路，同时，锻造品格和意志。"原来，严以新把走出课堂、走出书斋当作培养学生的源头活水，他甘为"半师"是为了培育高素质的全才。

为引源头活水，严以新千方百计为学生的全方位参与搭平台。以2005年经科技部批准的水文水资源与水利工程科学国家重点实验室建设为例，作为河海大学分管副校长、该实验室建设的负责人，他以海纳百川的度量促成强强联合、推进团队建设，甚至甘为他人做嫁衣裳，从而取得了诸多突破性成绩，多层面、多方位地搭建让科技攻关与人才培养同步前进的平台、让学生在参与中攀升的脚手架。

中国传统的收徒理念之一，把徒弟既拜在张三门下，又投奔李四学艺看作对师门的背叛。可严以新反其道而行之，喜欢把学生"推出"师门、"推出"国门、"推出"学科之门。

与大多数导师不同，严以新带硕士、博士研究生，不局限于他的主攻专业和研究方向，还有水文、土木、水电、应用数学等研究方向。这主要是由严以新出国深造时先后就读于两所大学的不同专业——土木工程系、海岸及海洋工程系这一劣势，转化而来的跨学科优势。而为这一学科交叉优势垫底的，是他宽口径的专业优势。多年来，由他主讲的研究生课程就有四门。严以新自己在学科交叉中尝到了甜头，他也与带的研究生分享，并认为这些学科交叉的学生在一起，可以互相交流合作，视野也会更开阔。

严以新把学生"推出"师门、"推出"国门、"推出"学科之门，把自己降到了"半师"的位置，而培养出来的是有独特遗传基因、有国际视野和前沿意识、有跨学科攻关能力的全才。

"河海不择细流，故能就其深。"深海中才能培养出风口浪尖上的弄潮儿。担任硕导、博导以来，严以新带了100多名研究生。早期的毕业生，多数已成长为教授、学者、将军等科技精英，以及业务、行政双肩挑的领军人才。在我们看来，严以新从硕士到博士带了5年的郑金海的成长，足以说明严以新在人才培养方面达到的高度、作出的贡献。郑金海还告诉我们，出自严以新门下的他的师兄弟姐妹，比他贡献大的多的是。

严以新在严恺洒下创业血汗的河海水域中劈波斩浪。突出的学术水平和工程建树、大受学生欢迎的教学效果，使他一步一个脚印地挑起了治校的重担。1999年，严以新挑起了河海大学交通与海洋工程学院院长的担子。在巩固已有学科的基础上，严以新以他的主战场意识和战略眼光，抓住了两个新的学科发展重点——为水利服务的河口、海岸研究方向，以及为交通服务的港口、高等级公路研究方向，在交通与海洋工程学院走向大交通、走向海洋未来的登攀中，身先士卒地领跑。为此，他大胆实行了以"学科建设"为中心的体制改革，设立了河口海岸、交通工程、港口航道工程、海洋技术与环境4个学科方向，每个方向设一名学科教授，实行学科教授负责制。这样，以学科梯队为基础，建立了以学科教授为中心，教学、科研、行政管理一体化的系、室。这一以专家、教授为本的创新之举，极大地调动了大家的积极性，促进了学科发展，又以学科的发展带动了学院的发展。

2001年，治学、执教、治院的多重实绩，把严以新推上了河海大学副校长的岗位，分管科研、产业和国际国内合作交流等方面的工作。要挑起这副越来越重的担子，光靠土插队时挑河泥爬陡坡的吃苦耐劳不行，拷贝自己担任二级学院院长或他人的治校成法也不行。怎么办？集严恺教育思想和为人、治学准则于一体的十六字校训，又一次赫然跃入严以新的眼帘。一个比以前更清醒、更理性的思路跳入脑际：再探索、再创新，从产、学、研一条龙建设的全局进行探索，以科研实践转化为人才效益、科研成果转化为生产力这"两个转化"为突破口，与时俱进地服务于经济建设这个中心，服务于科教兴国、强国的大战略。他开始探索高校科研发展的新模式，把拓展学科研究方向、国家重大项目和基金项目的申请、科研质量的提升及成果转化作为重中之重，成功申报、建设了国家重点实验室和国家工程研究中心。

严格要求，严以新也谨遵校训。他不但担任硕导、博导严格，担任院长、副校长严格，而且从自己严起。赵小妹告诉笔者，她丈夫严以新总是以事业为重，全身心地投入工作。直到现在，要找一张全家人一起出去玩的照片都没有。唯一的一张全家福，还是在家里照的。严恺病危时，严以新因去国外洽谈合作的事项早有安排，不愿失信于人而如期赴约。回来的第三天，严恺就过世了。看着眼前这位清瘦的知识女性，笔者惊奇于在赵小妹近乎柔弱的外表下，竟颇有女强人气质：严恺晚年，赵小妹上有老，下有小，还自强不息读完了博士学业。提起丈夫严以新对家务事很少过问，大事才把把关，赵小妹的理解多于抱怨。

当然，严以新治校也多有不同于严恺的个人风格。

晚自习时，走进教室、阅览室等去看一看是常事。学生见他们乐于亲近的师长来了，纷纷围上来问这问那。严以新也无话不谈，学术观点、人生感悟，时而汉语、时而英语，无拘无束，敞开心扉。他不喜欢别人给自己送礼，却偏好掏腰包请客。一个假

严恺四代同堂的全家福

日，忙了好长时间的一个重大项目终于取得了阶段性成果，可以缓口气了。他说悄悄话似的对攻关团队中的学生们宣布："我父亲去北京参加两院院士大会了，我请大家到我家吃饭。"严以新知道严恺看不惯吃吃喝喝那一套，只好抓住老爷子不在家的机会"出格"了。他的学生回家过年之前，都要向他道别。2007年春节前夕，严以新突然想起有个学生没有向他道别，于是打电话给那个学生，得知她因为湖南下大雪不能回家，就邀请她到自己家里来过除夕。年夜饭，他亲自掌勺。至于课题组会餐等，因为人太多，只好到饭店去了。难怪在洋口港等项目的合作中与严以新成了忘年交的王颖院士会当面调侃："严恺先生几乎从不吃请，经常以喜欢吃面条为借口摆脱饭局；而你严以新是个美食家，几乎吃遍了南京有名的饭店。"这话的真实性，"捕风捉影"可以得到证明：严以新隆起的肚子便是"影"。

1989年加入中国致公党的严以新，以渊博的知识、高尚的师德和独特的领导艺术，在致公党同人中脱颖而出：2001年担任致公党江苏省委副主委、南京市委主委，2007年当选为致公党中央委员会副主席。

严以新还担任第十届全国人大代表，第十一届、十二届全国人大常委，全国人大科教文卫委员会副主任委员等职务，在参政议政中奉献他的赤子之情。作为全国人大代表，他提案多，发言多，主人翁意识强。

从严以新参政议政的提案和呼唤中，我们不难看出，他的目光，总是注视着国计民生；他的感情天平，总是向弱势的一方倾斜。古人说"不平则鸣"，严以新则为政通人和而鸣。

海峡两岸本同根，两岸的人民都是同一棵大树上的枝叶。为了这棵大树根深叶茂，以参天之势自立于世界民族之林，严以新以赤子情怀，通过与台湾同行多渠道、多层面的交流平台，为促进祖国统一大业尽绵薄之力。早在1993年，他就利用严恺和他自己在港台地区和海外同行、同学、亲友中的诸多关系，尤其是在专业领域的影响力，作为召集人参与主持了首届两岸港口及海岸开发研讨会。后来，他又借中德海岸与海洋工程研讨会的平台，使大陆、中国台湾和德国的学术交流经常化。严以新和台湾成功大学水利及海洋工程系的高家俊教授，还签订了互换团队研究生协议。严以新把台湾来的研究生当作自己的学生对待，他的专业造诣与亲和力，加上为台湾学子提供的研究条件的引力，差一点挖了对方的墙脚：互换时间到了，其中的几位不约而同地要求继续留在河海大学攻读。河海大学去高家俊教授门下的研究生，同样大受教益。与两岸交流的宗旨类似的，是严以新努力把河海大学的国际合作推向新的层面：抓扩招留学生的数量和留学生教育的质量，倡导设立了每年50多万元的河海大学对外奖学金。两岸交流与国际合作，从一个侧面加深了两岸人民和世界各国人民的相互了解与理解，增进了同胞情、兄弟谊和地球村意识，为两岸的和平统一作出了积极贡献，扩大了祖国的对外影响，也推动了中国了解世界、世界了解中国的历史进程。

"衙斋卧听萧萧竹，疑是民间疾苦声。些小吾曹州县吏，一枝一叶总关情。"此诗的作者郑板桥与严以新生活在不同的时代，心态自然也有天壤之别。郑板桥因对官场失望而潜心于书画。严以新深知，是改革开放、科教兴国和民主党派参政议政地位的提升三大平台造就了自己，这三大平台才是他得天独厚的生态环境，因此，他反哺以报：搭弟子攀登的平台，疏政通人和的河道，架两岸沟通的金桥。

对于严以新的育人成果、科研成就、工程建树及其辐射效益——经济效益、社会效益，直接效益、间接效益，近期效益、长远效益，下面的奖项、头衔等可以为之作注。他获省部级科技进步奖的颁奖部门之多、地区之广是注解之一：教育部、科技部、水利部、交通部、江苏省、广东省、中国水运建设行业协会、中国港口协会、中国航海学会等。他的诸多学术头衔和学术兼职，则是对其学术大家地位的另一种表述：发展中国家海岸及港口工程国际会议顾问委员会委员、中国海洋工程学会副理事长、教育部科学技术委员会委员、高等学校水利类专业教学指导委员会副主任委员、江苏省水利学会副理事长、江苏省高等学校科学技术协会副理事长……

同样可喜的是，严恺在江河湖海里冲浪的后人中，孙子之一严海峰又脱颖而出：初出茅庐，已经是中国港湾工程有限责任公司商法与审计部副总经理。粗看似乎有点家族式传承的味儿，但从曾国藩的心得中可以悟出另一种解读："吾细思凡天下官宦之家，多只一代享用便尽。其子孙始而骄佚，继而流荡，终而沟壑，能庆延一二代者鲜矣。商贾之家，勤俭者能延三四代。耕读之家，勤朴者能延五六代。孝友之家，则可以绵延十代八代。"近朱者赤，耳濡目染之功一至于此！天下父母心，可以从严恺家学、家风的传承中获得诸多启示。

子承父业、子承父志，严恺的儿孙们，新一代河海人，正在把与其父祖辈、与老河海一脉相承的河清海晏赤子情，融进圆中华民族伟大复兴中国梦的行动之中。诗言志，曲传情，有歌为证：

钟灵毓秀石头城，人才蒸蔚起。河疏湖蓄水利兴，工学昌明时……天下有溺犹己溺，此志毋稍弛。大哉河海奔前程，毋负邦人期。

河海大学的老校歌表达了开创者们的壮志，新生代翻唱的新词则展示了后来人传承发扬河海大学传统的心声：

河，孕育文明，生生不息；海，凝聚智慧，容纳百川。这就是"河海"，这就是"河海"！似大河奔流，永远向前；似大海壮阔，博大胸怀……我们创造"河海"，我们振兴"河海"……

第十二章

老牛自知黄昏短

我的前半辈子生活在内忧外患、贫穷落后的旧中国，一心想振兴中华、报效祖国，但有志难展。新中国成立了，旭日东升，无限光明，夙愿得偿。几十年来，我以学校为基地，奔波于水利建设主战场，为国家昌盛、人民幸福奉献绵薄之力。现虽年事已高，仍愿为祖国四化大业献我余生。

——摘自严恺在2000年6月接受中央电视台《东方时空——东方之子》栏目专访时的谈话

一、人间重晚晴

2005年10月23日下午，河海大学江宁校区内。时任中共中央政治局常委、国务院总理温家宝一行，在师生的夹道欢迎中走进图书馆二楼。走廊上挂着在河海大学学习、工作过的6位院士的照片，温家宝驻足观看。看到严恺的照片时，他回过头亲切地对身旁的严以新说："你父亲好吗？请代我向他问好。"

此时的严恺已经93岁高龄，因腿脚不便很少出门了。听严以新转告党和国家领导人的问候时，严恺的脸上荡漾起涟漪般的笑意，心里涌动着人间重晚晴的暖流。

从为了甩开"东亚病夫"帽子起步的体育锻炼和一生东奔西走，使严恺直到新千年之初还身体硬朗。2002年6月的一天，一位记者记下了对90岁高龄严恺的印象：

面前的严老，再过一个多月就年满90了，银色的头发一丝不乱地梳向脑后，面色红润，深邃睿智的双眼炯炯有神。近两小时的采访，严老始终面带微笑，慈祥柔和的目光、低沉有韵味的语调让我倍感亲切。交谈中，严老思维敏捷，侃侃而谈，谈他的事业、他的人生、他的儿孙……

2002年8月10日，严恺（右二）出席河海大学举行的严恺铜像揭幕仪式

2002年8月10日，河海大学为庆祝严恺90寿辰召开严恺教育思想研讨会。图为时任校长姜弘道（左一）等人在研讨会上。

同年8月10日，河海大学为严恺90寿辰举行庆典暨铜像揭幕仪式。中国科学院、中国工程院、水利部、交通部的代表分别宣读了贺信，部分两院院士、江苏省有关领导和部门负责人、河海大学师生代表、校友及全国数十个单位的代表共300余人参加了庆典和仪式，严恺教育思想研讨会也于同日举行。严恺出席了庆典和仪式并讲了话，晚晴流淌在他讲话的字里行间。

老骥伏枥，志在千里。

在河海大学图书馆前，有一个小广场，因一块"情系河海"的石匾而得名。就是在这个小广场，严恺90岁前后仍然一如既往地与一届又一届毕业生合影留念，欢送他们走向祖国的江河湖海。阳光下，严恺坐在人群中，面带微笑；他的周围，是一群风华正茂的硕士、博士毕业生，身着或蓝或黑的学位服。飘扬的衣裾因青春的活力翩翩起舞，清脆的笑声伴着老一辈的期望冲上海蓝色的天空。

严恺早年带的研究生、追随导师一起进行长江口深水航道工程研究的专家陈志昌回忆说："1998年，工程开工后，老师已无法到现场勘察，就每周听我汇报工作，及时给出意见。这个习惯一直持续到他病重。"显然，严恺晚年对中国河清海晏的事业依旧十分关心，有时也说点想法、提点建议。然而，他关心、操心，却不指手画脚；他思考、过问，却不越俎代庖。他说，作为院士，是因为你过去在某一方面有专长，对国家有贡献。如今，人老了，实地调研少了，掌握的信息少了，情况不了解，就要少发言，多尊重别人的意见，放手让熟悉情况的专家去干。

放手让晚辈专家挑大梁和90岁出头后体力每况愈下，使严恺的户外活动渐渐减少。大半辈子没空顾家，他这时才有了含饴弄孙、享受天伦之乐的闲适。对于第三代，严恺给予了比儿女们更多的慈爱。他的"海"字辈孙儿中，最小的是严海巍，还是绕膝稚童。看着蹦蹦跳跳的小孙子，严恺笑着摇头说："如今的小孩，

不服管，不好管呀！"虽是
摇头感叹，但欣慰之情溢于
言表："我现在就喜欢管管小
孙子。我喜欢他从幼儿园回
来，一进门就喊'爷爷，我
回来啦'。"他管小孙子还真
有一套，严格而不苛刻，慈
爱而不溺爱。严恺会亲自为
小孙子准备早餐，却要他自
己动手好好吃下去。严恺知
道，培养一个人的独立性有
多么重要。有一阵子，小海
巍吃饭时喜欢靠在椅子上，

严恺含饴弄孙

细心的严恺没有放过这一点。为了从小培养他良好的坐姿，严恺
把小海巍的椅子换成了方凳。看来，孙辈不但是严恺老有所乐的
开心果，也是他老有所为的又一项工程。

严恺患有前列腺炎和前列腺肥大等症，有一次去江苏省人民
医院检查身体时，发现前列腺癌细胞超过正常值。主治医生认为
患有前列腺癌的可能性很大，但严恺处之泰然、顺其自然。后经
上海华东医院检查，排除了癌变的嫌疑。腿脚还灵便时，他仍然
习惯成自然地每天5点起床，到校园里散散步；吃过早餐，开始
读书、看报；中午午休，下午继续读书、看报；吃过晚饭，看看
电视新闻，然后上床休息，饮食、起居很有规律。自己能做的事
情，还是坚持自己做，很少要别人帮忙。即使到了靠轮椅代步的
最后几年，严恺的生活起居仍然基本自理，就连洗澡，也是由家
人搀扶到浴室，自己洗完后再由家人搀扶出来。

会会几十年风雨同舟的友人，谈谈今昔巨变、人生感悟，也
是严恺晚年的一大乐事。

2005年金秋10月，钱正英来南京参加河海大学建校90周年庆典。看望严恺，自然是她此次南京之行的活动之一，照相机又一次把这两位耄耋老人见面时灿烂的笑容变成了永恒。严恺与钱正英几十年如一日地相互信任，深层的原因恐怕是对水共同的挚爱、对水利事业同样的执着。

严恺与前来探望的钱正英亲切握手

我这一辈子和"水"结下了不解之缘。我喜欢水，因为水既具亲和力而又有无比的力量，因为水涉及自然科学与社会科学两个学科，因为水关系到天、地、人三个方面，因为水既是自然资源，又是经济资源，更是战略资源。可持续发展的关键在于水，生态环境建设的核心在于水，人类的生存命脉在于水。[①]

从钱正英给河海大学师生作了题为《人与河流和谐发展》的学术报告后，接受记者采访时的话里，我们可以感受到严恺与她心有灵犀的水情结、海之恋。

华水艰苦创业时期的老搭档黄瑾，回忆了最后一次给严恺拜

----

① 郑晋鸣：《钱正英：割不断的"水情结"》，《光明日报》2005年11月30日。

年的情景：

　　严老讲课、带研究生，搞科研、著书立说，都同水港系老师有联系、合作。可以说，水港系是严老的重要根据地之一。有一批同志无论在位或退下来后仍同严老保持联系。改革开放以来，随着互联网的问世，电话、手机的普及，春节拜年的方式发生了变化，传统的登门拜年已不是很多，但有一批水港系老同志开始相约，后来不约而同地在年初一上午9点去严老家拜年，这已成为一种习惯。严老每次在我们拜年时与大家促膝谈心，谈参加国际学术活动和国内学术活动的信息、国家水利建设的重大决策，尤其是我国港口建设中的重大工程动态等。严老进入高龄后，因

　　2005年10月26日，严恺（前排左）与赴宁参加河海大学90周年校庆的钱正英（前排右）等人，在严恺工作成就室合影（后排左起：林萍华、严以强、石定寰、索丽生、严以新、吴远）

两腿无力改坐轮椅，即使这样还经常坐轮椅在校本部校园内转悠，回忆校园一草一木的变化。2005年，在河海大学建校90周年校庆大会上，他坐着轮椅被抬上主席台。此后，据说身体一直欠佳。2006年春节，我同他儿媳妇小赵电话联系，说我们想去看他，在他床前拜个年就行了。但当他儿媳妇同他说后，他坚持要起床在大厅见我们。2006年大年初一上午9时半，我们一行到达。他见到我同薛鸿超教授时，对我们说："你们身体都不错。我最近身体不好，两腿无力。"严老已预感到身体力不从心。这是严老健在时，我们的最后一次拜年。

在人生的大幕即将落下的最后几天，严恺躺在江苏省人民医院的特护病房里，连续几天高烧不退，处于半昏迷状态，清醒时还问："党费交了吗？这次医疗费花了不少钱。我岁数太大了，不要再治疗了，不要再浪费医药费了。"即使在弥留之际，严恺还在为长江牵肠挂肚。薛鸿超回忆说："老师一生操劳，弥留之际还念念不忘长江口深水航道工程。这是他一生的心血。"

烈士暮年，壮心不已！

二、遗嘱留期盼

2000年6月6日，中央电视台《东方时空——东方之子》栏目为配合两年一度的中国科学院和中国工程院两院院士大会，播出了院士专访系列节目，第一个推出的就是严恺。

我的前半辈子生活在内忧外患、贫穷落后的旧中国，一心想振兴中华、报效祖国，但有志难展。新中国成立了，旭日东升，无限光明，夙愿得偿。几十年来，我以学校为基地，奔波于水利建设主战场，为国家昌盛、人民幸福奉献绵薄之力。现虽年事已高，仍愿为祖国四化大业献我余生。

这是严恺接受专访时吐露的心迹。

百年坎坷复兴路，世纪沧桑强国梦！"为祖国四化大业献我余生"，一诺千金！不但表现在严恺的人生大幕徐徐落下之前的6年中，而且表现在他于2004年写的遗嘱里。

河海大学各位领导及全体师生员工：

中国有句"人生七十古来稀"的老话。虽然随着条件的改善、科学的进步，人的寿命也有了很大的提高，但我年已93岁，无论如何也应属"古来稀"之列了。回顾余之一生，从事水利事业近70年，其中为华东水利学院及河海大学服务就有52年。半个世纪的共事经历，幕幕往事历历在目；大半生的教育生涯，学校之情、师生之谊难以言表！因而趁头脑尚清醒之际，留下几句话，表达我的心愿，也是我的期盼。

关于学校发展。经过几代华水人、河海人的艰苦创业、励精图治，学校的事业取得了很大的发展，为国家培养了近10万水利及有关专业的人才，特别是近些年来各方面工作的成绩令人振奋，也使我这个当年有幸受命筹建华水的老人倍感欣慰。我完全赞同学校第十一次党代会提出的"建设具有国际一流水利学科的高水平研究型大学"的新世纪奋斗目标，热切希望广大师生员工为实现这个目标而同舟共济、奋勇向前，我们的目标就一定能实现；坚持并实践"艰苦朴素、实事求是、严格要求、勇于探索"十六字校训，河海大学的建设与发展必将在新的世纪展现出更加光辉灿烂的前景，必将对我国乃至世界水利事业做出更大贡献。

关于严恺基金。严恺奖励基金设立以来，学校各届领导和有关部门以及水利系统很多单位给予很大支持，做了大量工作，我深表感谢。我决定从我的日常积蓄中再拿出20万元投入到基金中，使之能在培养国家的水利教育和水利建设人才中继续发挥作用，也算我实践"为祖国四化大业献我余生"之诺言。

关于丧事，希望我死后一切从简。

严　恺

二〇〇四年十月十八日

严恺的遗嘱，念念不忘的仍然是学校的发展、人才的培养。他质朴无华但掷地有声的遗嘱，把一古一今两首诗推上我们的脑际。

一首是南宋著名爱国诗人陆游的《示儿》：

死去元知万事空，

但悲不见九州同。

王师北定中原日，

家祭无忘告乃翁。

另一首是当代著名诗人臧克家的《有的人》：

有的人活着

他已经死了；

有的人死了

他还活着……

有的人

他活着别人就不能活；

有的人

他活着为了多数人更好地活……

他活着别人就不能活的人，

他的下场可以看到；

他活着为了多数人更好地活着的人，

群众把他抬举得很高，

很高。

在遗嘱和诗歌之间忽隐忽现的，是20多年前首次采访严恺时，他留给我们的深刻印象。

三、口碑人去后

2006年5月7日凌晨4时26分，严恺在南京逝世，享年94岁。人们不会忘记为昨天、今天和明天而奋斗拼搏的先贤。

河海大学为悼念和缅怀这位为之服务了半个多世纪的老校长，在校本部的严恺馆设了灵堂，同时开放严恺工作成就室，供广大师生、校友及各界人士凭吊和瞻仰。

2006年5月13日上午，南京石子岗殡仪馆告别大厅及广场，花圈似海、挽联如潮。来自河海大学、南科院和全国各有关单位的1300余人站满了大厅、广场，为中国当代水利界的一代宗师送

河海大学学子在严恺馆前，用烛光寄托对华东水利学院创建者严恺的哀思

河海大学师生在校园里打出横幅，为名誉校长严恺送行

行。参加严恺遗体告别仪式的领导，有时任全国政协副主席钱正英、时任江苏省省长梁保华，以及水利部、江苏省、南京市的负责人。花圈中，时任中共中央总书记、国家主席、中央军委主席胡锦涛，中共中央政治局常委、国务院总理温家宝等党和国家领导人以个人名义送的花圈，格外引人注目。

2009年，在新中国成立60周年前夕，鉴于严恺在江苏、全国乃至世界教育、科技和工程领域的突出贡献，他入选"20名新中国60年江苏教育最有影响人物"、"50位新中国成立以来感动江苏人物"和"江苏省十大杰出科技人物"。

2012年8月10日是严恺诞辰100周年纪念日，河海大学与南科院、江苏省水利厅、中国水利学会联合举办系列纪念活动。

为纪念活动拉开序幕的，是党和国家领导人，以及严恺的友人、弟子等为纪念严恺诞辰100周年的题词。时任中共中央政治局委员、国务委员刘延东题词："严恺先生是我国著名的水利专家、教育家，终生致力于我国大江大河的治理和海岸带的综合开

　　2006年5月13日，钱正英（前排右六）和水利部、江苏省、南京市领导，以及严恺的亲属、河海大学师生代表等人，出席在南京石子岗殡仪馆举行的严恺遗体告别仪式。图为时任河海大学党委书记林萍华在致悼词。

发利用，培养了大批水利科技人才，为河海大学的建立与发展作出了重要贡献，把毕生精力献给了祖国的水利事业和教育事业。先生一生执着追求，治学严谨，他的人生经历本身就是一部生动形象的教科书。希望学校以先生百年诞辰为契机，秉承先生亲拟并躬身实践的'艰苦朴素，实事求是；严格要求，勇于探索'十六字校训，激励广大河海学子弘扬前辈优良传统，立志献身祖国水利事业，为实现社会主义现代化和中华民族伟大复兴贡献力量。"全国政协原副主席钱正英题词："一代宗师"；全国人大常委会副委员长韩启德题词："追颂师泽　固本荣枝"；全国人大常委会副委员长陈至立题词："育人师表典范　治水功德无量"。中国科学院院长白春礼、中国工程院院长周济、原中国长江三峡工程开发总公司总经理陆佑楣、中国科学院科学技术部主任顾秉林等人，也专门为纪念活动题词。

出席2012年8月10日纪念活动的领导，有水利部部长陈雷，江苏省省长李学勇，江苏省政协主席张连珍，教育部副部长杜占元，中国工程院副院长樊代明，江苏省副省长徐鸣、曹卫星，水利部副部长胡四一，国务院三峡工程建设委员会副主任、中国长江三峡集团公司党组书记、董事长曹广晶，中国大坝协会理事长、原中国长江三峡工程开发总公司总经理陆佑楣，中国水力发电工程学会理事长、国务院南水北调工程建设委员会办公室原主任张基尧，中国节水协会理事长、水利部原副部长翟浩辉，全国人大常委、水利部原副部长、民盟中央副主席索丽生，清华大学党委书记胡和平，江苏省政协副主席、南京市副市长、九三学社江苏省主委许仲梓等人。

2012年8月10日，出席严恺诞辰100周年纪念活动的相关领导，在南京水利科学研究院铁心桥试验基地举行严恺铜像揭幕仪式（前排左起：交通部总工程师徐光、中国工程院副院长樊代明、水利部部长陈雷、江苏省副省长徐鸣）

纪念活动从南科院铁心桥试验基地开始。早上，严恺铜像揭幕仪式在此隆重举行。水利部部长陈雷、中国工程院副院长樊代明、江苏省副省长徐鸣、交通部总工程师徐光为严恺铜像揭幕。南科院院长张建云院士、严恺的亲属代表严以新等人讲了话。

接着，纪念活动出席者移师河海大学，参加纪念严恺诞辰100周年座谈会。来自方方面面的领导、嘉宾纷纷发言。

水利部部长陈雷：

今天，我们怀着十分崇敬的心情，在这里召开座谈会，纪念严恺同志诞辰100周年，深切缅怀他为我国水利事业做出的突出贡献，追思和学习他的崇高品德和风范，进一步激励广大水利干部职工深入贯彻落实中央加快水利改革发展的决策部署，为推进中国特色水利现代化事业而努力奋斗。

严恺同志是中国共产党的优秀党员、中国知识分子的杰出代表，是我国著名的水利学家、教育家，是享誉国际的海岸工程专家，中国科学院、中国工程院院士。他赤诚爱国，献身科学，毕生奋斗，无私奉献，为我国水利事业和教育事业贡献了全部才智和心血，他的光辉业绩将永载中华民族的治水史册……

严恺同志为我国河口海岸科学研究奠定了重要基础。他主持了国家重点项目——天津新港回淤研究，有效地解决了天津新港严重回淤难题，开辟了中国淤泥质海岸研究工作新领域，使我国在这方面的科学技术一直居于国际先进地位。他长期致力于长江口深水河道治理和珠江三角洲整治的研究，推动了相关整治工程顺利实施。他牵头对我国海岸带和海涂资源开展综合调查，取得了重要研究成果，促进了我国海岸带的开发利用。他首创了钱塘江斜坡式海塘和海堤，显著提高了海堤抗浪挡潮的能力。

严恺同志为我国江河治理和重大水利工程建设做出了突出贡献。他参与黄河治理、淮河治理、太湖治理以及葛洲坝、三峡枢纽、南水北调等重大工程的技术咨询和论证工作，为我国大江大河治理和大型水利工程建设提供了技术支撑，特别是他在担任三峡工程论证生态与环境组副组长和泥沙组顾问期间，通过深入研究、反复论证，力主三峡工程宜早不宜迟，为中央决策提供了重要科学依据。

严恺同志为新中国水利高等教育事业倾注了毕生心血。他在多所高校教授水利，与水利教育事业结下了不解之缘。他不畏困难，艰苦创业，创建了新中国第一所水利高等学校——华东水利学院，为学校发展壮大呕心沥血，使学校逐渐成为我国水利人才培养的摇篮和重要科研基地，为我国水利事业发展输送了大批优秀人才……他还捐款设立严恺教育科技基金，激励广大师生和科技人员勇于探索、不断创新。

严恺同志为新中国治水事业留下了宝贵的学术成果。1992年，他主持的《中国海岸带和海涂资源综合调查研究》获得国家科技进步奖一等奖；1995年，主编的《中国海岸工程》获得第二届高校出版社优秀学术著作特等奖；2001年，主编的《海岸工程》被中国水利学会授予功勋奖。他还曾获得中国工程院首届中国工程科技奖、何梁何利基金科学与技术进步奖，被国际水利研究协会授予荣誉会员。

严恺同志的一生是为国家富强、民族振兴和水利发展不懈奋斗、无私奉献的一生，是革命的一生、战斗的一生、光辉的一生。他的崇高品德和精神风范永远值得我们学习和纪念。[①]

江苏省省长李学勇：

严恺院士是我国水利工程界的泰斗、水利高等教育的大师，他长期生活、工作在这里，是河海大学的创始人，并担任过南京水利科学研究院院长和江苏水利厅厅长……为江苏也为全国水利建设和教育事业发展做出重大贡献……

---

① 陈雷：《在纪念严恺院士诞辰100周年座谈会上的讲话》，《一代宗师：严恺院士诞辰100周年纪念文集·代序》，河海大学出版社2014年版。

水利历来是治国安邦的大事，党中央、国务院高度重视水利建设。去年，中央颁发了关于加快水利改革发展的一号文件，并召开了全国水利工作会议进行动员部署。胡锦涛总书记、温家宝总理发表了重要讲话，为新时期水利改革发展指明了方向。面对新形势新任务，我们要深入贯彻落实科学发展观，加快水利改革发展的步伐，更好地继承和发扬严恺院士的爱国思想、奉献精神和科学品质，积极践行可持续发展的治水思路，更加注重水安全、水资源、水环境统筹，更加注重大中小工程配套，更加注重城乡水利协调，更加注重工程措施和非工程措施的结合，不断提高水利防洪减灾、水资源保障、水环境保护和服务民生的能力，率先走出一条具有江苏特点的水利现代化道路。[1]

教育部副部长杜占元：

1952年，严恺院士从上海到南京受命组建新中国第一所水利高等学校——华东水利学院，并长期担任华东水利学院院长和河海大学名誉校长。他身先士卒，率领全校师生员工平地起家，艰苦创业，历经数十年的努力，把学校办成了一所在国内外具有较大影响的、水利特点和优势十分明显的全国重点大学，为国家培养了一大批高层次的专门人才……作为教育家，严恺先生用一生践行了他在华东水利学院建校30周年时提出的十六字校训：艰苦朴素，实事求是，严格要求，勇于探索。[2]

中国工程院副院长樊代明：

我觉得，是不是可以说，严老与水为伴、水人交融，他一辈子与水为伴。我想，他对水是刻骨铭心的，这种爱是一种人水交融。总结严老的一生，我觉得他做的事就是，一生都在探索水与

① 李学勇：《在纪念严恺院士诞辰100周年座谈会上的讲话》，《一代宗师：严恺院士诞辰100周年纪念文集》，河海大学出版社2014年版，第21—22页。
② 杜占元：《在纪念严恺院士诞辰100周年座谈会上的讲话》，《一代宗师：严恺院士诞辰100周年纪念文集》，河海大学出版社2014年版，第23—24页。

自然之间的变化规律，于是，把得到的知识用于创新人类与水的和睦相处……有了规律就可以指导我们的行动，而我们和水，说是治水，但治水到一定时候就是另外一种情况了，他倡导的治水是一种人与水的和睦相处。[1]

河海大学校友代表、中国水力发电工程学会理事长、国务院南水北调工程建设委员会办公室原主任张基尧：

今天，河海大学隆重聚会，纪念华东水利学院的主要创始人，著名的教育家，中国科学院、中国工程院两院院士，新中国水利及港口工程的先驱严恺校长诞辰100周年并为其铜像揭幕。这对传承优良传统、弘扬河海学风、凝聚河海学子共创河海未来，教育广大河海学生务实创新敢担当、尊重科学讲贡献具有重大意义。我真诚感谢母校邀请我参加这次集会，共同见证这一历史时刻。

严恺教授是享誉海内外的著名教育家，毕生致力于我国大江大河治理和海岸带的综合开发利用。他凭借满腔的爱国热情和振兴中华民族的心愿从海外学成回国，又以他的真诚和学识凝聚了一大批国内外知名专家学者筹建华东水利学院，并将其发展为全国唯一以水利为中心的高等学府。几十年来，严恺教授着力师资、校风、校址建设，既领导规划全校的各项工作，又深入校园、课堂，教书育人，既主持水利、海岸等涉及国计民生的重大科研，又具体指导一个又一个工程建设。他的足迹遍布大江南北、长城内外，他的学识和人格受到国内外的广泛赞誉。[2]

中国水利学会常务副理事长顾浩：

严恺院士长期不懈地为中国水利建设事业和教育事业倾注了

---

[1] 樊代明：《在纪念严恺院士诞辰100周年座谈会上的讲话》，《一代宗师：严恺院士诞辰100周年纪念文集》，河海大学出版社2014年版，第26页。

[2] 张基尧：《在纪念严恺院士诞辰100周年座谈会上的讲话》，《一代宗师：严恺院士诞辰100周年纪念文集》，河海大学出版社2014年版，第27页。

毕生心血。他在内忧外患的年代从海外学成归来，一直致力于我国大江大河的治理和海岸带的资源综合开发利用，主持和参与了黄河治理、钱塘江治理、天津塘沽新港回淤工程、淮河治理、长江口及太湖治理、长江葛洲坝及三峡枢纽工程、珠江三角洲治理、全国海岸带和海涂资源综合调查，以及连云港、长江口深水航道、南水北调等一系列关乎国计民生的重大工程建设……

先生不仅是一位杰出的科学家、教育家，还是一位有着独特人格魅力的优秀领导者。他受命组建了河海大学的前身——华东水利学院并长期担任主要领导。他还曾长期担任南京水利科学研究院院长，并兼任中国水利学会理事长、名誉理事长，中国海洋学会副理事长、名誉理事长，中国大坝委员会主席，联合国教科文组织国际水文计划政府间理事会副主席等职务。他那运筹帷幄的大局观念、鞠躬尽瘁的献身精神、严谨求实的工作态度永远值得我们学习。[1]

南科院院长张建云：

1956年，作为华东水利学院副院长，严老被中央水利部任命为南京水利实验处处长；南京水利实验处更名为南京水利科学研究所后，严老又是华东水利学院院长和南科所所长；1983年，在河海大学退居二线、任名誉校长后，严老一直是南京水利科学研究院的名誉院长。整整半个世纪，与河海大学一样，南京水利科学研究院的一砖一瓦无不凝聚着严老的关爱，南京水利科学研究院的一花一木无不凝聚着严老的深情，南京水利科学研究院的进步和发展无不凝聚着严老的心血与功绩。[2]

---

① 顾浩：《在纪念严恺院士诞辰100周年座谈会上的讲话》，《一代宗师：严恺院士诞辰100周年纪念文集》，河海大学出版社2014年版，第29页。
② 张建云：《在纪念严恺院士诞辰100周年座谈会上的讲话》，《一代宗师：严恺院士诞辰100周年纪念文集》，河海大学出版社2014年版，第33页。

河海大学校长王乘：

鉴于先生在技术领域做出的突出贡献，他先后获国家科技进步奖一等奖、国际水利研究协会荣誉会员、中国工程院首届中国工程科技奖、何梁何利基金科学与技术进步奖和中国水利学会功勋奖、交通部"长江口深水航道治理工程建设杰出人物"、"江苏省十大杰出科技人物"、"50位新中国成立以来感动江苏人物"和"20名新中国60年江苏教育最有影响人物"等崇高荣誉……

今天，我们在这里举行严恺院士诞辰100周年纪念活动，就是要学习先生忠于祖国、倾心事业的理想信念，学习先生严以律己、无私奉献的高尚道德，学习先生严谨求实、执着创新的科学精神，学习先生率先垂范、淡泊名利的崇高品格，学习先生为水利科技和教育事业贡献全部心血和智慧的一生。①

严恺的长子严以强：

爸爸离开我们已经6年多了，此情此景，追忆父亲光辉的一生，不由得心潮澎湃……父亲曾说过，他的前半辈子生活在内忧外患、贫穷落后的旧中国，一心想振兴中华、报效祖国，但有志难展。新中国成立了，旭日东升，无限光明，夙愿得偿……

他离开了我们，但他的精神却始终与我们同在。父亲为我们留下了一份极其丰富的、无价的、难忘的精神财富，无论我们在哪里，无论我们在做什么，我们都将永远铭记。②

河海大学党委书记朱拓主持座谈会并指出，今天，我们隆重纪念严恺院士诞辰100周年，追思严恺先生的辉煌业绩，缅怀这位把自己的人生价值、不朽论著写在江河湖海之上、万千桃李心中的水利泰斗和教育先贤，学习他严肃的立场、严谨的态度、严

---

① 王乘：《在纪念严恺院士诞辰100周年座谈会上的讲话》，《一代宗师：严恺院士诞辰100周年纪念文集》，河海大学出版社2014年版，第36页。
② 严以强：《在纪念严恺院士诞辰100周年座谈会上的讲话》，《一代宗师：严恺院士诞辰100周年纪念文集》，河海大学出版社2014年版，第37—38页。

密的思维、严实的考量、严明的决策、严格的要求。历史不会忘记今天，今天将汇入历史。我们作为新一代水利人，将在祖国发展的史册上，写下我们的奋斗史、奉献史，写下水利事业腾飞的新篇章。

教育部科技司司长王延觉，交通部总工程师徐光，水利部总规划师周学文，国务院南水北调工程建设委员会办公室总工程师沈凤生，中国电力建设集团有限公司党委书记晏志勇，中国水力发电工程学会常务副理事长李菊根，华能澜沧江水电股份有限公司总经理袁湘华，中国交通建设集团有限公司副总裁朱碧新，水利部水资源司司长陈明忠、国际合作与科技司司长高波、建设与管理司司长孙继昌、国家防汛抗旱总指挥部办公室防汛抗旱督察专员邱瑞田，中国水利水电科学研究院院长匡尚富，长江水利委员会副主任马建华，水利部黄河委员会党组副书记、副主任徐乘，江苏省政府副秘书长杨根平，江苏省教育厅厅长沈健，中国科学院院士邱大洪、王颖、王光谦，中国工程院院士梁应辰、陈厚群、张勇传、郑守仁、吴中如、曹楚生、周丰峻、韩其为、马洪琪、孙伟、雷志栋、钟登华、李建成、王超，水利部、教育部、交通部、江苏省、中科院、中国工程院相关领导，天津大学、武汉大学、四川大学、西南交通大学、大连理工大学、河南大学、台湾大仁科技大学的嘉宾，主办单位河海大学、南科院、江苏省水利厅、中国水利学会的负责同志和老领导，严恺的弟子和生前友好，严恺工程技术奖获得者代表，河海大学校友和师生代表，严恺的亲属等，也出席了座谈会。

政声人去后。

严恺主持河海大学、南科院、中国水利学会和中国海洋工程学会工作时的政绩，在河海工程界的声望，不因"人去"而淡化。钱正英在严恺生平纪录片中吐露的心声，或许有助于我们作由表及里的透视："对严恺最最基本的印象，从我个人看来，在中国水利专家中，他是我最敬重的一位……"

追寻严恺侣江河而友湖海的人生历程，我们发现，他为河清海晏而艰辛跋涉的足迹，遍布黄河上下、大江南北。我国最艰苦的地区，莫过于大西南和大西北；最大的海湾，莫过于渤海湾和杭州湾；最大的河口，莫过于长江口、珠江口；最大的港口，莫过于上海港和天津港。而这些地方，无不融入了严恺的心血和智慧、见证了严恺的赤诚和奉献。

为《严恺传》写作而进行的采访中，聆听与严恺有过零距离接触的他的诸多同事、部属、学生的由衷赞美，翻阅《水利泰斗　教育楷模——祝贺严恺院士九十寿辰文集》和《一代宗师：严恺院士诞辰100周年纪念文集》，研读严恺的等身著述，在笔者脑海中聚合而成的严恺形象，竟应验了"仰之弥高"的古训。

鲁迅的名言再次浮上脑际："我们从古以来，就有埋头苦干的人，有拼命硬干的人，有为民请命的人，有舍身求法的人……这就是中国的脊梁。"

严恺院士大事年表

1912年　诞生，曾用名严钰。

8月10日　诞生于天津，旋随父母移居北京。父亲严文炳
（1868—1920）、母亲陈氏（1870—1923）。祖籍福建省侯官县（今
闽侯）盖山乡阳岐村。

1923年　11岁

父母相继去世后，投奔时任沪杭甬绍段铁路见习工程师的二
哥严铁生，就读的小学也从北京第39小学转入宁波敬崇小学。

1925年　13岁

考入宁波四明中学读初中。

1926年　14岁

秋，曾一度就读于上虞春晖中学。

1927年　15岁

初中还未毕业，就考入浙江省立第四中学（今宁波中学）读高中。

1929年　17岁

高中还未毕业，即考入交通大学唐山工程学院（今西南交通
大学）土木系。

1933年　21岁

7月，以优异成绩毕业于交通大学唐山工程学院，被分配到京沪沪杭甬铁路管理局杭州工务段任实习员。

10月，到湖北武昌，任省会工程处工程员，参加武昌城市建设和防汛等工作，为当地设计了一座新颖别致的钢筋混凝土钢架桥。

1935年　23岁

7月，考取中央研究院用"庚子赔款"选送去荷兰学习土木、水利工程专业的研究生。

10月，到达荷兰，经测验，入德尔夫特科技大学直接攻读工程师学位，其间常常到工程单位和水工试验所等处实习。

1936年　24岁

暑假，去柏林学习德语，进入柏林大学为外国人学习德语举办的短训班。

观看在柏林举办的第11届奥林匹克运动会。

1938年　26岁

7月，获荷兰土木工程师学位。

8月，离开荷兰，在德国、瑞士短时间逗留后抵达法国。

10—11月，在法国格林诺布学习法语。

11月，赴马赛，搭终点站为上海的邮轮回国。

12月初，因不愿返回被日本侵略军占领的上海，从越南西贡（今胡志明市）码头转船到海防市，经滇越铁路回到昆明。

1939年　27岁

2月，任云南省农田水利贷款委员会工程师，此后跑遍云南省，勘察可供开发的农田水利工程。其中，弥勒县的竹园坝引水灌溉工程得以实施，被业内人士视为当年的杰作。

1940年　28岁

2月，离开云南，受聘于南京沦陷前内迁到重庆沙坪坝的国立中央大学（新中国成立后更名为南京大学），任工学院水利工程系教授。

7月，在成都与西南联合大学经济系毕业生陈芳芷结婚。

1941年　29岁

7月25日，长子严以强出生。

1942年　30岁

9月，受国民政府行政院水利委员会聘请，在国立中央大学开设水利讲座。

1943年　31岁

9月，应黄河水利委员会副委员长李书田之邀，受聘为黄委会简任技正、设计组主任，相继完成黄河下游治理、宝鸡峡水电站工程、渭河治理等规划设计项目。

1944年　32岁

8月，发表《黄河下游各站洪水量推算方法之研究》一文，刊登于《水利月刊》第1卷第8期。

1945年　33岁

2月，调任黄委会宁夏工程总队总队长，率4个测量队进行宁夏灌区地形测量和水文测验，完成《宁夏河东河西两区灌溉工程计划纲要》。

1946年　34岁

6月，回到迁回开封的黄委会，任研究室主任。

在《水利》第14卷第4期上发表《河槽过渡曲线之规划》。

受聘为河南大学水利工程系教授、系主任。

1948年　36岁

春，赴上海，任交通大学水利工程系教授，并被上海市公用局聘为港工讲座。

受命治理钱塘江北岸倒塌的海堤，突破传统的岸壁式直墙海塘，设计出斜坡式海塘，以"软对抗"方式阻挡涌潮，至今仍屹立在杭州湾北岸。

1949年　37岁

1月31日，次子严以新出生。

数次赴山东、苏北，勘察沂河、沭河及淮河入海水道。

1950年　38岁

再赴山东、苏北，勘察沂河、沭河及淮河入海水道。

12月，作为高校代表参加上海市第一次各界人民抗美援朝代表会议。

1951年　39岁

被中央人民政府政务院任命为塘沽新港（后更名为天津新港）建港委员会委员，参加新港的修复和扩建工程。

在《华东水利》第1卷第1期上发表《潮汐问题》一文。

7月，再次作为高校代表参加上海市第三次各界人民抗美援朝代表会议。

1952年　40岁
8月，被任命为华东水利学院建校委员会副主任委员，开始华水的筹建工作。

9月，到南京，主持华东水利学院建院工作，旋被任命为副院长。

受水利部委派，率专家组到福建沿海考察遭受台风严重损坏的海堤，并设计斜坡式海堤。

参与长江浦口段塌岸的抢险工作，与中方专家共同向苏联专家提出沉排、抛石护底护坡方案。

10月27日，华东水利学院正式开课，这一天被定为校庆日。

11月，被任命为江苏省政府委员。

1953年　41岁
7月，赴北京参加全国高等工业学校行政会议。

1955年　43岁
4月，被任命为江苏省水利厅厅长。

5月，当选为中国科学院首批学部委员。

1956年　44岁
1月14日，女儿严以方出生。

2月，加入中国共产党。

7月，兼任水利部南京水利实验处处长。

12月，南京水利实验处更名为南京水利科学研究所，任所长。

1957年　45岁

在《华东水院学报》创刊号上发表《水利科学研究工作的几个方向》一文。

1958年　46岁

3月7日，经国务院全体会议第72次会议通过，被任命为华东水利学院院长。

9月，当选为中国科学技术协会全国委员会委员。

被聘为天津新港回淤研究工作组组长。

应邀到波兰讲学并访问苏联。

1960年　48岁

8—10月，率天津新港回淤研究专家组成员飞抵莫斯科。回淤问题的研究成果在苏联得到了验证，通过了鉴定。

担任长江口治理研究领导小组组长。

1962年　50岁

受水利部委派，率专家组到福建沿海实地勘察被台风严重损坏的海堤，再次设计斜坡式海堤。

1963年　51岁

率专家工作组到福建沿海考察，在福建莆田建立海堤实验站，在浙江慈溪建立保滩促淤实验站。

率专家工作组赴广东，解决白藤堵海工程的善后工作问题。

在《新港回淤研究》第1期上发表《天津新港回淤问题的研究》。

1964年　52岁

11月，当选为第三届全国人民代表大会代表。

1965年　53岁

4月，到金沙江考察通航问题。

6—8月，赴荷兰和法国考察海岸工程。

1966年　54岁

"文化大革命"爆发后，一度受冲击，被迫停止工作。

1971年　59岁

4月，恢复工作，任华东水利学院教育革命组副组长。

1972年　60岁

9月，任华东水利学院革命委员会副主任。

1973年　61岁

4—6月，率中国水利考察组出访美国。

6月，被聘为长江葛洲坝水利枢纽工程技术委员会顾问；当选为中国共产党第十次全国代表大会代表。

11月，任华东水利学院革命委员会主任。

1975年　63岁

4—5月，再次率专家组赴广东，在实地考察珠江三角洲的基础上，提交《关于珠江三角洲整治规划问题的报告》，上报水利部。

1976年　64岁

3—5月，率代表团赴墨西哥出席第12届国际大坝会议，当选为国际大坝会议中国委员会主席。

1977年　65岁

受命组建南京水文研究所并任所长。

7月，当选为中国共产党第十一次全国代表大会代表。

9月，去连云港参加有关连云港回淤和建设问题的会议。

1978年　66岁

3月中下旬，作为江苏代表，与作为湖北代表的二哥严铁生一起，参加了在北京召开的全国科学大会。

1979年　67岁

7月，到大连参加中国海洋学会成立大会，当选为副理事长；参加中国海洋工程学会成立大会，当选为理事长。

11月，赴巴黎参加联合国教科文组织国际水文计划政府间理事会第3届会议，当选为该理事会副主席、中国委员会主席。

担任国务院长江口航道治理工程领导小组成员、技术指导组组长。

1980年　68岁

2月，任全国海岸带和海涂资源综合调查领导小组成员兼技术指导组组长。

3月，率中国海洋工程学会代表团赴澳大利亚参加第17届国际海岸工程会议，在会上作题为《中国海岸工程研究工作中的一些主要课题和成果》的学术报告。

6—7月，到印度参加联合国教科文组织国际水文计划亚洲地区会议；赴巴黎参加联合国教科文组织国际水文计划第8次执行局会议。

10—11月，率中国水利科研教育代表团访美，与美国4所大学签订合作协议。

1981年 69岁

2月，在中国水利学会第3次全国会员代表大会上当选为该学会理事长。

3月，赴巴黎参加联合国教科文组织国际水文计划第9次执行局会议。

8月，赴巴黎参加国际水资源大会第4届理事会会议。

1982年 70岁

3—4月，赴巴黎参加联合国教科文组织国际水文计划第10次执行局会议，并访问联邦德国。

8月，在上海水利座谈会上提出对长江口治理和上海市防洪问题的意见。

11月，赴巴黎参加联合国教科文组织国际水文计划政府间理事会第5届会议，并访问爱尔兰。

1983年 71岁

3—4月，率中国海洋工程代表团赴斯里兰卡参加第一届发展中国家海岸及港口工程国际会议，被聘为顾问委员会委员。

6月，赴巴黎参加联合国教科文组织国际水文计划第11次执行局会议。

担任国务院长江口开发整治领导小组（1984年，扩大为长江口及太湖流域综合治理领导小组）成员、科技组组长。

12月，退居二线，被聘为华东水利学院名誉院长。

1984年 72岁

1月3日，南京水利科学研究所更名为南京水利科学研究院，被聘为名誉院长。

3—4月，赴巴黎参加联合国教科文组织国际水文计划政府间理事会第6届会议，并访问荷兰。

8—9月，率代表团赴美参加第19届国际海岸工程会议。

10月，主持在南京召开的第2次河流泥沙国际学术讨论会；第一届中德水文和海岸工程学术讨论会。

1985年　73岁

再赴福建，考察闽江流域。

被英国传记出版社收入《国际当代名人录》。

8月，在中国水利学会第4次全国会员代表大会上连任该学会理事长。

9月，华东水利学院恢复传统校名，被聘为河海大学名誉校长；去郑州，在黄河水利委员会作题为《有关水资源的几个问题》的学术报告。

1986年　74岁

3—4月，赴美国参加第3次河流泥沙国际学术讨论会，被推选为顾问委员会主席，并作题为《中国海岸和河口的泥沙问题》的发言。

8月，被聘为长江三峡工程泥沙与航运专题论证泥沙专家组顾问、生态与环境专题论证专家组副组长。在此前后，参加或主持重要论证工作，力促三峡工程尽快上马。

10月，应邀作为贵宾赴荷兰，出席三角洲工程暨东斯赫尔特防风暴大闸落成典礼。大闸巨型闸墩之一以严恺的名字命名。

11月，赴香港参加发展中国家海岸及港口工程国际会议顾问委员会会议。

小传被英国剑桥国际传记中心收入《国际传记辞典》。

小传被收入《中国农业百科全书·水利卷》。

在中国科协第三次全国代表大会上作题为《希望全国关注的

几个水利问题》的报告，刊登于《现代化》1986年第7期。

1987年　75岁

5—6月，赴丹麦访问；到联邦德国参加第二届中德水文和海岸工程双边学术讨论会。

去青海、甘肃、宁夏、陕西考察黄河上游和中游地段。

9月，主持在北京召开的第二届发展中国家海岸及港口工程国际会议，并作题为《中国海岸与港口工程》的主题报告。

11月，被世界文化理事会授予科学成就证书。

论文《发展海洋工程，为开发海洋资源服务》被收入《中国科学技术协会三届二次全委会论文集——科学发展若干问题探讨》一书。

1988年　76岁

6月，赴西班牙参加第21届国际海岸工程会议，在会上作题为《不同波浪条件下之海滩断面变化》的学术报告。

8月，主持长江三峡工程对中游平原湖区的影响、对河口的影响两个座谈会，主持长江三峡以上地区历年来泥沙变化趋势讨论会。

被美国传记协会收入《国际杰出领导人名录》，获该协会颁发的水利海岸工程杰出成就奖，并被聘为该协会的顾问委员会成员。

12月6日，在中国水利学会与长江流域规划办公室、葛洲坝工程局等单位联合主办的葛洲坝水利枢纽工程第二次科技成果交流会上致开幕词。

1989年　77岁

2月27日，参加三峡工程论证领导小组第10次会议，并作重要发言。

3月，去海南、广东和广西考察。

11月，主持在北京召开的第4次河流泥沙国际学术讨论会。

12月，在中国水利学会第5次全国会员代表大会上被聘为该学会名誉理事长。

1990年　78岁

1月7—14日、3月30日—4月1日，两次主持《中国海岸带和海涂资源综合调查报告》审查会。

2月19—21日，主持黄河壶口航运工程科研成果评审会。

4月，参加港口发展及中国现代化学术研讨会筹备工作。

6月，赴荷兰参加第22届国际海岸工程会议。

7月13日，在参加长江三峡工程论证汇报会的第二天，受到时任中共中央总书记江泽民等党和国家领导人接见。

8月，为《三峡工程论文集》作序。

9月，到广东珠海高栏港等海港考察港口建设。

1991年　79岁

1月，主编的《中国海岸带和海涂资源综合调查报告》由海洋出版社出版。

4月，赴京主持中国水利学会成立60周年纪念活动，应邀赴上海参加吴淞闸桥落成庆典。

5月，应邀去位于成都的西南交通大学，参加母校交通大学唐山工程学院95周年校庆活动。

6月，主持泥沙基本理论指导委员会第一次会议，并被推选为该委员会主任委员。

7月31日，上书时任中共中央总书记江泽民和国务院总理李鹏，就当年我国发生的20世纪以来罕见的特大洪涝灾害一事，提出"探索洪水与环境的相互关系，这是当前应认真研究的课题"等建议。

9月，赴肯尼亚参加第三届发展中国家海岸及港口工程国际会议，被聘为墨西哥科学院外籍院士。

10月17日，在实验室跌伤，骨折卧床，至翌年1月基本好转。卧床期间，仍继续工作。

1992年　80岁

1月15日，在《人民日报》发表《从生态与环境角度看三峡工程》。

2月12日，赴广东参加西江崖门出海航道工程审查会。

2月21日，赴福建闽江马尾港和莆田海堤实验站考察。

3月4日，主持泥沙基本理论指导委员会会议。

4月13日，妻子陈芳芷逝世。

6月，参加上海交通大学国家重点实验室——海洋工程实验室验收工作（1985年主持制定实验室建设方案，1991年基建完成并投入使用）。

9月12日—10月3日，赴美国讲学。

10月，主编的《中国海岸工程》由河海大学出版社出版。

10月12日，参加在河海大学召开的国立中央大学水利工程系第二届（1942届）毕业生毕业50周年纪念会。

10月15—24日，赴澳门参加学术会议并参观访问。

11月，主编的《中国海岸带和海涂资源综合调查研究》获国家科技进步奖一等奖。

1993年　81岁

4月20日—5月3日，应邀到广西考察，并作报告。

10月15—28日，主持在南京召开的第一届海峡两岸港口及海岸开发研讨会，并为研讨会论文集撰写《前言》。

10月26—30日，参加交通大学唐山工程学院1933届同学毕业60周年聚会。

11月，到珠海、深圳考察，主持第7届海洋工程学术讨论会，在中国水利学会第6次全国会员代表大会上作题为《中国海岸带的开发利用》的学术报告。

1994年　82岁

2月，被聘为长江三峡工程开发总公司技术委员会顾问。

6月4日，参加国家计委召开的南水北调中线工程听证会，并发表对这项工程的意见，撰写的相关文章刊登于1994年6月13日出版的《中国科学报》。

8月22—25日，参加连云港西大堤竣工典礼。

12月14日，参加三峡工程开工典礼。

1995年　83岁

5月，当选为中国工程院院士。

9月7—19日，赴伦敦参加国际水利科学研究会大会，被授予荣誉会员称号，成为获此殊荣的第一位中国人。

9月，到钱塘江考察治江围垦工程。

10月，参加南京水利科学研究院成立60周年院庆活动。

11月，赴台湾参加第二届海峡两岸港口及海岸开发研讨会，并到台湾大学等处参观访问。

11月，主编的《中国海岸工程》获第二届高校出版社优秀学术著作特等奖。

河海大学设立严恺教育科技基金，严恺欣然捐款予以支持。

1996年　84岁

2月5日，给时任国务院总理李鹏写信，直陈己见：打通长江口通海深水航道，是建立上海国际航运中心的关键工程。

3月，参加长江口深水航道整治工程汇报会；参加百名院士科技报告活动，并在南京作题为《中国的水利建设》的报告。

5月，再次到钱塘江考察治江围垦工程。

6月7日，在中国工程院第三次院士大会上获首届中国工程科学技术奖。

6月，主编的《海港工程》由海洋出版社出版。

7月15日，在南京城市规划和建设问题座谈会上发表《关于南京沿江地带开发建设问题的意见》。

10月，参加长江三角洲经济与社会可持续发展咨询工作，并担任交通运输基础设施组组长。

12月3日，主持长江口深水航道治理工程专家顾问组第一次会议。

1997年　85岁

1月29日，主持提出了长江口南支北槽整治方案，并向时任国务院总理李鹏汇报长江口深水航道治理工程的情况。

9月5日，获何梁何利基金1997年度科学与技术进步奖。

9月26日，在国务院召开的长江口深水航道治理工程汇报会上发言，力促这一工程尽快上马。

12月18日，参加长江三角洲经济与社会可持续发展咨询报告会，在会上作交通运输基础设施组咨询报告。

1998年　86岁

1月27日，参加长江口深水航道治理工程开工典礼。

4月13日，在南京大学浦口校区作题为《水利与生态环境》的报告。

4月19—22日，随时任全国政协副主席钱正英率领的院士、专家考察组考察长江口深水航道治理工程。

6—11月，因坐骨神经痛接受治疗。

9月、10月，分别在河海大学和九三学社作题为《从1998年的抗洪抢险看我国的防洪和水利建设》的报告，登载于《水利水电科技进展》1999年第19卷第1期。

12月，去上海，分别参加长江口航道试验中心和上海航道勘测设计研究院的学术委员会会议，并作题为《开辟长江口深水航道，建立上海国际航运中心》的发言，登载于《中国工程科学》1999年第1卷第2期。

1999年　87岁

9月，主编的《指点江山展宏图——中国南水北调》，由浙江科学技术出版社出版。

2000年　88岁

4月，在南京参加会议，商讨将于2001年7月在北京举行的国际水利工程及研究协会第29届会员大会的筹备工作。

6月，到上海长江口航道试验中心和工地指导工作，中央电视台《东方时空——东方之子》栏目拍摄严恺的专题片。

12月，为钱塘江河口尖山河段整治规划座谈会提出书面意见，同月被评为第五届全国健康老人。

2001年　89岁

1月11—12日，中国教育电视台连续播放《百年中国教育历程》之"世纪寻访——十位老人的世纪人生——两院院士严恺话教育"。

8月，河海大学举行严恺90寿辰庆祝会，严恺铜像落成；河海大学还决定将一幢新建的教学实验大楼命名为严恺馆，全国政协原副主席钱正英院士题写馆名；主编的《海岸工程》由海洋出版社出版，并荣获中国水利学会功勋奖。

2002年　90岁

8月，《水利泰斗　教育楷模——祝贺严恺院士九十寿辰文集》由河海大学出版社出版。

2004年　92岁

10月18日，立下遗嘱，就河海大学发展等事项，"表达我的心愿，也是我的期盼"。

2005年　93岁

10月26日，与钱正英院士一起为严恺工作成就室开馆剪彩。

10月27日，参加河海大学建校90周年庆典。

2006年　94岁

5月7日凌晨4时26分，因病医治无效，在南京逝世。

严恺院士主要论著目录

一、主要论文及报告

1.《黄河下游的治理计划》，黄河水利委员会1944年出版。

2.《黄河下游各站洪水量推算方法之研究》，《水利月刊》1944年第1卷第8期。

3.《河槽过渡曲线之规划》，《水利》1946年第14卷第4期。

4.《潮汐问题》，《华东水利》1951年第1卷第1期。

5.《水利科学研究工作的几个方向》，《华东水院学报》1957年第1期。

6.《天津新港回淤问题的研究》，《新港回淤研究》1963年第1期。

7.《关于珠江三角洲整治规划问题的报告》，1975年出版。

8. Some Aspects of Coastal Research Work in China. Proceedings of the 17th International Conference on Coastal Engineering. Sydney, Australia, March 1980.

9. Die Forschungs-und Entwicklungs-arbeit des Kustenbaues in China, Marz 1982.

10. Coastal and Estuarine Sedimentation Problems in China. Proceedings of the 3rd International Symposium on River Sedimentation, Jackson. Miss., U. S. A., March 1986.

11. Development of Harbor Engineering in China. Proceedings of the 2nd Chinese German Symposium on

Hydrology an Coastal Engineering. Hannover, June 1987.

12. Coastal and Port Engineering in China. Proceedings of the 2nd International Conference on Coastal and Port Engineering in Developing Countries. Beijing, September 1987.

13.《发展海洋工程，为开发海洋资源服务》，《中国科学技术协会三届二次全委会论文集——科学发展若干问题探讨》，1987年出版。

14. Beach Profile Change under Varying Wave Climate. Proceedings of the 21st International Conference on Coastal Engineering, Malaga, Spain, June 1988.

15. Some Sediment Problems of Silt Coast and Estuaries. Proceedings of the 4th International Symposium on River Sedimentation. Beijing, June 1989.

16. Investigation on the Improvement of the Yangtze River Estuary. Proceedings of the 22nd International Conference on Coastal Engineering. Delft, the Netherlands July 1990.

17. Port Site Selection along Coast with Radial Sandbanks. Proceedings of the 23rd International Conference on Coastal Engineering. Venice, Italy, October 1992.

18. The Three Gorges Project——A Multipurpose Project for the Rational Management of Water Resources. Denver, Colorado. U. S. A., September 1992.

19.《三峡工程——一项功在当代、利在千秋的宏伟工程》。

20.《中国海岸带的开发利用》，在中国水利学会第6次全国会员代表大会上作的学术报告，1993年11月。

21. Study on the Behaviors of Cohesive Sediment in the Yangtze River Estuary. Proceedings of the 24th International

Conference on Coastal Engineering. Kobe, Japan, October 1994.

22.《中国的水利建设》,《共同走向科学——百名院士科技系列报告集》(上),1997年出版。

23. Water Resources Development in China, Bulletin of the Academy of Sciences, Vol. 11, No. 4, 1997.

24.《从1998年的抗洪抢险看我国的防洪和水利建设》,《水利水电科技进展》1999年第19卷第1期。

25.《开辟长江口深水航道,建立上海国际航运中心》,《中国工程科学》1999年第1卷第2期。

二、主要著作

1.主编:《中国海岸带和海涂资源综合调查报告》,海洋出版社1991年版。

2.主编:《中国海岸工程》,河海大学出版社1992年版。

3.主编:《海港工程》,海洋出版社1996年版。

4.主编:《指点江山展宏图——中国南水北调》,浙江科学技术出版社1999年版。

5. 主编:《海岸工程》,海洋出版社2001年版。

参考文献

刘小湄、吴新华：《严恺传》，河海大学出版社1991年版。

孙见：《严恺院士》，河海大学出版社2001年版。

《水利泰斗　教育楷模——祝贺严恺院士九十寿辰文集》，河海大学出版社2002年版。

刘晓群主编：《河海大学校史（1915—1985）》，河海大学出版社2005年版。

姜弘道、郑大俊主编：《河海大学校史（1986—2000）》，河海大学出版社2005年版。

张建云主编：《传承历史　再铸辉煌——南京水利科学研究院发展纪事》，河海大学出版社2009年版。

《一代宗师：严恺院士诞辰100周年纪念文集》，河海大学出版社2014年版。

后　记

　　2013年夏秋之交，中国工程院根据河海大学等单位相关人士的推荐，邀请我们主持《严恺传》的修订工作。其时，我们承担的一部"为军著史、代党立言"的老革命家传记——《伍修权传》（当代中国出版社2016年1月出版），以及儿子、儿媳小两口120万字的译著《斯大林传：命运与战略》（上海人民出版社2014年2月出版）都刚刚脱稿。我们曾对孩子表示："希望你们的译著，不是最后一部；我们已是古稀之年，准备搁笔了。"然而，与我们的夙愿一拍即合的新的写作邀请，以使命般的感召力，打消了我们"金盆洗手"的念头。

　　"为弘扬院士的科学精神、记录院士的丰功伟绩、传承院士的高尚品德，中国工程院决定与人民出版社合作组织出版《中国工程院院士传记》系列丛书。"中国工程院在有关函件中说明的编撰出版意图，引起了我们的强烈共鸣。我们业余从事报告文学和人物传记写作已有30多年，笔下的主人公绝大多数是我们工作圈内的教育界人士，尤其是其中的归国留学人员。反映他们的骄人业绩、感人品格和超人奉献，也从一个侧面反映我国改革开放和科教兴国的伟大时代，是我们的创作初衷。我们所写的人物，仅中国科学院院士、中国工程院院士就有近10名，把我们的写作成果推向受众的出版社、报刊和广播电台等媒体有数十家，但反响最大的要数描写严恺先生的作品。

　　我们以严恺院士为写作对象似乎偶然，也许是我们在《神州学人》上发表过多篇作品的缘故吧。该刊主编在1990年来宁时，专门向我们约稿。交谈中，我们见到了一份中国科学院在南京的学部委员名单，这引起了我们浓厚的兴趣。我们笔下的人物，涉及多个学科的知名教授、学者，却还没有以河海工程专家为主人公的；我们写过新中国成立以来的两代出国者、回归者，却还没有上溯到20世纪三四十年代为圆科学救国之梦而去国远游的回归者。于是，我们首先想到的是摸摸严恺先生的情况，看是否值得一写。这一摸不要紧，严老的人生历程、光辉业绩、奉献精神，连同社会主义祖国河海工程的创业史，竟把我们迷住了。随着采访的深入，我们对严老的敬重日甚。撰写《严恺传》，把笔端伸向关乎国计民生的水文化，这一想法使我们的创作冲动越来越强烈。

1991年，农历羊年春节，我们对《严恺传》开始了由素材而题材、由构思而诉诸文字的加工制作。其时，我们的报告文学集《奉献者之歌》在时任江苏文艺出版社第四编辑室主任顾关荣老先生手里梳妆打扮。他一听我们正在写有关严恺先生的文稿，眼里放出了光芒："好极了！你们先拿出一个短篇来，收入这本集子如何？"他这一逼，逼得我们好苦，春节期间，好几天夜猫子般地熬夜，赶出了1.6万余字的一个短篇，收入了这部文集。

写水利专家，算是投石问路吧，我们自然想到把简稿投寄给《中国水利报》。不久，时任该报副刊部主任南文正先生即来信索要严老的工作照。热情洋溢的来信，与我们的创作意图多不谋而合之处：

拜读大作，我为之而欣喜。《河海缘》事迹详尽，内容丰富，很有典型意义，可承前启后，为广大青年知识分子树立一个榜样。严恺教授无愧中华民族的精英、人格品德之佼佼者。作为副刊的主编，我乐意向读者推荐严老，请你们转告他：我们宣传他，是为了给新中国一代人树立一个榜样、立起一面镜子，让青

447

年人做一个爱国的、有抱负的、真正的知识人才，为祖国的四化大业作贡献。

从1991年6月26日开始，该报分10次连载了这篇文章，编者按中说：

在纪念中国共产党诞生70周年之际，我们特地连载刊出报告文学《河海缘》。《河海缘》介绍的是位获得国际"科学成就奖"、"海岸工程杰出成就奖"殊荣，为中国的河海事业，为新中国水利建设作出重要贡献的科学家。《河海缘》展示了一位热爱祖国、热爱中国共产党、热爱社会主义的老一代知识分子的风采。"历史不会忘记今天，今天将汇入历史。"我们相信，广大青年知识分子、广大读者将会从严恺教授身上获得启示。

《严恺传》脱稿后，首先获得了时任全国政协副主席钱正英院士的认可。她不但为此书作序，还在到南京视察工作时约见了我们。时任河海大学校长梁瑞驹教授也赞美有加，他在序里写道：

刘小湄、吴新华同志合著的《严恺传》由我校出版社隆重推出，作为向老院长严恺教授八十寿辰的献礼，这是我们河海大学校史上的一件大事。

打开《严恺传》，循着老院长的足迹，我们看到了新中国成立后，水利事业从荒漠走向绿原，18000公里的海岸线由名存实亡到在四化建设中发挥愈来愈大的作用，九曲黄河由忧患河而母亲河的发展大势，滔滔长江从江之头到江之尾的旧貌与新颜……这部水文化的发展史，从一个侧面反映了中国共产党领导全国人民，40年风风雨雨的战斗历程、40年步履铿锵的建设成就，也真实、形象地再现了老院长致力于祖国水利、海港事业的奋斗史，反映了老一辈水利专家的赤诚和奉献、老一代河海人的辉煌业绩……

《严恺传》于1991年7月出版后，产生了一系列连锁效应：

此书的首发式，成了同年8月庆祝严恺先生80寿辰的内容之一；1992年3月，《河海缘》获江苏省作家协会主办的江苏报告文学斯加奖。此后，约稿不断。据不完全统计，发表、转载或收录我们所写严恺之作的报刊、书籍有：《科学大众》1992年第1期；《人民日报》海外版，1992年11月17日；《福建文史资料》第31辑（《敬业路上——人物述林》），1993年12月出版；香港《紫荆》杂志1994年2月号；《科海星光》1996年12月版；《新华文摘》2002年第11期（摘自我们以新梅的笔名发表于《国际人才交流》杂志2002年第8期的《河海魂》）……

时隔20多年后，我们应邀撰写《严恺传》修订版，是上述连锁效应的前缘再续。中国工程院首任秘书长、中国工程院院士传记编审委员会总审稿人葛能全先生，对《严恺传》修订版送审稿提出了修改定稿的指导性意见，还作了使我们深受鼓舞的基本评价。他在写于2014年7月18日的《审读〈严恺传〉印象及若干建议》中指出：

刘小湄、吴新华先生合著的2014年6月本《严恺传》，细读过后，得到两个突出印象。印象之一是，与此前读过即将出版的《张光斗自传》具有某种同工之不同妙处。张老自传可称其为关于我国水利工程的一部纪实性史籍，而《严恺传》则可视为关于我国河海工程的一部兼史兼文兼评的史话。另一个印象是，两年前审读黑龙江作家贾宏图先生的《于维汉传》时，大致说过"用文学手法写科学家传记少有成功的，此稿是个例外"这样的意见，现在要说，《严恺传》又是一个例外……

二十多年前就读过刘、吴先生的《严恺传》（河海大学出版社出版）……前后两稿相比较，除去篇幅字数的差别，感觉现本——①采集的传主生平、工作等资料更充分，使得全书内容更充实了，这是传记成功的关键之点；②作者与时俱进，思路更开阔了，更具有了时代感；③品评引叙显得更有了广度和深度。

可以说，现稿《严恺传》已经达到出版要求，而且当属上乘之列……

我们深知，描写严恺先生的作品反响如此之大、评价如此之高，并非我们有生花妙笔，而是主人公业绩和品格的感召力。我们要说，严恺先生才是这部传记的真正作者——离开了他对新中国河海工程的不朽建树，我们岂能做出无米之炊？我们深以为憾的是，旧版《严恺传》未能涉及严恺先生在1991年之后的人生轨迹。修订《严恺传》，给了我们了此心愿的机会，我们深以为幸、深以为荣。

我们带着对传主历久弥新的思念之情，试图通过严恺先生的人生历程，真实、形象地反映老一辈知识分子、新老几代治水人的业绩和风采，也从一个侧面反映新中国河海工程60多年来披荆斩棘的创业史、发展史。但写作中时有力不从心之感，这是我们深以为愧的。

给这部传记的修订版注入清泉、培以沃土的，有协助我们收集写作素材并联系相关人员的河海大学党委办公室郝晶晶科长，有给我们提供了自己为严老拍摄的照片、制作的画册和校史等珍贵资料的河海大学档案馆刘顺先生，有组织、协调历史文献收集与相关章节充实、审定等事项的南京水利科学研究院院长办公室主任杨东利同志等人。应我们之邀审改了修订版送审稿、照片等的，有严老次子、中国致公党中央原副主席严以新博士，追随老师达半个多世纪之久的著名河海工程专家薛鸿超教授，历任华水、河海和南科院党委书记的李法顺教授，现任河海大学副校长、长江学者特聘教授郑金海等人。中国工程院负责院士传记丛书工程的吴晓东博士，不但为我们采访调研铺路架桥，还不远千里登门面谈；人民出版社担任本书责任编辑的同志，付出了辛勤的劳动。在此，我们一并表示谢意和敬意。

本传记的初稿完成于5年前，正文中的"现在"是指2014

年，河海大学等单位的发展状况、相关数据等也截至当年。本书在引用相关历史文献、回忆文章等时，对年份的大小写、计量单位及标点符号等，作了符合现行规范或便于非该专业读者阅读的技术处理；对极少数时间、表述等，通过多方面印证作了修正。

刘小湄　吴新华
2014年12月8日初稿
2019年4月10日定稿

后
记